工程项目融资与调度集成优化：
模型与方法

张静文　刘万琳　著

本书所著的部分研究内容受到国家自然科学基金（编号 71971173、编号 72201209）、陕西省自然科学基础研究计划项目（编号 2025JC-YBMS-800）和西北工业大学博士论文创新基金重点项目（编号 CX2024018）的资助

科学出版社
北　京

内 容 简 介

本书凝聚了作者近年来在考虑融资的项目调度优化方面的主要研究工作和成果，从多个视角对考虑融资和资源约束的项目调度相关问题开展了深入探索。主要内容包括：考虑银行授信融资的资源约束型项目调度、考虑银行授信融资的资源均衡项目调度、考虑银行授信融资的前摄性鲁棒项目调度、考虑多种融资方案组合的项目调度等一些新问题。针对每个研究问题，首先构建数学规划模型并开发相应的求解算法，进而通过大规模数值测试算例验证了各问题模型及每种算法的有效性；其次从实践操作角度，针对不同的项目进度决策情景提炼了有现实意义的项目管理启示。此外，本书在撰写上遵循理论剖析与方法应用相结合的原则，对复杂问题的建模过程进行了详细的阐述，同时，结合了相应的数值算例和实例辅助理解，以方便读者更好地领悟相关的研究问题及求解方法。

本书可作为管理科学与工程、工程管理及相关专业的博士生、硕士生以及项目管理专业人员开展理论研究的参考用书，同时，本书也为从事工程管理实践工作的决策者或管理者提供了定量化的决策指导和方法支持。

图书在版编目（CIP）数据

工程项目融资与调度集成优化：模型与方法 / 张静文，刘万琳著. -- 北京：科学出版社，2025. 6. -- ISBN 978-7-03-079772-8

Ⅰ. F830.55

中国国家版本馆 CIP 数据核字第 2024CM3026 号

责任编辑：陶 璇 / 责任校对：姜丽策
责任印制：张 伟 / 封面设计：有道设计

科学出版社 出版
北京东黄城根北街 16 号
邮政编码：100717
http://www.sciencep.com

涿州市般润文化传播有限公司印刷
科学出版社发行 各地新华书店经销

*

2025 年 6 月第 一 版　开本：720×1000　1/16
2025 年 6 月第一次印刷　印张：15 3/4
字数：315 000
定价：176.00 元
（如有印装质量问题，我社负责调换）

张静文，女，教授，博士生导师，西北工业大学管理学院教师；长期从事项目调度优化、生产运营管理等方面的教学及科研工作；已主持完成国家自然科学基金3项，主持完成包含教育部人文社会科学基金等在内的省部级基金10项；在 European Journal of Operational Research（《欧洲运筹学杂志》）、Computers and Operations Research（《计算机与运筹学研究》）、《管理科学学报》、《系统工程理论与实践》等国内外期刊以第一作者或通信作者发表论文50余篇，作为独著者出版2部有关项目调度问题的专著，作为第一完成人/主要完成人获得省部级奖2项。

刘万琳，男，博士，讲师，硕士生导师，四川农业大学建筑与城乡规划学院教师；博士毕业于西北工业大学管理学院，师从张静文教授；主要从事工程项目管理、运筹及调度优化等方面的教学和科研工作，参与国家自然科学基金2项；在 Expert Systems with Applications（《专家系统与应用》）、Applied Soft Computing（《应用软计算》）、Journal of Construction Engineering and Management（《建筑工程与管理期刊》）、《运筹与管理》等国内外期刊发表学术论文10余篇；担任中国运筹学会行为运筹与管理分会青年理事、中国建筑学会工程管理研究分会成员。

前　　言

　　随着我国产业经济转型升级的稳步推进，以 5G 网络基站、城市可持续更新与改造等为代表的新型和传统基础设施建设正不断加快，资金密集且工期较长的项目在建筑工程领域中普遍存在。在此背景下，工程项目进度管理实践中涌现了一些亟待解决的新的现实需求和突出的问题。对此，迫切需要项目管理学者依据现实需求从理论层面提炼新的科学问题并探索高效的解决方法。项目调度问题（project scheduling problem，PSP）作为项目管理领域的核心内容之一，广泛地存在于建筑工程、软件开发、计算机（如操作系统中的资源管理、处理器的任务调度等）、飞机及轮船制造等单件或者小批量生产的企业中。项目调度问题迄今为止产生的大量的研究成果为项目管理实践提供了强有力的理论支持并极大地丰富了项目管理的理论和技术。近年来，项目资金与进度的集成化管理在工程领域中已开始引起学界和实业界的关注，其原因可归结为两个方面：一方面，近期"项目烂尾""资不抵债"等爆雷事件屡屡曝光，给项目型企业的经营者开展项目管理工作敲响了警钟；另一方面，执行工程进度时，项目执行中现金流的动态均衡状态与活动进度安排之间交互作用，导致项目在一些时点上产生资金缺口，承包商经常不得不依靠外部融资的方式来填补这些缺口，这无疑加大了管理者开展资金和进度管理的复杂度。因此，考虑融资的工程项目调度问题开始引起学界的关注，并已取得了初步的理论成果。目前，考虑融资情形下的项目活动进度安排问题以其独有的特征正逐渐成为项目调度理论研究中新的分支之一。

　　当前，已有项目管理领域的图书主要从项目组织、管理和实施的视角阐述项目管理的知识体系和内容，虽然在概念和内容上全面地涉及了项目实施的全生命周期过程，但是与项目调度优化理论相关的书籍仍较少；同时，这些著作主要集中介绍了资源约束型项目调度的相关理论、优化模型和求解算法，而与考虑融资的项目调度理论相关的书籍仍非常少见。考虑到项目管理者有解决实际问题的迫切需求，作者抱着极高的热情并投入大量的精力撰写此书，旨在为项目管理者科学地制订工程进度计划、融资方案和资源配置等关键工作提供理论支持和方法指导。此外，本书也可为相关学者开展项目管理领域的理论研究提供借鉴和参考。

　　本书系统地探究了工程项目融资与调度集成优化的数学模型和求解算法，汇总了作者最近五年的主要研究成果。本书主要由七章构成，每章的具体内容概述如下。

　　第 1 章着重讲述了工程项目融资与调度集成优化问题的现实背景和理论价

值，介绍了资源约束型项目调度问题（resource-constrained project scheduling problem，RCPSP）、资金约束型项目调度问题（capital-constrained project scheduling problem，CCPSP）、考虑融资的项目调度问题（finance-based project scheduling problem，FBPSP）的基本特征和研究现状，以及传统项目调度问题的特征参数与算例库，并总结了本书的主要研究内容和学术贡献。

第 2 章在分析项目进度中的现金流和融资方式的基础上，引出了考虑融资的项目调度问题的现金流模型；分别阐述了考虑银行授信融资和考虑多种融资方案组合的项目调度问题模型与求解算法，进一步介绍了两类融资方式（银行授信融资和多种融资方案组合）下的拓展模型；同时，介绍了生成考虑融资的项目调度问题测试算例的相关内容。

第 3 章从单位工期内资源供给量有限这一角度，拓展传统的考虑融资的项目调度问题，提出考虑银行授信融资的资源约束型项目调度问题（credit-finance-based and resource-constrained project scheduling problem，CFBRCPSP），以承包商获得最后一次付款时项目收益最大化为目标，构建了该问题的非线性整数规划模型；提出将原模型转化为线性整数规划模型的方法，继而对小规模问题采用精确算法（如商业优化软件）获得最优解；此外，将现金流均衡约束引入项目调度计划生成过程，形成修正的串行调度计划生成机制（serial schedule generation scheme，SSGS）、并行调度计划生成机制（parallel schedule generation scheme，PSGS）并将其作为解码方案，嵌入遗传进化算法以求解一般规模的问题算例；通过大规模数值实验测试了不同优先规则在现金流均衡下串行、并行调度启发式算法中的表现；同时，也验证了开发的遗传算法具有较好的求解效果，并为管理者提炼了相应的项目管理启示。

第 4 章探究考虑银行授信融资的资源均衡项目调度问题：首先以实现项目可更新资源均衡使用和银行授信融资额最小为双目标函数，构建了相应的混合整数规划模型；基于串行、并行调度计划生成机制开发了快速非支配排序遗传算法（non-dominated sorting genetic algorithm Ⅱ，NSGA-Ⅱ）求解双目标问题；其次通过大规模数值实验测试了 NSGA-Ⅱ 在两种调度计划生成机制下的表现；最后为管理者提炼了相应的项目管理启示。

第 5 章研究了在不确定的项目执行环境下，考虑银行授信融资的前摄性鲁棒项目调度问题：以调度方案解的鲁棒性（robustness）和项目获得最后一次付款时的收益最大化为目标，建立了考虑银行授信融资的前摄性鲁棒项目调度双目标优化模型；设计了 ε-constraints（ε-约束）算法获得小规模问题的精确解集，针对大规模问题，开发了带有局部搜索策略的快速 NSGA-Ⅱ 来获得问题的近似帕累托最优解集；通过大规模数值实验测试验证了所设计的算法具有较好的求解效果，并提出了不确定环境下考虑融资的项目调度管理启示。

第 6 章聚焦于考虑多种融资方案组合的项目调度优化问题：首先阐述了该研究问题的产生背景，并在多种融资方案组合下的现金流模型基础上构建了相应的优化模型；其次基于对模型特征性质的分析，设计了迭代求解算法；最后通过大规模数值实验验证了问题模型和求解算法的有效性，进而为项目管理者总结了考虑多种融资方案组合的项目进度管理启示。

第 7 章另辟蹊径，探究了财务风险最小化的随机多模式资源约束型项目调度问题（stochastic multi-mode resource-constrained project scheduling problem，SMRCPSP）：首先介绍了不确定环境下项目进度过程的财务风险来源，界定研究问题；其次基于仿真场景构建了以条件风险净现值（conditional net present value at risk，CNPVaR）最小的随机多模式资源约束型项目调度混合整数规划模型；再次通过对所构建模型进行分析设计了混合元启发式算法；最后通过大规模数值实验验证了构建模型和算法的有效性，并辅以案例分析，依据数值实验结果和案例分析提炼了相应的项目管理启示。

在本书的撰写过程中，作者引用了国内外项目调度领域的多篇参考文献和书籍，同时这些宝贵资料也为作者开展相关研究奠定了坚实的基础，在此向有关作者和出版机构表达衷心的感谢！感谢国家自然科学基金面上项目"时-空冲突下大型复杂工程项目鲁棒调度优化研究"（编号 71971173）和国家自然科学基金青年科学基金项目"不确定环境下基于深度强化学习的资源约束项目动态调度优化研究"（编号 72201209）的资助；同时，感谢西北工业大学管理学院为本书出版所提供的支持和帮助。本书第一作者的两位研究生焦铸金和苗硕参与了相关课题的研究工作，第一作者研究团队中的多位博士生和硕士生参与了本书的校稿与核对，在此一并表示感谢！最后，非常感谢科学出版社的编辑在本书出版过程中所付出的辛勤工作，本书的顺利出版离不开你们的悉心指导和帮助。

尽管本书在撰写过程中进行了反复修改和仔细校对，但考虑到作者的水平有限，难免存在不足之处，在此恳请各位专家学者批评指正。

张静文　刘万琳

目　　录

第1章　绪论 1
1.1　工程项目融资与调度集成优化问题的现实背景及研究意义 1
1.2　资源约束型项目调度问题 6
1.3　资金约束型项目调度问题 23
1.4　考虑融资的项目调度问题 25
1.5　项目调度问题特征参数与算例库 30
1.6　本书的主要研究内容与贡献 33

第2章　考虑融资的项目调度问题建模及求解 38
2.1　项目现金流与融资方式 38
2.2　考虑融资的项目调度问题的现金流模型 44
2.3　考虑银行授信融资的项目调度问题模型 49
2.4　考虑多种融资方案组合的项目调度问题模型 53
2.5　求解考虑银行授信融资的项目调度问题模型的精确算法 56
2.6　元启发式求解方法 58
2.7　考虑融资的项目调度问题数值算例的产生与实验测试 65

第3章　考虑银行授信融资的资源约束型项目调度问题 68
3.1　研究背景及研究问题界定 68
3.2　问题的非线性整数规划模型构建 71
3.3　转化为线性整数规划模型的方法 72
3.4　基于优先规则的考虑银行授信融资的资源约束型项目调度问题启发式算法 74
3.5　基于优先规则的启发式算法对比 85
3.6　求解考虑银行授信融资的资源约束型项目调度问题的遗传算法设计 100
3.7　元启发式算法数值实验与结果分析 102

第4章　考虑银行授信融资的资源均衡项目调度问题 110
4.1　研究问题界定 110
4.2　问题的优化模型构建 115
4.3　求解算法设计 117
4.4　数值实验与结果分析 121

第5章　考虑银行授信融资的前摄性鲁棒项目调度问题 127
5.1　鲁棒性项目调度问题 127

5.2 问题提出及界定 ··· 137
5.3 问题的双目标优化模型构建 ··· 140
5.4 求解双目标问题的 ε-constraints 算法 ·································· 141
5.5 求解双目标问题的 NSGA-II-LS 算法设计 ······························· 146
5.6 数值实验与结果分析 ··· 151

第6章 考虑多种融资方案组合的资源约束型项目调度问题 ············ 160
6.1 研究问题界定 ·· 160
6.2 问题的优化模型构建 ··· 162
6.3 求解问题模型的算法设计 ··· 164
6.4 数值实验与结果分析 ··· 168

第7章 财务风险最小化的随机多模式资源约束型项目调度问题 ······ 179
7.1 随机资源约束型项目调度问题概述 ··· 179
7.2 研究问题界定 ·· 186
7.3 基于场景的 SMRCPSP 条件风险净现值问题 ···························· 189
7.4 基于场景的 SMRCPSP 条件风险净现值模型求解算法 ··············· 195
7.5 数值实验与结果分析 ··· 200
7.6 案例分析 ··· 207

参考文献 ·· 214

附录 A 部分算法伪代码 ··· 231
附录 B 基本 RCPSP 的标准化格式文件 ·· 234
附录 C 项目调度问题生成器 ProGen 的 EXPL.BAS 文件 ················ 237
附录 D DC1 算例库标准格式数据文件 ··· 240

第1章 绪 论

1.1 工程项目融资与调度集成优化问题的现实背景及研究意义

1.1.1 实践背景

伴随"一带一路"倡议的实施和新基建时代的开启,以城市轨道交通、生态治理以及城市可持续更新与改造等为代表的新老基建项目正加快推进。此类项目一般具有投资额大、建设周期长、供应链长和地域分散性强的特点,属于典型的资金密集且工期较长的工程。建筑企业在实施此类项目的过程中通常需要注入大量的资金,同时可能面临重大的财务风险。近期,房地产企业频现由资金链断裂导致的"项目烂尾""资不抵债"等爆雷事件。更严峻的是,上游投资者出现的现金流中断问题不断地传导至下游的项目承包商。"垫资""拖欠工程款"等传统建筑行业的乱象又死灰复燃(Peters et al., 2019),由此导致许多承包商面临着巨大的资金压力。多数承包商通常仅能依靠传统的借款融资等方式来填补其现金流缺口,同时,许多承包商以项目融资方式深度参与公共私营合作制(public private partnership, PPP)项目。但是,承包商在施工前的全额垫资、项目竣工后才能获得工程款的结算支付方式很容易触发承包商资金链断裂的严重后果。

国外学者 Russell(1991)指出,多达 60%项目的失败是由资金问题引发的。纵观我国以往许多大型工程项目的建设历程可以发现,由承包商的资金链断裂而引发项目停工、延期交付甚至烂尾的鲜活案例比比皆是,如二度招投标后"起死回生"的南京重点工程——疏港公路改扩建工程、鹤辉高速公路之殇(停工五年)、武汉弘芯深陷资金危局(千亿半导体项目烂尾)等。显然,现实中工程项目的承包商面临资金短缺的困境比较普遍,在考虑借款融资的条件下如何提高承包商的现金流管理水平是建筑工程领域中迫切需要解决的现实问题。

项目融资作为国际金融市场的一项创新,诞生于 20 世纪 50 年代,并在 60 年代中期英国北海油田开发项目之后受到人们的广泛重视。随着工程实践的不断发展,项目融资现已成为大型工程项目筹措资金的一种重要方式。在市场经济体制下,企业是项目融资的主体,为了追求自身价值与项目收益的最大化,工程建设主要参与方需要科学合理地利用项目融资的财务杠杆效应来开展工程项目。从融资能力和渠道看,一般业主的融资能力较强,可采用的融资工具较多(如发行股票、债券和采用 PPP 模式等），而承包商的融资能力相对较弱且单一，这对承包商开展项目现金流管理提出了新的挑战。同时，伴随着项目规模的日益扩大以及银行金融业务的发展，采用银行授信为项目筹集资金，已成为业界广泛使用的项目融资方式之一。实践中，银行授信融资的具体操作方式是金融机构根据承包商的信用，为其开展的特定项目设置一个具有最高授信额度（credit limit，CL）的专用账户，在每个财务周期时点承包商借用资金的最大数额不能超过授信额度，并且项目所有的现金流均需通过该账户完成。相比较于其他的贷款融资方式，银行授信的融资方式具有良好的"随借随还"特征，所以深受广大承包商的青睐。因此，面临资金短缺困境的承包商，常常借助银行授信的融资方式开展项目。

项目执行过程中，承包商为实施活动需要支付各项费用，由此将产生现金流出，当其完成相应的任务并向业主提交支付申请后，业主在收到承包商提交的支付申请时通常会隔一段时间才向承包商实际拨付工程款，由此将产生现金流入。虽然业主会根据工程进度完成情况通过拨付工程款的形式对承包商进行资金补偿，但是这种补偿往往在时间上滞后于承包商的成本支出，并且业主在每次支付时都会扣留一定比例的工程款，这将导致承包商在项目实施过程中极易出现资金缺口，即在某些财务时点承包商累计的现金流入小于其累计的现金流出。此时，若承包商没有充足的自有资金弥补该现金流缺口，则不得不通过融资方式获取资金来维持工程的进展。对此，工程项目实施中，随着项目进展的现金流状态可表述为图 1-1（Al-Shihabi and AlDurgam，2020a）。然而，当项目的累计负现金流量达到一定阈值时，融资额度的限制将导致原有融资方案变得不再可行，此时处理不当易引起项目执行中断，甚至引发资金链断裂的严重结果。更严重的是，资金链断裂后的"蝴蝶效应"可能会导致项目失败，甚至是企业破产的惨痛后果，由此造成巨大的资源浪费，并对社会经济发展产生不良的负面影响。

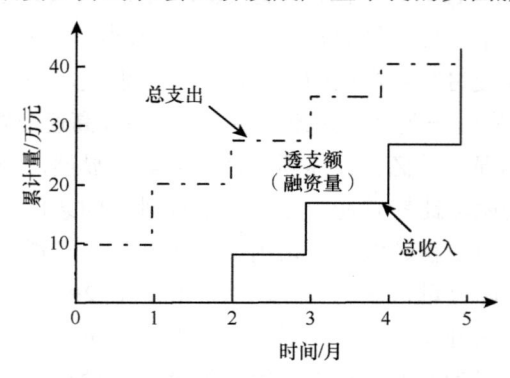

图 1-1 典型的承包商支出与收入曲线

从项目实施过程中的影响因素分析可以看出，承包商维持其现金流的动态均衡是一个复杂的系统问题。首先，项目的融资额度有限（何正文等，2016），即银行在向承包商发放贷款时会设定一个有限的授信额度，而其获得的受限数额的资金能否弥补项目实施过程中多次出现的现金流缺口仍有待进行科学分析。其次，从项目执行过程的操作层面看，施工中承包商经常会频繁地调配各种人员、机械设备等多种类型的资源，且这些资源的供给量通常有限，这使得承包商制订活动安排计划和资金使用方案时受到单位工期上的可更新资源使用量的限制。最后，外界环境复杂多变，项目实施过程中存在多种不确定因素影响项目进展(Ma et al., 2019)。这些不确定因素在外部环境的影响方面，主要有国家政策的变化、利率的调整、市场资源供给波动等因素；在参与主体的影响方面，主要有业主对设计方案的变更、设计图纸的延期交付和供应商延期交货等因素。此外，不可抗力事件诸如地震和极端恶劣天气等均会对项目的实施产生较大影响。这些干扰因素给项目的实施带来极大的不确定性。

综上分析，当多种约束条件和复杂环境相互耦合交织在一起时，项目的进度规划和现金流管理将变得异常复杂。在项目实施过程中，保持项目现金流动态可用并实现预期管理目标是承包商所面临的现实困境。因此，在考虑项目融资的背景下，必须通过科学合理地制订和调整项目进度计划和融资方案，以有效地解决项目进度管理过程中存在的上述问题。

1.1.2 研究背景

项目调度问题作为项目管理中的经典核心内容之一，主要研究在已有约束条件下如何安排项目活动来实现预定的目标。与项目调度问题有关的理论基础和解决方法为实现项目管理目标提供了有效的技术支持。RCPSP 已成为项目调度理论中的经典问题。经典 RCPSP 将资源供给量作为约束条件并对项目工期目标进行优化，已取得丰硕的研究成果。20 余年来，其相关研究进展可参考综述类文献（Kolisch and Hartmann，2006；Hartmann and Briskorn，2010；Pellerin et al., 2020）。

依据对活动进度安排产生约束作用的差异性，Słowiński（1980）将 RCPSP 中的资源区分为可更新资源、不可更新资源和双重约束资源三类：①可更新资源（renewable resources），指在项目实施过程中的每个单位工期（如月、周、天等）上可用数量受到限制的资源，最典型的如人员、设备、场地等；②不可更新资源（non-renewable resources），指在整个项目工期上可用数量受到限制的资源，也称为不可恢复资源，如能源、原材料、资金等；③双重约束资源（doubly-constrained resources），指在每个单位工期和整个项目工期上可用数量同时受到限制的资源，双重约束资源可以看作可更新资源和不可更新资源更一般化的描述，如资金。尽管有关 RCPSP 的相关研究已将工期优化目标拓展到费用、资源均衡、质量及财务等项目绩效上，但是，考虑财务绩效的项目调度文献，多数以项目开始时刻的净现值（net present value，NPV）为目标，隐含项目执行过程中一直有可用的资金，这种假设明显与实际工程项目的财务状态不符。显然，以净现值为目标的净现值最大化（max-NPV）项目调度问题仅关注一个静态的项目开始时刻，不能确保项目较长执行过程中每个财务时点承包商都有足够的资金来支撑项目的持续进行。由于经典 RCPSP 的数学模型和求解算法是研究其他项目调度问题的基础，所以本章在 1.3 节着重介绍经典 RCPSP 的相关内容。

进一步，在考虑项目可使用资金数额有限的基础上产生了 CCPSP。CCPSP 一般将资金作为一种特殊的资源约束来处理，研究如何通过制订合理的活动进度安排计划实现项目财务目标最优。但是，CCPSP 中的资金限额多指承包商的自有资金，并未考虑承包商在自有资金不足时的融资行为和由此产生的融资成本（finance cost，FC），忽略了融资成本与现金流之间的交互影响关系。

项目进度控制实践中，当出现现金流缺口时常见的做法是进行项目融资。因此，学者 Elazouni 和 Gab-Allah（2004）从理论上正式提出了 FBPSP，即项目融资和项目活动调度的集成优化问题。FBPSP 主要研究在计算融资成本的基础上，考虑项目计划工期内每个财务时点处累计负现金流不超过授信额度的要求，同时在满足活动网络优先关系的约束下，通过合理安排活动进度以达到项目的工期最小化或者项目结束时刻的收益最大化的问题。项目融资与调度集成优化问题在关注承包商融资能力的情形下，实现了对项目进度计划和现金流管理的集成优化，更加贴近于资金密集且工期较长的一类项目进度管理实践。值得强调的是，资金在 FBPSP 中作为特殊的资源（Al-Shihabi and AlDurgam，2020a），不属于经典 RCPSP 中可更新资源、不可更新资源以及双重约束资源中的任何一种。其原因主要有以下三个。

首先，资金不属于不可更新资源。可用资金在每个支付周期上受到约束，而不是在整个项目层次上受到约束；其次，基于现金流均衡状态，项目的资金可用量在一个支付周期至下一个支付周期内会发生变化，所以资金不属于可更新资源；最后，由于现金流具有动态性，资金在每个支付周期上会随现金流入而发生变化，所以资金也不属于双重约束资源。然而，现有的 FBPSP 文献，忽略了可更新资源（如人力、机械设备等）的可用量有限对项目执行过程和绩效目标的影响，考虑可更新资源供给量有限情形下的 FBPSP 还有待深入探究。

当前，依据项目所处环境的状态，项目调度主要有两个重要的研究分支：确定型项目调度和不确定型项目调度。由于不确定型项目调度问题更加贴近于项目的实际运作环境，所以近年来不确定型项目调度受到了学界和业界的广泛关注。项目调度问题研究中的不确定性主要体现为活动持续时间的不确定和资源供给量的不确定。活动工期的随机性能直接地体现出不确定因素对项目实施过程的影响结果。随机工期下的项目调度问题，主要有前摄性项目调度（proactive project scheduling)、反应性项目调度（reactive project scheduling)、随机项目调度和模糊项目调度四类。其中，前摄性项目调度主要体现在进度计划执行前的预防上，而反应性项目调度主要体现在进度计划执行过程中的调整上，二者是当前降低不确定因素对进度计划扰动影响的有效调度方法。前摄性项目调度通过采取相应的保护措施来生成具有一定抗干扰能力的基准进度计划，一般通过增加调度计划的鲁棒性来实现，如嵌入各类缓冲等。然而，当不确定因素导致进度计划在项目执行过程中不能满足管理者要求时，需要调整原基准进度计划并采取相应的进度控制措施来确保项目正常实施。当项目实际进度出现偏差时，反应性项目调度可根据当时情形利用有效的调整策略对原进度方案进行在线调整或修复。通过实施反应性项目调度策略，项目可以以尽可能小的损失快速恢复执行。值得注意的是，仅依靠鲁棒性调度的稳健性或者反应性调度（reactive scheduling）的敏捷性，在现实中不能较好地克服不确定性因素对进度计划产生的干扰。因此，基于某种已知的概率分布表达项目的活动工期，在项目的实际执行过程中，利用当时可参考的环境和项目信息，采用随机项目调度方法来安排项目任务，可使得项目的实际进度能尽可能按照预期的计划安排和目标开展。模糊项目调度针对随机项目调度中活动工期的概率分布不易获取的情况，采用模糊集（fuzzy set）表达活动工期和相关参数的不确定性，考虑风险并多以鲁棒性为目标构建模糊项目调度优化模型并进行求解。

1.1.3 研究意义

资源约束型项目调度、资金约束型项目调度、考虑融资的项目调度和不确定型项目调度等相关调度理论与方法，为开展工程项目融资与调度集成优化问题的研究奠定了理论基础。本书对工程项目融资与调度集成优化问题开展研究，其研究意义主要体现在理论与实践两个方面。

1）理论意义

（1）促进了工程项目融资理论与调度方法的深度融合，拓展了现有 FBPSP 研究解决现实中复杂现金流管理问题的深度。现有 FBPSP 研究多数情形下是基于确定的项目环境条件和无资源约束的情形开展的，忽视了活动工期随机等不确定因素对项目进度计划和融资方案的影响。采用资源约束型项目调度理论、鲁棒性调度方法以及不确定型项目调度理论解决项目融资与调度问题的相关文献仍较少。因此，本书采用鲁棒性项目调度方法研究带有融资约束的项目调度问题，提高了考虑融资的项目调度相关理论解决复杂工程实践问题的能力。

（2）丰富了考虑融资的工程项目调度问题的模型和求解算法，对考虑融资的资源约束型项目调度理论和鲁棒性项目调度理论的研究和发展形成了有效的补充。本书主要基于可更新资源约束的现实条件构建了考虑融资的各种项目调度优化模型，在数理建模方面丰富了 FBPSP 优化模型；同时，通过对优化模型的特征进行分析，设计了适用于求解考虑融资的 RCPSP 的相关精确算法、启发式算法以及元启发式算法等。本书在数理建模与算法设计方面发展了工程项目融资与调度集成优化问题的相关理论。

2）实践意义

（1）在项目计划阶段，项目管理者可以根据本书提出的工程项目融资与调度集成优化的模型和求解算法，依据项目管理者的目标和所处的环境条件，制订合理的基准进度计划和融资方案。据此，可实现事前对工程项目中人、财、物的合理筹备和规划，以及对工程项目全要素的系统化组织和管理。

（2）针对不确定的项目执行环境，本书提出的考虑融资的不确定型项目调度理论和方法，可指导项目管理者降低干扰因素对项目资金流和进度执行产生的影响。通过制订合理的鲁棒性基准进度计划和融资方案，可以预防干扰事件对项目实施可能产生的扰动，实现事前对不确定因素的主动预防与控制；通过使用随机多模式资源约束型项目调度方法，可以显著地降低项目的财务风险。在项目实施过程中，考虑融资的不确定型项目调度理论与方法，可以为管理者实施项目进度和资金的集成化管理提供理论支持和决策参考。

（3）本书在不同工程项目融资与调度管理情景下所提出的有关研究结论和管理启示，可为承包商在考虑融资的条件下开展进度规划和资金管理工作提供指导和借鉴，有效防范和规避项目实施过程中的资金链断裂风险，进而提高承包商的项目管理水平，实现项目成功交付。

1.2 资源约束型项目调度问题

自 20 世纪 60 年代初开始，随着全球工业化生产的快速发展以及复杂生产与制造系统的出现，RCPSP 开始得到学界和业界的广泛关注。实践中，RCPSP 广泛地应用于建筑工程、软件开发、计算机、飞机及轮船制造等单件或者小批量生产的企业中（Hall, 2012）。在理论上，RCPSP 属于重要的组合优化问题，可看作经典机器调度理论在项目管理领域的一般化，且为运筹学中项目进度控制类问题的活跃分支（张静文, 2017）。

前已述及，项目调度问题的建模通常借助项目的活动网络图，网络图的结构（表示活动之间的逻辑关系）和网络图要素（节点和活动）参数构成了已知数据和信息。根据网络图的结构和要素参数这两个维度，将项目进度管理问题分为确定型和不确定型两大类：第一，网络图的结构和要素参数都固定的情形对应确定型项目进度管理问题；第二，网络图的结构和要素参数只要有一个不确定，对应的则是不确定型项目进度管理问题。项目调度问题根据网络图的结构是否确定及要素参数是否确定形成了四个区域，常见的项目调度子问题能够被归类到相应的区域。

第Ⅰ区域：网络图的结构确定，要素参数也确定。这类问题包括经典的关键路径法（critical path method，CPM）、基本 RCPSP 和 MRCPSP（multi-mode resource-constrained project scheduling problem，MRCPSP）；还有其他一些不以项目工期为目标的确定型项目调度问题，如资源投资问题、加权提前–拖期惩罚问题、项目净现值最大化问题等。

第Ⅱ区域：网络图的结构确定，但是要素参数不确定。这类问题包括经典的计划评审技术（program evaluation and review technique，PERT）、关键链方法（critical chain method，CCM）、鲁棒性项目调度问题、随机资源约束型项目调度问题（stochastic RCPSP，SRCPSP）、模糊资源约束型项目调度问题（fuzzy RCPSP，FRCPSP）。需要特别指出，在实践中使用 PERT 时，需要基于活动工期的概率分布参数计算出每个活动工期的期望值和方差，然后根据所有活动的期望工期并采用经典 CPM 获得项目的期望工期，因此在很多情形下称 CPM/PERT 是经典无资源约束型项目调度方法的典型代表。

第Ⅲ区域：网络图的结构不确定，但是要素参数确定。这类问题的典型代表是决策关键路径法（decision critical path method，DCPM）。

第Ⅳ区域：网络图的结构不确定，要素参数也不确定。这类问题通常涉及随机网络计划技术，如图形评审技术（graphical evaluation and review technique，GERT）、带有排队功能的随机网络计划技术（queue graphical evaluation and review technique，QGERT）、风险评审技术（venture evaluation and review technique，VERT）等。但是，与调度优化相关的仅有资源约束型干扰项目调度问题（disruption management for resource-constrained project scheduling problem，DMRCPSP）。在 DMRCPSP 中，活动工期可能发生波动、资源可能中断使得要素参数不确定，新任务到达或已有任务取消都会改变初始的活动网络结构。

项目调度问题的分类如表 1-1 所示。

表 1-1 项目调度问题的分类

网络图的结构	要素参数（如活动工期）	
	确定	不确定
确定	第Ⅰ区域 CPM、基本 RCPSP、MRCPSP、其他不以项目工期为目标的确定型项目调度问题	第Ⅱ区域 PERT、关键链方法、鲁棒性项目调度问题、SRCPSP、FRCPSP
不确定	第Ⅲ区域 DCPM	第Ⅳ区域 随机网络计划技术、DMRCPSP

目前，确定型项目调度问题已经研究得非常广泛和深入，但是对不确定型项目调度问题的研究相对较少。已有对不确定型项目调度问题的研究多集中在第Ⅱ区域中的关键链方法、鲁棒性项目调度问题、SRCPSP 等，尽管第Ⅳ区域中的问题最接近实际，但是由于问题建模和求解的复杂性，研究干扰项目调度管理问题的文献还很少。

1.2.1 确定型 RCPSP

确定型 RCPSP 是指在确定的项目环境和资源约束条件下，为达到给定的绩效标准，合理安排项目活动并据此有效配置项目资源，确保项目顺利进行及预定目标的实现。通常，项目由一些具体的可执行的活动/任务（activity/task）构成，并且某些活动之间存在逻辑上的优先关系，同时每项活动的执行需要占用和消耗一定量的一种或多种资源。项目调度的任务就是要合理分配资源，恰当地安排各项活动的进度（确定活动开始时间），达到优化既定目标函数的目的。项目调度问题的建模通常依附于项目的活动网络图，活动之间的优先关系通过网络图的结构来体现。网络图由两个元素构成——箭线/弧（arrow/arc）和节点（node），箭线和节点的时间参数在项目进度计划中有明确的含义。项目调度问题的求解就是确定箭线和节点的时间参数。

项目的活动网络图主要有两种表示方式：基于箭线表示活动（activity-on-arrow，AoA）的方式和基于节点表示活动（activity-on-node，AoN）的方式。AoA 代表双代号网络图，用箭线来表示活动，用节点表示事件；AoN 代表单代号网络图，用节点表示活动，用箭线表示事件。从图 1-2 中可直观地看出两种项目活动网络图表达方式的区别。

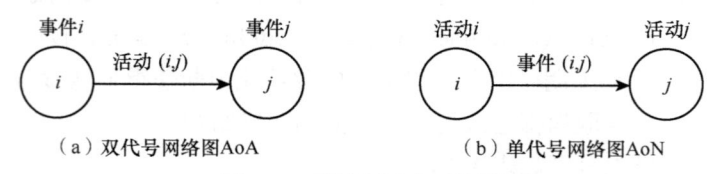

（a）双代号网络图AoA　　　　（b）单代号网络图AoN

图 1-2　项目的活动网络图

无论采用哪一种表示方式，对确定型的项目调度问题来说，活动之间的逻辑关系均可表示为一个有向无圈（directed acyclic）的项目网络图，且网络图仅有一个开始节点和一个终止节点。在本书中，为了建模表达方便，主要选用活动单代号网络图 AoN 来表达项目网络。

1. RCPSP 的基础模型

有向无圈的活动网络图记为 $G=(V,E)$，其中 V 为节点（活动）集合，且 $|V|=J$

表示共有 J 个活动，起始节点 1 和终止节点 J 通常表示既不消耗时间和也不使用资源的虚活动；E 为活动之间的优先关系集合，$(i,j) \in E$ 表示活动 i 与活动 j 之间存在紧前紧后的逻辑关系集合，其代表 i 为 j 的紧前活动，同时 j 为 i 的紧后活动。

为了与其他 RCPSP 区分，本书中将活动仅有一种执行模式且以项目工期为目标的 RCPSP 称为基本 RCPSP。基本 RCPSP 是项目调度中最经典和核心的问题，同时也是研究最广泛、最深入的问题之一。此外，基本 RCPSP 的组合优化模型也是项目调度优化理论中基础的数学规划模型，基本 RCPSP 模型中的符号和变量如表 1-2 所示。

表 1-2 基本 RCPSP 模型中的符号和变量

符号或变量	说明
j	活动序号，$j=1,2,\cdots,J$；项目中共包含 J 个活动
t	时间段序号，$t=0,1,2,\cdots,T$；其中 t 为项目的进展过程，T 为项目工期的上限
d_j	活动 j 的工期，通常为整数
$\mathrm{Pre}(j)/S(j)$	活动 j 的所有紧前活动/紧后活动的集合
$\mathrm{ES}_j/\mathrm{EF}_j$	采用 CPM 计算出的活动 j 的最早开始时间/最早结束时间，且 $\mathrm{EF}_j=\mathrm{ES}_j+d_j$
$\mathrm{LS}_j/\mathrm{LF}_j$	采用 CPM 计算出的活动 j 的最晚开始时间/最晚结束时间，且 $\mathrm{LS}_j=\mathrm{LF}_j-d_j$
T_c	采用 CPM 确定的项目工期，是资源约束下获得项目工期的下界值
s_j/f_j	活动 j 在资源约束下一个调度计划中的开始时间/结束时间，且 $f_j=s_j+d_j$
A_t	在时刻 t 正在进行的活动集合，即 $A_t=\{j\mid j\in V\bigcap (s_j<t\leq s_j+d_j)\}$
k	可更新资源的序号，$k=1,2,\cdots,K$；项目进展中共需 K 种可更新资源
R_k	第 k 种可更新资源在单位工期的可用量（限量），$k=1,2,\cdots,K$
r_{jk}	活动 j 在单位工期上对第 k 种可更新资源的需求量，$k=1,2,\cdots,K$

依据表 1-2 的符号定义，基本 RCPSP 的简约模型（Pritsker et al.，1969）如下：

$$\min \ f_J \tag{1-1}$$

$$\text{s.t.} \quad s_i+d_i \leq s_j, (i,j)\in E \text{且} i\in \mathrm{Pre}(j), i=1,2,\cdots,J-1 \tag{1-2}$$

$$\sum_{j\in A_t} r_{jk} \leq R_k, k=1,2,\cdots,K, t=1,2,\cdots,f_J \tag{1-3}$$

式（1-1）代表模型的优化目标是实现项目的工期最短，其中，f_J 代表最后一个活动的结束时间，即项目的计划工期；式（1-2）表示活动之间零时间滞后的结束–开始型（finish-start，FS）的优先关系约束，即满足活动 j 的开始时间 s_j 不早于它的任一个紧前活动 i 的结束时间 f_i；式（1-3）表示在项目计划工期内的任意一个单位工期 t 上，所有正在进行的活动对第 k 种可更新资源的占用总量不能超过该种可更新资源的可用量（供给量）R_k。

基本 RCPSP 模型以项目工期最短为目标，寻找最优的活动进度安排方案，体现为需要决策每个活动的开始时间。项目进度计划可用向量 $S=(s_1,s_2,\cdots,s_J)$ 来表示,即通过确定该组决策变量的取值来确定项目的进度计划,且其变量为整数变量。换言之,该整数规划模型的最优解即在满足优先关系和资源约束条件下,实现项目工期最短所对应的进度计划。

2. 基本 RCPSP 的正规模型

值得强调的是,上述式(1-1)至式(1-3)给出的基本 RCPSP 的简约模型是一种不能直接求解的概念型数学模型,如式(1-3)中的 A_t,在未涉及某个具体的解时,A_t 中包含哪些活动是不能确定的。只有对应一个确定的调度方案中一个特定时刻 t 时,才可以确定哪些活动构成了在 t 时刻正在进行的活动集合 A_t。因此,对于基本 RCPSP 存在的不同的数学模型表达形式,给出基本 RCPSP 的正规模型。

$$\min \sum_{t=\mathrm{EF}_j}^{\mathrm{LF}_J} tx_{Jt} \tag{1-4}$$

$$\text{s.t.} \quad x_{jt} = \begin{cases} 1, \text{如果活动 } j \text{ 在时刻 } t \text{ 结束} \\ 0, \text{其他} \end{cases}, \ j=1,2,\cdots,J, t=\mathrm{EF}_j, (\mathrm{EF}_j+1),\cdots,\mathrm{LF}_j \tag{1-5}$$

$$\sum_{t=\mathrm{EF}_j}^{\mathrm{LF}_j} x_{jt} = 1, \ j=1,2,\cdots,J \tag{1-6}$$

$$\sum_{t=\mathrm{EF}_i}^{\mathrm{LF}_i} tx_{it} \leqslant \sum_{t=\mathrm{EF}_j}^{\mathrm{LF}_j} (t-d_j) x_{jt}, \ j=1,2,\cdots,J, i \in \mathrm{Pre}(j) \tag{1-7}$$

$$\sum_{j=1}^{J} r_{jk} \sum_{\tau=t}^{t+d_j-1} x_{j\tau} \leqslant R_k, \ k=1,2,\cdots,K, j=1,2,\cdots,J, t=1,2,\cdots,T \tag{1-8}$$

式(1-4)至式(1-8)称为基本 RCPSP 的正规模型。其中,式(1-6)中的 EF_j 和 LF_j 分别表示活动 j 的最早结束时间和最晚结束时间。设定项目的起始时刻,采用 CPM 中的前向递推算法获得 EF_j;设定项目工期的上限 T,根据 CPM 中的后向递推算法获得 LF_j,因此 $[\mathrm{EF}_j, \mathrm{LF}_j]$ 表示活动 j 的结束时间窗。式(1-5)引入了与每个活动的结束时间相关的 0-1 决策变量 x_{jt},式(1-6)确保每个活动在其结束时间窗口中仅一个时刻点处结束,因此式(1-4)表示最后一个虚活动的结束时间,是最小化项目工期的目标函数。式(1-7)表示有些活动之间存在结束–开始型的优先关系约束。式(1-8)表示可更新资源约束,即在项目进展过程的每个单位工期上,对每种可更新资源的占用总量不能超过其限量。f_j 表示活动 j 的结束时间,F 表示所有活动的结束时间构成的向量,则基本 RCPSP 的正规模型的解表示为 $F = \{f_j = t | x_{jt} = 1, t \in [\mathrm{EF}_j, \mathrm{LF}_j], j=1,2,\cdots,J\}$,即给每个活动在其结束时间窗口中确定一个合适的结束时间,使得在满足约束的条件下项目工期最短。

此外，对于基本 RCPSP 的每个解，活动安排除了受限于最基本的逻辑关系外，能否获取所需数量的资源也制约着活动安排。如此，在活动之间便形成了资源传递关系，即首先占用资源的活动结束后释放出资源传递给后续活动，后续活动才得以开始执行。将资源在活动之间的传递路径绘制于项目网络图中就形成了一个资源流量网络（Leus and Herroelen，2004）。显然，一个资源流量网络对应基本 RCPSP 的一个可行解。所以，基本 RCPSP 可通过资源流量网络模型来表达，而且资源流量网络也是分析基本 RCPSP 解基本特征的一种方法，在此不再赘述。

尽管基本 RCPSP 的解只能取整数，但它不是简单的整数规划问题，而是一种以整数作为解的组合优化问题。同时，基本 RCPSP 的最优解有时不唯一，即达到同样的最短项目工期，可以有多于一种的活动进度安排方式。已有研究结果证明（Blazewicz et al.，1983），基本 RCPSP 模型的求解属于一种非确定性多项式难（non-deterministic polynomial hard，NP-hard）问题。此外，以经典的基本 RCPSP 为基础，多种不同的项目调度问题已发展了非常丰富的理论模型，且一直以来得到了国内外众多学者的广泛关注。

3. 基本 RCPSP 模型的求解方法

1）基于优先权规则的启发式算法

基于优先权规则（简称优先规则）的启发式算法是求解 RCPSP 的一类重要算法，该类算法基于不同的启发式优先规则生成可行调度计划。首先根据优先规则，对合格活动集合 E_n 中的每个活动赋予一个优先权值 $v(j)$。调度计划生成过程中的每个决策阶段 n，根据选择规则从 E_n 中选择仅一个活动（串行调度方案）或尽可能多的活动（并行调度方案）来安排。如果在某个决策阶段，有多于一个任务具有相同的优先权值 $v(j)$，则还需要继续给出打破平局的补充规则。

不同的优先规则考虑的因素各不相同，Klein（2000）将文献中常见的优先规则分为四类：基于项目网络的优先规则、基于关键线路的优先规则、基于资源的优先规则、混合优先规则。

将不同的优先规则和调度计划生成机制（schedule generation scheme，SGS）相结合，可生成不同的基于优先规则的启发式算法。如果算法在进度拓展过程中仅用单个 SGS 和优先规则生成单个进度安排，则被称为单通道算法。与单通道算法相对应，在进度拓展过程中能够并行地生成多个进度安排的称为多通道算法。显然，多通道算法是单通道算法的拓展，而单通道算法为多通道算法的简化。多通道算法主要有如下几种。

（1）多重优先规则的启发式算法：在搜索过程中使用多个不同的优先规则并多次用到 SGS（Boctor，1990），如 Ulusoy 和 Özdamar（1989）、Thomas 和 Salhi（1997）通过多个优先规则的凸组合来获得更多的调度计划。

（2）前向–后向（forward-backward）调度方式的启发式算法：使用单个 SGS 采用前向和后向交替迭代的方式来安排活动以获得调度计划（Li and Willis，1992；Özdamar and Ulusoy，1996）。在这种调度方式中，优先权值基于最后生成的调度计划的时间参数来定义。Klein（2000）指出，前向–后向调度方式能显著地提升基于优先规则的启发式算法绩效。

（3）抽样型启发式算法：通常只使用一种 SGS 和一种优先规则，对于合格活动集合中的任意一个活动 j，它被以一定的概率 $p(j)$ 随机地选出来安排执行。根据 $p(j)$ 计算方法的不同，该类启发式算法分为随机抽样（Tormos and Lova，2003）、偏倚随机抽样（Cooper，1976）和基于后悔值的偏倚随机抽样（Böttcher et al.，1999）等三种。随机抽样以相同的概率 $p(j)=1/|E_n|$ 从 E_n 中选择可安排的活动；偏倚随机抽样基于各活动的优先权值计算被选择的概率 $p(j)$；基于后悔值的偏倚随机抽样首先将活动 j 的优先权值 $v(j)$ 转化为后悔值 $r(j)=v(j)-v_{\min}(j)$，其次对后悔值进行修正 $r(j)'=[r(j)-\varepsilon]^{\alpha}$（其中，$\varepsilon$ 为大于 0 的常数，α 为调整抽样偏倚程度的参数），最后再根据修正后的后悔值计算活动被选中的概率。

（4）适应性启发式算法：基于项目的具体特征如包含的活动数、资源可用量等决定所使用的 SGS、优先规则及抽样方法。Kolisch（1996a）首先提出具有适应性的启发式算法，他提出的算法可以在具有 LFT（last finish time，最晚结束时间）规则的串行 SGS 和具有 WCS（worst-case slack，最差情形的松弛）规则的并行 SGS 之间进行选择。

常用的优先规则总结于表 1-3 中（Davis and Patterson，1975；Alvarez-Valdes and Tamarit，1989；Ulusoy and Özdamar，1989；Kolisch，1996a；Kolisch and Hartmann，2006）。在这些算法中，尽管从理论上讲多通道算法一般要优于单通道算法，但是由于算法结构、编程语言、运行环境及测试算例等存在差异，目前尚无法对它们的优劣做出绝对的判断。

表 1-3 求解 RCPSP 的基于优先规则的启发式算法

参考文献	优先规则	通道数	SGS	抽样方法
Alvarez-Valdes 和 Tamarit（1989）	GRPW、MTS 及其他	单通道	并行	
Davis 和 Patterson（1975）	LST、MINSLK 及其他	多通道	串行和并行	随机抽样、偏倚随机抽样、基于后悔值的偏倚随机抽样
Kolisch 等（1995）	LFT、WSC	多通道	串行和并行	基于后悔值的偏倚随机抽样
Ulusoy 和 Özdamar（1989）	凸组合	多通道	并行	
Kolisch（1996a）	WCS 及其他	单通道	并行	
Özdamar 和 Ulusoy（1996）	LCBA	多通道	并行	
Özdamar 和 Ulusoy（1994）	LCBA	单通道	并行	

续表

参考文献	优先规则	通道数	SGS	抽样方法
Boctor（1990）	多种规则	多通道	串行和并行	
Thomas 和 Salhi（1997）	凸组合	多通道	并行	
Li 和 Willis（1992）	开始及完成时间	多通道	并行	
Cooper（1976）	多种规则	多通道	串行	偏倚随机抽样
寿涌毅（2006）	凸组合	多通道	串行	基于后悔值的偏倚随机抽样
Böttcher 等（1999）	多种规则	多通道	串行	基于后悔值的偏倚随机抽样
Kolisch 和 Drexl（1996）	多种规则	多通道	串行和并行	基于后悔值的偏倚随机抽样

注：GRPW 为 greatest rank positional weight（最大秩序权重）；MTS 为 most total successors（全部后继活动数量最多）；LST 为 latest start time（最晚开始时间）；MINSLK 为 minimum slack（最小松弛时间）；LCBA 为 local constraint based analysis（局部约束分析）。

2）元启发式算法

元启发式算法近年来在求解 RCPSP 方面得到了迅速的发展并取得了良好的效果。该类算法通常将项目进度表述为一组编码，利用元启发式策略对编码进行搜索优选后，再转化为进度安排。求解 RCPSP 常用的元启发式算法有遗传算法（genetic algorithm，GA）、模拟退火（simulated annealing，SA）、禁忌搜索（tabu search，TS）等。

（1）常用的元启发式算法。遗传算法并行地考虑解的一个集合或群体，在已生成的初始种群基础上，通过选择、交叉和变异三种进化操作获得邻域解集（Alcaraz and Maroto，2001）。模拟退火算法从某个初始解开始，由当前解生成一个邻点解，邻点解通过对当前解的拓展来生成。若邻点解好于当前解则被无条件接受，否则，邻点解以一定的概率被接受，接受概率依赖于该解变差的程度以及当前的温度参数（Bouleimen and Lecocq，2003）。禁忌搜索算法对于所有邻点解进行评价并选择其中最好的一个进行下一步的搜索（Thomas and Salhi，1998）。为了避免搜索返回刚刚离开的局部最优点而形成循环，建立了一个禁忌列表来限制向某些邻点的移动。这种禁忌状态在某种特定的条件下也可以被重新激活，这种特定的条件称为特赦规则。

除了上述三种最常用的元启发式智能优化算法，在求解 RCPSP 的过程中还用到了最先适应策略（first fit strategy，FFS）（Leon and Balakrishnan，1995）和最佳适应策略（best fit strategy，BFS）（Naphade et al.，1997）的元启发式算法，前者直接接受好的邻点解并拒绝变坏的邻点解，后者对所有邻点解进行扫描并接受其中最好的邻点解。此外，一些新的元启发式算法如蚁群算法（Merkle et al.，2002）、可变邻点搜索技术（Fleszar and Hindi，2004）、散射/电磁混合搜索技术（Debels et al.，2006）也正逐渐被应用到 RCPSP 的求解中。

关于求解 RCPSP 的元启发式算法见表 1-4。从各位研究者给出的测试结果大致可以得到如下结论：元启发式算法总体上好于基于优先规则的启发式算法；在元启发式算法中，遗传算法和模拟退火的求解速度和效果最佳。

表 1-4　求解 RCPSP 的元启发式算法

参考文献	表述方式	元启发式算法	SGS	算子
Barr 等（1998）	活动列表、进度设计	禁忌搜索	串行和并行	关键路径转换、移动
Cho 和 Kim（1997）	随机键	模拟退火	串行和并行	分段互换
Naphade 等（1997）	随机键	最佳适应策略	修正的并行	问题空间
Leon 和 Balakrishnan（1995）	随机键	最先适应策略、最佳适应策略、遗传算法	修正的并行	问题空间、一点交叉
Lee 和 Kim（1996）	随机键	遗传算法、模拟退火、禁忌搜索	并行	分段互换、一点交叉
Sampson 和 Weiss（1993）	转移向量	模拟退火	递归	移动
Thomas 和 Salhi（1998）	直接表述	禁忌搜索		移动
Bouleimen 和 Lecocq（2003）	活动列表	遗传算法	串行和并行	两点交叉
Boctor（1996）	活动列表	模拟退火	串行	转移
Hartmann（2002）	活动列表	模拟退火	串行	转移
Kohlmorgen 等（1999）	随机键	遗传算法	串行	两点交叉
Alcaraz 和 Maroto（2001）	活动列表	遗传算法	串行	两点交叉
王宏等（2005）	活动列表	遗传算法		一点交叉

（2）其他的混合元启发式算法。遗传算法、模拟退火和禁忌搜索是求解基本 RCPSP 最常用的三种元启发式算法，除此之外，还有一些其他的混合元启发式算法也被用来求解基本 RCPSP，具体如下。

一是修正的分支定界（branch and bound，B&B）算法。修正的 B&B 算法本质上是在 B&B 算法找到最优解之前，忽略部分搜索以便算法能够在合理的计算时间内终止，这样最终获得的是一个满意解而非最优解。Pollack-Johnson（1995）提出了一种跳跃追踪 B&B 算法，该算法使用了并行 SGS 并采用深度优先方式部分地搜索 B&B 树。Sprecher（2000）通过限制计算时间将深度优先的 B&B 算法用作一种启发式算法，由优先树指导算法的枚举过程，为了能在限定的时间内获得较好的解，多个优先规则被用于从可安排活动集合中挑选最有希望的活动首先进行分支。程序和吴澄（2006）将 B&B 算法与启发式算法相结合，提出了一种求解带有预约时间窗口约束的项目调度问题。

二是基于不连接枝线的启发式算法。基于不连接枝线的启发式算法的基本思路是通过添加附加的不连接枝线来拓展优先关系（即连接枝线集合），以便消除最小禁止集合，从而保证早开工进度方案对于优先关系和资源约束都是可行的。Alvarez-Valdes 和 Tamarit（1989）提出了四种消除最小禁止集合的方法，最好的结果是应用下述策略得到的：从具有最小基数的最小禁止集合开始，任意地选择一个集合，通过添加使虚活动最早完成时间最小的不连接枝线来消除该集合。Bell 和 Han（1991）提出了一个两阶段算法：第一个阶段与 Shaffer 等（1965）的方法类似；第二个阶段通过移去冗余枝线对第一个阶段获得的可行解进行改进。

除了上述两种混合元启发式算法外，Oǧuz 和 Bala（1994）提出了一种基于整数规划的启发式算法；Mausser 和 Lawrence（1996）通过并行 SGS 使用块结构来缩短项目工期；Ahsan 和 Tsao（2003）使用多标准搜索技术寻找最好的下边界，从而逐步把局部进度拓展为满意的全局进度安排。

因此，求解基本 RCPSP 及其相关 RCPSP 的算法主要有精确算法、基于优先规则的启发式算法、元启发式算法等。此处对几类启发式算法做简单说明。

（1）启发式（heuristic）算法。启发式算法根据问题特征、求解经验等，在可接受时间内找到一个近似解，它是依赖于问题的，不普遍适用。启发式算法是依赖于问题的技术。因此，它通常适应当前的问题，并试图充分利用这一问题的特殊性。然而，由于它往往过于贪婪，通常会陷入局部最优状态，因而通常无法获得全局最优解。

（2）元启发式（metaheuristic）算法。元启发式算法是对整个解空间进行搜索，包括模拟退火、遗传算法、蚁群算法、禁忌搜索、迭代局部搜索、变邻域搜索等。元启发式算法是一种独立于问题的技术。它没有利用问题的任何特殊性，因此可用作黑匣子。一般来说，它并不贪婪。事实上，它甚至可能接受某个具体问题中解的暂时恶化（如模拟退火技术），这使它能够更彻底地探索解的空间，从而得到一个有希望的更好的解（有时会与全局最优相吻合）。请注意，尽管元启发式算法是一种独立于问题的技术，但仍有必要对其内在参数进行一些微调，以便使该技术适应需要解决的问题。

（3）超启发式（hyper-heuristic）算法。超启发式算法是一种用来选择或生成启发式算法以解决计算性搜索问题的自动化方法。事实上它不同于以上两种（启发式和元启发式）算法，前两种算法的对象都是问题搜索解空间，启发式算法针对特殊问题找出较优解，元启发式算法针对普遍问题搜索满意解且不加入任何特殊条件找出通解空间。超启发式算法的特殊性在于它寻找的空间不是解的空间，而是启发式算法或元启发式算法的空间。事实上，超启发式算法可以被看作"启发式搜索启发式"，因此有一个顾名思义的名字——"启发式生成启发式"。

总之，启发式算法是依赖问题特定的知识和经验，构建可行解，或者进行局部搜索获得可行解；元启发式算法是通过对整个解空间进行随机搜索，寻优找到可行解；超启发式算法是优化问题的启发式空间，在解的启发式空间内搜索，自动选择或者生成启发式方法。

三者的对象不同，搜索得出的空间也不同，启发式算法搜索得出的是特殊解空间，元启发式算法搜索得出的是普遍问题的解空间，而超启发式算法搜索得出的是启发式的空间。

4. 基本 RCPSP 的拓展研究

以基本 RCPSP 模型为核心，项目调度问题在不同方向上已有了较多的拓展，主要涉及资源约束、优先关系约束、活动执行方式及目标函数四个方面。

1）资源约束上的拓展

基本 RCPSP 模型仅考虑到可更新资源约束，而 MRCPSP 模型同时包含了可更新和不可更新两种资源约束。Böttcher 等（1999）将资源的可用性定义在时期子集上，提出了一种更为一般的资源概念——部分可更新资源（partially renewable resources）。部分可更新资源可视为可更新资源和不可更新资源的一般化形式。可更新资源可以视为一种每一时期都构成一个分离时期子集的部分可更新资源，而不可更新资源则是一种可用量定义在包含整个项目工期时期子集上的部分可更新资源。部分可更新资源具有更强的表达能力，它可以表述可更新资源和不可更新资源所无法表述的资源约束，如存在节假日的人力资源约束。

2）优先关系约束上的拓展

基本 RCPSP 模型中，活动之间为零时滞的 FS 优先关系约束，可将最常见的零时滞 FS 拓展为更一般的情形，如具有最小最大时滞的优先关系约束（Elmaghraby and Kamburowski, 1992）。最小时滞是指两项活动之间的执行时间间隔必须大于一个最小值；最大时滞是指两项活动之间的执行时间间隔不能超过一个最大值。同时规定最小时滞和最大时滞，便为两项活动之间的执行时间间隔规定了一个时间窗。一般优先关系约束除了最熟知的 FS 之外，还包括结束–结束型（finish-finish，FF）、开始–结束型（start-finish，SF）和开始–开始型（start-start，SS）。FF 表示某项活动在另一相关活动结束时也必须结束，SF 表示某项活动在另一相关活动开始时必须结束，SS 表示某项活动在另一相关活动开始时也必须开始。

3）活动执行方式上的拓展

活动执行方式上的拓展包括两个方面：第一，活动具有多种执行模式。当活动具有多种执行模式时，基本 RCPSP 即被拓展为 MRCPSP。较多的文献研究了求解 MRCPSP 模型的优化算法，这些算法基本上都是对求解单模式 RCPSP 算法的拓展。开创性的工作属于 Talbot（1982），他提出了一个两阶段的 B&B 算法。Speranza 和 Vercellis（1993）提出了深度优先 B&B 算法，该算法列举了活动进度集合，基于优先关系的下边界用来修剪部分列举树。此外，Özdamar（1999）为求解 MRCPSP 开发了一种遗传算法，Maniezzo 和 Mingozzi（1999）使用了一种基于奔德斯分解（Benders decomposition）的启发式算法求解了 MRCPSP。第二，活动具有抢先权。基本 RCPSP 中，活动一旦开始则必须不间断地执行直至完成。然而，在很多情形下，由于资源限制，需要在多个任务之间合理调配资源以提高资源的利用率，所以中断执行任务较为常见。如果允许活动抢先执行，则在某些活动中断期间，其他一些活动就可以抢先执行。Kaplan（1988）首先提出了活动具有抢先权的资源约束型项目调度问题（preemptive RCPSP，PRCPSP）。研究 PRCPSP 求解算法的文献相对较少，具有代表性的是 Demeulemeester 和 Herroelen（1992）提出的 D-H 拓展优化算法，该算法首先将活动分割为数量等于原活动工期的子活动，每个子活动的工期为一，其资源需求量与原活动相同，由此生成一个新的网络；其次在子活动层次上用半活动列表来构造局部进度并利用 D-H 算法搜索求解，他们从理论上证明了当解决资源冲突时，仅考虑最小延迟集合是充分的。

4）目标函数上的拓展

基本 RCPSP 中仅考虑以项目工期最短为目标，属于时间类目标。然而，项目管理工作本质上具有多目标属性，时间、费用、质量是项目目标的三个基本维度。另外，从资源使用角度看，承包商还关注项目进展中资源的均衡使用。对业主和承包商来说，项目收益也是双方最关注的目标。因此，项目调度问题从目标函数上也进行了不同的拓展，主要包括：费用最小化（cost minimization）（Demeulemeester，1995）、净现值最大化、资源均衡（Neumann and Zimmermann，2000）、质量最大化（quality maximization）、多重目标（multi-objective）（Khang and Myint，1999）等。

项目调度问题自提出至今，已取得较多的研究成果（Hartmann and Briskorn，2010），但绝大多数研究属于确定型的，即在假定内外部环境都稳定的条件下，寻找满足给定目标要求的最优（或满意）进度计划安排。然而，由于项目外部环境的复杂性和多变性，很多项目在执行过程中都不同程度地存在一定的不确定性。如果在制订进度计划时未将这一特性考虑在内，那么在随后的项目实施过程中，进度计划便会因不确定因素的影响而频繁地发生调整，从而失去其有效性，进而给项目的组织和协调带来混乱。因此，项目进度管理实践对不确定环境下的项目调度优化研究提出了迫切需求。近些年，不确定环境下项目调度问题成为项目调度优化领域的重点研究内容，吸引了一些专家学者进行探索性研究。因此，接下来主要围绕不确定型项目调度的理论与方法着重介绍与后文研究有关的鲁棒性项目调度和随机项目调度的相关理论基础和方法。

1.2.2 不确定型 RCPSP

近年来，项目管理领域内关注的重点是不确定环境下的项目调度问题。不确定型 RCPSP 是经典 RCPSP 的拓展，除经典问题存在的大规模、强约束、多目标等复杂性特点之外，活动、资源和环境等环节存在的不确定性使得不确定型 RCPSP 的求解难度更大，不确定型 RCPSP 是一个更具挑战性的复杂优化问题（王凌等，2014）。尽管不确定型 RCPSP 的建模和求解非常困难，但是其更贴近项目管理的实践过程，因而不确定型 RCPSP 具有更重要的学术意义和实际应用价值。

各类随机因素的存在，使得信息完备条件下获得的静态基准调度计划无法实施，最终可能导致项目延迟、成本超支、资源闲置和更多的在制品库存，或者频繁重新调度而增加系统的紧张度。尤其对于现代项目，其创新性强、规模更大、复杂度更高，更增加了基准调度计划如期执行的难度。由此可见，不确定性已处于项目管理的核心位置，而传统项目调度理论缺乏根据变化动态调整调度方案的灵活性，实践对不确定环境下的项目进度管理方式提出了迫切需求（Klerides and Hadjiconstantinou，2010）。如何应对项目实施过程中出现的诸多不确定因素，也是学术界关注的热点，在项目调度过程中充分考虑不确定因素的干扰并且采用合理的调度方法，是提高调度质量的重要途径，也是缩小理论研究与实际应用间差距的重要手段。鲁棒性项目调度优化问题正是在这一背景下催生的一个新的研究分支。

一般情形下，不确定因素会影响对研究问题的建模，最常见的是将活动工期表示为随机变量。本节根据不确定性影响效果的表示方法、是否需要基准调度方案和项目执行时采用的调度策略，对现有的不确定型 RCPSP 进行分类，如表 1-5 所示，据此获得不确定型项目调度问题的研究分支。

表 1-5 不确定型 RCPSP 的分类

问题形式		表示方式	基准调度方案	项目实施过程
鲁棒性 RCPSP	前摄性	随机变量	需要，考虑了鲁棒性	反应式调度
	反应性		需要，未考虑鲁棒性	反应式调度
SRCPSP		随机变量	不需要	调度策略
FRCPSP		模糊数	需要，模糊基准调度	无
关键链方法		随机变量	需要	调度规则
干扰项目调度		随机变量	需要	反应式调度

1. 鲁棒性 RCPSP

鲁棒性概念源自现代控制理论和系统科学，指系统具有承受不确定因素影响的能力。Daniels 和 Kouvelis（1995）较早地正式提出了具有不确定性加工时间的单机鲁棒性调度问题。然后，鲁棒性调度理论与方法被应用于不同的行业领域

(Kouvelis and Yu，1997)，如收割调度（Boyland et al.，2005)、飞行鲁棒调度等（Lee et al.，2007)。

项目调度问题中鲁棒性的基本含义也沿袭控制论中的鲁棒性定义，并由学者 Leus 和 Herroelen（2004）较早地将其引入到项目调度问题当中，主要解决如何得到鲁棒性较大的资源分配方案的问题。进一步，鲁棒性项目调度又称为前摄性–反应性项目调度（van de Vonder et al.，2007），在预测可能出现的不确定因素的基础上，鲁棒性方法首先使用主动（前摄性）调度生成具有保护性的基准调度计划，其次在项目实施过程中出现不确定因素时，根据实际进度情况和追求的调度目标，使用反应性调度调整或修复进度实施方案来实现项目的顺利实施。

两种鲁棒性项目调度技术分别应用于项目的两个基本阶段，理论上通常认为前摄性调度（proactive scheduling）（又称为主动式调度）较为重要，前摄性调度可以依据基准进度计划进行模型化处理，并且是项目实施阶段反应性调度的对照基准（Herroelen and Leus，2004）。然而，从项目实践的角度看，项目实施具有较强的一次性特征，在项目计划阶段往往不能预料到实施过程中可能出现的所有不确定因素，因此，制定采用相应的反应调度措施进行修补或更新项目计划也是非常重要的（van de Vonder et al.，2007）。

进一步，在单独的前摄性调度研究中，经常采用一定的反应性调度策略来验证前摄性调度方法的有效性。而在单独的反应性调度研究中，需要基于前摄性调度生成的基准进度计划来对比不同反应性调度策略的实施效果。因此应综合使用前摄性调度和反应性调度两种方法，制订前摄性调度计划时需要考虑反应性调度策略的影响，分析两种调度方法之间的联系并制定系统化调度策略，所以形成了前摄性–反应性集成调度优化方法。当前，前摄性–反应性调度依据其表达方式和问题处理方法的不同可以分为两类：一类是基于反应性调度的实施（仿真）结果生成前摄性计划和相应的反应性调度策略；另一类是基准进度计划和必需的反应性计划集合，基准进度计划在执行过程中受到干扰后可在不同预备计划之间进行切换选择。研究结果表明，前摄性–反应性集成调度优化方式比传统分阶段独立进行调度优化的方法的效果更好（Davari and Demeulemeester，2019a）。

2. SRCPSP

与前摄性和反应性调度思路完全不同，随机/动态调度（stochastic/dynamic scheduling）不需要基准调度方案，它采用概率分布描述项目的不确定性参数，将实施项目看作一个动态多阶段决策过程，形成了随机资源受限的项目调度问题。SRCPSP 的解是能够使项目期望工期最短的在线策略（on-line policy），调度策略决定在某个决策时刻 t 开始哪些活动。动态调度策略分为静态（开环）和动态（闭环）两种策略，静态策略在项目实施前确定且在实施过程中保持不变；动态策略会依据项目实施时的信息不断进行更新和调整（Rostami et al.，2018）。

Stork（2001）探究了随机环境下的各种调度策略，并指出预选策略优于基于资源的优先策略，基于资源的优先策略的缺点在于最小禁止集合数量会随项目活动数量的增加而显著增多，由此引起计算成本的增加。Ke 和 Liu（2005）研究了项目截止日期约束下的随机成本最小化的项目调度问题，构建了三种随机调度模型，通过将仿真技术与遗传算法相结合提出了一种混合智能算法，并通过数值实验验证了设计算法的效果。Sobel 等（2009）假设项目中的活动工期、成本及收益均为随机变量，研究了净现值最大化的随机项目调度问题。随后，Creemers 等（2010）基于活动工期的指数分布采用连续时间马尔可夫方法确定最佳的活动调度策略，该学者设计了动态规划的精确方法来确定最优调度策略，进而实现期望净现值（expected net present value，ENPV）最大化，该方法拓展了其先前的研究成果（Creemers et al.，2015）。Bruni 等（2011）针对活动工期概率分布已知情形，建立了最小化项目期望工期的鲁棒性联合概率约束模型并采用一种阶段分解算法求解模型。不同于现有 SRCPSP 对项目期望工期、净现值等目标的关注，Deblaere 等（2011）则关注了项目执行过程中的稳定性，以活动期望开始时间偏差的权重和作为费用目标，采用一种随机方法确定调度策略并预测活动的开始时间，期望获得一种使偏差费用最小的调度策略。谢芳等（2022）建立了多模式资源受限项目调度问题的马尔可夫决策过程模型，并设计了基于预演（rollout）算法的近似动态规划算法求解所设计的模型，实现了依据当前的项目信息动态选择调度方案。

此外，当决策者没有可供参考的项目先验信息时，管理者就无法事先获得活动的工期概率分布情况。因此，Lamas 和 Demeulemeester（2016）提出了机会约束下的资源约束型项目调度问题（chance-constrained RCPSP，CC-RCPSP），主要解决活动工期不确定情形下的项目工期优化问题。除了包括基本 RCPSP 中的约束条件外，CC-RCPSP 还需要满足项目的实际进度与基准进度计划在预先设定的某一概率水平下保持一致的条件，此研究问题也可以拓展到一定完工时间要求下实现按计划工期完工的置信度最大。

3. FRCPSP

采用概率分布描述活动工期需要有较多的相关历史数据来确定概率分布的类型和参数，然而在许多情形下获取这些抽样数据很困难。模糊集理论为处理活动时间的不确定性问题提供了自然的建模工具，因为不需要提前知道太多的先验信息，因此在许多情形下可作为替代概率工期的首选方式。FRCPSP 也属于一类不确定环境下的项目调度问题。Wang（2002）研究了具有最小化计划风险目标的模糊项目调度问题，设计了一种模糊柱搜索算法。Wang（2004）设计了一种遗传算法，求解以最小化最坏情形下的绩效作为目标的 FRCPSP。王宏等（2006）假定活动工期及项目截止日期均具有模糊性，针对最大化进度计划的鲁棒性目标设计了基于任务链表的遗传算法。Liang（2010）针对项目决策目标的模糊性，开发了一种两阶段模糊目标规划方法求解不确定环境下的多目标项目管理决策问题。Eshtehardian 等（2009）、Chen 和 Tsai（2011）采用模糊数表示活动工期和费用来建模时间-费用权衡问题。Maravas 和 Pantouvakis（2012）采用三角模糊数表示活动的工期和费用以研究项目进展过程中的现金流。王冰等（2011）采用模糊数描述活动工期和项目交货期，建立了以最大化客户满意度和调度鲁棒性为目标的项目调度模型，并设计了人工免疫算法。Masmoudi 和 Haït（2013）将资源约束项目调度和资源均衡问题拓展到模糊环境下，分别采用贪婪算法和遗传算法求解问题并将研究结果应用于一个实例中。

最新出现的采用情景集（scenario set）表示项目的不确定性参数的方法，其原理与模糊集方法类似。一个给定情景表示项目不确定性参数的一种组合。Yamashita 等（2007）针对活动时间的不确定，利用情景集表示各活动工期的组合，建立资源总成本（total cost，TC）最小化的鲁棒调度优化模型并采用分散搜索算法求解。Artigues 等（2013）以最小化所有场景下的绝对后悔值作为鲁棒性 RCPSP 的目标，采用基于整数规划和基于场景松弛的启发式算法获得各活动的最早执行策略。

4. 关键链方法

不同于经典的 CPM 和 PERT，关键链方法是由 Goldratt（1997）基于约束理论提出的一种项目进度管理技术，其主要思想是通过在基准进度计划中设置缓冲机制来消除不确定因素对计划的扰动。对比 CPM，关键链方法认为人的惰性行为会导致活动实施过程中存在"学生综合征"问题，所以采用活动的均值工期替代保守时间，将剔除的活动工期中的安全充裕时间以缓冲的形式进行管理和使用。

近年来，已有文献对关键链方法的研究集中于模型求解算法、缓冲区大小的确定以及关键链的应用三个方面。Herroelen 和 Leus（2001）设计了 B&B 算法确定关键链的基准进度计划，然而模型的求解主要聚焦于开发高效的启发式智能优化算法方面。关键链模型的最优解指工期最短的基准调度计划，而寻找活动网络中关键链和非关键链的过程更复杂。对于缓冲区尺寸的计算，代表性的方法有 50% 剪切法（Goldratt，1997）、根方差法（Newbold，1998）。此外，Tukel 等（2006）提出了带有资源紧张度的适应性程序（adaptive procedure with resource tightness，APRT）和带有网络密度的适应性程序（adaptive procedure with density，APD）的两种缓冲尺寸计算方法。Long 和 Ohsato（2008）利用模糊数描述活动工期，形成了一种模糊关键链方法。

目前，根方差法、APRT 和 APD 方法被普遍认可，但也有其他学者针对不同的情形，提出了改进的缓冲区尺寸计算方法。Ma 等（2015）基于关键链技术构建了鲁棒性项目调度双目标优化模型，提出了基于情景的鲁棒性项目调度方法，该方法既可以缩短项目完工时间又可以降低不确定性对项目实施的影响。张静文等（2017）考虑到关键链方法应用在 RCPSP 中会产生二次资源冲突的困境，提出了二次资源冲突的消除策略并设计了相应的鲁棒性指标（robust index，RI）。田旻等（2019）针对多模式资源受限鲁棒项目调度问题设计了改进的关键链方法，在两个核心问题上提出了新的解决思路：一是设计了非关键链的识别准则，二是设计了新的鲁棒性指标。鉴于活动的安全工期、资源紧张程度、网络复杂度（network complexity，NC）等因素对项目的影响，徐小峰等（2017）建立了考虑多因素干扰的缓冲设置和调整的联动模型，在项目开始时刻进行缓冲设置，并在项目执行过程中通过对威布尔（Weibull）分布参数进行估计实现缓冲信息的递阶转换，提高缓冲使用的效率。

现有研究成果中，关键链方法集中地考虑了采用输入缓冲和项目缓冲的方式来提高项目的鲁棒性，以降低不确定因素对项目工期的影响。然而，将项目进度计划中的时间缓冲分散于项目的各个活动之中，更有利于提高项目基准进度计划的鲁棒性。

5. 干扰项目调度

项目实施过程中，不确定性事件随机出现并导致实际进度偏离计划，可定义为干扰。干扰管理（disruption management，DM）指针对各种实际问题和干扰事件的性质，建立相应的优化模型并开发有效的求解算法，以快速、及时地给出处理干扰事件的最优调整方案。Yu 和 Qi（2004）对研究干扰管理做出了重要贡献，首先将干扰管理成功应用于解决机场航班的延误问题。随后，研究者陆续将干扰管理应用于物流和供应链（胡祥培等，2011）、机器调度（Zhao and Tang，2010；刘乐和周泓，2014）、港口调度（曾庆成等，2013）、铁路调度等领域中。

相对于其他的领域，干扰管理在项目管理中的研究文献还较少。针对项目管理中工作人员因工作时间不同而产生的干扰，Zhu 等（2005）正式将干扰管理引入 RCPSP 中，对项目执行过程中的干扰因素进行区分，构建了扰动恢复调度优化模型，采用松弛后的混合整数规划和约束传播技术相混合的算法求解模型。受干扰运作系统的重调度（affected operations rescheduling）和匹配调度（matchup scheduling）方法主要集中于生产调度领域的现状，Kuster 等（2010）提出了一种适用于干扰项目调度问题的局部重调度（local rescheduling）算法。潘逢山等（2013）采用混沌粒子群算法求解了带干扰情形的 RCPSP，并采用仿真实验验证了模型和算法的有效性。王艳婷等（2017）通过衡量三类目标（完工时间、成本和鲁棒性）

和两种资源分配组合，分析反应性策略对项目调度过程中的中断时间、完工时间和损失成本的影响，据此确定不同场景下的最佳调度策略。Chakrabortty 等（2021）基于事件的方法构建反应性调度混合整数规划模型，并设计了启发式算法求解此模型。总之，干扰项目调度研究刚刚起步，其理论模型和算法仍需深入探索。目前，干扰管理已成为国际上管理科学及相关领域中备受关注的一个新方向，具有重要的科学意义。

6. 敏感性分析

调度中的敏感性分析（sensitivity analysis）研究的是当问题参数发生变化时对最优调度方案的影响程度。Penz 等（2001）针对任务工期有扰动的情形，研究了单并行机器调度中离线调度算法的敏感性保护问题。Hall 和 Posner（2004）正式提出了生产调度问题中的敏感性分析，他们研究了可用多项式求解但很难处理的诸多问题，如保持最优解时确定参数变化临界值、给定参数变化幅度时确定新的最优解及基准调度方案在何时仍保持最优等敏感性分析涉及的具体问题。近 10 年来，调度领域的敏感性分析研究多出现在机器调度中，项目调度中涉及较少，项目调度环境中的敏感性分析是未来一个非常有前景的研究主题。

综上可知，鲁棒性调度和随机调度仍是不确定环境下的两种主要项目调度方法，鲁棒性调度强调在计划阶段通过插入时间缓冲或资源缓冲的方式，获得具有一定抗干扰能力的前摄性基准调度方案。相比较而言，SRCPSP 不需要基准调度方案，而是采用调度策略指导项目的实施过程。实践中，各类随机因素对项目执行过程的影响最终体现为活动工期的波动，因此可以将活动工期建模作为随机变量，探究鲁棒性调度和随机调度之间的协同关系。鲁棒性调度追求的是调度方案或绩效目标的稳定性，随机调度通常追求项目绩效目标的期望值最优。因此，对考虑融资的项目而言，可以整合鲁棒性调度和随机调度两种调度方法来解决工程项目融资和进度规划的集成优化问题，使得获得的基准进度方案、融资方式或调度策略具有更强的适用性和灵活性，能够应对复杂多变的项目环境，达成项目管理者的决策目标和实际绩效。

1.3 资金约束型项目调度问题

CCPSP 可看作以最大净现值为优化目标的项目调度优化问题研究分支之一。在 CCPSP 中，项目的初始预算资金是有限的，随着项目的推进可将获得的支付款用来更新资金可用量，以用于安排项目中的活动。该研究问题中资金既是项目所面临的一种特殊资源约束，又是管理者期望实现的绩效目标。CCPSP 一般以项目的现金流出和流入为基础，通常以项目净现值最大为目标进行项目调度优化。

1.3.1 无资源约束的 CCPSP

不同于 MRCPSP 中的不可更新资源，CCPSP 中的资金数额会随项目的实施改变。Sung 和 Lim（1994）从保持项目现金流均衡的角度构建了 CCPSP 优化模型，并设计了两阶段启发式算法。Özdamar 和 Dündar（1997）将资金作为一种不可更新资源，研究了现金流入不确定且具有多种活动执行模式的 CCPSP，并设计了灵活的启发式算法。Özdamar（1998）在之前研究的基础上，在 CCPSP 中添加了项目截止日期的约束。通常情况下，项目的现金流模型会对净现值大小产生一定的影响（Leyman and Vanhoucke，2017）。He 等（2012）联合 CCPSP 和具有多种活动执行模式的项目支付调度问题（multi-mode project payment scheduling problem，MPPSP），提出了具有多种活动执行模式的资金受限型折扣现金流项目调度问题（multi-mode capital-constrained project scheduling problem with discounted cash flows，MCCPSPDC），该问题将项目中的支付事件作为决策变量，构建了资金约束下以净现值最大为目标的整数规划模型，并设计了禁忌搜索算法进行求解。

此外，在松弛项目资金约束的条件下，有关学者开展了有关项目现金流均衡的项目调度优化研究工作。何正文等（2011）提出了现金流均衡项目调度问题（cash flow balance project scheduling problem，CFBPSP），并基于里程碑事件支付、累计时间支付、累计挣值支付和累计费用支付四种支付条件分别建立了 CFBPSP 的优化模型，并设计了禁忌搜索算法。考虑到活动工期具有随机性的特征，宁敏静等（2019）在考虑鲁棒性阈值和项目工期约束下探究了多种活动执行模式的现金流均衡调度问题，然后采用模拟退火算法对所构建的模型进行了求解。

1.3.2 资金和资源约束型项目调度问题

基于项目进度的操作层视角，多数项目在实施过程中面临着各类常规资源供给量有限的现实情景。Smith-Daniels D E 和 Smith-Daniels V L（1987）综合考虑了资金和材料资源双重约束，提出了资金和资源同时受约束的有折扣现金流项目调度问题（capital and resource-constrained project scheduling problem with discounted cash flows，CRCPSPDC），构建了以净现值最大化为目标的优化模型并求解。考虑到项目执行过程中所面临的多种现金流模型场景，Leyman 和 Vanhoucke（2017）对现有现金流模型进行了总结。根据是否考虑资源约束分别构建了 CCPSPDC（capital-constrained project scheduling problem with discounted cash flows，资金受限型折扣现金流项目调度问题）和 CRCPSPDC 的优化模型，并在求解算法中针对不可行解提出了修复调整策略，提升了算法的求解质量。Vahdani 和 Shams（2020）在考虑多种活动执行模式和连续支付的基础上，研究了带有项目工期奖罚的 CCPSP。

此外，Tirkolaee 等（2019）以项目净现值和完工时间为双目标，构建了双目标混合整数规划模型，针对大规模问题设计了两种元启发式算法进行求解。Kannimuthu 等（2020）将 CCPSP 拓展应用至多模式资源约束下的多项目调度问题研究中，构建了同时考虑多项目工期、成本和质量的多目标优化模型，采用一种概率全局搜索算法对比分析了采用单项目形式和多项目形式表示多项目网络的效果。

综上可以发现，当前 CCPSP 的研究仍较少，且多停留在理论层面，受资金和资源的双重约束，此类问题的求解比 RCPSP 更加困难，据作者所知目前尚无精确的求解算法。在工程项目实践过程中，CCPSP 在理论上没有涉及项目资金缺口的融资问题，导致其相关理论与方法在工程领域的应用上仍存在一定的局限性。

1.4 考虑融资的项目调度问题

对于资金密集型的长周期工程项目，从承包商的角度，FBPSP 主要解决在融资额度有限的情形下，制订能够满足项目实施过程中资金需求的进度计划和融资方案，以最优化项目管理者的决策目标的问题。然而，从与资金流有关的项目调度问题研究的发展历程看，较早提出的研究问题是 max-NPV。在 max-NPV 项目调度优化问题中，将项目执行中发生在不同时刻的现金流入和流出都折现到项目起始时刻进行累加。之后，在考虑项目执行时出现资金缺口的情形下相继又衍生出 CCPSP 和 FBPSP。图 1-3 表示了与项目资金流有关的三个研究问题之间的继承和发展关系。

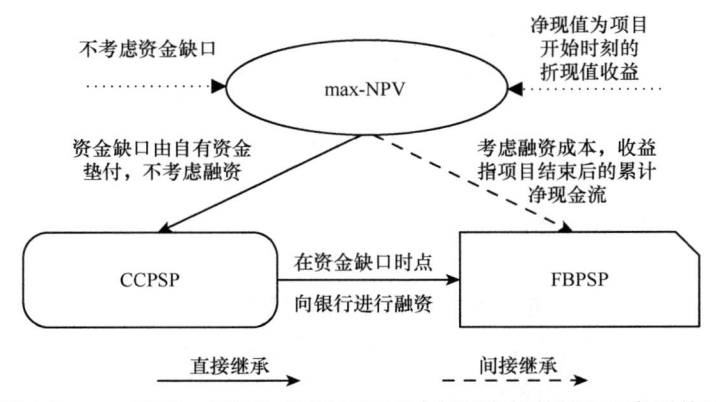

图 1-3 max-NPV、CCPSP 及 FBPSP 三个问题之间的继承和发展关系

当前，FBPSP 已成为项目调度优化问题中一个新的研究分支。近 20 年来，虽然 FBPSP 逐渐受到了相关学者的关注，但是该分支与项目调度领域其他分支相比研究文献仍较少，FBPSP 的研究对象主要聚焦于资金密集的长周期型项目，其理论研究成果多应用于工程项目建设领域。基于融资方案分类的视角，现有 FBPSP 主

要可以划分为考虑银行授信融资的项目调度问题和考虑多种融资方案组合的项目调度问题（multi-finance-alternative-based project scheduling problem，MFABPSP），具体可参见图1-4。

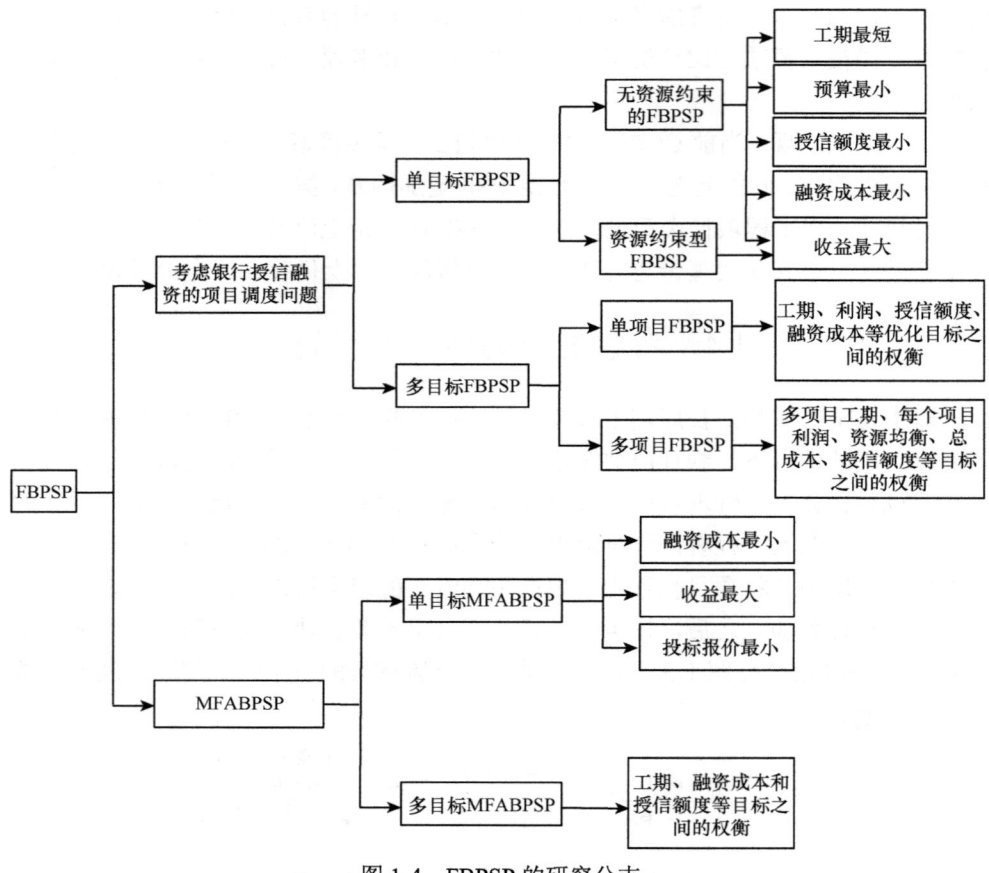

图1-4 FBPSP的研究分支

1.4.1 考虑银行授信融资的项目调度问题

依据项目管理者在决策过程中追求的项目绩效目标，在考虑银行授信融资方式下，本小节主要阐述单目标和多目标FBPSP的研究现状，以期为后续章节中相关研究子问题的提出奠定理论基础。

1. FBPSP的单目标优化

根据项目管理者对实际项目绩效目标优化的需要，可将FBPSP划分为单目标和多目标融资调度优化两类。其中，FBPSP的单目标优化最早被提出，并得到了相对充分的研究。Elazouni和Metwally（2005）在之前的研究基础上，以项目工期最短为目标构建了授信额度下的整数规划模型，并设计了遗传算法进行求解。考虑到活动具有多种执行模式，他们又研究了时间–费用权衡的项目调度问题（Elazouni and Metwally，2007）。由于 Elazouni 和 Metwally（2005）提出的遗传算法在种群进化过程中会产生违反活动之间逻辑的不可行个体，所以 Alghazi 等（2013）在已有研究的基础上提出了改进的遗传算法，主要针对活动逻辑关系不可行个体提出了修复策略，与重新产生新个体、对不可行个体直接赋惩罚值进行了对比，也将该方法的求解效果与整数规划方法进行了对比。此外，Alghazi 等（2012）还设计了蛙跳算法测试求解 FBPSP 的效果。Elazouni 等（2015）针对之前 FBPSP 研究中提出的元启发式算法，对比分析了遗传算法、模拟退火算法和蛙跳算法的求解效果。Al-Shihabi 和 AlDurgam（2017）提出了带有启发式信息的最大最小蚁群系统算法，并通过开展一定规模的数值实验验证了最大最小蚁群系统算法的求解效果。以上文献均在银行授信融资方式和固定时间间隔的支付条件下研究 FBPSP，并主要将项目工期作为优化目标，相关研究的差异主要体现在求解算法的设计不同上。

然而，现有关于单目标 FBPSP 的中文文献很少，少数学者对此进行了探讨，并将经典的 FBPSP 研究延伸至对项目净现值的优化。需要融资的场景为：在某些时点若项目的累计负现金流超过累计正现金流，则承包商需要从项目组织外部进行融资来填补资金使用上的缺口。何正文等（2009）提出了考虑项目截止日期要求和融资费用下的项目调度问题，结合里程碑事件支付方式，建立了融资费用最小的整数规划模型并设计了模拟退火算法，分析了影响承包商融资费用的主要因素。任世科等（2009）考虑承包商的融资额度受限，构建了以净现值最大化为目标的整数规划模型。何正文等（2016）将之前的研究问题拓展到四种支付条件下的银行授信约束折扣现金流项目调度问题，构建了以净现值最大为目标的数学优化模型，但是该模型并未考虑项目的融资成本。郑维博等（2016）在考虑业主和承包商融资能力受约束的情形下，从双方合作的视角研究了最大化双方净现值之和的项目调度问题。

在已有的单目标 FBPSP 的研究中，经常忽略项目实施中可更新资源的可用量有限的现实情形。Liu 和 Wang（2008）较早地构建了带有可更新资源约束的项目融资与调度优化模型，但在求解算法设计上仅对极小规模的问题提出了约束规划方法，且无法处理项目现金流出现盈余时不计算融资成本的情形。针对大规模问题，学者 Abido 和 Elazouni（2010）提出了仅保持活动间逻辑关系可行的遗传算法，其解码过程缺乏资源和资金约束条件的检验，导致该算法在使用过程中会产生大量的不可行解，故算法的求解效率较低。当前，仅有少数学者考虑了项目活动工期具有随机性的特点，Lee 等（2012）基于活动工期的历史数据进行了概率分布拟合，找到了最佳的概率分布拟合密度函数，据此生成活动的工期，并依据建立的随机融资分析系统模拟计算项目的现金流和融资成本。

此外，Tabyang 和 Benjaoran（2016）在考虑承包商对分包商的支付安排会影响承包商现金流的基础上，分析了项目的现金流计算修正模型，并通过算例说明了承包商对分包商的合理支付安排可以降低承包商的融资成本和融资额。Al-Shihabi 和 AlDurgam（2020a）研究了离散时间–费用–融资的权衡问题，构建了活动具有多种执行模式的混合整数规划模型（该模型可以用于优化工期、预算、利润和授信额度目标），并为此模型设计了启发式求解方法。

2. FBPSP 的多目标优化

在现实世界中，项目管理者面临的决策问题往往会涉及多个目标的优化（Freschi and Repetto，2006），所以多目标 FBPSP 的优化问题也受到了相关学者的关注。针对工期、融资成本和授信额度的优化，Fathi 和 Afshar（2010）建立了多目标优化模型并开发了 NSGA-Ⅱ进行求解。考虑到活动成本的不确定，Afshar 和 Fathi（2009）采用模糊集理论描述成本的不确定状态，在此基础上构建了数学规划模型，并通过 NSGA-Ⅱ搜索非支配解集，进而同时优化工期、融资成本和授信额度。

基于承包商同时经营多个项目的现实背景，Elazouni（2009）将 FBPSP 的研究背景从仅有一个项目拓展至包含多个项目的场景下，设计了带有枚举规则的启发式方法求解多项目调度优化模型。Gajpal 和 Elazoun（2015）在之前的研究基础上提出了改进的启发式算法，这种改进主要体现为缩小了搜索的解空间范围，提高了算法的计算效率。基于多项目场景，Abido 和 Elazouni（2010）以多项目工期、融资成本和授信额度为优化目标构建了混合整数规划模型，设计了改进的强度帕累托进化算法（strength Pareto evolutionary algorithm，SPEA）进行求解，并提出了模糊技术辅助决策者选择最优解，以实现多项目中每个项目利润最大的目标。Elazouni 和 Abido（2011）构建了相应的多目标项目调度优化模型，并设计了 SPEA 进行求解，随后他们在多目标 FBPSP 研究中考虑了资源均衡目标的优化（Elazouni and Abido，2014）。鉴于多项目实施时会加剧项目资源的紧张度，Liu 和 Wang（2010）采用约束规划方法求解可更新资源约束下的多项目 FBPSP。

为了满足项目（多项目）中需要同时考虑多个优化目标的需求，El-Abbasy 等（2016，2017）设计了多目标优化系统，通过协助承包商制订进度计划和融资方案来获得项目不同目标间的权衡。随后，他们提出了资源约束条件下的多目标 FBPSP 并设计了 NSGA-Ⅱ进行求解。针对项目调度多目标优化算法的求解效果，El-Abbasy 等（2020）通过实例测试结果发现，NSGA-Ⅱ在优化工期、融资成本、利润和授信额度时要优于 SPEA。此外，Abido 和 Elazouni（2021）提出了一种求解 FBPSP 的高效改进多目标的进化算法。Al-Shihabi 和 Aldurgam（2020a）通过项目计划工期迭代增加的方式利用 CPLEX 求解 FBPSP 的整数规划模型，并利用求解器中的"Populate"（种群）和"Priorities"（优先级）方法对项目收益和授信额度目标进行了优化。

1.4.2 考虑多种融资方案组合的项目调度问题

现有考虑多种融资方案组合的项目调度问题中，融资方式主要涉及短期贷款、长期贷款和授信融资这三种贷款方式。Alavipour 和 Arditi（2018a）提出了考虑多种融资方案组合的项目调度问题，阐明了短期贷款和长期贷款在项目实施中的运作方式，并以融资成本最小为目标，构建了仅有一种活动执行模式的项目调度优化模型，模型中增加了不同时点上的借款与还款两组决策变量，模型的求解方法是在 CPM 的基础上求解线性规划模型。在考虑多种融资方案组合的背景下，Alavipour 和 Arditi（2018b）在项目调度问题基础上构建了投标报价的优化模型并进行了求解，同时，他们分别以项目利润最大和融资成本最小为目标研究了活动具有多种执行模式的项目调度优化问题，并设计了遗传−线性规划混合算法。

考虑到对双目标进行优化，Tavakolan 和 Nikoukar（2022）以工期和融资成本最小为目标建立了双目标项目调度优化模型，设计了带有改进策略的遗传混合算法并得到了帕累托前沿。可以发现，当前有关考虑多种融资方案组合的项目调度多目标优化的研究文献相对较少，且考虑的进度计划和融资方案制订者主要为项目的承包商，尚未涉及考虑项目业主的研究视角。

1.4.3 考虑融资的项目调度问题研究现状评述

通过文献回顾与梳理可获知，FBPSP 近年来逐渐引起了有关学者的关注。由于银行授信的融资方式已在国际工程建设市场上获得广泛使用，所以现有的 FBPSP 文献多数也都基于银行授信的融资方式展开，考虑多种融资方案组合的项目调度研究还处于起步发展阶段。然而，本书结合对项目调度领域相关研究现状的追踪与剖析，总结出现有的 FBPSP 研究还呈现出以下特征。

（1）现有的 FBPSP 研究主要聚焦于确定的项目环境条件下，即考虑项目中的基本参数在项目实施过程中保持不变。当外部环境导致项目基准进度计划或融资方案不可行时，往往缺乏有效的预防与处理方法来应对不确定因素对进度计划和融资方案产生的影响，所以解决不确定环境下的 FBPSP 需要进一步的研究和探索。

（2）当前，FBPSP 研究仍集中于从静态的事前视角构建研究问题的优化模型并开发求解算法，即在项目计划阶段生成的活动进度计划和融资方案，未考虑项目实施过程中调整进度计划对项目绩效的影响，在静态视角下制订的进度计划通常不能消除或减弱外界干扰事件对其的扰动影响。

（3）现有的 FBPSP 研究较少考虑到项目开展过程中可能存在的可更新资源和项目截止日期约束的现实情形，且优化模型的求解方法多集中在元启发式算法的设计上，精确算法和高效的启发式算法较为匮乏。因此，基于融资的资源约束型项目调度优化模型有待完善，相应的精准高效的求解算法有待进一步设计和开发。

（4）已有的不确定性项目调度理论与方法，如前摄性调度、反应性调度、随机调度等涉及项目现金流的优化问题仍处于发展阶段，考虑项目多目标优化的不确定性调度相关理论与方法也较少，除与项目进度有关的时间变量外，与资金维度（如融资等）有关的不确定性项目调度理论与方法的相关研究仍鲜有报道。

（5）对比 CCPSP，FBPSP 需要结合项目计划工期内各个支付周期上的累计净现金流的变化状态来计算融资成本，这使得现金流均衡约束在 FBPSP 中具有动态属性，该特征也使得 FBPSP 在建模和求解时较为复杂。FBPSP 中承包商在每个财务时点的资金可用量取决于银行对其设定的授信额度，而 CCPSP 中的资金主要是承包商的自有资金。对于 FBPSP，由于项目在出现负累计净现金流时需要计算融资利息，所以某一财务时点处的累计净现金流为负会改变其后续各个财务时点处的现金流状态；而 CCPSP 中折现成本不影响计划工期内各财务时点处的净现金流，仅影响项目的净现值。

1.5　项目调度问题特征参数与算例库

考虑融资或资源约束类的项目调度问题在计算复杂度上属于 NP-hard 问题，在求解方法上主要有精确算法、启发式算法和元启发式算法。大规模问题主要采用启发式算法或元启发式算法，由于采用启发式算法的求解效率差异较大（Kurtulus and Davis,1982），所以需要采用大规模算例来测试所开发算法的效果，且测试算法的求解效果与项目主要特征参数存在一定关系。因此，本节主要介绍项目调度问题研究中广泛采用的主要特征参数和测试算例库。

1.5.1　项目主要特征参数

已有研究中存在多种描述项目调度问题特征的参数，生产生成项目调度问题的测试算例时主要涉及基本参数和控制参数两类。基本参数主要有网络规模、活动参数和资源参数；而控制参数主要表明网络的复杂性和资源约束等特征。本节从计算复杂度和构造测试算例的角度，主要介绍以下特征参数。

1. 网络复杂度

网络复杂度：表明单代号网络中每个节点上箭线的平均数量。其可通过式

（1-9）来表示：

$$\mathrm{NC} = \frac{|V|}{|E|} \tag{1-9}$$

2. 资源强度

资源强度（resource strength，RS）：主要反映活动对资源的需求和资源供给之间的关系，即资源的紧缺情况。针对可更新资源 k，资源强度可通过式（1-10）来表示：

$$\mathrm{RS} = \frac{R_k}{\frac{1}{J}\sum_{j=1}^{J} r_{jk}} \tag{1-10}$$

3. 资源因子

资源因子（resource factor，RF）：主要描述活动对每种资源的需求状态，其可通过式（1-11）来表示：

$$\mathrm{RF} = \frac{1}{J}\frac{1}{K}\sum_{j=1}^{J}\sum_{k=1}^{K}\mathrm{sgn}(r_{jk}) \tag{1-11}$$

其中，$\mathrm{sgn}(r_{jk}) = \begin{cases} 1, & r_{jk} \geq 0 \\ 0, & 其他 \end{cases}$。

此外，相关学者也提出了序列强度（Dar-El，1973）、资源受限程度（Patterson，1984）以及串并行参数（Vanhoucke et al.，2008）等相关参数。

1.5.2 典型算例库

现有的用于测试项目调度问题求解算法的典型算例库主要有项目调度问题算例库（project scheduling problem library，PSPLIB）和 Patterson 算例库。

1. PSPLIB

Kolisch 等（1995）设计了项目调度问题生成器（project generator，ProGen），ProGen 通过控制项目的三个关键参数（NC、RS 和 RF）和基本参数来生成测试算例，具体生成过程可参见 Kolisch 等（1995）的研究。随后 Kolisch 和 Sprecher（1997）采用全因子实验方式构造了国际上广泛采用的 PSPLIB，所采用的控制参数主要是 NC、RS 和 RF，其主要取值见表 1-6。基于每一种参数组合生成 10 个算例，所有参数组合下共产生 3×4×4×10=480 个测试算例。基本参数设置可参见 Kolisch 和 Sprecher（1997）的研究。

表 1-6　PSPLIB 变量参数的主要取值

参数	水平			
NC	1.50	1.80	2.10	
RS	0.25	0.50	0.75	1.00
RF	0.20	0.50	0.70	1.00

以基本 RCPSP 为核心和基础，目前 PSPLIB 中已有多种项目调度问题的测试算例。例如，针对基本 RCPSP，形成了 J30、J60、J90 和 J120 四个算例集，这四个集合中分别包含 480 个、480 个、480 个和 600 个基准算例，所以共计有 2040 个基本 RCPSP 的基准算例。对于以工期最小为常规优化目标的 RCPSP 来说，J30 算例均已获得精确解，J60 算例中部分已获得精确解。该算例库也包含 MRCPSP 的相关算例。

PSPLIB 中目前提供的测试算例包含五种常见的项目调度问题：①基本 RCPSP；②具有最小和最大时间滞后的资源约束型项目调度问题（RCPSP with minimal and maximal time lags）；③MRCPSP；④具有最小和最大时间滞后的多模式资源约束型项目调度问题（MRCPSP with minimal and maximal time lags）；⑤具有最小和最大时间滞后的资源投资问题（resource investment problem with minimal and maximal time lags）。其中，基本 RCPSP 和 MRCPSP 可以从 PSPLIB 上直接下载。此外，PSPLIB 还提供了针对特定问题的最优解和目前启发式算法获得的最优解。例如，对于基本 RCPSP 的 J30 子集合，最优解存放在名称为 J30opt 的文件中；对于 MRCPSP 的 J30 子集合，由启发式算法获得的最优解存在于名字为 J30hrs 的文件中。如果改进了现有算法或开发了某一种新的求解算法，基本 RCPSP 可以直接采用 J30、J60、J90 和 J120 来评估新算法的性能。

此外，ProGen 算例生成器还可以产生包含时间窗约束的算例（Schwindt，1995）以及带有任务搭接关系的算例（Drexl et al.，2000）。由于 ProGen 算例生成器较难评价网络拓扑结构的复杂性，所以学者 Demeulemeester 等（2003）开发了 RanGen 软件，该软件可以预先根据网络结构中的次序强度确定网络复杂度指数，在构造算例时不再对紧前紧后最大活动数量进行限制，进而实现生成的网络结构具有较强的随机性特征。

2. Patterson 算例库

Patterson 算例库主要通过从早期研究文献中搜集整理了 110 个典型的具有 RCPSP 特征的项目实例所形成的（Patterson，1984）。每个实例中的活动数量介于 7~50，主要使用 1~3 种可更新资源。其中，103 个实例的活动使用了 3 种资源，3 个实例的活动使用了 2 种资源，4 个实例的活动只使用了 1 种资源。Patterson 算例库已在项目调度领域得到了广泛的应用。

近年来，使用 Patterson 算例库中的实例开展项目调度问题数值实验测试的研究有所减少，其原因可以归结为以下几个方面：首先，在 110 个实例中，部分实例的项目网络复杂度相同，其差异主要表现在工期大小和资源需求的不同上；其次，由于实例数量较少且多来自理论研究文献，所以在应用时较难全面地反映项目调度问题的各种情形；最后，Patterson 算例库仅包含活动具有一种执行模式的基本 RCPSP 的基准算例，所以对它进行修改后不能用于测试求解 MRCPSP 的相关算法的性能。此外，因为算例库中的测试算例大多比较简单，学者 Demeulemeester 和 Herroelen（1992）在 IBM PS/2 80386 计算机上用精确算法求解 Patterson 算例库中的算例时，所有算例的平均求解时间为 0.76 秒，最耗时算例的求解时间达到 14 秒。因此，寿涌毅（2019）指出，此算例库不足以有效评估各类求解 RCPSP 算法的效率。

1.6 本书的主要研究内容与贡献

1.6.1 研究内容

基于上述现实和理论背景可知，复杂动态的实施环境给资金密集型项目的平稳实施带来了严峻挑战，并且此类项目在现实中不断涌现。在项目进度规划中，时间、资源和资金之间存在强烈的耦合关系，处理不当则会导致三者之间出现冲突。联合时间、资源、资金三个维度，如何科学合理地配置资金并安排活动进度是此类项目进度规划需要解决的关键问题之一。因此，本书以资金密集且工期较长的工程项目为对象，在考虑可更新资源约束的现实情景下，研究了考虑银行授信融资的资源约束型项目调度问题、考虑银行授信融资的资源均衡项目调度问题（credit-finance-based resource leveling project scheduling problem，CFBRLPSP）、考虑银行授信融资的前摄性鲁棒项目调度问题、考虑多种融资方案组合的资源约束型项目调度问题（resource-constrained project scheduling problem with multiple financing alternatives，RCPSP-MFA）以及财务风险最小化的随机多模式资源约束型项目调度问题五个研究子问题，并对有关研究问题的优化模型和求解算法展开探讨，为项目管理者开展资金和进度管理提供指导和建议。

在考虑银行授信的融资方式下，资源约束型项目调度问题的建模与求解是研究资源均衡项目调度问题、前摄性鲁棒项目调度问题以及考虑多种融资方案组合的资源约束型项目调度问题的基础，并为后续相关研究提供方法支撑。基于确定的项目环境条件，资源均衡项目调度和考虑多种融资方案组合的资源约束型项目调度分别解决了管理者在不同项目绩效目标和融资环境条件下的进度规划和资金管理问题。然而，前摄性鲁棒项目调度和财务风险最小化的随机多模式资源约束型项目调度主要针对不确定项目环境条件下的进度规划和资金管理问题。因此，以上五个研究子问题之间具有一定的内在逻辑关系，共同构成了本书的主要研究内容。本书具体的章节设置如下。

第1章，绪论。第一，介绍本书的理论和实践研究背景，并阐述研究工作的理论和实践意义。第二，分别引入了确定型和不确定型资源约束型项目调度问题、相关模型以及算法，并对相关的研究进展进行了综述。第三，对CCPSP的产生、发展以及研究现状进行了评述。第四，引入考虑融资的项目调度问题，并对不同类型的研究子问题特征展开阐述。第五，介绍了项目调度问题特征参数与算例库，并总结了本书的主要研究内容和创新性贡献。

第2章，考虑融资的项目调度问题建模及求解。首先，结合现有工程项目的融资方式、成本组成和合同支付方式，总结了项目的现金流和融资流模型。其次，分别介绍了考虑银行授信融资和考虑多种融资方案组合的项目调度优化模型。再次，针对不同的考虑融资的项目调度优化模型，分别介绍了现有的精确算法和启发式求解算法。最后，对考虑融资的项目调度问题的数值实验算例的产生与测试进行了介绍。

第3章，考虑银行授信融资的资源约束型项目调度问题。第一，考虑项目实施过程受到可更新资源供给量和授信额度的双重约束，提出和界定研究问题，并构建以获得最后一次付款时项目收益最大化为目标的资源约束型项目调度优化问题的非线性整数规划模型。第二，通过对模型特征进行分析，设计了对于原非线性优化模型进行线性化处理的方法，对小规模算例采用CPLEX求解获得其精确解。第三，将现金流均衡下的串行、并行调度计划生成机制嵌入到遗传算法中用于求解大规模问题。在大规模数值实验部分，对PSPLIB中的资源约束型项目调度问题基准算例配置财务参数并进行筛选，选择符合条件的标准算例进行数值实验，然后与基于优先规则的现金流均衡启发式算法比较，遴选出不同条件下有效的调度优化规则和现金流均衡启发式算法，进一步，通过大规模数值实验测试了元启发式算法的求解效果，为项目管理者在资源约束条件下进行项目融资和进度规划提供了具有工程实践意义的管理启示。

第4章，考虑银行授信融资的资源均衡项目调度问题。首先，由于项目中的各类资源（如人力、机械设备、资金等）需要尽可能地保持处于均衡使用的状态，以免资源在某些单位工期上闲置或不足而导致项目运作成本增加，所以本章界定了考虑银行授信融资的资源均衡项目调度问题。其次，以实现可更新资源均衡和银行授信额度最小为目标，构建了该研究问题的双目标混合整数规划模型。再次，通过对多目标优化模型的特征性质进行分析，设计了NSGA-Ⅱ求解建立的双目标优化模型。最后，通过大规模数值实验验证了所设计模型和算法的有效性，为项目管理者提出了维持项目可更新资源均衡和银行授信额度最小的项目管理启示。

第 5 章，考虑银行授信融资的前摄性鲁棒项目调度问题。首先，考虑到不确定环境对进度计划实施过程的影响主要通过活动工期的波动性来体现，从鲁棒性项目调度角度提出和界定研究问题，构建了以项目收益（项目结束后获得最后一次支付时）和解的鲁棒性最大化为双目标的前摄性鲁棒项目调度优化模型。其次，为了求解该双目标优化模型，定义了三个相关子研究问题，通过引入新的决策变量构建了相应的混合整数模型，针对小规模问题，设计了 ε-constraints 精确算法，针对大规模问题，在设计三种迭代策略确定活动时间缓冲范围的基础上，设计带有局部搜索策略的 NSGA-II 进行求解。最后，对 PSPLIB 和 DC1（Vanhoucke et al.，2016）中的测试算例配置财务参数后展开数值实验测试，对不同算法的求解效果、关键参数的影响等进行了对比和分析。

第 6 章，考虑多种融资方案组合的资源约束型项目调度问题。首先，分析了考虑多种融资方案组合的项目调度问题的研究背景。其次，界定了研究问题，并在可更新资源约束条件下构建了考虑多种融资方案组合的项目调度优化模型。再次，在对模型特征性质进行分析的基础上采用 CPLEX 进行求解。最后，通过大规模数值实验验证了设计模型和求解方法的有效性。

第 7 章，财务风险最小化的随机多模式资源约束型项目调度问题。考虑到项目执行环境的不确定性，项目中的实际活动工期和现金流在项目实施过程中通常具有一定的随机性，由此导致项目的实际收益与预期收益之间存在一定差异。因此，通过定义项目 CNPVaR 来测量项目采用不同调度策略所产生的财务风险。首先概括了随机多模式资源约束型项目调度财务风险问题的产生背景和问题界定。其次，基于离散仿真场景，构建了以 CNPVaR 最小化为目标的混合整数规划模型。再次，设计了多种混合元启发式求解方法。最后，通过大规模仿真数值实验验证了模型和算法的有效性并提炼了相关管理启示。

1.6.2 研究贡献

现有的考虑融资的项目调度问题研究多立足于无资源约束和确定的项目实施环境下，缺乏针对复杂多变的项目执行环境影响项目实施过程的应对措施。虽然有极少数研究文献对资源约束条件或不确定的项目环境条件进行了初步探讨，但对相关内容的研究在理论上仍较为粗浅，对工程项目实践中工程项目进度管理的指导作用并不显著。因此，本书针对资源约束型项目调度、资金约束型项目调度、鲁棒性项目调度以及随机项目调度等理论，采用运筹建模与优化的方法解决不同项目执行条件下的工程项目融资与调度集成优化问题，以期形成完整的理论，并为项目管理者的工程实践提供理论基础和实践指导。本书的研究贡献主要体现在以下五个方面。

（1）在考虑银行授信的融资方式下，构建了资源约束型项目调度问题的非线性整数规划模型，提出了对原模型的线性化处理方法，以实现采用商业优化软件（如 CPLEX）获得小规模算例的精确解，同时，提出了在资金和资源约束条件下生成进度计划和融资方案的串行、并行调度计划生成机制，并在此基础上设计元启发式算法求解大规模问题。该研究丰富了现有考虑融资的项目调度问题的优化模型与求解算法，在考虑项目融资的条件下同时满足了企业经营层的资金管理需求和操作层的进度管理诉求，为考虑融资的资源约束型项目调度理论与方法提供了新的优化模型和高效求解算法。

（2）将资源约束条件和资源均衡目标同时引入到考虑融资的项目调度问题中，提出了 CFBRLPSP。本书构建了以银行授信额度和资源均衡为双目标的优化模型，其中资源均衡目标可同时测度项目工期和资源使用均衡性，模型主要考虑了可更新资源、活动优先关系以及合同工期等约束条件。本书根据模型特征开发了 NSGA-Ⅱ 并进行了求解。此项研究促进了考虑融资的项目调度与项目资源均衡调度理论的结合，实现了管理者对项目资源和资金两个维度的集成化管理。

（3）提出了考虑银行授信融资的前摄性鲁棒项目调度优化问题，构建了新的双目标整数规划模型，并开发了相应的精确算法和元启发式算法。该项研究构建了以项目收益和进度方案鲁棒性为双目标的前摄性项目调度优化模型，并为其设计了两种求解算法。一种是 ε-constraints 精确算法，该算法在原优化模型基础上定义了三个子问题，将双目标优化问题转化为一系列单目标优化问题，通过求解多个单目标问题获得精确的帕累托解集；另一种是带有局部搜索策略的 NSGA-Ⅱ，在计算鲁棒性时提出了两种资源约束下确定活动时间缓冲范围的新方法，并利用局部搜索策略提高算法的分布性、收敛性和多样性。该研究将经典的基于融资的确定型项目调度问题拓展至不确定的环境下，促进了基于融资的项目调度与前摄性鲁棒项目调度理论的融合，提高了现有基于融资的项目调度问题解决现实中复杂现金流管理问题的能力。

（4）提出了资源约束情形下考虑多种融资方案组合的项目调度优化问题，并针对该问题构建了混合整数线性规划模型，并设计了基于迭代方式的精确求解方法。以项目收益最大为目标，在不同融资方案的融资额约束、可更新资源约束以及活动逻辑关系约束的情形下，建立了考虑多种融资方案组合的资源约束型项目调度问题（resource-constrained project scheduling problem with multiple financing alternatives，RCPSP-MFA）的混合整数线性规模模型。在此基础上，通过引入辅助变量对原模型进行了线性化处理；以 CPM 的关键路径长度进行迭代，在固定项目计划工期的条件下将原模型转化为可直接采用商业优化软件求解的形式。该研究将考虑多种融资方案组合的项目调度问题延伸至项目具有资源约束的条件下，实现了包含多种融资方案的项目调度与资源约束型项目调度理论的结合，为承包商在复杂的项目融资环境条件下进行融资规划和进度管理提供了决策支持和参考。

（5）提出并探究了资源约束情形下的随机多模式项目调度财务风险问题，构建了基于仿真场景的随机资源约束型项目调度优化模型，并设计了混合元启发式求解算法。考虑到项目实施过程中的活动工期和净现金流具有随机性，在定义度量项目财务风险大小的 CNPVaR 指标的基础上，构建了基于离散仿真场景的随机多模式项目调度优化模型。通过分析仿真优化模型的特征性质，在考虑算法的不同迭代方式下开发了多种混合元启发式求解算法；通过数值实验测试了各种混合式算法在使用基于活动（activity-based，AB）的调度策略和基于资源（resource-based，RB）的调度策略时在不同规模算例上的求解效果。相比较于以往的研究，本书将无资源约束和仅有一种活动执行模式的随机多模式项目调度财务风险最小化问题拓展至项目具有资源约束和活动具有多种执行模式的条件下，并将项目风险管理方法融入资源约束型项目调度理论的研究中，为承包商在不确定的项目执行环境下，通过采用合理的调度策略和方法降低项目财务风险提供了理论依据和决策支持。

第 2 章　考虑融资的项目调度问题建模及求解

解决工程项目融资与调度集成优化问题的一种有效方法是构建其运筹优化模型并开发求解算法。为此，本章考虑工程项目实施中承包商需要融资的现实情况，首先介绍资金密集型工程项目的现金流发生规律和融资方式；其次在构建的项目现金流模型基础上着重介绍 FBPSP 的基本优化模型和拓展模型，以形成 FBPSP 研究的理论基础；最后，阐述现有 FBPSP 的主要求解思路和算法。本章的内容是后续章节各相关研究问题的基础。

2.1　项目现金流与融资方式

2.1.1　项目现金流的构成要素

基于承包商的视角，工程项目实施过程中的现金流是由完成各项任务的费用支出（含分摊的间接费用和有关税费）与从业主获得的支付款项所决定的，换言之，发生于不同时点的费用支出与收入构成了项目执行过程中的现金流，在不同财务时点处的现金流收支状态决定了项目的资金缺口情况。由此，本节主要阐述项目的费用支出与获得的支付收入的发生特征。

1. 项目的费用

由于不同类型的项目在实施过程中需要投入的人力、材料、设备、资金等各类资源要素的强度和特征都不尽相同，国内外项目计价标准体系也不同，所以项目的成本费用划分也不同。在 RCPSP 研究中，通常将项目费用分摊到每一项具体的活动（任务）中，这种处理方式相当于将项目的估算费用分摊到每个具体的活动当中。然而，由于项目中不同成本的支出特征和发生时间均存在一定的差异，所以在考虑资金时间价值的条件下将不同类型的成本直接分解至项目中的每一个活动并不合理，需要结合项目中成本的发生时间和特点对成本进行分类。

项目的总成本由直接费用和间接费用两大类构成。其中，直接费用指为完成项目中的每项活动投入的主要资源产生的费用，如购买原材料、租赁机械设备和使用人力资源的开销等；间接费用指企业在生产和经营过程中产生的管理费、税费、安置费和履约保证金等费用。考虑到产生资金缺口、需要融资的情况普遍地存在于那些资金密集且工期较长的工程项目上，本书结合已有 FBPSP 的相关文献（Alavipour and Arditi，2018a）中对项目总成本的划分方式，将项目间接费用划分为固定间接费用 C_f、可变间接费用 C_v、履约担保费用 C_b 和动员费用 C_m。传统 FBPSP 的决策变量通常为项目中所有活动的开始时间形成的开始时间序列 $S=(s_1,s_2,\cdots,s_j,\cdots,s_J)$，项目主要费用参数的符号与说明见表 2-1。

表 2-1 项目主要费用参数的符号与说明

符号	说明	符号	说明
CP	项目的合同价格	TC	项目的总成本
C_d	项目的直接费用	FC	项目的融资成本
C_v	项目的可变间接费用	O_v	可变间接费费率
C_f	项目的固定间接费用	O_f	单位工期上的固定间接费用
C_m	项目的动员费用	O_m	项目动员费用的比例
C_b	项目的履约担保费用	O_b	项目履约担保费用的比例
MP	项目的标高金	O_p	投标利润率

（1）项目中的活动在每个单位工期内所产生的直接费用发生在该期的期末，用 c_j 表示活动 j 的单位工期的直接费用，项目的单位工期用 w 来表示，则 j 在其持续时间内每个单位工期上所产生的直接费用用式（2-1）表示。在此基础上，在第 w 个工期上所有正在进行的活动的直接费用之和 u_w 如式（2-2）所示。因此，项目的直接费用 C_d 可通过式（2-3）确定。

$$u_w^j = \begin{cases} c_j, & w=s_j+1,s_j+2,\cdots,s_j+d_j \\ 0, & \text{其他} \end{cases}, \quad j \in V \tag{2-1}$$

$$u_w = \sum_{j=1}^{J} u_w^j, \quad w=1,2,\cdots,W \tag{2-2}$$

$$C_d = \sum_{w=1}^{W}\sum_{j=1}^{J} u_w^j \tag{2-3}$$

（2）项目的可变间接费用 C_v 主要包括人员调配、管理费用，现场的公用设施费，税费等。C_v 根据项目的直接费用以一定比例 O_v 来计取，O_v 可通过承包商以往实施项目的历史数据获得。在每个单位工期上的可变间接费用，由该时间段内开展活动的直接费用之和按比例 O_v 计算获得。因此，C_v 为各单位时间上可变间接费用的代数和，由式（2-4）确定。

$$C_v = \sum_{w=1}^{W}\sum_{j=1}^{J} u_w^j O_v \tag{2-4}$$

（3）项目的固定间接费用 C_f 主要表现为企业经营部门的管理费用，其在每个单位工期上是一个固定的常数 O_f，O_f 可通过企业以往的历史数据来测定。在项目的投标阶段，项目合同价格中的固定间接费用主要由单位工期上的固定间接费用 O_f 和关键路径的长度 T_c 决定。承包商在制订实际项目进度计划时，C_f 主要由项目的计划工期 W 所决定，此时项目的固定间接费用为

$$C_f = O_f W \tag{2-5}$$

（4）项目的动员费用 C_m。在项目开始时刻，承包商需要将设备和其他设施等运抵施工现场用于启动项目，由此产生 C_m，其计算如式（2-6）所示：

$$C_m = (C_d + C_v) O_m \tag{2-6}$$

（5）项目的标高金 MP。标高金主要反映合同（投标）中承包人的利润水平，其大小通常由承包商根据项目所在行业的利润水平、投标策略和企业的盈利目标等多方面因素决定。MP 的计算公式为

$$MP = (C_d + C_v + C_f + C_m) O_p \tag{2-7}$$

（6）履约担保费用 C_b 一般指由承包商委托其他机构向业主交付履约担保金所产生的成本。该费用主要发生在项目的开始时刻，可用一定的计费基数乘以相应的 O_b 来计算，具体见式（2-8）：

$$C_b = (C_d + C_v + C_f + C_m + MP) O_b \tag{2-8}$$

（7）项目的合同价格 CP。一般情况下，项目的投标报价包括上述成本和标高金。在项目计划阶段，承包商的项目的合同总价由投标时的报价决定，可通过式（2-9）计算。

$$CP = C_d + C_v + C_f + C_m + MP + C_b \tag{2-9}$$

依据项目的进度计划和上述各项费用的计算方式，项目管理者可以确定项目中不同费用的发生时间和多少，进而给出项目实施过程中的现金流模型。与忽略融资的项目费用流相比，考虑融资的项目的总成本 TC 中除包含上述费用外，还应包含项目实施期间累计负现金流所产生的融资成本 FC。同时，需要说明的是，尽管本书主要依据工程项目合同价格中具体的费用分类来构建项目的现金流模型，但是实践中承包商可依据对项目费用的属性划分进行调整并建立相应的数学表达式，在基于直接费用和间接费用分类的基础上构建项目的现金流模型，不影响后续考虑融资的项目调度优化模型的特征性质。

2. 项目获得的支付收入

业主对承包商的多次支付即是项目的支付收入，可以分为过程支付（中间支付）和最后一次性结清支付，一般是指项目开展过程中，根据业主与承包商签订的支付条款和项目实际进展，业主按规定要求和程序向承包商支付合同价款的过程。基于项目实践的付款支付惯例，项目的支付方式总结为以下四种。

（1）固定间隔时间的支付：也称为周期性支付，即从项目的开始时刻起，每经历一个固定时间间隔便安排一次支付，如工程领域中的按月结算等。

（2）基于里程碑事件的支付：双方在合同中约定项目的里程碑活动（项目的虚结束活动必须为里程碑活动），当里程碑活动完成时，业主对承包商进行一次支付。

（3）按累计成本投入支付：是一种以补偿承包商费用（一般为直接费用）为基础的支付方式。合同双方首先商定一个基准总费用，在项目实施过程中，每当承包商累计发生的费用达到按规定支付次数计算的成本整数倍时，业主对承包商进行一次支付。

（4）按累计完成挣值量支付：是一种以承包商累计完成的挣值（合同额数量）为基础的支付方式。根据拟定的项目合同价款，在项目实施过程中，每当承包商累计完成的挣值达到按规定支付次数计算的挣值整数倍时，业主对承包商进行一次支付。

在工程项目实践过程中，在达成合同支付条件时，业主对承包商的支付合同价款呈现出以下特征。

（1）按照合同价款约定，在项目开始实施前业主会预先向承包商支付一笔预付款，承包商可用于提前购买原材料、组织人员开展项目准备。该笔款项是带有预付性质的款项，随着项目的逐步实施，原已支付的预付款以抵消部分支付款的方式陆续扣回，具体扣回方式可由业主与承包商在项目合同中进行约定。

（2）业主在向承包商支付合同款项时存在一定的扣款比例，扣留款可保证承包商继续履行项目合同任务，并及时对存在质量问题的任务进行返修，业主会在最后一次付款时支付所有过程支付中的扣留款。

（3）承包商收到业主支付款项的时间通常滞后于他向业主提交支付申请的时间。工程实践过程中，承包商在支付时间点上可以确定支付周期内完成的合同价款，向业主提交支付申请，然后，业主收到承包商的支付申请后会对支付周期内活动任务完成的合同价款进行核对和审批，业主审核无误后向承包商支付相应的合同价款。

基于上述内容可知，承包商的项目现金流入状态与项目进度计划紧密相关。依据项目的合同价格、成本与项目进度计划，可以确定承包商在每个支付周期上项目的现金流入。

2.1.2 项目的融资方式

在项目管理实践过程中，业主经常可以采用多种融资方式，如发行股票、债券等，或者通过创新项目运行模式来推动项目开展，如 PPP 项目运作方式等。在项目实践过程中，筹措债务资金是企业获得资金的一种重要来源，其特点是速度快、成本较低，但具有一定的还本付息压力，所以融资风险也较高。当前，债务资金主要通过信贷方式、债券方式以及租赁方式进行融资。然而，受自身条件限制，多数承包商较难在金融市场上直接取得资金支持，所以从商业银行等金融机构获得信贷融资是承包商填补项目实施过程中资金缺口的主要方式之一。

当前，学界在 FBPSP 的研究中，基于承包商视角采用的信贷融资方式主要包括银行授信融资、短期贷款和长期贷款三种，在多数情形下，考虑使用银行授信融资的方式开展项目调度优化问题的研究。同时，在上述三种信贷融资方式组合下的项目调度优化相关问题也逐渐引起了有关学者的兴趣。为此，本章主要围绕银行授信融资、短期贷款和长期贷款三种融资方式展开介绍。

1. 银行授信融资

早在 20 世纪 70 年代，银行授信融资就已成为受业界广泛欢迎的融资方式之一。它的操作方式通常表现为：银行通过为承包商设立一个项目专用账户，并为该账户设定一个可透支（贷款）上限额度，承包商实施项目的过程中所有费用支付和来自业主的付款补偿都需要在该账户上进行交易。引入银行授信融资的融资方式，可以有效填补承包商在项目实施过程中可能出现的资金缺口。该种融资方式的特征主要表现在两个方面。

首先，该种融资方式在实施过程中具有随借随还的特点，即承包商可根据项目的实际开展过程灵活地使用和偿还资金，不受借款偿还计划的影响，仅需考虑银行的授信额度。

其次，该种融资方式具有专款专用的基本属性，即银行的授信资金仅用于承包商完成具体的项目（多项目），承包商不得挪用该笔资金从事其他经济业务活动，该要求保障了项目资金供给的连续性。

2. 短期贷款

短期贷款（short-term loan）一般指一年及其以下期限的银行贷款。依据不同短期贷款的实施方式，金融机构可以为贷款人在一个项目实施期间提供多次贷款，同时，发放短期贷款使得银行的放贷能力得到了增强，银行无须对贷款人本金收取高昂的融资成本（Kramer and Fusaro，2010）。为此，承包商在向银行进行短期贷款时可以灵活地选择不同的偿还期，如 1、3、6、9、12 个偿还期（月），用集合 M 表示，借款人需在贷款完成后 1、3、6、9、12 个偿还期（月）后偿还本金。短期贷款的利息偿还方式主要有两种：一种是按单位偿还期（月）进行支付，另外一种是在短期贷款到期时进行支付。如表 2-2 所示，A3 表示承包商每月可以进行一次短期贷款，其中本金部分在贷款到期（3 个月）后偿还，利息部分可按月或贷款到期后偿付。

表 2-2 短期贷款的具体分类

贷款时间	偿还本金时间/月	偿还利息时间	方案序号	月利率 i_{st}	复合利率计算
按月（A）	3	按月或3个月后	A3	i_{A3}	$\hat{i}_{A3} = (1+i_{A3})^3 - 1$
	6	按月或6个月后	A6	i_{A6}	$\hat{i}_{A6} = (1+i_{A6})^6 - 1$
	9	按月或9个月后	A9	i_{A9}	$\hat{i}_{A9} = (1+i_{A9})^9 - 1$
	12	按月或12个月后	A12	i_{A12}	$\hat{i}_{A12} = (1+i_{A12})^{12} - 1$
按3个月（B）	3	按月或3个月后	B3	i_{B3}	$\hat{i}_{B3} = (1+i_{B3})^3 - 1$
	6	按月或6个月后	B6	i_{B6}	$\hat{i}_{B6} = (1+i_{B6})^6 - 1$
	9	按月或9个月后	B9	i_{B9}	$\hat{i}_{B9} = (1+i_{B9})^9 - 1$
	12	按月或12个月后	B12	i_{B12}	$\hat{i}_{B12} = (1+i_{B12})^{12} - 1$
按6个月（C）	3	按月或3个月后	C3	i_{C3}	$\hat{i}_{C3} = (1+i_{C3})^3 - 1$
	6	按月或6个月后	C6	i_{C6}	$\hat{i}_{C6} = (1+i_{C6})^6 - 1$
	9	按月或9个月后	C9	i_{C9}	$\hat{i}_{C9} = (1+i_{C9})^9 - 1$
	12	按月或12个月后	C12	i_{C12}	$\hat{i}_{C12} = (1+i_{C12})^{12} - 1$
按9个月（D）	3	按月或3个月后	D3	i_{D3}	$\hat{i}_{D3} = (1+i_{D3})^3 - 1$
	6	按月或6个月后	D6	i_{D6}	$\hat{i}_{D6} = (1+i_{D6})^6 - 1$
	9	按月或9个月后	D9	i_{D9}	$\hat{i}_{D9} = (1+i_{D9})^9 - 1$
	12	按月或12个月后	D12	i_{D12}	$\hat{i}_{D12} = (1+i_{D12})^{12} - 1$
按12个月（E）	3	按月或3个月后	E3	i_{E3}	$\hat{i}_{E3} = (1+i_{E3})^3 - 1$
	6	按月或6个月后	E6	i_{E6}	$\hat{i}_{E6} = (1+i_{E6})^6 - 1$
	9	按月或9个月后	E9	i_{E9}	$\hat{i}_{E9} = (1+i_{E9})^9 - 1$
	12	按月或12个月后	E12	i_{E12}	$\hat{i}_{E12} = (1+i_{E12})^{12} - 1$

由于短期贷款允许承包商在贷款到期日一次性偿还本金和利息，或者按单位偿还期（月）仅支付利息，本金到期后偿还，所以该种贷款方式被承包商所考虑（Peterson，2013）。短期贷款的具体分类见表 2-2（Alavipour and Arditi，2018a），其中贷款人可申请短期贷款的时间间隔划分为 A、B、C、D、E 五种类型。在每种贷款时间类型下，短期贷款根据偿还本金的时间又进一步划分为四种，即按 3、6、9 和 12 个偿还期（月）偿还，利息部分则可以按月或 3、6、9 和 12 月后偿还。鉴于短期贷款具有较高的灵活性，管理者可以根据项目的资金缺口实际情况进行选择。

3. 长期贷款

长期贷款（long-term loan）是指贷款期限在一年及其以上的贷款。长期贷款的还本付息方式有等额本金和等额本息两种。当前 FBPSP 主要采用等额本息法，即利息复利计算，按单位偿还期（月）支付，每个单位偿还期（月）等额还本付息。长期贷款仅允许承包商在项目开始时贷款一次，在项目结束时，还本付息。

当承包商采用多种融资方式时，其资金可以来自不同的金融机构。为此，在银行授信融资、短期贷款和长期贷款下均可能存在其相应的融资限额。

2.2 考虑融资的项目调度问题的现金流模型

构建 FBPSP 相关优化模型的前提和基础是剖析项目实施中多种不同性质的资金流动轨迹及它们之间的相互作用后构建出伴随项目执行过程的动态现金流模型。动态现金流模型是研究考虑银行授信融资的资源约束型项目调度、考虑银行授信融资的前摄性鲁棒项目调度、考虑多种融资方案组合的资源约束型项目调度这三个问题时，建模和表达现金流动态均衡约束条件的基础。

项目进展中，时间轴上有两种标注刻度——项目的单位工期 w 和业主对承包商的支付周期 t，一个支付周期 t 包括 m 个单位工期 w，如项目进度计划的单位工期为周，而支付周期为月。项目在计划工期 W 内共包括的支付周期数量用 $\lceil W/m \rceil$ 表示。每个支付周期时点上，承包商根据在该周期内完成的活动挣值量向业主发出支付进度款项的申请，承包商从发出支付申请到实际获得业主的支付款的时间间隔为支付滞后时间 LP，且实际获得的支付额少于申请的数额（有一定的扣留比）。对于承包商而言，项目执行中活动费用、其他相关费用的支出与从业主处获得的支付补偿，将使得项目在各支付周期上产生现金流。

由上述分析可知，项目在不同支付周期上的现金流状态与进度安排密切关联，这导致由现金流缺口引起的融资方案和融资费用由活动调度方案所决定。因此，构建研究问题的优化模型时选择活动的开始时间序列为决策变量，开始时间序列为 $S=(s_1,s_2,\cdots,s_j,\cdots,s_J)$。然后，根据经典的 CPM 计算活动 j 的最早开始时间 ES_j，逆向递推时依据项目合同工期 D 计算活动 j 的最迟开始时间 LS_j。其中，$[ES_j, LS_j]$ 构成了活动 j 的开始时间窗口，即一个活动 j 的决策变量的取值范围。

2.2.1 工程项目执行中现金流出的表达

在项目进度管理实践中，承包商在项目实施过程中的现金流出主要表现为支付人员工资、结算分包款项以及支付供应商货款等。同时，为了尽可能减少资金缺口，承包商与分包商、材料供应商等协商签订的付款支付（现金流出）周期，经常与业主之间确定的支付（现金流入）周期保持一致。根据 2.1.1 节中项目成本的构成要素和特点，在未考虑融资费用时，项目的现金流出具有三点特征：

（1）项目的动员费用和履约担保费用主要发生在项目准备阶段，从项目实施的角度可认为上述费用主要发生在项目的开始时刻。

（2）项目的直接费用和可变间接费用与活动任务的安排时间有关。为此，可依据每个支付周期内的费用开支确定与项目进度计划相关联的现金流出。

（3）项目的固定间接费用在整个项目计划工期内按单位工期发生，所以在每个支付周期内也会产生相应的现金流出。

因此，根据项目中不同类型费用的发生时间和特点，从项目开始时刻至最后一次付款的时间范围内，不同支付时点上的项目现金流出 E_t 的表达式如式（2-10）所示。

$$E_t = \begin{cases} C_m + C_b, & t=0 \\ \sum_{w=m(t-1)+1}^{mt} u_w(1+O_v) + mO_f, & t=1,2,\cdots,\left\lceil \dfrac{W}{m} \right\rceil - 1 \\ \sum_{w=m(t-1)+1}^{mt} u_w(1+O_v) + [W-m(t-1)]O_f, & t=\left\lceil \dfrac{W}{m} \right\rceil \end{cases} \quad (2\text{-}10)$$

2.2.2 工程项目执行中现金流入的表达

承包商在项目开展过程中的现金流入主要来自业主的付款，设定业主对承包商的支付采用基于固定间隔时间的方式。依据支付发生时间点的不同，现金流入包括工程开工前的预付款、执行过程中每个支付周期时点处的支付、项目结束后的最后一次付款。

项目开始时，业主根据合同价格的一定比例 O_a 向承包商支付预付款 P_0，该笔款项主要用于项目的启动与开工准备。项目开始执行后业主将在每次向承包商付款的过程中按比例 O_a 扣回该笔预付款。预付款的计算如式（2-11）所示：

$$P_0 = \mathrm{CP}O_a \quad (2\text{-}11)$$

项目实施过程中，承包商根据支付周期 t（如按月、季度等）内的挣值向业主提出支付申请。申请支付的金额为第 t 个支付周期内承包商所完成的挣值 IV_t，其大小由支付周期内产生的直接成本与合同价格决定，并且需要考虑项目的利润水平，其计算见式（2-12）。业主收到承包商提交的支付申请并在时间间隔 LP 后才支付进度款，并且扣留一定比例 O_r 的款项用于约束承包商继续开展工作并按时交付项目，同时扣留相应比例 O_a 的预付款。承包商在第 $t+\mathrm{LP}$ 个支付周期末获得的实际款项由式（2-13）决定。

$$\mathrm{IV}_t = \dfrac{\mathrm{CP}}{C_d} \sum_{w=m(t-1)}^{mt} \sum_{j=1}^{J} u_w^j, \ t=1,2,\cdots,\left\lceil \dfrac{W}{m} \right\rceil \quad (2\text{-}12)$$

$$P_{t+\mathrm{LP}} = (1-O_r-O_a)\mathrm{IV}_t, \ t=1,2,\cdots,\left\lceil \dfrac{W}{m} \right\rceil \quad (2\text{-}13)$$

当承包商收到来自业主的最后一次过程付款（$\lceil W/m \rceil + \mathrm{LP}$）时，承包商将向业主提交最后一次付款申请，业主在收到承包商的支付申请并在时间间隔 LPF 后，向承包商支付所有过程支付的预留款。承包商最后获得的支付款如式（2-14）所示。

$$P_{t+\text{LPF}}=O_r\text{CP}, \quad t=\left\lceil\frac{W}{m}\right\rceil+\text{LP} \tag{2-14}$$

基于对工程项目执行中现金流出和现金流入的分析及表达，根据是否考虑多种融资方式，介绍两种项目的现金流模型：第一，仅考虑银行授信融资的现金流模型；第二，考虑多种融资方案组合的现金流模型。

2.2.3 考虑银行授信融资的现金流模型

项目实施过程中，在某个支付周期时点处，当项目的累计净现金流为负时，在下一个支付周期内，承包商需要在授信额度内借用资金，由此将导致下一个支付周期内产生融资成本。因此，当出现现金流缺口需要融资时，项目将会产生融资流（融资成本），该融资流与项目的现金流状态紧密相关。第 t 个支付周期末，当承包商获得支付款 P_t 时，承包商也需要向分包商、材料供应商等支付费用 E_t，当出现负累计现金流时将在该支付周期内产生利息 I_t。因此，承包商在第 t 个支付周期末的净现金流 N_t 由式（2-15）确定，式中 M_W 代表根据项目计划工期 W 确定的最后一次付款的时间（以支付周期 t 为单位，$M_W=\lceil W/m \rceil+\text{LP}+\text{LPF}$）。通常，项目初始时刻的净现金流主要由预付款 P_0、履约担保费用 C_b 和动员费用 C_m 决定。

$$N_t=\begin{cases}\text{CP}O_a-E_t, & t=0 \\ P_t-E_t-I_t, & t=1,2,\cdots,M_W\end{cases} \tag{2-15}$$

项目在第 t 个支付周期末的累计净现金流由上一个支付周期末的累计净现金流和当前支付周期的净现金流决定，其计算公式为

$$\text{CN}_t=\begin{cases}N_t, & t=0 \\ \text{CN}_{t-1}+N_t, & t=1,2,\cdots,M_W\end{cases} \tag{2-16}$$

项目在第 $t-1$ 个支付周期末的累计现金流状态可能出现两种情况：第一，收到业主付款后的项目累计净现金流存在盈余，此时第 t 个支付周期无融资费用产生；第二，收到业主付款后的项目累计净现金流为负，此时承包商使用授信资金弥补第 t 个支付周期内的资金缺口，该周期内将产生融资费用。用 F 表示融资方案，且 $F=(F_1,F_2,\cdots,F_{M_W})$ 给出了项目计划工期内按支付周期单位确定的各支付时点处的融资金额。根据银行授信融资方式的特点可知，由于项目融资方案与累计净现金流的状态有关，即当累计净现金流为负时，融资金额与累计净现金流相等，反之若累计净现金流为正则无须融资，因此，融资方案 $F=(F_1,F_2,\cdots,F_{M_W})$ 为辅助变量。用 i_c 表示银行授信融资的利率（以支付周期的时长为计息周期），则第 t 个支付周期内产生的融资费用可用式（2-17）表示；项目由于融资而产生的融资成本 FC 见式（2-18）。考虑项目融资后，项目的总成本除了包括构成项目合同价格的成本费用之外，还包括融资成本（利息）。

第 2 章 考虑融资的项目调度问题建模及求解

$$I_t = \begin{cases} \text{CN}_{t-1} i_c, & \text{CN}_{t-1} < 0 \\ 0, & \text{其他} \end{cases}, \quad t=1,2,\cdots,M_W \quad (2\text{-}17)$$

$$\text{FC} = \sum_{t=1}^{M_W} I_t \quad (2\text{-}18)$$

根据前文的分析，抽象归纳了 FBPSP 中的现金流发生特征（图 2-1）。

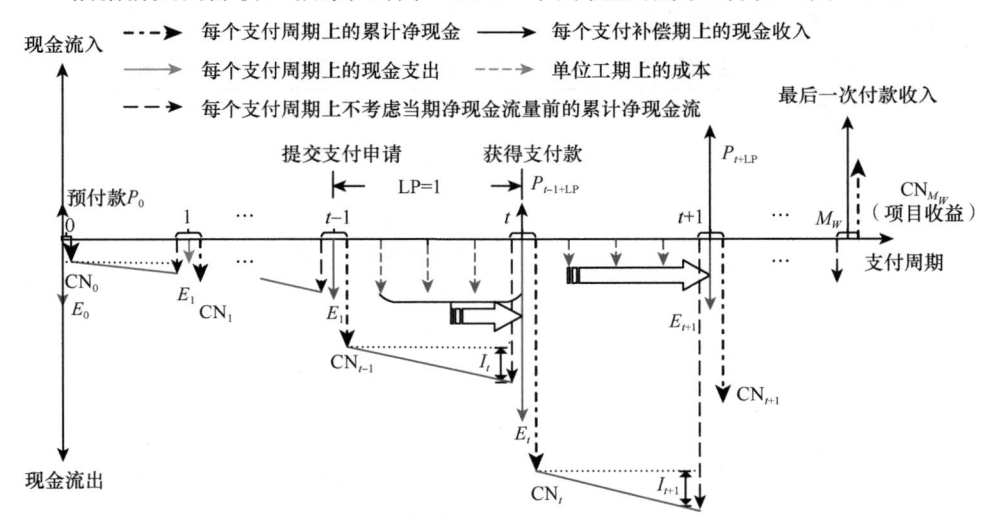

图 2-1　FBPSP 中的现金流发生特征

此外，已有 FBPSP 研究中也存在另外一种现金流模型（Au and Hendrikson，1986），其项目成本构成和合同参数与前文相同。在本章中，将其称为第二类现金流模型。其发生特征和计算表达式的差异性主要体现在以下两个方面。

第一，项目中的现金流出按照与单位项目工期一致的方式计息，即其计息周期的单位经常短于项目支付周期时长。用 i_w 表示银行授信融资的利率（以项目的单位工期为计息周期）。因此，第二类现金流模型中每个支付周期的利息如式（2-19）所示：

$$I_t = \begin{cases} 0, & t=0 \\ \sum_{w=4(t-1)}^{4t-1} \text{CN}_{t-1}(1+i_w), & t=1,2,\cdots,M_W \end{cases} \quad (2\text{-}19)$$

第二，当考虑银行授信额度约束时，主要是验算在每个支付周期末，承包商从业主处获得支付款项前的累计负净现金流会不会超过银行给项目设定的授信额度，其表达式如式（2-20）所示。

$$\text{CN}_t = \begin{cases} N_t, & t=0 \\ \text{CN}_{t-1} - E_t - I_t, & t=1,2,\cdots,M_W \end{cases} \quad (2\text{-}20)$$

2.2.4 考虑多种融资方案组合的现金流模型

在同时考虑多种融资方案组合的项目调度优化问题中，项目的现金流入和现金流出特征与前文保持一致，其区别主要体现在融资流的差异上。在考虑多种融资方案组合的情形下，在确定项目执行中的融资流之前，银行授信融资、短期贷款和长期贷款的相关变量的符号和说明如表 2-3 所示。

表 2-3 银行授信融资、短期贷款和长期贷款的相关变量的符号和说明

符号	说明
i_l	长期贷款的利率
i_s	短期贷款的利率
i_c	银行授信融资的利率
L_{LTL}/L_{STL}	长期贷款的限额/短期贷款的限额
I_t^l	第 t 个计息期内的长期贷款利息
I_t^s	第 t 个计息期内的短期贷款利息
I_t^c	第 t 个计息期内的银行授信融资利息
$R_{LTL,t}$	长期贷款在 t 时刻的还本付息金额
$R_{STL,t}$	短期贷款在 t 时刻的还本付息金额
B_{LTL}	决策变量，表示项目开始时的长期贷款金额
$B_{STL,t}$	决策变量，表示 t 时刻的短期贷款金额

考虑采用等额本息的方式（每个周期的还款额相等）偿还长期贷款，在每个偿还周期末偿还的本金和利息之和如式（2-21）所示，其中每个支付周期末偿还的利息 I_t^l 为该支付周期初剩余本金数量与利率 i_l 的乘积，偿付的本金 $PR_{LTL,t}$ 为等额本息额与利息之差。

$$R_{LTL,t}=B_{LTL}\frac{i_l(1+i_l)^t}{(1+i_l)^t-1}, \quad t=1,2,\cdots,M_W \quad (2\text{-}21)$$

进一步，可以确定采用长期贷款时在每个支付周期上所产生的利息 I_t^l（融资成本），可通过式（2-22）确定。

$$I_t^l = \left(B_{LTL} - \sum_{m=0}^{t-1}PR_{LTL,t}\right)i_l, \quad t=1,2,\cdots,M_W \quad (2\text{-}22)$$

对于短期贷款，其还本付息方式采用等额利息法，即利息复利计算、按月支付，期末偿还本金。因此，短期贷款产生的利息 I_t^s（融资成本）可由上一期的累计未偿还短期贷款额乘以短期贷款利率直接确定。

基于短期贷款、长期贷款和银行授信融资三种融资方式，确定项目在获得最后一次付款前的净现金流如式（2-23）所示，项目总的融资成本由式（2-24）确定。

$$N_t = \begin{cases} B_{\text{LTL}} + B_{\text{STL},t} + \text{CP}O_a - E_t, & t=0 \\ B_{\text{STL},t} + P_t - E_t - I_t - R_{\text{STL},t} - R_{\text{LTL},t}, & t=1,2,\cdots,M_W \end{cases} \quad (2\text{-}23)$$

$$\text{FC} = \sum_{t=1}^{M_W} \left(I_t^c + I_t^l + I_t^s \right) \quad (2\text{-}24)$$

基于上述的净现金流模型和每个支付周期时点不同融资方式下的还本付息特点，可以确定每个支付周期末的累计净现金流，具体如式（2-25）所示。类似地，可以确定第二类现金流模型下的累计净现金流。

$$\text{CN}_t = \begin{cases} N_t, & t=0 \\ \text{CN}_{t-1} + P_t - E_t - I_t - R_{\text{STL},t} - R_{\text{LTL},t}, & t=1,2,\cdots,M_W \end{cases} \quad (2\text{-}25)$$

2.3 考虑银行授信融资的项目调度问题模型

本节根据考虑银行授信融资的项目调度问题优化目标的种类，主要介绍单目标优化基本模型、拓展模型和多目标优化模型。其中，拓展模型主要包括项目工期最小化、项目收益最大化、授信额度最小化和资源均衡优化四类问题及模型。

2.3.1 考虑银行授信融资的项目调度优化基本模型

仍采用 AoN 表示项目的活动网络图，考虑银行授信融资的项目调度问题中包含的假设条件、使用的参数符号与前文基本 RCPSP 模型相同，但是假定可更新资源的供给量无限。FBPSP 的基本模型描述为在给定的银行授信融资额度下，寻找合适的活动进度计划和融资方案，使得在满足活动间的逻辑关系约束、满足各支付时点上的累计负净现金流不超过银行的授信额度（项目获得最后一次付款前）下，实现项目计划工期最短的目标。项目的进度计划用向量 $S = (s_1, s_2, \cdots, s_j, \cdots, s_J)$ 表示，各支付周期时点的融资方案用向量 $F = \left(F_1, F_2, \cdots, F_{M_W} \right)$ 表示。

考虑银行授信融资的项目调度问题的基本模型如下：

$$\min W \quad (2\text{-}26)$$

s.t.

$$s_i + d_i \leqslant s_j, \quad j \in V, \; i \in \text{Pre}(j) \quad (2\text{-}27)$$

$$\text{CN}_t + \text{CL} \geqslant 0, \quad t = 0, 1, \cdots, M_W \quad (2\text{-}28)$$

$$s_j \in [\text{ES}_j, \text{LS}_j], \quad j \in V \quad (2\text{-}29)$$

其中，s_j 为非负整数。目标函数式（2-26）表示最小化项目工期；式（2-27）表示项目中活动的逻辑关系约束；式（2-28）表示每个支付周期末项目的资金缺口（累计负现金流）不能超过银行的授信额度，此处在理论上将该条件定义为现金流均衡约束；式（2-29）表示定义域的取值范围。值得说明的是，上述

模型中的变量 F_t 为辅助变量，其数值大小由支付周期 t 上的累计净现金流 CN_t 决定，具体可用式（2-30）表示。

$$F_t = \begin{cases} 0, & CN_t \geq 0 \\ |CN_t|, & CN_t < 0 \end{cases} \qquad (2\text{-}30)$$

上述 FBPSP 在求解上属于 NP-hard 问题（Elazouni et al., 2015）。在工程管理实践中，融资问题普遍地存在于资金密集且工期较长的大型工程项目施工进度管理中，精确算法无法在可接受的时间内计算出此类规模问题的精确解，所以当前求解 FBPSP 的方法主要集中在启发式算法。

2.3.2 考虑银行授信融资的项目调度优化拓展模型

依据前文梳理的 FBPSP 的研究脉络，考虑融资的单目标项目调度优化问题主要是指在给定的银行授信融资（或融资组合方案）下，通过对项目活动进行合理安排和对项目融资方案进行合理规划以实现项目单个绩效指标的优化。除项目工期目标外，项目收益、授信额度、融资成本、资源均衡等指标均可作为模型的优化目标。

以 FBPSP 中的活动间优先关系、现金流均衡为约束条件，可以形成不同的单目标优化问题。本节主要介绍项目工期最小化、收益最大化、授信额度最小化以及资源均衡优化这四个问题。

1. 项目工期最小化问题

项目工期最小化问题顾名思义是在满足 FBPSP 基本约束条件的基础上，以项目的完工时间最小作为优化目标，进而生成项目的进度计划和融资方案，具体如式（2-31）所示：

$$\min \ W \qquad (2\text{-}31)$$

项目工期是项目调度优化类问题的基本优化目标，反映了项目管理者对项目进度的管理要求。现有研究中，多数文献均考虑了此优化目标。

2. 项目收益最大化问题

项目收益最大化问题是在满足 FBPSP 基本约束条件（活动间逻辑关系约束和现金流均衡约束）的基础上，以项目获得最后一次付款时的收益 PF（即项目完工后的收益）最大作为优化目标，具体如式（2-32）所示：

$$\max \ PF \qquad (2\text{-}32)$$

在考虑融资的项目调度优化问题中，项目的收益有两个特点：一是项目收益考虑了融资成本这一因素，而项目的融资成本与整个项目实施期间的累计负现金流状态相关；二是项目收益计算时点与传统净现值的计算时点不同，考虑融资的项目调度优化问题主要考虑了项目计划工期结束后获得最后一次付款时的项目收益。项目计划工期在求解优化模型前是未知的,导致计算项目收益的时间也是不确定的,所以求解考虑融资的收益最大化项目调度问题较为复杂。

3. 授信额度最小化问题

在考虑银行授信融资的项目调度优化问题中,银行等金融机构对承包商的授信额度是反映项目融资能力的重要参考指标。承包商所需的银行授信额度越小,项目计划工期范围内累计的负净现金流就越小,其资金的最大缺口就越容易得到满足。实践中,承包商的资金溢出风险较低,反映了项目实施过程中的现金流更加均衡。为此,授信额度最小化可作为 FBPSP 的研究分支之一,其表达式如式(2-33)所示。在该类研究问题的优化模型中,约束条件仅涉及活动间的优先关系,银行授信额度已由通常作为约束条件的情形转变成了授信额度问题中的优化目标。

$$\min\ CL \tag{2-33}$$

4. 资源均衡优化问题

针对以往有关 FBPSP 的研究,在工程项目管理中主要有两种资源均衡指标被用来直接评估和定量描述资源波动对工程项目执行效率和总成本的影响。这两种指标分别是资源释放与重新雇佣(resource release and re-hire,RRRH)和资源闲置时间(resource idle days,RID)。其中,RRRH 指标可以定量化描述在低峰需求时期需要临时释放的资源和在高峰需求时期后期重新雇用的资源总量;RID 指标则可以度量由资源波动所引起的资源闲置时间(El-Abbasy et al.,2016)。用 dr_w 表示第 w 个项目工期上正在进行的活动对资源的需求量之和,RRRH 和 RID 两个指标的计算公式分别见式(2-34)和式(2-35)。其中,MRD 表示项目计划工期的最大资源需求,其计算公式如式(2-36)所示;HR 表示在每个单位工期上的资源波动量总和,其计算公式如式(2-37)所示;H 表示单位工期上资源的最大增加量。

$$RRRH = H - MRD = [1/2 \times HR] - MRD \tag{2-34}$$

$$RID = \sum_{w=1}^{W} \left\{ \min\left[\max(dr_1, dr_2, \cdots, dr_w), \max(dr_w, dr_{w+1}, \cdots, dr_W)\right] - dr_w \right\} \tag{2-35}$$

$$MRD = \max\{dr_1, dr_2, \cdots, dr_W\} \tag{2-36}$$

$$HR = \left(dr_1 + \sum_{w=1}^{W-1} |dr_w - dr_{w+1}| + dr_W\right) \tag{2-37}$$

已有研究文献(El-Abbasy et al.,2016)表明,在考虑银行授信融资的条件下,项目的利润、计划工期和资源均衡指标之间存在一定的权衡关系。

2.3.3 考虑银行授信融资的多目标项目调度优化模型

前文的 FBPSP 在构建优化模型时，仅考虑了单一的优化目标，即项目管理者只追求某个项目绩效目标最优。现实中，项目管理者经常会对多个项目绩效目标进行权衡，即项目管理者通常需要兼顾项目的多个绩效指标，所以研究考虑融资的多目标项目调度优化具有重要的项目实践意义（Abido and Elazouni, 2021）。现有多目标 FBPSP 可依据承包商同时承担的项目数量划分为单项目、多项目的多目标优化问题。同时，项目进度管理的理论与实践研究都表明，对一个项目型企业来说，多个项目并行实施的情形更普遍，因此，在理论上也产生了考虑融资的多目标多项目调度优化问题（multi-objective optimization for finance-based multi-project scheduling problem，MOFBMPSP）。

由于多个项目由同一承包商实施，所以不同项目会共享各类资源。一般情形下，除了共享资源之外，不同项目中的活动之间不存在逻辑上的紧前或紧后关系，而如何将资源在多个项目之间进行合理分配是要解决的主要问题。

在原有考虑融资的单项目调度问题数学模型基础上，增加新的数学符号来表示考虑融资的多项目调度优化问题数学模型。项目 i 均用 AoN 表示，记 $F_i = (V_i, E_i)$，其包括 J_i 个活动（$J_i = |V_i|$），且每个项目的开始和结束活动均为虚活动。全部 N 个项目共享 K 种可更新资源以及银行授信额度。第 k 种可更新资源的限量仍用 R_k 来表示。考虑融资的多项目调度建模中使用的数学符号与说明见表 2-4。

表 2-4 考虑融资的多项目调度建模中使用的数学符号与说明

符号	说明
i	项目代号，$i=1,2,\cdots,N$
j	活动代号，$j=1,2,\cdots,J_i$
s_{ij}	项目 i 中活动 j 的开始时间
f_{ij}	项目 i 中活动 j 的结束时间
d_{ij}	项目 i 中活动 j 的工期
r_{ijk}	项目 i 中活动 j 对第 k 种可更新资源的需求量
W_i	项目 i 的计划工期
M_W	多项目计划工期
M_{M_W}	多项目中获得最后一次付款的时间
PF_i	项目 i 考虑融资成本后的收益
$Pre_i(j)$	项目 i 中活动 j 的紧前活动集合
$Suc_i(j)$	项目 i 中活动 j 的紧后活动集合
ES_{ij}	CPM 下项目 i 中活动 j 的最早开始时间
LS_{ij}	CPM 下项目 i 中活动 j 的最晚开始时间

除前文单目标 FBPSP 中所提及的优化目标外，已有文献在 MOFBMPSP 中考

虑的项目优化目标还包括多项目工期、多项目总收益、多项目总成本等，具体将这些目标划分为七种，如表 2-5 所示。依据已有的研究文献，考虑融资的多目标多项目调度优化的目标组合形式主要有以下七种。

表 2-5　考虑融资的多目标多项目调度优化目标组合形式

序号	目标函数	说明	组合形式
①	min M_W	最小化多项目计划工期	组合一：①+④+⑥
②	max $PF_i(i=1,2,\cdots,N)$	最大化每个项目的收益	组合二：②
③	max $\sum_{i=1}^{N} PF_i$	最大化所有项目的总收益	组合三：③+④+⑦
④	min CL	最小化银行授信额度	组合四：①+③+④+⑦
⑤	min TC	最小化总成本	组合五：③+④（单项目）
⑥	min FC	最小化融资成本	组合六：①+⑥
⑦	资源均衡	资源均衡优化	组合七：③+④+⑦

多目标 FBPSP 模型中的约束条件具体如下：

$$s_{ij}+d_{ij} \leqslant s_{ik}, i=1,2,\cdots,N, j \in V_i, j \in \text{Pre}(k) \tag{2-38}$$

$$\sum_{i=1}^{N}\sum_{j \in A_w}^{J_i} r_{ijk} \leqslant R_k, k=1,2,\cdots,K, w=1,2,\cdots,M_W \tag{2-39}$$

$$CN_t+CL \geqslant MF, t=0,1,\cdots,M_{M_W} \tag{2-40}$$

$$s_{ij} \in [ES_{ij}, LS_{ij}] \tag{2-41}$$

其中，A_w 为在工期 w 上，项目 i 中正在进行的活动集合；MF 为承包商的最小备用资金（minimum funding，MF）；s_{ij} 为非负整数。上述约束条件中，式（2-38）表示项目 i 中活动 j 的开始时间满足活动之间的逻辑优先关系约束；式（2-39）表示在多项目执行中的每个单位工期上，所有正在进行的活动对可更新资源 k 的需求量不超过其相应的供应量；式（2-40）表示在多项目获得最后一次付款前，每个支付周期时点处的资金使用量满足最小备用资金的要求；式（2-41）表示决策变量的定义域。

2.4　考虑多种融资方案组合的项目调度问题模型

实践中承包商在融资过程当中，除采用基本 FBPSP 中的银行授信融资方式之外，还可以选择其他融资方式或者不同融资方式的组合（Jiang et al., 2011）。不同于传统 FBPSP 的研究，考虑多种融资方案组合的项目调度问题是在银行信用贷款的基础上，增加短期贷款、长期贷款，研究项目进度计划的制订和融资方案的组合规划，以实现项目某一个或多个绩效目标的优化。本书主要介绍两类考虑融资的优化问题，一类是不同融资方案组合下多模式项目调度问题，一类固定项目工期下融资成本优化问题。

2.4.1 不同融资方案组合下多模式项目调度问题

对于项目中的活动，可以采用少量的资源投入用较长的持续时间完成，也可以采用较多的资源投入而用较短的持续时间完成，即活动具有多种执行模式，对应项目调度优化研究中的 MRCPSP。例如，工程实践过程中执行某一施工工序有两种实施方案，这两种方案分别为正常模式和赶工模式。类似地，在项目活动具有多种执行模式和多种融资方案组合的情况下，当项目管理者同时面对制订进度计划和融资方案时，即形成了考虑多种融资方案组合的多模式项目调度问题。

仍采用 AoN 来表示项目的活动网络图。活动 j（$j=1,2,\cdots,J$）共有 M_j 种执行模式，该活动在第 e（$e=1,2,\cdots,M_j$）种执行模式下的工期用 d_{je} 来表示。设 0-1 决策变量 x_{je} 表示活动 j 选择了第 e 种执行模式；整数决策变量 $s_j^{e_j}$ 表示活动 j 在选择了第 e_j 种执行模式下的开始时间，其他符号的定义如前文所述。考虑多种融资方案组合的多模式项目调度问题的优化模型如下：

$$\min \ FC \tag{2-42}$$

$$s_i^e + d_{ie} \leqslant s_j^{e'}, \ j \in V, i \in \text{Pre}(j) \tag{2-43}$$

$$\sum_{e=1}^{M_j} x_{je} = 1, \ j \in V \tag{2-44}$$

$$B_{\text{LTL}} \leqslant L_{\text{LTL}} \tag{2-45}$$

$$\sum_{t=0}^{M_W} B_{\text{STL},t} \leqslant L_{\text{STL}} \tag{2-46}$$

$$CL + CN_t \geqslant 0, \ t=0,1,\cdots,M_W \tag{2-47}$$

$$B_{\text{LTL}}, B_{\text{STL},t} \geqslant 0 \text{且为实数} \tag{2-48}$$

$$s_j^e \geqslant 0, \ j \in V \text{且为整数} \tag{2-49}$$

$$x_{je} \in \{0,1\}, \ j \in V \tag{2-50}$$

目标函数式（2-42）表示最小化项目融资成本；式（2-43）表示活动 i 在其执行模式 e 下的结束时间不迟于其紧后活动所选执行模式 e' 下的开始时间的最小值；式（2-44）表示每个活动仅能选择一种执行模式；式（2-45）表示长期贷款金额不能超过其贷款上限额度 L_{LTL}；式（2-46）表示短期贷款金额不能超过其贷款上限额度 L_{STL}；式（2-47）表示考虑多种融资贷款方案后的项目累计负净现金流不超过银行的授信额度；式（2-48）～式（2-50）表示决策变量的定义域。

上述模型中的决策变量主要包括三部分：活动的模式选择 $E = (e_1, e_2, \cdots, e_j, \cdots, e_J)$、活动的开始时间 $S = (s_1^{e_1}, s_2^{e_2}, \cdots, s_i^{e_j}, \cdots, s_J^{e_J})$、长期贷款金额 B_{LTL} 和短期贷

款金额 $B_{\text{STL},t}$ ($t=1,2,\cdots,M_W$)。不难发现，考虑多种融资方案组合的多模式项目调度问题的优化模型相较于 FBPSP 的基本模型更加复杂，属于典型的具有多维决策变量的非线性混合整数规划模型。

模型中时间变量和资金变量交互作用使获得该模型的精确解非常困难，所以基于启发式、元启发式算法求解模型可以得到问题的满意解。现有方法（Alavipour and Arditi，2019a）的主要求解思路是采用两阶段的方法，即为项目生成一个可行的进度计划，当进度计划确定后可以确定项目在获得最后一次付款前的不同时点上的资金缺口状态，进而将原非线性混合整数规划模型转化为线性整数规划模型，然后调用相应的优化软件求解，获得在给定项目进度计划下最优的融资方案组合，接着通过元启发式算法不断迭代，直至找到一组满意的项目进度计划和融资方案。

此外，与仅包含银行授信融资的项目调度问题类似，包含多种融资方案的情形也可以对项目多个目标进行优化，如项目的工期和融资成本（Tavakolan and Nikoukar，2022）。

2.4.2　固定项目工期下融资成本优化问题

现有考虑多种融资方案组合的项目调度问题侧重于项目财务目标的优化，主要从项目的经营层视角对项目的不同融资方案进行优化，进而实现对项目融资成本（Alavipour and Arditi，2018a）、投标报价（Alavipour and Arditi，2018b）以及收益等目标的改善（Alavipour and Arditi，2019b）。在固定项目工期的前提下，将项目进度计划中活动的时间参数均视为已知变量，即可视作在进度计划确定的条件下优化项目的融资方案。为此，模型中的决策变量包括长期贷款金额 B_{LTL} 和短期贷款金额 $B_{\text{STL},t}$。考虑项目本身的现金流出和现金流入后，项目的资金缺口由通过三种贷款方式获得的资金来填补，所以每个支付周期上的授信额度为辅助变量，主要由考虑长期贷款和短期贷款后的资金缺口决定。

固定项目工期下考虑多种融资方案组合的项目调度问题的优化模型如下：

$$\min\ FC \tag{2-51}$$

s.t.

$$B_{\text{LTL}} \leqslant L_{\text{LTL}} \tag{2-52}$$

$$\sum_{t=0}^{M_W} B_{\text{STL},t} \leqslant L_{\text{STL}} \tag{2-53}$$

$$CL+CN_t \geqslant 0,\ \ t=0,1,\cdots,M_W \tag{2-54}$$

$$B_{\text{LTL}},B_{\text{STL},t} \geqslant 0\text{且为实数} \tag{2-55}$$

目标函数式（2-51）表示最小化项目三种融资方案的成本之和；式（2-52）表

示长期贷款金额不超过其上限要求；式（2-53）表示项目最后一次付款前所有短期贷款金额总和不超过其上限要求；式（2-54）表示考虑短期贷款和长期贷款后的项目资金缺口不能超过银行的授信额度；式（2-55）表示决策变量的取值范围。

模型的求解特征分析：由于此优化模型中的决策变量仅为项目的融资方案（B_{LTL} 和 $B_{STL,t}$），不涉及对项目活动的安排，且活动的时间参数直接由 CPM 来确定，所以固定项目工期下考虑多种融资方案组合的优化问题从严格意义上来讲并不能归属于项目调度问题。同时，因为模型中决策变量的取值为非负的实数，所以该模型可以通过商业优化软件直接求解。在项目实践过程中，运用此类问题的模型和求解算法可为项目经营者提供最优的融资方案组合。

需要指出的是，已有文献中考虑的固定项目工期主要基于两方面的基本假设：一是项目进度计划制订过程中仅考虑活动具有单一的执行模式；二是在项目进度计划中，每个活动的时间参数均按照经典 CPM 下的最早时间参数来取值。考虑到项目经理在实践中制订的进度计划并不一定严格取最早时间参数，且以最早时间参数为基础获得的融资方案并不一定能够保证项目的融资成本等目标最优，所以固定项目工期下融资成本优化问题的模型和算法应用有待进一步拓展。

2.5 求解考虑银行授信融资的项目调度问题模型的精确算法

项目调度优化问题的研究通常采用理论研究和实践检验相结合的方法，总体研究思路是：从项目管理实践背景中发现需求并提炼科学问题，进而从理论层次分析和建模问题，探索模型的结构特征并寻求有效的解决方法。研究中综合运用运筹学、管理学、随机规划理论、多目标规划理论、算法设计技术、系统仿真、编程技术等学科的理论与方法，整体遵循"提出问题→分析量化并建模→模型求解→解决效果分析→成果应用→修正完善"的系统思路。

近 20 年来，有关学者针对不同 FBPSP 的优化模型开发了相应的求解算法，主要可以划分为精确算法、启发式算法和元启发式算法三类。其中，考虑多种融资方案组合的项目调度问题主要涉及了多维决策变量（项目进度计划和贷款偿还计划），这使得求解该问题的计算复杂度增加，所以当前缺乏针对此类问题模型的精确算法。当前有关 FBPSP 较为成熟的精确算法、启发式算法和元启发式算法均仅考虑了银行授信融资的单一融资方式。因此，本节主要围绕银行授信融资下项目调度的相关求解算法展开介绍。

对于工期最小化的 FBPSP，学者 Elazouni 和 Gab-Allah（2004）通过对项目工期进行迭代增加的方式将原非线性规划模型转化为线性规划模型，然后得到求解问题的精确解。其求解精确解的思路描述为在不考虑现金流均衡约束的条件下，确定项目的关键路径工期，然后在考虑相应约束条件下通过按单位工期逐级增加

第 2 章　考虑融资的项目调度问题建模及求解

的迭代方式求解，直至找到求解问题的可行解，此时的可行解为求解问题的最优解，得到的项目工期为最优目标函数值。该方法适用于求解小规模问题。

在求解过程中，承包商首先确定可接受的项目最大工期（实践中可以是业主确定的合同工期 D，$D=T_c+\varepsilon$），该条件反映了算法的最大迭代次数。其中，参数 ε 代表了相对于关键路径的长度 T_c，项目可延长 ε 个时间单位。在每一次项目计划工期 W 确定后，原非线性整数规划模型即转化为了线性整数规划模型。该模型的优化目标用式（2-56）表示，即相对于关键路径的长度，延长的时间 ε 要最短，模型可直接采用商业优化软件求解。

$$\min \varepsilon \tag{2-56}$$

为了提高迭代算法的求解效率，可以通过松弛优化模型中变量的取值类型来提高目标函数的下界取值，即提高 W 的初始值，通过该种方式将原线性整数规划模型转为了非线性整数规划模型，可减少模型的求解时间，提高算法的计算效率（Al-Shihabi and AlDurgam，2020b），其实现过程可见图 2-2。

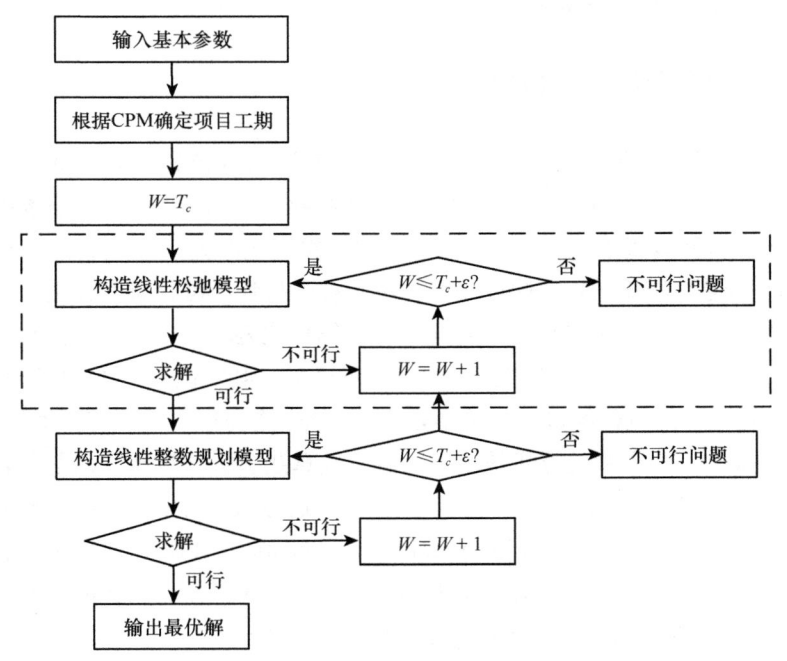

图 2-2　基于项目工期迭代的 FBPSP 精确算法

上述基于项目工期迭代的求解算法主要存在两个缺点：首先，该算法无法适用于求解带有资源约束的项目调度问题；其次，该算法在求解过程需要进行多次迭代求解线性整数规划模型，即便求解线性松弛模型后可以缩小解空间的范围，但当现金流均衡约束较强或设定的 ε 值较大时，仍需要进行多次迭代求解，同时，ε 值的合理确定仍是较为困难的问题。因此，上述基于项目工期迭代的 FBPSP 精确算法有待进一步改进和完善。

2.6 元启发式求解方法

一般来说，最优化求解技术如线性规划、整数规划、动态规划、B&B 等方法，可以应用于不同类型的优化问题以求解小规模问题的精确解。然而，随着求解问题规模的增加，决策变量的解空间也随之增加，这为求解问题的最优解带来一定的计算成本。同时，由于大型复杂项目在现实中不断涌现，项目的网络规模逐渐呈现出巨型化、复杂化的特征，所以可以采用元启发式算法快速高效地获取问题的满意解（近似最优解）。

对于求解 FBPSP，以往学者主要提出了遗传算法、模拟退火算法、蚁群算法以及蛙跳算法等元启发式算法。其中，遗传算法在众多元启发式算法中最具代表性，并且基本原理和迭代框架比较形象直观，在此主要介绍采用遗传算法求解以项目收益最大为目标的 FBPSP。

2.6.1 元启发式算法的编码方案

学者在采用以遗传算法为代表的元启发式算法求解经典的 FBPSP 时，算法的构成要素及运行过程与采用元启发式算法求解传统项目调度问题时基本相同。传统 RCPSP 的模型多属于组合优化模型，求解此类问题的元启发式智能优化算法主要包括四个要素：①编码，是指按照某种对应规则与唯一可行调度计划相对应的一组代码；②解码，是指采用某一调度规则将编码转化为项目调度计划的过程；③初始解，是指采用某一特定方法得到一组可行的编码，其对应初始的项目调度计划；④邻域解，是指一组编码经过一步特别定义的操作，进而得到的所有新编码的集合。上述四个要素中，确定编码方式是使用元启发式算法求解项目调度问题首要解决的问题，常见的编码方式主要包括：活动列表的表达方式（activity list representation，AL）、优先规则的表达方式（priority rule representation，PR）、随机键的表达方式（random key representation，RK）、转移向量的表达方式（shift vector representation，SV）以及直接的表达方式（direct representation，DR）。

1. 活动列表的表达方式

项目进度计划通过一个满足活动之间逻辑关系的可行活动列表表示，即每项活动在序列中的位置均处于其所有紧前活动之后和其所有紧后活动之前的某个位置。活动列表的表达方式列出了每个活动的安排次序，当活动之间发生资源使用冲突时，在列表中位置更靠前（左）的活动通常具有优先安排权限。对于 RCPSP，在给定一个优先关系活动列表的情况下，采用串行或并行调度计划生成机制能确定每个活动在优先关系和资源约束均可行条件下的开始时间，可以得到唯一可行的项目进度计划。用活动列表表示 RCPSP 模型的可行解，是求解算法设计中被广泛采用的编码方式（Alcaraz and Maroto，2001；Hartmann，1998；Hartmann，2002；Hindi et al.，2002；Lova et al.，2009）。由于该方法被数值证明是一种有效的编码表达方式（Hartmann and Kolisch，2000；Kolisch and Hartmann，2006），所以该方法被广泛地应用于求解 RCPSP 及其拓展问题中。

2. 优先规则的表达方式

在优先规则的表示方式中，可事先采用一种优先规则来表示活动的优先权值，求解 RCPSP 时常用的优先规则可见第 1 章的表 1-3。基于某种优先规则可确定每个活动的优先权值，在某些特殊的情况下，会出现不同的活动具有相同的优先权值，即发生平局的情况，此时需要确定打破平局的规则。例如，基于活动的最晚开始时间最小的优先规则，在项目进度计划的生成过程中的某一个阶段，若有多于一个活动具有相同的最晚开始时间，则可以进一步指定编号小的活动比编号大的活动具有更高的优先权值。类似地，采用串行或并行调度计划生成机制生成活动进度安排时，当发生资源冲突时可根据给定的优先规则选出能优先安排的活动，使用串行或并行调度计划生成机制确定项目的进度计划（Hartmann，1998；Özdamar，1999）。

3. 随机键的表达方式

随机键的表达方法通过一个数组 $\rho=(\rho_1,\rho_2,\cdots,\rho_J)$ 给出活动的优先权值，ρ 中包含为每个活动安排的一个随机键值 ρ_j $(j\in V)$，将 ρ_j 作为活动 j 的优先权值，利用串行或并行调度计划生成机制可基于一组随机键获得一个可行的项目进度计划。随机键的表达方式在项目调度问题中同样被广泛地使用（Debels and Vanhoucke，2007；Mendes et al.，2009；van Peteghem and Vanhoucke，2010）。针对以项目工期为优化目标的 RCPSP，由于采用并行调度计划生成机制可能会错过问题的最优解，所以一些学者（Leon and Balakrishnan，1995；Naphade et al.，1997）进一步修正了随机键的表达方式，允许延迟可安排的活动以使搜索不再被限制在非延迟进度集合中。随机键的表达方式通过互换两个随机键 ρ_i 和 ρ_j 来生成邻点解，也可以像二元算子一样进行标准的一点交叉来生成邻点解。

4. 转移向量的表达方式

转移向量的表达方式由学者 Sampson and Weiss（1993）首先提出，将 RCPSP 的解表示为一个转移向量 $\sigma=(\sigma_1,\sigma_2,\cdots,\sigma_J)$，每个活动 $j\in J$ 的开始时间为其紧前活动的最晚完成时间加上该活动的转移值。由于此方法未考虑资源约束，所以由转移向量生成的进度计划有可能不可行，这一问题可以通过在目标函数中加入资源约束惩罚函数来解决。Lambrechts 等（2008）提出了改进转移向量的表达方式，同时考虑活动之间的逻辑关系约束和资源约束，设计了转移向量的修正表达方式——时间缓冲列表表达方式（buffer list representation）。通过构造一个仅在位置上与 σ 不同且项目工期不超过给定上界的向量来获得 σ 的邻点解。

5. 直接的表达方式

前文所述的活动列表、优先规则、随机键、转移向量的四种表达方式均需要通过利用串行或并行调度计划生成机制的解码方法将用某一种编码方式表示的解转化为一个确定的项目进度计划，即获得基本 RCPSP 模型的解。然而，直接的表达方式是用由每个活动开始时间形成的时间序列来表示基本 RCPSP 模型的解，因此该种表达方式不需要解码过程。Thomas 和 Salhi（1998）首次采用直接的表达方式并设计了启发式算法。对于一个进度安排 $S=(s_1,s_2,\cdots,s_J)$，主要由两种不同的一元算子来生成邻点解；对于不存在优先关系的两个活动 i 和 j（$s_i \neq s_j$），互换 i 与 j 的开始时间或者将 i 的开始时间转变为 j 的开始时间（或完成时间）。对于上述操作产生的违反资源约束的进度安排，Thomas 和 Salhi（1998）做了如下处理：对于每个新产生的进度计划，估计资源不可行水平与目标函数值，如果新产生的进度计划被接受，那么便可通过一个附加的程序将其转化为可行的进度计划。直接的表达方式既没有考虑活动之间的逻辑关系约束，也没有考虑资源约束，因此其表示的进度计划经常不可行。所以，在项目调度研究中较少采用直接的表达方式表示 RCPSP 模型的解。

活动列表、优先规则、随机健和转移向量四种编码方式均为间接的表达方式，与直接的表达方式不同。下面进一步拓展上述四种间接的表达方式，采用串行或并行调度计划生成机制解码时，根据从项目中的起始活动开始[正向（forward, f）]还是结束活动开始[逆向（backward, b）]，可区分出正向调度的和逆向调度的解码方式。如果同时将串行、并行调度计划生成机制和正向、逆向调度方法进行组合，针对同一个活动列表可以获得四种项目进度计划。

活动列表的表达方式最具代表性，下面主要以活动列表为例说明项目调度问题中使用该方法的编码结构。基本 RCPSP 中解的表示如图 2-3 所示。其中，活动 j_i 表示在列表中位置 i 处的活动代号。活动列表上的活动必须满足活动之间的逻辑关系，即 j_i 必须处于它所有紧前活动之后、所有紧后活动之前的某个位置。

| j_1 | j_2 | $\cdots$ | j_i | $\cdots$ | j_J |

图 2-3 基于活动列表的编码方式

在活动列表的最后增加一个位置用来表示对此序列采用正向的解码方式还是逆向的解码方式，形成带有解码方式的活动列表，如图 2-4 所示。

| j_1 | j_2 | ... | j_i | ... | j_J | f/b |

图 2-4　带有解码方式的活动列表

当活动具有多种执行模式时，基本 RCPSP 拓展为 MRCPSP 模型。仍以活动列表的编码方式为例，MRCPSP 模型解的编码方式通常采用如图 2-5 所示的双链表结构，记 $I=(\lambda,m)$，其中第一行 $j=(j_1,j_2,\cdots,j_J)$ 表示优先关系可行的活动链表，与基本 RCPSP 解的编码方式相同，第二行 $m=(m(j_1),m(j_2),\cdots,m(j_J))$ 为每一个活动相对应的执行模式列表。双列表每列的两行代表同一个活动的信息，第一行的 j_i 表示序列中处于位置 i 上的活动代号，第二行相应列上的 $m(j_i)$ 表示活动 j_i 选中的执行模式。

| j_1 | j_2 | ... | j_i | ... | j_J |
| $m(j_1)$ | $m(j_2)$ | ... | $m(j_i)$ | ... | $m(j_J)$ |

图 2-5　MRCPSP 模型解的编码方式

对于基本 RCPSP 和 MRCPSP 模型来说，由于存在可更新资源约束，在一个调度方案的生成过程中，当可并行安排的活动之间发生资源竞争冲突时，基于活动列表提供的活动优先权值可消除冲突。然而，对于项目调度问题中某些子问题来说，若没有可更新资源约束，则编码时仅需要图 2-5 中的第二行模式链表即可。例如，传统的无资源约束型离散时间–费用权衡项目调度问题（discrete time-cost trade-off problem，DTCTP）模型，其编码方式如图 2-6 所示。其中第一行是活动代号，活动代号按照依次增加的次序排列，对于不同的解，第一行的活动代号序列都相同，但是第二行的活动模式链表 $m=(m(A_1),m(A_2),\cdots,m(A_J))$ 不同。因此，传统 DTCTP 模型解的编码结构，包含的实质信息是第二行的模式链表。

| A_1 | A_2 | ... | A_i | ... | A_J |
| $m(A_1)$ | $m(A_2)$ | ... | $m(A_i)$ | ... | $m(A_J)$ |

图 2-6　传统 DTCTP 模型解的编码方式

基于 CPM 网络，采用活动的开始时间序列来表示可行解，这种方式的优点是不依赖于调度计划生成机制，可以直接获得项目的进度计划，进而可以得到项目融资方案（Abido and Elazouni，2011）。因此，本章主要介绍直接编码方式，即以活动的开始时间列表来表示个体。该个体满足活动间的优先关系约束条件，但不一定满足现金流均衡约束条件。因此，该个体是否为真正可行的个体需要通过基于得到的活动时间列表，计算其整个支付周期内的资金缺口是否超过银行的授信额度来确定。

2.6.2 求解 FBPSP 的遗传算法

遗传算法中适应值函数的选择与求解问题的优化目标密切相关。对于单目标优化的 FBPSP，若为最大化目标函数，则可将目标函数直接设置为适应值函数，如项目收益；若为最小化目标函数，则适应值函数的构造要体现问题目标函数越小则遗传算法的适应值越大的效果。依据个体遗传操作过程中得到的项目进度计划，可以直接确定项目工期或依据项目现金流模型确定项目的收益、融资成本等财务参数。特别强调，当出现不可行个体时（现金流均衡条件不能满足），需要结合目标函数特征设置相应的惩罚值作为适应值。

1. 初始种群的产生

首先，根据经典 CPM 确定关键路径的长度 T_c 和每个活动的最早开始时间 $(s_1,s_2,\cdots,s_j,\cdots,s_J)$，然后在 T_c 的基础上考虑一定的延长时间 T_e，此时项目的计划工期 $W=T_c+T_e$。其次，根据项目的计划工期 W 和经典 CPM 的后向阶段和时差计算公式来确定每个活动的总时差 $(TF_1,TF_2,\cdots,TF_j,\cdots,TF_J)$。最后，根据活动序号，依次对每个活动在其总时差范围内随机选择开始时间，此时活动彼此之间仍满足逻辑优先关系约束。

2. 选择操作

遗传算法的选择操作有锦标赛策略、轮盘赌、随机选择以及精英策略等。在求解 FBPSP 中，可结合求解问题规模、优化目标、预处理实验结果等灵活选择。

3. 交叉操作

交叉操作主要有两种实现路径：前向路径和后向路径。前向路径使用后向自由时差（backward free float，BFF）确定方法，而后向路径使用前向自由时差（forward free float，FFF）确定方法。前向路径方法，根据后向自由时差从前向后按活动序号从小到大依次确定每个活动的开始时间。后向路径方法，根据前向自由时差从后向前按活动序号从大到小依次确定每个活动的开始时间。

后向自由时差，主要体现为需要移动的活动在不影响其与紧前活动的逻辑关系的条件下，可以被提前安排的时间量。

前向自由时差，主要体现为在考虑到项目工期可能被推迟，需要移动的活动在不影响其与紧后活动的逻辑关系的条件下，可以被延后安排的时间量。

上述两种方法产生子代的过程可以通过之前的算例来说明，该算例由 St、A、B、C、D、E、Fi 七个活动组成，其中活动 St 和活动 Fi 分别为初始虚活动和结束虚活动，其他活动均为实活动。依照活动代号依次排列的次序，各活动的工期分别是 0、6、3、6、5、2、0，采用 CPM 计算的时间参数如图 2-7 所示，其中 FF

表示一个活动的自由时差（free floats，FF）。各个活动（A、B、C、D、E）依次分别用个体的基因位上的序号来表示。

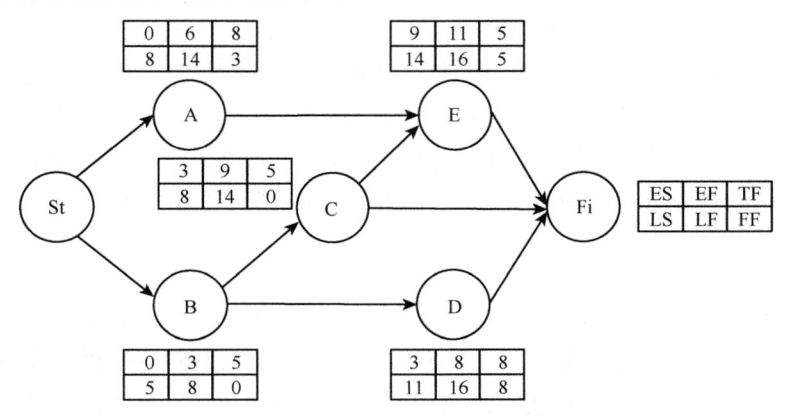

图 2-7　基于 CPM 计算的时间参数

现有 parent1（父母代个体 1）和 parent2（父母代个体 2）两个个体，它们的表达形式具体见图 2-8。首先根据后向自由时差方法，可以依次确定 parent1 和 parent2 的后向自由时差和前向自由时差，如 parent1 的后向自由时差(0, 4, 1, 2, 0)，parent2 的前向自由时差（7, 1, 0, 1, 0）。当遗传操作产生的交叉点在基因位 2 与 3 之间时，对于产生的 child1（子代个体 1）而言，其基因位 1 到 2 继承 parent1 的基因位，所以在相应位置上 child1 的开始时间分别为 0 和 4。而对于基因位 3 到 5，则可通过前向路径方法产生，首先确定基因位 3（活动 C）所有紧前活动结束时间的最大值为 7，其次依据 parent2 基因位 3 上的后向移动值 1，可以确定 child1 在基因位 3 上开始时间为 8，以此类推，可以确定 child1 在基因位 4 和 5 上的开始时间分别为 10 和 14。

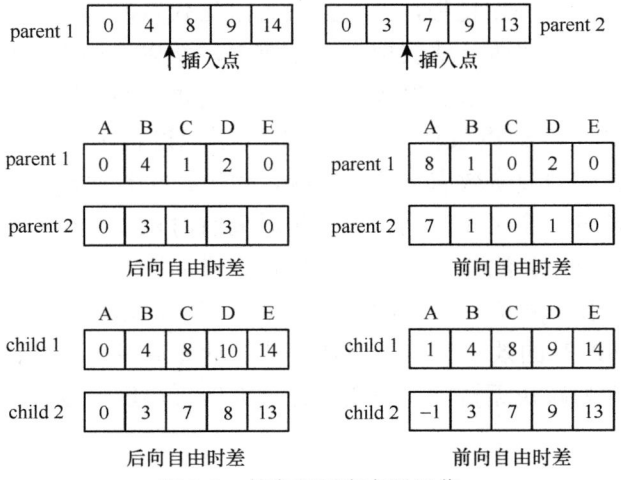

图 2-8　前向和后向交叉操作
child 2 为子代个体 2

对于通过后向路径方法产生 child2 的过程在此进行简单说明。首先，child2 的基因位 3 至 5 直接继承 parent2 相应位置的基因位，即（7，9，13）；其次，对于 child2 的基因位 2，确定其所有紧后活动开始时间的最小值为 7，依据 parent1 上基因位 2（活动 B）的前向自由时差值，确定该活动的开始时间为 3（s_B=7−3−1）。类似地，可以确定基因位 1（活动 A）的开始时间为−1，此时，需要注意的是当活动的开始时间出现负值时，需要将整个项目计划右移，移动量为虚活动开始时间的绝对值，因此 child2 基因位上的开始时间依次为（1，4，8，10，10）。

4. 变异操作

变异操作也通过后向自由时差和前向自由时差方法来改变需要变异的活动的开始时间，具体可以通过以下几个步骤实现：①依据变异概率判断各个活动是否进行变异操作；②针对需要变异的活动，确定该活动的后向自由时差值和前向自由时差值；③随机选择前向路径或者后向路径方法执行变异操作，此时可以得到一个新的个体。此处通过上文列举的例子进行说明。假设选择变异的活动为 D，采用前向路径移动该活动，得到活动 D 的开始时间为 11；采用后向路径方法，得到活动 D 的开始时间为 7。其他活动的开始时间保持不变，变异操作的结果具体可见图 2-9。

	A	B	C	D	E
parent	0	4	8	9	14

	A	B	C	D	E	
child	0	4	8	11	14	前向路径

	A	B	C	D	E	
child	0	4	8	7	14	后向路径

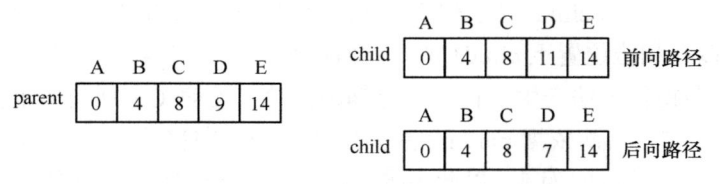

图 2-9　变异操作的结果

基于上述的遗传操作过程，当达到最大进化代数时算法迭代终止，输出相应的满意解。在上述遗传算法实现过程中需要注意以下两方面问题：首先，在交叉和变异操作过程中，由于仅考虑了活动间逻辑关系的可行性，忽略了现金流均衡和可更新资源约束条件，所以在算法迭代过程中会产生大量的不可行解，进而导致算法的搜索效率下降；其次，由于在执行算法前需要在关键路径工期的基础上预设一个延长时间，而延长时间有时难以准确设定，若延长时间设置过小，则会导致算法在迭代过程中出现大量的不可行解，甚至无法找到可行解，反之，则会使解的搜索空间增加，降低算法的求解质量。因此，遗传算法在求解 FBPSP 时的效果较差。但是，从设计元启发式算法的角度来看，上述遗传操作过程为解决无资源（资金）约束类项目调度问题提供了良好的求解思路。

2.7 考虑融资的项目调度问题数值算例的产生与实验测试

针对采用启发式或元启发式算法求解某些特定问题获得的满意解，需要基于较多的随机算例并开展大规模数值实验来评估所开发算法的性能。为此，开展大规模数值实验是评价优化算法性能优劣和验证模型有效性的重要过程。

1. 测试算例的产生

依据已有的文献研究，大规模数值实验具体的实施形式主要有以下三种。

（1）文献主要对已有研究问题（旧问题且旧问题已存在求解方法）设计了新的求解算法，此时开展数值实验的目的是证明新算法的求解效果要优于已有算法。对于该情形，基于相同的大规模测试算例集合，数值实验将新方法的求解效果与已有旧方法的结果进行了对比，以验证新的算法更具有优势。

（2）文献提出了新问题，并通过调整现有算法来求解该新问题。此种情形下，数值实验既要验证算法求解新问题的有效性，还要验证所采用的算法比其他方法的求解效果更好。例如，使用改进的遗传算法求解了某个新问题，还需要进一步验证该算法比使用模拟退火、禁忌搜索等其他元启发式算法的效果更好。

（3）文献不仅提出了新问题，还设计了全新的求解算法。此时，数值实验测试部分的设计会存在一定的差异。在进行数值实验时需要结合求解问题的现实特征产生较多的测试算例，并配置相关的算法参数和实验参数，同时，还需要设计算法的测试指标来评估算法的性能，指标通常可以选择获得的满意解的质量、算法稳定性和计算时间等，最后，还需要分析关键参数对算法测试结果可能产生的影响。

1.5.2 节中介绍了 PSPLIB 算例库，其中 ProGen 算例生成器包括固定参数和基本参数。其中固定参数对于所有基准算例都是相同的，如网络复杂性的容许偏差、资源因子的容许偏差等；基本参数则对于每个基准算例都不相同，如项目中的活动数量、最大执行模式数量以及每种活动执行模式下活动的工期和可更新资源需求量等。当面临新的求解问题时，可以采用 ProGen 算例生成器产生与研究问题最接近的测试算例。ProGen 将所有参数放置于一个基础文件（base file）的 EXPL.BAS 中，使用者可以根据实际使用需求更改文件中各个参数的取值，然后运行 Delphi 编写的 ProGen 可执行文件，产生相应的基准算例（EXPL.BAS 的内容详见附录 C）。同时，如果研究的新问题与 PSPLIB 中包含的某些算例集合较为接近，则可以采用改造现有算例的方式来获得满足研究问题需要的算例。例如，当构造 SRCPSP 时，将库中现有针对基本 RCPSP 的算例进行改造，并将现有的活动工期参数视作其随机情形下的活动期望工期，进一步设置活动工期的标准差、成本等其他参数，基于改造获得的测试算例开展数值实验。

2. 测试指标

一般情形下，在进行项目调度优化问题数值实验时会采用获得的满意解的质量、计算时间等指标评价某种算法的求解效果。基于给定的算法框架，搜索解的总数越多，所需的计算时间就越长。对于不同规模的项目网络，当搜索解的数量一定的情况下，网络规模越大的算例所花费的计算时间越长。在求解 RCPSP 时，通常选择 1000 个、5000 个甚至更多数量的解，对于规模较大的项目活动网络，搜索解的数量则会更多。

以算法搜索解的数量 N 为 5000 时的算法计算时间为例，对于包括 n 个测试算例的集合，算法求解第 i 个算例的计算时间为 CT_i。算法求解每个算例的计算时间会有差异，记最长的计算时间为 CT_{max}，最短的计算时间为 CT_{min}。计算时间指标反映了算法的求解效率，是评价启发式算法性能的重要指标之一，该数值越小则算法的求解速度越快。

评价启发式算法获得的满意解的质量时经常需要比较基准，且需要根据大量算例的统计结果来验证。当评估某种启发式算法时，对于测试算例集中的每个算例，可以通过运行算法得到求解问题的满意解。在搜索解的总数量一定的情况下，满意解距离精确解越近越好。此时算例的精确解是评价满意解质量的参照基准。然而，求解的项目调度优化问题在多数情形下具有 NP-hard 特征，比较基准的精确解目标函数值可能会出现两种情形：精确解已知和精确解未知。第一种情形比较简单，由于精确解已知，所以很容易计算出每个算例的满意解目标函数值与精确解目标函数值的差距。然而，第二种情形则较为复杂，一般用三种处理方式来解决精确解未知的情形，即找到求解问题目标值的边界（下界或上界）、基于算例库提供的启发式最优解、基于算法搜索过程发现的最优解。例如，对于基本 RCPSP 来说，倘若某个算例的精确解未知，则可以选择该问题的下界作为最优解，即松弛基本 RCPSP 中的可更新资源约束，该问题即退化为无资源约束的经典 CPM，显然可采用关键路径的长度作为 RCPSP 解对应目标值的下界，并基于此下界评价启发式算法获得项目计划工期与下界之间的差距。计划工期与下界的差距越小，该解的质量越高。当然，对于某些复杂的求解问题，获得目标函数的下界或上界并不是一件容易的事情，又或者获得的边界与实际精确解差距过大。对于 PSPLIB 算例库中的现有算例，可以采用该算例库中已提供的启发式最优解作为评价满意解质量的比较基准。然而，对于一些较为复杂的新问题，在没有可参照的启发式最优解或无法获得目标函数的边界时，可以采用算法多次运行后的最优解作为比较基准，或者设计更有针对性的指标来评价获得的满意解的质量。

对于特定的测试算例集合，可采用获得最优解的比例、与最优解的偏差（如平均偏差和最大偏差）等指标来评价算法获得的满意解的质量。例如，对于基本 RCPSP 问题新开发了一种算法，若要对比新算法的求解效果，则需要基于 J30 算例中包含的 480 个算例，用新算法和当前主流的算法分别一一求解 480 个算例。如果用被测试的新算法获得的最优解的算例个数多于用主流算法获得的个数，同时在解的偏差指标、计算时间等指标上也具有较好的表现，则反映出测试的新算法在求解基本 RCPSP 时表现了良好的性能。

第3章 考虑银行授信融资的资源约束型项目调度问题

项目实施过程中，通常受到资金和资源的双重约束。结合项目经营层的融资决策和操作层所面对的可用资源（人力、机械设备等）数量有限的现实情况，本章提出了 CFBRCPSP。具体安排如下：首先，基于现实背景提炼并界定研究问题。其次，根据项目所处的环境条件，进一步构建 CFBRCPSP 的非线性整数规划模型。再次，针对小规模问题，提出将问题模型转化为线性整数规划模型的方法，采用商业优化软件获得小规模问题的精确解；针对大规模问题，提出现金流均衡下的两种调度计划生成机制，将其作为解码方案并嵌入遗传进化算法中求解问题，通过大规模数值实验验证所设计算法的有效性。最后，通过实际项目案例说明所构建的问题模型及算法具有实践可行性，结合数值实验和案例分析结果为项目管理者提供相应的管理启示。

3.1 研究背景及研究问题界定

3.1.1 研究背景

现实中，实施并完成一个工程项目经常需投入大量的资金。业主根据项目交易惯例并凭借其在合同谈判中的主导地位，经常在承包合同中拟定延期支付和在每次支付时扣留一定比例的工程款等合同支付条款，由此经常导致承包商的资金入不敷出，进而导致承包商在项目实施过程中产生一定的资金缺口。此时，承包商需要垫付自有资金来维持项目的进行，但是，对于承包商而言，其自有资金量可能不能填补产生的资金缺口，由此会导致项目在执行过程中出现资金链中断，甚至引发项目停工等严重后果。因此，承包商为了保持经营业务的正常开展，降低财务压力，会采用向银行等金融机构融资的方式筹集资金，以弥补项目实施过程中所产生的资金缺口。

在项目的经营层维度，企业管理者需要为项目筹集一定的资金来推动项目的实施，以应对项目将来可能产生的资金缺口。但是，项目在实施过程中的现金流状态与承包商制订的进度计划紧密相关，即一个活动进度计划对应项目实施过程中的一个现金流状态序列（由多个支付时点的累计净现金流值构成），则不同的活动进度计划将产生不同的项目现金流状态序列，所以也会产生不同的融资方案和融资费用。本质上，项目实施中累计的现金流入和流出能否保持动态均衡，很大程度上取决于对项目活动进度的安排。因此，承包商在融资额度有限的情况下，不仅需要科学地规划项目的融资方案，还需要制订合理的项目实施计划，这是 FBPSP 的工程实践背景。FBPSP 主要探讨项目活动进度安排所引起的各财务时点处的资金需求量和现金可用量之间的权衡关系，进而在一定的现实约束条件下优化项目的绩效目标。

在项目的操作层维度，项目实施过程中，项目经理经常面对人力、机械设备等可更新资源供给量有限的现实。然而，项目执行中多个活动并行实施导致在某些时段上资源的需求量较高，但是项目经理可调配的资源量却不能满足需求，同时，承包商也可能面临来自业主的苛刻的合同工期要求。因此，在工程项目进度管理实践中，多数项目是在可更新资源供给量有限和项目合同工期要求的条件下来安排活动的进度计划，这对应的是传统 RCPSP。RCPSP 在理论上已取得丰富的研究成果，并在项目实践中得到了广泛的应用。

以往 FBPSP 的理论研究，多假设项目在实施过程中的资源供给无限量，这种假设与实践操作层中项目经理所面临的现实情景并不相符。仅有 Liu 和 Wang（2008）构建了带有可更新资源约束的 FBPSP 优化模型，但仅对极小规模问题提出了约束规划方法并进行了求解，且该方法无法应对项目现金流出现盈余时不考虑存款收入的情形。针对大规模问题，尽管学者 Abido 和 Elazouni（2010）提出了求解问题的遗传算法，但是采用的解的编码方式仅满足活动之间的逻辑关系可行，解码过程中也未检验是否满足可更新资源约束和资金约束条件，导致该算法在搜索过程中产生了大量的不可行解，算法的求解效率较低。因此，本章主要研究 CFBRCPSP。

在 FBPSP 中银行授信额度的资金量约束呈现出以下三方面特征：首先，银行授信约束下的资金可用量不属于不可更新资源，因为这种约束在每个支付周期上均会产生，而不是仅在整个项目层次上起到作用。其次，银行授信约束下的资金可用量在理论上应归属于可更新资源，因为它在项目生命周期内具有固定的限制量，然而，可用于支出的实际现金会根据银行账户中的实际现金余额在不同工期时点上的变化发生变化，即银行授信约束下的资金限制会随账户余额的变化而改变。最后，在 RCPSP 中，经常将项目的资金归类为双重约束资源，忽略了项目现金流的动态性，同时，RCPSP 只考虑了资源（资金）的支出，而未考虑项目能获得的支付补偿和银行账户余额。

因此，可以发现，考虑银行授信融资中的项目资金不同于 RCPSP 划分的三类资源中的任何一种。鉴于以上现实背景，项目进度管理需要同时满足企业经营层和操作层的项目管理诉求，以制订满足不同组织层级管理者实际需求的项目进度计划和融资方案。然而，以往的 FBPSP 理论研究多基于经营层的视角展开，即假设进度计划在实施过程中的资源供给量无限,且无业主的合同工期约束,但这种假设与项目管理者在实践操作层中的现实情景并不相符。考虑到承包商经常使用银行授信的融资方式为项目的连续实施过程筹集资金(Elazouni and Gab-Allah, 2004),本章提炼出 CFBRCPSP。长期以来项目的融资和预算问题得不到解决是项目失败的主要原因,为保证承包商的可持续经营,以获得最后一次付款时的项目收益最大为优化目标,本章构建了 CFBRCPSP 优化模型,并开发相应的求解算法,以期为管理者在项目进度与资金管理方面提供定量化的决策支持工具和方法。

3.1.2 问题描述

本章采用 AoN 表达有向无圈的项目活动网络图 $G=(V,E)$。其中,节点 $V(|V|=J)$ 表示活动集合,箭线 E 表示活动之间的紧前或紧后逻辑关系集合,活动1和活动 J 分别代表项目的起始虚活动和终止虚活动,每种活动仅有一种执行模式。完成每个非虚活动共需要使用 K 种可更新资源,第 k 种可更新资源在单位工期上的限量为 R_k。其中,活动 j 在单位工期上对第 k($k=1,2,\cdots,K$)种可更新资源的需求量为 r_{jk},项目的合同工期为 D。沿袭经典 FBPSP 研究中的描述,在考虑银行授信的融资方式下,项目执行过程中产生的所有现金流都需在银行为承包商设立的专用账户内运作完成,但在每个财务周期时点借用资金的最大数额不能超过银行授信额度,同时本章作如下四方面的假设。

(1) 具有紧前紧后关系的两个活动(活动对)之间为零时滞的 FS 逻辑关系。

(2) 不考虑未使用的授信额度所产生的资金闲置费用,同时累计净现金流出现盈余时也不考虑其产生的存款利息收入。

(3) 承包商与业主签订合同后形成的合同总价在项目实施过程中保持不变。

(4) 采用基于固定时间间隔的付款支付方式,且不考虑承包商使用的自有资金。

项目总成本的构成部分及每类成本的支出时间点会对承包商的现金流出产生较大的影响。当项目中各活动的开始时间与结束时间确定后,每个支付周期上的现金流出和现金流入均可计算,此时,在相应支付周期上产生的融资数额及融资成本也能确定。因此,本章中的研究问题 CFBRCPSP 界定为考虑银行授信的融资方式,在满足可更新资源约束、合同工期和每个支付周期时点可借用的最大资金量不能超过银行授信额度的条件下,合理地安排活动进度,使承包商获得的项目收益最大。特别强调,不同于 max-NPV 优化问题中的 NPV 指标(指项目开始时刻的收益),CFBRCPSP 中目标函数的收益是考虑融资成本后,获得业主最后一次付款时的项目收益,且后续章节中的项目收益也按此条件考虑。

3.2 问题的非线性整数规划模型构建

基于问题描述和前文建立的现金流动态均衡模型，本章增加银行授信融资的约束条件，以经典 RCPSP 的简约模型为基础框架，构建 CFBRCPSP 的非线性整数规划模型：

$$\max \ PF = CN_{M_W} \tag{3-1}$$

s.t.

$$s_i + d_i \leq s_j, \ j \in V, \ i \in \text{Pre}(j) \tag{3-2}$$

$$\sum_{j \in A_w}^{J} r_{jk} \leq R_k, \ k=1,2,\cdots,K, \ w=1,2,\cdots,W \tag{3-3}$$

$$f_J \leq D \tag{3-4}$$

$$CN_t + CL \geq MF, \ t=0,1,\cdots,M_W \tag{3-5}$$

$$s_j \in [ES_j, LS_j] \text{且为非负整数}, \ j \in V \tag{3-6}$$

式（3-1）表示最大化获得最后一次付款时的项目收益；约束条件中，式（3-2）表示活动之间的逻辑关系约束；式（3-3）表示每个单位工期上的可更新资源需求总量不超过该种资源的限量；式（3-4）表示项目的计划工期不超过合同工期要求；式（3-5）为现金流均衡的约束条件，表示每个支付周期上的可用现金流量不小于最少的备用资金 MF；式（3-6）表示决策变量的取值范围。需要注意的是，如前文所述，由于累计净现金流 CN_t 可间接通过决策变量 s_j 来表示，所以目标函数式（3-1）和约束条件式（3-5）与决策变量 s_j 之间均是相关的。

CFBRCPSP 的优化模型主要有以下两点特性。

首先，在优化模型中，由于每个支付周期末时点的累计净现金流在时间上是交互作用的，即从项目开始时刻起至项目获得最后一次付款为止，上一个支付周期的累计净现金流会影响下一个支付周期至最后一次付款时间范围内的累计净现金流状态。因此，现金流均衡的约束条件式（3-5）具有动态属性，增加此条件后 CFBRCPSP 的求解相比较于经典的 RCPSP 更加复杂。

其次，在目标函数中，项目获得最后一次付款时的累计净现金流为考虑融资成本后的项目收益。为了理解目标函数的特征，现考虑一种项目现金流状态，即项目获得最后一次付款前在每个支付时点上的净现金流均为负，此时项目收益 CN_{M_W} 可表示为 $\sum_{t=0}^{M_W}(P_t - E_t)(1+i_r)^{M_W - t}$。由于 M_W 由项目计划工期所确定，因此可知目标函数 CN_{M_W} 为非线性函数。为不失一般性，当累计净现金流为正不考虑项目的融资利息时，还需要增加辅助变量来调节累计净现金流的状态，所以这些条件使得 CN_{M_W} 与决策变量之间呈非线性关系。因此，构建的优化模型属于非线性整数规划模型。

总之，CFBRCPSP 可视为基本 FBPSP 和 RCPSP 的结合与拓展，而 RCPSP（Blazewicz et al.，1983）和 FBPSP（Elazouni et al.，2015）都已被证明为 NP-hard 问题，易知 CFBRCPSP 同样为 NP-hard 问题。因此，在模型求解算法设计过程中，针对小规模问题，本章设计了将原非线性整数规划模型转化为线性整数规划模型的方法，然后可采用商业优化软件对线性整数规划模型直接求解获得问题的精确解。针对大规模问题，可设计智能优化算法来获得问题的满意解。与精确算法相比，智能优化算法可以节省一定的时间成本，在可接受的计算时间范围内获得求解问题的满意解。

3.3 转化为线性整数规划模型的方法

为了能采用商业优化软件求解小规模问题，本节首先设计将初始非线性的 CFBRCPSP 模型转化为线性整数规划模型的方法。重新定义一组 0-1 决策变量 $y_{j\theta}$，$y_{j\theta}$ 表示活动 j 相对于 CPM 中最早完成时间的偏移量，如下所示：

$$y_{j\theta} = \begin{cases} 1, & \text{活动 } j \text{ 移动 } \theta \text{ 个单位工期完成} \\ 0, & \text{其他} \end{cases}, \theta \in [0, \text{TF}_j], j \in V$$

采用 CPM 确定活动 j 的最早开始时间 ES_j 和最早结束时间 EF_j，然后基于项目的合同工期 D 确定该活动的最晚结束时间 LF_j 和最晚开始时间 LS_j，进而确定总时差 TF_j。此时，活动 j 的完成时间可用 $\text{EF}_j + \sum_{\theta=0}^{\text{TF}_j} \theta y_{j\theta}$ 来表示。对于活动 j，在不同偏移值 $\theta \in [0, \text{TF}_j]$ 下定义如下具体的转化参数。

（1）$E_t(j,\theta)$：活动 j 在结束时间窗内偏移 θ 个单位工期完成时，不同支付周期 t 上活动 j 的直接费用和可变间接费用之和，具体计算公式见式（3-7）。由于项目的固定间接费用与项目计划工期有关，所以依据最后一个虚活动的完成时间来确定在各支付周期上的固定间接费用 $E'_t(J,\theta)$，计算公式如式（3-8）所示。

$$E_t(j,\theta) = \begin{cases} \sum_{w=mt+1}^{m(t+1)} u_w^j (1+O_v), & \text{ES}_j + \theta < w \leq \text{EF}_j + \theta \\ 0, & \text{其他} \end{cases}, j \in V \setminus J, \theta \in [0, \text{TF}_j] \quad (3-7)$$

$$E'_t(J,\theta) = \begin{cases} mO_f, & t = 1,2,\cdots,\lceil (\text{EF}_J + \theta)/m \rceil - 1 \\ [(\text{EF}_J + \theta) - (t-1)m] O_f, & t = \lceil (\text{EF}_J + \theta)/m \rceil \end{cases}, \theta \in [0, \text{TF}_J] \quad (3-8)$$

（2）$r_{jk}(w,\theta)$：活动 j 在结束时间窗内偏移 θ 个单位工期完成时，活动 j 在不同单位工期 w 上对第 k 种可更新资源的需求量。

（3）$P_t(j,\theta)$：活动 j 在结束时间窗内偏移 θ 个单位工期完成时，活动 j 在不同支付周期时点获得的来自业主的付款收入。

根据上述定义的转化参数，项目在各支付周期时点处的净现金流 N_t 可由式（3-9）来确定。其中，M_D 表示根据合同工期 D 确定的最后付款时间，$M_D=\lceil D/m \rceil$+LP+LPF。

$$N_t = \begin{cases} CPO_a - C_m - C_b, & t=0 \\ \sum_{j=1}^{J}\sum_{\theta=0}^{TF_j} y_{j\theta}[P_t(j,\theta) - E_t(j,\theta)], & t=1,2,\cdots,M_D-1 \\ \sum_{j=1}^{J}\sum_{\theta=0}^{TF_j} y_{j\theta}[P_t(j,\theta) - E_t(j,\theta)]+CPO_r, & t=M_D \end{cases} \quad (3\text{-}9)$$

当净现金流 N_t 确定后，可依据 N_t 计算融资流来表示每个支付周期上的累计净现金流 CN_t。但是，当累计净现金流为正时不考虑相应的利息收入，为有效调节利息的计算状态，应引入一组辅助变量 $\gamma=(\gamma_1,\gamma_2,\cdots,\gamma_{M_D})$，其中，$\forall \gamma_t \in \{0,1\}$。为此，各支付周期对应支付时点处的利息可通过式（3-10）至式（3-15）来确定，其中，δ 为无穷大的正数。

$$CN_{t-1} \leqslant (1-\gamma_t)\delta, \quad t=1,2,\cdots,M_D \quad (3\text{-}10)$$

$$CN_{t-1} \geqslant -\gamma_t\delta, \quad t=1,2,\cdots,M_D \quad (3\text{-}11)$$

$$I_t \geqslant 0, \quad t=1,2,\cdots,M_D \quad (3\text{-}12)$$

$$I_t \geqslant -CN_{t-1}i_c+(\gamma_t-1)\delta, \quad t=1,2,\cdots,M_D \quad (3\text{-}13)$$

$$I_t \leqslant -CN_{t-1}i_c+(1-\gamma_t)\delta, \quad t=1,2,\cdots,M_D \quad (3\text{-}14)$$

$$I_t \leqslant \gamma_t\delta, \quad t=1,2,\cdots,M_D \quad (3\text{-}15)$$

基于上述转化参数（E_t,P_t,N_t）、0-1 决策变量 $y_{j\theta}$ 以及辅助变量 γ_t，以合同工期为完工时间获得最后一次付款时的项目收益 CN_{M_D} 可以进行线性化表示，并用来替代 CN_{M_W}。需要说明的是，尽管 CN_{M_D} 并不是最终的项目收益，但是由于项目完工后其现金流状态与决策变量（活动的开始时间）是不相关的，所以在同样的约束条件下求解目标函数 CN_{M_D} 与 CN_{M_W} 所获得的最优解相同，并可根据实际得到的最优解对 CN_{M_D} 进行折算，进而得到 CN_{M_W}。因此，在项目计划工期不确定的条件下求解线性模型时，可以使用目标函数 CN_{M_D} 替代式（3-1）。综上所述，构建 CFBRCPSP 线性整数规划模型，其目标函数与约束条件具体如下：

$$\max \ PF=CN_{M_D} \quad (3\text{-}16)$$

s.t.

$$\sum_{\theta=0}^{TF_j} y_{j\theta}=1, \quad j \in V \quad (3\text{-}17)$$

$$EF_i+\sum_{\theta=0}^{TF_i}\theta y_{i\theta} \leqslant EF_j+\sum_{\theta=0}^{TF_j}\theta y_{j\theta}-d_j, \quad j \in V, \ i \in Pre(j) \quad (3\text{-}18)$$

$$\sum_{j=1}^{J}\sum_{\theta=0}^{TF_j} r_{jk}(w,\theta) y_{j\theta} \leqslant R_k, \quad k=1,2,\cdots,K, \quad w=1,2,\cdots,D \quad (3\text{-}19)$$

$$EF_J + \sum_{\theta=0}^{TF_J} \theta y_{J\theta} \leqslant D \quad (3\text{-}20)$$

$$CN_t + CL \geqslant MF, \quad t=0,1,\cdots,M_D \quad (3\text{-}21)$$

$$y_{j\theta} \in \{0,1\} \quad (3\text{-}22)$$

式（3-16）表示最大化按合同工期确定的最后一次付款时的项目收益。约束条件中，式（3-17）表示每个活动在其结束时间窗内选择一个偏移时间；式（3-18）至式（3-21）的含义与式（3-2）至式（3-5）的含义相同；式（3-22）为决策变量的定义域。

以上线性整数规划模型中的基本参数转化过程可通过附录 A 中表 A-1 中算法 1 的伪代码直接确定。对于小规模问题，直接采用商业优化软件 CPLEX 求解，获得问题的精确解；针对大规模问题，可在有限的时间内通过 B&B 算法求解线性整数规划模型中目标函数的上界，据此验证所开发的启发式算法的求解效果。同时，可以将启发式算法获得的满意解作为求解线性整数规划模型的初始解（下界），采用商业优化软件进一步求解，以提高解的求解质量。

3.4 基于优先规则的考虑银行授信融资的资源约束型项目调度问题启发式算法

当项目网络规模较大且网络结构复杂时，从实践角度看，启发式算法是求解 RCPSP 更普遍的选择。已有文献多集中于探索更高效的智能优化算法求解基本 RCPSP。无论采用哪种智能优化算法（遗传算法、模拟退火、禁忌搜索等），基于一些启发式规则生成可行的调度计划都是算法中最核心的步骤。基于优先规则的启发式算法包含两部分：调度计划生成机制和优先规则。调度计划生成机制指在每个决策阶段安排一个活动（串行）或多个活动（并行），不断向前推进决策阶段从而逐步拓展局部调度计划（仅安排了项目中的部分活动）成为一个全局可行的调度计划（安排了项目中的所有活动）。对大多数求解基本 RCPSP 和 MRCPSP 的启发式算法来说，调度计划生成机制是核心。当前广泛用于 RCPSP 的调度计划生成机制主要有两种，即串行调度计划生成机制和并行调度计划生成机制（Kolisch，1996b）。然而，以上两种传统调度计划生成机制都未涉及满足现金流动态均衡（资金约束）的条件，不能直接用来求解 CFBRCPSP。

基于对上述内容的分析，本章借鉴 RCPSP 中传统调度计划生成机制的基本原理，针对 CFBRCPSP 分别设计了现金流均衡下的串行调度计划生成机制（cash flow-balanced serial schedule generation scheme，CFBSSGS）和现金流均衡下的并行调度计划生成机制（cash flow-balanced parallel schedule generation scheme，CFBPSGS）。CFBSSGS 和 CFBPSGS 为开发并求解 CFBRCPSP 的启发式算法或元启发式算法奠定了基础。为此，本章主要介绍 RCPSP 的调度计划生成机制、CFBSSGS 以及 CFBPSGS 三方面的内容。

3.4.1 RCPSP 的调度计划生成机制

由于基本 RCPSP 在求解上属于 NP-hard 问题，所以当前主流的商业优化软件（如 CPLEX 或 Gurobi）很难在短时间内求解大规模问题的精确解。因此，当项目活动网络的规模较大且网络结构关系复杂时，从工程实践角度看，启发式算法求解基本 RCPSP 具有一定的直观性且操作简单，现有的研究文献更多地集中于探索更高效的智能优化算法求解基本 RCPSP。基于优先规则的启发式算法在调度计划生成过程中主要包含两部分：调度计划生成机制和优先规则。

根据推进决策阶段的策略的不同，Kolisch（1996b）将调度计划生成机制分为两种：串行调度计划生成机制和并行调度计划生成机制。串行调度计划生成机制以阶段数为步长增量来逐步拓展局部调度计划，每个阶段仅安排一个合格活动；并行调度计划生成机制本质上是以时间为步长增量来逐步拓展局部调度计划，在每个决策时刻安排尽可能多的活动并行实施。设项目活动网络中共包含 J 个活动，设定项目的开始时间为 0，项目工期的上限为 T。

1. 串行调度计划生成机制

串行调度计划生成机制共包含 J 个阶段，在每个阶段仅安排一个活动。定义 PS_n 为阶段 n 的局部调度计划中已安排的活动集合；E_n 为阶段 n 的合格活动集合，即 E_n 中的活动在阶段 n 之前还未被安排，但是其所有紧前活动都已被安排，即 $\{i \in E_n | i \notin PS_n 且 Pre(i) \in PS_n\}$。用 es_j 表示采用 CPM 计算出的活动 j 的最早开始时间；s_j 表示活动 j 在调度计划中的开始时间，因此 $f_j=s_j+d_j$ 是活动 j 在调度计划中的结束时间。

串行调度计划生成机制的算法思路如下。

串行调度计划生成机制的算法思路

Begin
初始化 $n=1$；$PS_1=\{1\}$；$E_1=\varnothing$；项目开始时间 $s_1=0$
For $n=2$ to J
$$E_n=E_{(n-1)}$$
确定 E_n：检查在 $n-1$ 阶段安排的活动 $j \in PS_{(n-1)}$ 的每个紧后活动 $i\{i \in S(j)\}$，判断 i 能否成为阶段 n 的 E_n 的成员，如果 i 满足 $\{i \notin PS_n$ and $Pre(i) \in PS_{n-1}\}$，则 $E_n=E_n \cup \{i\}$

从 E_n 中选出具有最高优先权的活动 j^*，$j^* \in E_n$，且更新 $E_n = E_n \setminus \{j^*\}$，
$$PS_n = PS_{(n-1)} \cup j^*$$
确定活动 j^* 最早可能的开始时间 s_{j^*}：$s_{j^*} = es_{j^*} + \min\{\tau | \tau = 0,1,2,\cdots\}$，满足
$$r_{j^*k} \leq \pi R_{k\tau},\ k=1,2,\cdots,K,\ \tau=w+1,\cdots,W$$
首先将 j^* 最早可能的开始时间赋初值为 $es_{j^*} = \max\{f_l | l \in \text{Pre}(j)\}$。计算在 $w = es_{j^*}$ 上的资源余量 πR_{kw}，检查 j^* 所需资源是否满足 $r_{j^*k} \leq \pi R_{kw}$，如果不满足则从当前时刻 w 寻找下一个最早可能的时刻点。从 $w = es_{j^*}$ 确定下一个最早可能的时刻点的方法是：从当前时刻开始寻找资源占用状态最早发生改变的时刻 $w' > w$（有活动结束或资源限量变化，或者两类情形同时发生），进一步判断在 w' 是否可安排活动 j^*，当 $r_{j^*k} \leq \pi R_{k\tau}$（$\tau = w'+1, \cdots, w' + d_j$）时，$s_{j^*} = w'$，否则继续更新当前时刻直到找到可安排活动 j^* 的最早时刻点。因此，$s_{j^*} \geq es_{j^*}$。

End (for n)

2. 并行调度计划生成机制

并行调度计划生成机制最多包含 J 个阶段，阶段 n（$n \leq J$）对应调度时刻 w_n；相关参数定义如下：PS_n 为在阶段 n 时局部调度计划中的活动集合，A_n 为在时刻 w_n 正在进行的活动集合，即 $\{i \in A_n \text{且} i \in PS_n | s_i < w_n < f_i\}$；$C_n$ 为在时刻 w_n 已经结束的活动集合。如果一个活动 h 在时刻 w_n 已经结束，则 $h \in C_n$ 且 $h \in PS_n | w_n \geq f_h$，很明显，$PS_n = A_n \cup C_n$。

E_n 为时刻 w_n 的合格活动集合，即 $\{j \in E_n | j \notin PS_{n-1}, \text{Pre}(j) \in PS_{n-1} \text{且} \text{Pre}(j) \in C_n\}$。并行调度从当前阶段 n 到下一阶段 $n+1$ 需要两步：①确定 w_{n+1}、C_{n+1}、A_{n+1}，并更新各种资源的剩余量 πR_{kw} 和 E_n。②按照优先权从高到低的顺序从 E_n 中选择活动 j 来安排。如果满足 $r_{j^*k} \leq \pi R_{k\tau}$（$\tau = w_n + 1, \cdots, w_n + d_j$），则安排 j；如果 j 不能被安排，则检查 E_n 中活动 j 之后的活动能否被安排，只要安排了 E_n 中的某个活动 j^*，就需要更新 E_n 和 $\pi R_{k\tau}$，继续检查 E_n 中的下一个活动直到检查完最后一个活动。设 $v(j)$ 表示 E_n 中活动 j 的优先权值。并行调度计划生成机制的算法思路如下。

并行调度计划生成机制的算法思路

初始化：首先 $n=0$；$PS_1 = \{1\}$；$A_n = \{1\}$；$C_n = \varnothing$；$E'_n = \varnothing$；$t_n = 0$
然后：$s_1 = 0$；$n = 1$
While $|PS_n| < J$，阶段 n
步骤 1：$w_n = \min\{s_i + d_i | i \in A_{n-1}\}$（注意在最早结束时间点可能会有多于 1 个活动结束）
$$E_n = E'_{n-1}$$
$$A_n = A_{n-1} \setminus \{i | i \in A_{n-1} \text{ and } s_i + d_i = w_n\}$$
$$C_n = C_{n-1} \cup \{i | i \in A_{n-1} \text{ and } s_i + d_i = w_n\}$$
确定 E_n：如果活动 j 满足 $\{j \notin PS_{n-1} \text{ and } \text{Pre}(j) \in C_n\}$，则 $E_n = E_n \cup \{j\}$
步骤 2：根据活动的优先权值排序，从 E_n 中依次选出能在时刻 w_n 安排的 j^*，不能安排的活动构成集合 E'_n
$$j^* = \{j | v(j) = \max_{l \in E_n} v(l)\}$$

步骤 3：If $r_{j^*k} \leq \pi R_{k\tau}(k=1,2,\cdots,K; \tau=w_n+1, w_n+2, \cdots, w_n+d_{j^*})$, then $A_n=A_n \cup \{j^*\}$ and $s_{j^*}=w_n$，并更新 $E_n=E_n \setminus \{j^*\}$

更新 $\pi R_{k\tau}(k=1,2,\cdots,K; \tau=w_n+1, w_n+2, \cdots, w_n+d_{j^*})$

更新 $PS_n=PS_{n-1} \cup \{j^*\}$

Else

$E_n=E_n-\{j^*\}$ 且 $E_n'=E_n' \cup \{j^*\}$

End if

If $E_n \neq \emptyset$ then 转步骤 2；Else $n=n+1$ 转 While 语句

Kolisch（1996b）证明了关于串行、并行调度计划生成机制与基本 RCPSP 模型解之间关系的定理。

定理 3.1 基于任何优先规则并采用串行调度计划生成机制生成的基本 RCPSP 的调度计划都为积极调度计划（active schedule，AS）。

定理 3.2 基于任何优先规则并采用并行调度计划生成机制生成的基本 RCPSP 的调度计划都为非延迟积极调度计划（non-delay active schedule，NDAS）。

串行、并行调度计划生成机制的计算复杂性都为 $O\{J^2K\}$ (Hartmann and Kolisch, 2000)，其中 J 为项目网络中包含的实活动个数，K 为可更新资源的种类数。然而，对于以工期最小化为目标函数的基本 RCPSP 来说，并行调度计划生成机制有可能错失问题的最优解。用 S 表示任意一个调度计划（schedule），与基本 RCPSP 相关的调度计划还有可行调度计划（feasible schedule，FS）、半积极调度计划（semi-active schedule，SAS）。显然，基本 RCPSP 的各类调度计划之间包含关系为：NDAS $\subseteq$ AS $\subseteq$ SAS $\subseteq$ FS $\subseteq$ S。

根据定理 3.2，基本 RCPSP 的最优调度计划一定为 AS，然而采用并行调度计划生成机制生成的是 NDAS，所以不难理解为何基于并行调度计划生成机制求解基本 RCPSP 时有可能错失问题的最优解。因此，绝大多数求解基本 RCPSP 的启发式算法都采用串行调度计划生成机制来获得可行调度计划。

3.4.2 现金流均衡下的串行调度计划生成机制设计

基于串行调度生成机制的基本原理，在每个阶段只安排一个活动，总的阶段数量为 J。在准备阶段，主要读取项目基本参数和计算各类成本与合同价格。每个阶段主要包括三个执行步骤，根据活动的优先级选择优先级最高的活动 j^* 进行安排，检查资源与资金约束，更新局部调度计划与参数。图 3-1 列出了 CFBSSGS 的主要实施步骤，在此主要介绍在第 n 个阶段的执行过程，具体步骤如下。

1. 更新活动集合

根据阶段 $n-1$ 已安排的活动集合 PS_{n-1}，更新当前的合格活动集合 E_n，然后

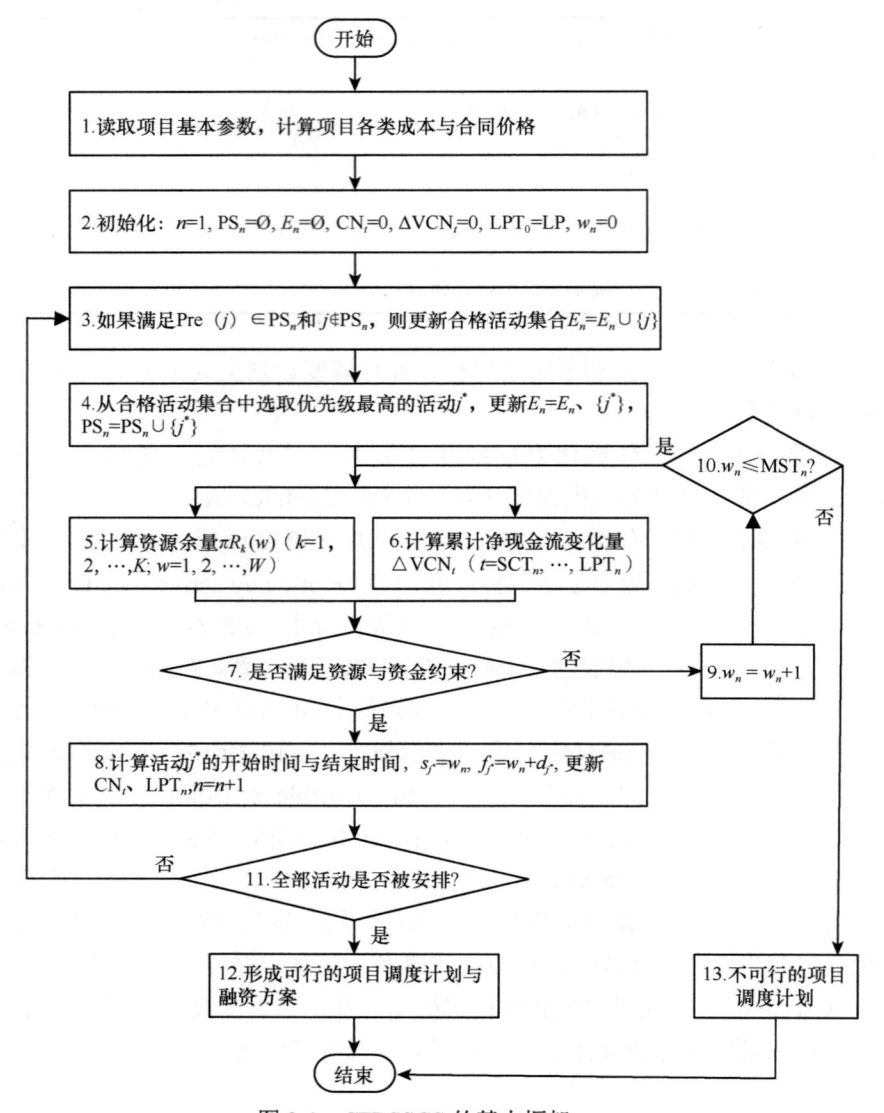

```
                          开始
                            │
                            ▼
         ┌──────────────────────────────────────┐
         │ 1.读取项目基本参数,计算项目各类成本与合同价格 │
         └──────────────────────────────────────┘
                            │
                            ▼
         ┌──────────────────────────────────────────────────┐
         │ 2.初始化: n=1, PS_n=∅, E_n=∅, CN_t=0, △VCN_t=0,  │
         │          LPT_0=LP, w_n=0                         │
         └──────────────────────────────────────────────────┘
                            │
                            ▼
         ┌──────────────────────────────────────────────────┐
    ┌──► │ 3.如果满足 Pre(j)∈PS_n 和 j∉PS_n, 则更新合格活动集合 │
    │    │    E_n=E_n∪{j}                                   │
    │    └──────────────────────────────────────────────────┘
    │                       │
    │                       ▼
    │    ┌──────────────────────────────────────────────────┐
    │    │ 4.从合格活动集合中选取优先级最高的活动 j*, 更新       │
    │    │   E_n=E_n\{j*}, PS_n=PS_n∪{j*}                   │      是 ┌──────────────┐
    │    └──────────────────────────────────────────────────┘ ◄───── │10.w_n≤MST_n?│
    │                       │                                        └──────────────┘
    │          ┌────────────┴────────────┐                                  ▲ 否
    │          ▼                         ▼                                  │
    │ ┌──────────────────┐    ┌──────────────────────┐            ┌──────────────┐
    │ │5.计算资源余量       │    │6.计算累计净现金流变化量 │            │ 9.w_n=w_n+1  │
    │ │ πR_k(w) (k=1,     │    │ △VCN_t (t=SCT_n,…, │            └──────────────┘
    │ │ 2,…,K; w=1,2,…,W)│    │ LPT_n)               │                    ▲
    │ └──────────────────┘    └──────────────────────┘                    │
    │          └────────────┬────────────┘                                 │
    │                       ▼                                              │
    │               ┌───────────────┐    否                                │
    │               │7.是否满足资源与  ├─────────────────────────────────────┘
    │               │  资金约束?      │
    │               └───────────────┘
    │                       │ 是
    │                       ▼
    │    ┌──────────────────────────────────────────────────┐
    │    │ 8.计算活动 j* 的开始时间与结束时间, s_{j*}=w_n,      │
    │    │   f_{j*}=w_n+d_{j*}, 更新 CN_t, LPT_n, n=n+1      │
    │    └──────────────────────────────────────────────────┘
    │                       │
    │              否       ▼
    └──────────── ┌───────────────────┐
                  │11.全部活动是否被安排? │
                  └───────────────────┘
                           │ 是
                           ▼
         ┌──────────────────────┐         ┌──────────────────┐
         │12.形成可行的项目调度计划│         │13.不可行的项目     │
         │   与融资方案           │         │   调度计划        │
         └──────────────────────┘         └──────────────────┘
                           │                       │
                           ▼                       ▼
                          结束 ◄───────────────────┘
```

图 3-1 CFBSSGS 的基本框架

△VCN_t 为在局部调度计划添加活动 j* 后的累计净现金流变化量, SCT_n 为检查开始时间, LPT_n 为当前局部调度计划的最迟付款时间, MST_n 为最迟开始时间

从 E_n 中选出优先级最高的活动 j^*, 并将其开始时间设为其所有紧前活动结束时间的最大值。

2. 检查资源约束和资金约束

安排所选活动 j^* 前, 计算每个时间单位上资源 k 的可用余量 $\pi R(k)$, 同时, 计算在局部调度计划添加活动 j^* 后的累计净现金流变化量 ΔVCN_t。资金约束核验的时间周期为检查开始时间 SCT_n 至当前局部调度计划的最迟付款时间 LPT_n。依

据图 3-1 中的步骤 7,检查资源和资金约束:若两种约束均满足,则设置当前调度时间 w_n 为活动 j^* 的开始时间;否则,在当前调度时间的基础上增加一个时间单位,具体可见步骤 8 与步骤 9。需要注意,当执行步骤 9 时,w_n 可以达到的时间不能超过最迟开始时间 MST_n。

定理 3.3 在局部调度计划(阶段 n)中,所选择活动可以开始的时间 w_n 最迟不超过 MST_n,其计算公式见式(3-23)。

$$\mathrm{MST}_n = \max\left\{\left\lceil\frac{f_i}{m}\right\rceil\right\} + \mathrm{LP} + 1,\ i \in \mathrm{PS}_{n-1} \quad (3\text{-}23)$$

证明:对于上一阶段 $n-1$ 的局部调度计划 S_{n-1},选择安排活动 j^* 之前,项目的累计净现金流在最迟付款时间之后将不会得到改善。在安排活动 j^* 时,若该活动被安排在局部调度计划获得最迟付款时间的下一个支付周期内,则可以减少该支付周期内的现金流出,若活动 j^* 在此支付周期内仍无法被安排,则继续推迟活动 j^* 的开始时间是无效的,因为活动 j^* 在第 $\mathrm{MST}_n + 1$ 个支付周期内由直接成本所引起的现金流出的变化与在第 MST_n 个支付周期内引起的变化相同,且活动的推迟安排将引起局部计划工期延长,进一步导致固定间接成本产生的现金流出持续增加,所以超过 MST_n 后继续增加 w_n 来核验资金约束是否满足要求是没有必要的。因此,当 $w_n > \mathrm{MST}_n$ 时,此局部调度计划已无法拓展成满足资金约束的全局的调度计划。

资金约束的检查开始时间 SCT_n 由当前决策时间 w_n 所决定的,如果 w_n 未超过已安排活动的最迟完成时间时,则 SCT_n 由 w_n 所在的支付周期决定;否则,w_n 由已安排活动结束时间的最大值决定。其计算公式见式(3-24)。

$$\mathrm{SCT}_n = \begin{cases} \lceil(w_n+1)/m\rceil, & w_n \leq \max\left\{\left\lceil\frac{f_i}{m}\right\rceil, i \in \mathrm{PS}_{n-1}\right\} \\ \max\left\{\left\lceil\frac{f_i}{m}\right\rceil, i \in \mathrm{PS}_{n-1}\right\}, & w_n > \max\left\{\left\lceil\frac{f_i}{m}\right\rceil, i \in \mathrm{PS}_{n-1}\right\} \end{cases} \quad (3\text{-}24)$$

资金约束检查周期中的结束时间 LPT_n,为局部调度计划中获得业主支付的最迟付款时间,其计算公式见式(3-25)。

$$\mathrm{LPT}_n = \max\left\{\max\left\{\left\lceil\frac{f_i}{m}\right\rceil, i \in \mathrm{PS}_{n-1}\right\}, \left\lceil\frac{w_n + d_{j^*}}{m}\right\rceil\right\} + \mathrm{LP} \quad (3\text{-}25)$$

图 3-2 可以说明上述基本参数的确定过程,其中横轴 w 表示时间,纵轴 R 表示进行中的活动的资源需求量。在图 3-2 中,活动 j^* 为活动 1 和活动 2 的紧后活动,且活动 1、活动 2 和活动 3 已完成安排,局部调度计划安排进入第四阶段。假定活动的可更新资源约束均可以被满足,项目的工期单位为周,支付周期单位为月(1 个月=4 周),LP 为 1 个月。在情形 1 下,检查活动 j^* 在时间 8 开始时的资金约束条件是否满足,此时资金约束的检查开始时间 SCT_4 为 12,检查结束时间 LPT_4 为

20。然而，若 j^* 此时不能被安排，则该活动需要向后推迟。当出现情形 2 时，活动 j^* 的开始时间为 13，资金约束的检查周期范围为[16, 24]。倘若资金约束还是不能满足，活动 j^* 仍需要被推迟安排，但是由式（3-23）可知，当前局部调度计划可能被安排的时间最迟为 24（MST_4），若活动 j^* 仍无法在时间 24 被安排（情形 3），此时依据当前的活动安排序列将无法获得一个可行的局部调度计划。

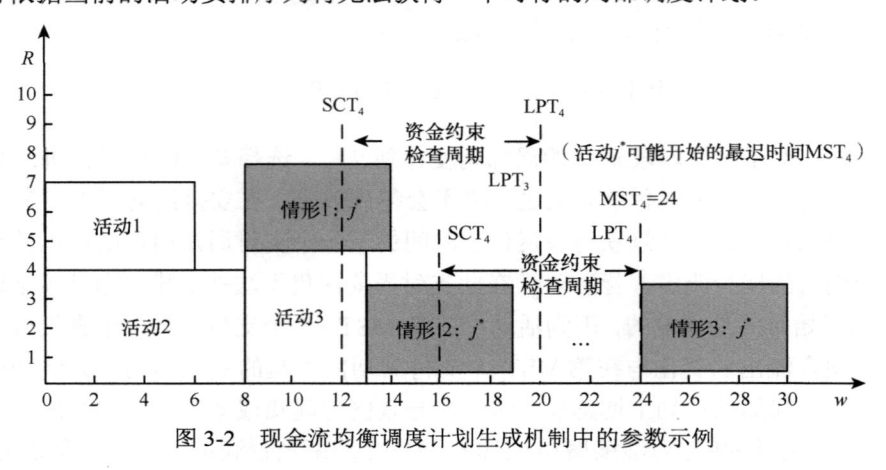

图 3-2 现金流均衡调度计划生成机制中的参数示例

3. 更新局部调度计划中的相关参数

当完成以上两种约束检查后，更新局部调度计划中相关参数 PS_n、CN_t 和 f_{j^*}。此时，形成了项目的局部调度计划和相应的融资方案。

当项目中的所有活动均被安排时，整个调度过程结束，此时可形成一个全局的调度计划。需要注意，在给定的资金约束下，基于某一特定的活动安排序列，若资金约束不能被满足，则无法生成一个可行的全局调度计划和融资方案。

3.4.3 现金流均衡下的并行调度计划生成机制设计

CFBPSGS 以时间作为阶段变量，调度阶段数量可能超过 J。在阶段 n 的决策时刻用 w_n 表示。借鉴 PSGS 生成调度计划的基本框架，CFBPSGS 在每个阶段应尽可能多地选择安排活动，并在调度过程中重新确定每个活动的优先级，其具体操作步骤如图 3-3 所示。

依据当前调度计划所处的状态，将任务集合划分为五种：w_n 时刻已经完成的活动集合 C_n；w_n 时刻正在进行的活动集合 A_n；w_n 时刻合格（仅指逻辑关系满足要求）的活动集合 E_n；w_n 时刻 E_n 中剩余的没有被安排的合格活动集合 E'_n；w_n 时刻能够满足资源约束但不满足资金限额的合格活动集合 E''_n。与 CFBSSGS 类似的是 CFBPSGS 在每个阶段中也需要选择合格的活动安排，检查资源和资金约束，并更新 MST_n、SCT_n 和 LPT_n 等相关参数。

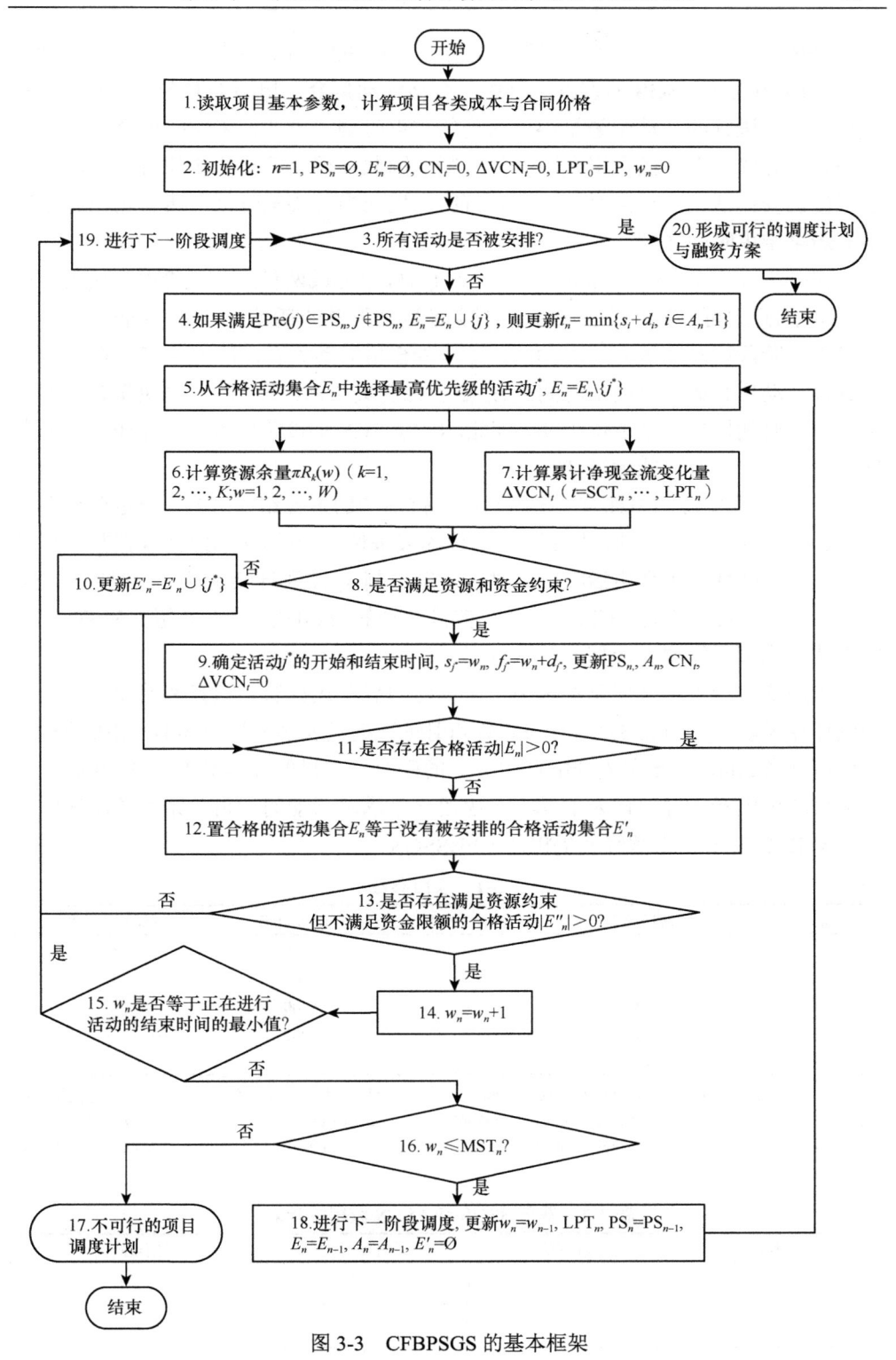

第3章　考虑银行授信融资的资源约束型项目调度问题

```
                            ┌──────┐
                            │ 开始 │
                            └──┬───┘
                               ▼
        ┌─────────────────────────────────────────────┐
        │ 1.读取项目基本参数，计算项目各类成本与合同价格 │
        └──────────────────────┬──────────────────────┘
                               ▼
    ┌──────────────────────────────────────────────────────────┐
    │ 2.初始化：$n=1$, $PS_n=\emptyset$, $E'_n=\emptyset$, $CN_t=0$, $\Delta VCN_t=0$, $LPT_0=LP$, $w_n=0$ │
    └──────────────────────────┬──────────────────────────────┘
                               ▼
 ┌──────────────────┐    ◇ 3.所有活动是否被安排？ ──是──▶ ┌──────────────────┐
 │19.进行下一阶段调度│◀──┤                          │       │20.形成可行的调度计划│
 └──────────────────┘    └────────────┬─────────────┘       │   与融资方案       │
         ▲                           否                      └────────┬─────────┘
         │                            ▼                                ▼
         │          ┌──────────────────────────────────────────┐   ┌──────┐
         │          │ 4.如果满足 $Pre(j)\in PS_n, j\notin PS_n$, │   │ 结束 │
         │          │   $E_n=E_n\cup\{j\}$，则更新              │   └──────┘
         │          │   $t_n=\min\{s_i+d_i, i\in A_n-1\}$       │
         │          └──────────────────┬───────────────────────┘
         │                             ▼
         │          ┌──────────────────────────────────────────┐
         │          │ 5.从合格活动集合 $E_n$ 中选择最高优先级的活动 $j^*$, $E_n=E_n\setminus\{j^*\}$ │◀──┐
         │          └──────────────────┬───────────────────────┘                                     │
         │                             ▼                                                             │
         │     ┌──────────────────────────┐   ┌──────────────────────────────┐                      │
         │     │6.计算资源余量 $\pi R_k(w)$ │   │7.计算累计净现金流变化量       │                      │
         │     │ ($k=1, 2, \cdots, K; w=1,$│   │ $\Delta VCN_t$, ($t=SCT_n,\cdots,LPT_n$) │          │
         │     │ $2, \cdots, W$)          │   └──────────────────────────────┘                      │
         │     └───────────┬──────────────┘                                                         │
         │                 ▼                                                                        │
         │   ┌─────────────────────┐    ◇ 8.是否满足资源和资金约束？ ──否──┐                         │
         │   │10.更新 $E'_n=E'_n\cup\{j^*\}$│◀─┤                          │                         │
         │   └─────────────────────┘    └────────────┬─────────────┘                                │
         │                                           是                                             │
         │                                            ▼                                             │
         │          ┌──────────────────────────────────────────────────────┐                       │
         │          │ 9.确定活动 $j^*$ 的开始和结束时间, $s_{j^*}=w_n$, $f_{j^*}=w_n+d_{j^*}$, │       │
         │          │   更新 $PS_n$, $A_n$, $CN_t$, $\Delta VCN_t=0$       │                       │
         │          └──────────────────┬───────────────────────────────────┘                       │
         │                             ▼                                                           │
         │                    ◇ 11.是否存在合格活动 $|E_n|>0$？ ──是─────────────────────────────────┘
         │                             │
         │                             否
         │                             ▼
         │          ┌──────────────────────────────────────────────────────┐
         │          │12.置合格的活动集合 $E_n$ 等于没有被安排的合格活动集合 $E'_n$ │
         │          └──────────────────┬───────────────────────────────────┘
         │                             ▼
         │                   ◇ 13.是否存在满足资源约束
         │              但不满足资金限额的合格活动 $|E''_n|>0$？
         │                             │
         │             ┌──否──┐        是
         │             │       │        ▼
         │   ◇ 15.$w_n$是否等于正在进行   ┌─────────────┐
         │      活动的结束时间的最小值？◀─┤14.$w_n=w_n+1$│
         │             │         否      └─────────────┘
         │             是
         │             ▼
         │         ◇ 16.$w_n\leq MST_n$?
         │             │
         │        否   是
         │    ┌────┴────┐
         ▼             ▼
 ┌──────────────┐   ┌──────────────────────────────────────────────────┐
 │17.不可行的项目│   │18.进行下一阶段调度，更新 $w_n=w_{n-1}$, $LPT_n$, $PS_n=PS_{n-1}$, │
 │  调度计划    │   │   $E_n=E_{n-1}$, $A_n=A_{n-1}$, $E'_n=\emptyset$ │
 └──────┬───────┘   └──────────────────────────────────────────────────┘
        ▼
    ┌──────┐
    │ 结束 │
    └──────┘
```

图 3-3　CFBPSGS 的基本框架

CFBPSGS 生成调度计划的过程相对复杂，与 PSGS 的不同体现在以下两个方面。

（1）在 CFBPSGS 的调度进程中，合格活动集合需更新的时刻有两种情况：第一，正在进行的活动中最早结束活动的结束时刻；第二，未安排的合格活动集合满足资源约束但不满足资金限额的时刻。因此，调度活动的决策时刻不仅可能出现在已安排活动的结束时刻，还有可能出现在当前决策时刻至所有正在进行活动的最早结束时间之间。

在阶段 n，当时刻 $w_n (\min\{s_j+d_j | j \in A_{n-1}\})$ 已完成两种约束检查时，如果存在从 w_n 时刻开始可以满足资源约束但不满足资金限额的活动，则 E_n'' 为非空集合，此时下一阶段的时间为 w_n+1，并将 E_n'' 作为合格活动集合，即 $E_n=E_n''$。在当前正在进行活动集合的最早结束时间或 E_n'' 更新为空集之前，下一阶段的决策时间均为当前调度时间增加一个单位工期。因此，CFBPSGS 调度阶段数量不小于 PSGS 调度阶段数量，并有可能大于 J。

（2）对于资源约束而言，在所有已安排活动的最晚结束时刻，一定至少存在一个合格活动可以被安排。然而，受资金约束条件的影响，CFBPSGS 在某时刻可能无法安排任何一个合格活动。此时，决策时刻 w_n 需要继续延后一个时间单位。与 CFBSSGS 类似的是，CFBPSGS 可安排活动的最迟时间也不能超过 MST_n，否则无法生成可行的调度计划和融资方案。

下面通过一个小规模算例来说明所提出的启发式算法，该算例的项目参数与调度计划见表 3-1 和表 3-2，合同参数和财务数据见表 3-3 和表 3-4，相关的参数取值可参考 Alavipour and Arditi（2019a）的研究。项目的授信额度为 32 000 元，且项目的可更新资源限量为 11 周。考虑用一个满足活动间逻辑关系的活动优先序列（A, B, C, E, D）来解释所提出的 CFBSSGS。

表 3-1 项目参数

活动	紧前活动集合	活动工期/周	直接费用/元	资源需求/（人/周）
A		6	2000	6
B		3	3000	7
C	B	6	4000	4
D	B	5	2000	5
E	A, C	2	3000	6

注：直接费用=61 000 元，可变间接费用=61 000×0.05=3050 元，单位固定间接费用=1000 元，固定间接费用=1000×11=11 000 元，动员费用=(61 000+3050)×0.04=2562 元，标高金=(61 000+11 000+3050+2562)×0.15=11 642 元，履约担保费用=(61 000+3050+11 000+2562+11 642)×0.01=893 元，合同价格=61 000+3050+11 000+2562+11 642+893= 90 147 元

表 3-2 基于 SSGS 和 PSGS 获得的计划

开始时间	结束时间	开始时间	结束时间
0	6	9	14
6	9	15	17
9	5		

表 3-3 合同参数

合同参数	取值
预付款比例 O_a	0
扣留款比例 O_r	10%
提交付款支付申请时间间隔/月	1
获得实际过程进度款项与提交付款支付申请之间的时间间隔/月	1
获得最后一次付款与提交最后付款支付申请之间的时间间隔/月	0

表 3-4 财务数据

财务数据	取值	财务数据	取值
月利率 i_r	1.2445%	项目动员费用的比例 O_m	4%
投标利润率 O_p	15%	项目履约担保费用的比例 O_b	1%
可变间接费费率 O_v	5%		

首先，忽略银行授信额度的限制，采用传统的 SSGS 和 PSGS 生成项目进度计划，两种调度计划生成机制下获得的项目进度计划相同，与该进度计划相对应的项目现金流情况如表 3-5 所示，其中负的累计净现金流代表了项目执行中在每个支付周期（月）结束点上需要融资的资金量。进一步可以发现，该项目在 3 月末的最大资金需求量为 32 954 元。因此，若考虑此项目的授信额度（32 000 元），此时获得的项目进度计划显然是不可行的。

表 3-5 基于 SSGS 和 PSGS 的现金流情况

时间/月	现金流出（成本）/元	现金流出（利息）/元	挣值/元	现金流入（支付）/元	净现金流/元	累计净现金流/元
0	3 455		0		−3 455	−3 455
1	12 400	43	11 822	0	−12 443	−15 898
2	14 500	198	14 778	10 640	−4 058	−19 956
3	26 050	248	31 034	13 300	−12 998	−32 954
4	23 950	410	28 079	27 931	3 571	−29 383
5	4 150	366	4 433	25 271	20 755	−8 628
6	0	107		13 005	12 898	4 270

其次，考虑银行授信额度的限制，采用 CFBSSGS 来获得项目可行的进度计划和融资方案，其生成结果见表 3-6。在项目的开始时刻，产生了项目的动员费用和履约保证费用（3455 元）。在安排活动 A 后，剩余的可更新资源在第 1 周至第 6 周内均满足要求，且融资金额满足银行的授信额度。然后，对活动 B、C 和 E 依次进行安排。当安排活动 D 时，尽管可更新资源在第 10 至 14 周内满足使用要求，但是在第 3 个月末，负的累计净现金流（资金缺口 32 954 元）超过了银行的授信额度（32 000 元），此时活动 D 只能推迟 1 周开始，重复检查可更新资源和

现金流均衡条件，直至第 14 周末活动 D 才能被安排。当获得一个完整的全局进度计划后，同时也得到了该项目考虑融资成本后的项目收益是 2205 元。然而，若银行的授信额度降低至 26 000 元，则在安排活动 A 和 B 之后，活动 C 无法在第 20 周前被安排，此时基于 CFBSSGS 启发式算法无法获得一个可行的项目进度计划方案。然而，当将活动的优先序列调整为（B, C, D, A, E）时，考虑融资成本后的项目收益为 3322 元，要优于调整活动优先序列前的项目收益。

表 3-6 基于 CFBSSGS 的调度过程与相应的累计净现金流状态

阶段	合格活动	调度参数				安排活动后局部计划的累计净现金流/元						
		选择活动	LPT_n	开始时间	结束时间	0	1月	2月	3月	4月	5月	6月
初始化						−3 455						
1	A, B	A	3	0	6	−3 455	−15 898	−11 656	−6 480			
2	B	B	4	6	9	−3 455	−15 898	−19 956	−11 054	−7 201		
3	C, D	C	5	9	15	−3 455	−15 898	−19 956	−26 654	−22 635	−6 956	
4	D, E	E	6	15	17	−3 455	−15 898	−19 956	−26 654	−26 785	−11 317	−7 468
5	D	D	6	14	19	−3 455	−15 898	−19 956	−26 654	−30 985	−18 550	−6 810
更新						−3 455	−15 898	−19 956	−26 654	−30 985	−18 550	2 205

在基于 CFBPSGS 的调度过程中，活动 A、B 和 C 的安排与采用 CFBSSGS 的调度结果相同。但是，当安排了活动 C 后，安排活动 D 会导致项目的资金在第 3 个月末的融资额度无法满足要求，所以活动 D 需要推迟至第 10 周末。类似地，活动 E 在第 15 周末前无法开始，该活动在第 16 周末开始时所有约束条件才能被满足。因此，在第 16 周内没有活动执行。采用 CFBPSGS 获得项目可行的调度计划和融资方案的生成结果见表 3-7。对于该案例而言，基于相同的活动安排顺序（A, B, C, E, D），采用 CFBPSGS 方法获得的项目收益要高于采用 CFBSSGS 方法获得的收益。

表 3-7 基于 CFBPSGS 的调度过程与相应的累计净现金流状态

时间/周	合格活动	调度参数				安排活动后局部调度计划在各支付周期时点的累计净现金流/元						
		选择活动	E'_n	E''_n	LPT_n	0	1月	2月	3月	4月	5月	6月
初始化						−3 455						
0	A, B	A	B	∅	3	−3 455	−15 898	−11 656	−6 480			
6	B	B	∅	∅	4	−3 455	−15 898	−19 956	−11 054	−7 201		
9	C, D	C	D	D	5	−3 455	−15 898	−19 956	−26 654	−22 635	−6 956	
10	D	D	∅	∅	5	−3 455	−15 898	−19 956	−30 854	−27 867	−4 273	
15	E	E	E	E	6	−3 455	−15 898	−19 956	−30 854	−27 867	−4 273	
16	E	E	∅	∅	6	−3 455	−15 898	−19 956	−30 854	−28 867	−13 585	−5 774
更新						−3 455	−15 898	−19 956	−30 854	−28 867	−13 585	3 241

3.5 基于优先规则的启发式算法对比

大规模长周期型项目中通常包含数量庞大的活动且具有资金密集的特征，采用精确算法求解此类 FBPSP 通常需高昂的计算成本。此外，当此类项目在执行过程中中断时，管理者很难直接使用精确算法对中断的进度计划和融资方案进行在线调整和更新。因此，项目管理者可以采用基于优先规则的启发式算法直观地调整并更新项目进度计划和融资方案，以实现对进度和资金管理的动态控制。

现实中，基于优先规则的启发式算法经常受到广大实践者的青睐，其受青睐的原因可以总结为四个方面：首先，基于优先规则的启发式算法具有较明显的直观性和应用性，所以这些方法可以灵活地在动态项目环境中使用；其次，基于优先规则的启发式算法可以分别在项目进度的计划和实施两个阶段应用，即项目管理者可以在计划阶段制订基准进度计划，而在项目实施过程中根据项目的执行状态调整进度计划；再次，基于优先规则的启发式算法生成的有效进度表可以快速地为精确算法或元启发式算法提前创建可行的解决方案，并且这些启发式算法可以嵌入到许多商业项目管理软件中，用于在 FBPSP 的条件下对工程项目的活动进行调度；最后，基于优先规则的启发式算法对项目管理者来说是简洁且直观的，为控制项目进度和掌握施工过程提供了有效的解决方法。

项目调度问题中基于优先规则的启发式算法主要由优先规则和调度计划生成机制两部分组成（Franco-Duran and de la Garza, 2020）。优先规则主要用于选择一个或多个合格的活动，调度计划生成机制用来产生一个可行的活动进度安排计划。以往的 SSGS 和 PSGS 均为传统的调度计划生成机制，同时，本章在 3.4 节中提出的 CFBSSGS 和 CFBPSGS 也是求解带有融资的项目调度问题时采用的调度计划生成机制。

项目调度问题中基于优先规则的启发式算法性能测试主要集中在 RCPSP 上。在早期的研究中，最小松弛时间（MINSLK）、最晚结束时间（LFT）、旧最大秩序权重（old greatest rank positional weight，OGRPW）和最多的紧后活动（MTS）被认为是 RCPSP 中的最佳优先规则（Boctor, 1990; Davis and Patterson, 1975）。到目前为止，Guo 等（2021）根据以往的研究文献，总结了 39 条求解 RCPSP 的优先规则。关于优先规则的详细解释和应用，感兴趣的读者也可以参考学者 Demeulemeester 和 Herroelen（2002）发表的相关文献。此外，优先规则根据是否考虑时间因素可以分为静态和动态两类，如果一个优先规则在决策时间之前依据先前的信息来计算优先权值，则属于动态优先规则；否则，就是静态优先规则（Chen et al., 2018）。Kolisch（1996a）的研究表明，在基于 PSGS 的启发式算法的基础上，动态优先规则在项目工期上的表现要优于静态（经典）优先规则。随后，Franco-Duran 和 de la Garza（2020）引入了一种新的打破平局的方法（优先级数），该方法提高了 PSGS 启发式算法的性能，并根据具体的项目特征评估了相应的优先规则的效果。此外，Browning 和 Yassine（2010）将优先规则的测试效果拓展到资源约束型多项目调度问题（resource-constrained multi-project scheduling problem，RCMPSP）。此后，SRCPSP（Chakrabortty et al.，2020；Chen et al.，2018）和 RCMPSP（Wang et al.，2017）的优先规则表现被进一步探索。学者 Rezaei 等（2021）将半方差风险度量和净现值作为测试目标，基于项目现金流和模拟信息的条件评估了不同优先规则在 SRCPSP 中的表现。

最近，一种机器学习中的遗传规划方法被提出，用来生成自动的调度优先规则，并将其应用于求解资源约束型项目调度的启发式算法中，遗传规划也被称为基于遗传规划的超启发式算法（genetic programming based hyper-heuristic，GPHH）。Chand 等（2018）验证了 GPHH 可以生成一个更加高效的优先规则，该规则要优于传统的调度优先规则。随后，Luo 等（2022）提出了一些相应的改善措施来提高 GPHH 的性能和效率，并获得了最优的自动化优先规则。此外，Chand 等（2019）针对带有资源供给量中断的动态 RCPSP，设计了多目标方案来产生优先规则。进一步，Adamu 等（2019）开发了一种机器学习方法，可以根据成功率和成本从一组优先规则中智能地生成新的组合优先规则。Guo 等（2021）则开发了一种决策树方法来探究项目指标与基于优先规则的启发式算法性能之间的映射。上述智能技术在理论上提高了项目调度中优先规则的有效性，但如果承包商没有足够的类似项目数据，则很难使用该种方法。

许多学者研究了不同优先规则在解决 RCPSP 上的表现，这些优先规则的表现主要与项目的条件特征、资源需求和供给等因素有关。此外，据本书作者所知，对于各种优先规则在求解基于融资的资源约束型项目调度上的性能表现，相关研究还鲜见有报道。解决该问题可以在实践中指导项目管理者选择正确的调度策略实现项目的可持续经营。因此，通过研究该问题可以实现以下四方面目标：首先，为项目管理者提供最佳的调度策略以合理安排项目活动；其次，依据不同场景下的合同条款和不同水平的固定间接费用，探究启发式算法的表现；再次，针对考虑银行授信融资的 RCPSC，依据不同优先规则下启发式算法的求解结果，探索项目的收益和计划工期之间的关系；最后，为项目管理者使用有效的调度策略来制订和调整项目进度计划和融资方案提供精准指导。

项目实施过程中，基于现金流均衡下的 SSGS 和 PSGS，管理者使用不同的优先规则来安排项目活动并生成相应的融资方案。由于在同一种启发式算法下使用不同的优先规则会产生不同的调度结果和融资方案，所以需要评估多种调度优先规则在不同场景下的项目绩效表现。因此，本章拟评估基于现金流均衡下的串行、并行调度生成启发式算法下不同优先规则的表现，以期为项目实践管理者提供直观的、易于直接应用的调度优先策略。

承包商在项目实施过程中经常关注项目收益和工期两大绩效目标,因此本章选择项目收益和工期两个绩效指标作为主要的测试对象。由于在大规模数值实验测试过程中,不同规模的算例获得的测试指标绝对值会存在一定的偏差,所以本书使用收益和利润的相对性指标来反映不同优先规则的测试效果。本书使用指标 Det 和 Dep 分别代表项目的工期偏差和收益偏差;Det 表示项目计划工期 W 与 CPM 下关键路径长度 T_c 的偏差;Dep 表示项目收益 PF 与项目标高金 MP(合同价格中的利润)的偏差,其计算如式(3-26)和(3-27)所示。需要指出的是,本节在对两种启发式算法的表现进行测试的过程中,忽略了项目合同工期的约束条件。

$$\text{Det} = \frac{W - T_c}{T_c} \times 100\% \qquad (3\text{-}26)$$

$$\text{Dep} = \frac{\text{MP} - \text{PF}}{\text{MP}} \times 100\% \qquad (3\text{-}27)$$

由于 FBPSP 具有 NP-hard 特征(Elazouni et al., 2015),所以对于大规模问题算例需设计元启发式算法来求解 CFBRCPSP,而调度计划生成机制是此类算法中的核心内容。不同于可更新资源约束,CFBRCPSP 中的资金约束使得安排的活动往往会对后续多个周期内的现金流产生影响,所以必须设计同时满足资源和资金约束的调度计划生成机制。

在 RCPSP 的调度计划生成机制中,SSGS 以阶段数作为步长增量,每个阶段仅安排一个活动;PSGS 则以时间(不是固定的)为步长增量,每个决策时刻点更新合格活动的优先顺序并安排尽可能多的活动进行。基于上述两种调度计划生成机制的基本原理,针对 CFBRCPSP 模型中资金在不同支付时间上相互影响的特点,本节将 CFBSSGS 和 CFBPSGS 分别嵌入到启发式或元启发式算法当中,实现对 CFBRCPSP 的快速求解,进而获得可行或满意的项目调度计划和融资方案。

3.5.1 CFBRCPSP 的调度优先规则

依据优先规则,可以产生一个活动优先序列,每个活动可以根据其优先级的顺序来进行安排。采用基于优先规则的启发式算法生成调度计划的过程中,优先规则的作用主要是选择一个或多个合格的活动,当两个或多个活动的优先权值相同的时候,选择活动序号较小的活动。依据学者 Guo 等(2021)的研究,当前应用于 RCPSP 的优先规则多达 39 种。本章将项目调度的优先规则划分为四类:基于项目网络的优先规则、基于调度信息的优先规则、基于活动信息的优先规则以及基于资源信息的优先规则。本章从 39 种优先规则中精炼出 11 种并汇总分类至表 3-8。同时,结合 FBPSP 的特征,本章在现有项目调度优先规则基础上进一步提出了考虑财务指标的三种优先规则,具体如下。

表 3-8 用于测试 CFBRCPSP 的优先规则

种类	优先规则	描述	极值	参考文献
网络信息	GRPW	greatest rank positional weight（最大秩序权重）	max	Alvarez-Valdes 和 Tamarit（1989）
	OGRPW	old greatest rank positional weight（旧最大秩序权重）	max	Cooper（1976）
	MTS	most total successors（全部后继活动数量最多）	max	Cooper（1976）
	MIS	most immediate successors（紧后活动数量最多）	max	Cooper（1976）
调度信息	LST	latest start time（最晚开始时间）	min	Cooper（1976）
	LFT	latest finish time（最晚结束时间）	min	Davis 和 Patterson（1975）
	LFS	least float per successor（后继活动的最小平均时差）	min	Slowinski 和 Weglarz（1989）
	MINSLK	minimum slack（最小松弛时间）	min	Davis 和 Patterson（1975）
活动信息	SAD	shortest activity duration（具有最短工期的活动）	min	Davis 和 Patterson（1975）
	MEV	maximum earned value（最大挣值）	max	
	LAC	lowest activity cost（最小活动成本）	min	
	WRCL	weighted resource and credit limit（加权资源和授信额度）	min	
资源信息	GRD	greatest resource demand（最大资源需求）	max	Davis 和 Patterson（1975）
	WRUP	weighted resource utilization and precedence（加权资源利用与优先关系）	max	Ulusoy 和 Özdamar（1989）

（1）最大挣值。具有最大挣值的活动具有更高的优先权被安排。

（2）最小活动成本。具有最小直接成本的活动具有更高的优先权被安排。

（3）加权资源和授信额度。加权资源和授信额度表示资源与资金使用量占其相应限量的加权求和，其计算如式（3-28）所示，其中，ω 与 $(1-\omega)$ 分别为资源和资金使用量占其相应限量的权重，参数 z_i 表示活动 i 在一个支付周期内的直接成本支出占银行授信额度的比例。

$$\text{WRCL} = \omega \sum_{k=1}^{K} r_{ik} / R_k + (1-\omega) z_i / \text{CL} \qquad (3-28)$$

现金流均衡项目调度的启发式算法可以直接生成考虑融资项目调度问题的调度计划和融资方案，本章分别使用其相应的串行、并行调度启发式算法来测试不同优先规则的表现。上述两种调度计划生成机制分别以阶段数和时间为步长将一个局部调度计划逐步拓展为一个全局调度计划和融资方案，CFBSSGS 和 CFBPSGS 的具体操作过程见 3.4.2 节和 3.4.3 节。

3.5.2 测试算例的产生

目前，由于没有可用于测试 CFBRCPSP 的现成算例库，所以开展大规模数值实验仍需借助已有的项目调度问题算例库来进行。鉴于学者 Al-Shihabi 和

AlDurgam（2017）对国际上广泛采用 PSPLIB 中 RCPSP 的基准测试算例配置了财务参数后，开展了一定规模的数值实验。因此，本章也选择 PSPLIB 中针对基本 RCPSP 的基准算例，对其配置参数后获得 CFBRCPSP 测试算例。由于该算例库中的算例未包括项目成本等参数，所以对其中的 J30、J60、J90 和 J120 的算例配置相关合同和财务参数。具体配置方式如下。

假定每个算例的项目工期单位为周，业主对承包商的支付周期为月，每月包含四周。对活动 2、3、4 和 5 的单位直接费用（元/周）分别赋值为 10 000、20 000、30 000 和 40 000，并对其余的活动按序号顺序依次重复此操作，直至对所有活动完成赋值。设置项目单位工期上的固定间接费用 O_f 为 10 000 元/周，备用资金为 0，银行授信融资的利率 i_c 为 1.2445%（Alavipour and Arditi, 2019a）。项目的其他相关成本参数的取值见表 3-3 和表 3-4。此外，基于合同总价格的一定比例 pl 确定银行授信额度 CL，在此主要考虑四种水平的算例 pl：对 J30 算例 pl 取 15%，对于 J60、J90 和 J120 算例 pl 都取 10%。

需要注意的是，对于配置相关参数后的 RCPSP 算例（即 CFBRCPSP 的测试算例），若出现以下两种情况之一，则不再测试该算例。

（1）基于任意一种现金流均衡启发式算法下的优先规则无法获得可行的调度计划和融资方案。

（2）基于同一优先规则，分别采用传统的 SSGS(PSGS) 和考虑融资的 CFBSSGS（CFBPSGS）获得项目调度计划和融资方案，若通过两种启发式算法获得的解相同，则表明设定的银行授信额度对该算例的现金流均衡没有起到约束作用。

因此，根据预处理实验结果删除了一部分算例，最后用于测试符合 FBPSP 的算例分别为 130 个（J30）、366 个（J60）、259 个（J90）和 76 个（J120）。优先规则和相应的启发式算法通过 C++编程实现，所有算例在 Core (TM)i7-8700（主频 3.2 千兆赫兹）和内存 16 千兆字节的个人电脑上进行测试。

3.5.3 基于两种启发式算法的优先规则表现

依据基于优先规则的 CFBSSGS 启发式算法，不同问题规模下的项目工期和收益的计算结果如表 3-9 所示，其中最优结果通过黑框且加粗的字体表示。通过表 3-9 中展示的平均求解结果发现，优先规则 LST 在四种问题规模中的工期和收益表现是最好的，其次优先规则 LFT 的表现也较好，其在平均结果的表现上仅次于 LST。此外，由于不同优先规则在不同问题规模上的表现不同，所以依据每一种优先规则在工期偏差和费用偏差上的平均排序结果来反映测试效果，相应的优先规则排序结果见表 3-9 最后一列。通过观察可以发现，LST、LFT、OGRPW、MTS 和 LFS 是应用 CFBSSGS 启发式算法时表现最好的五种优先规则。然而，相比较于采用其他类型优先规则的求解结果,有关活动信息的优先规则,如 WRCL、SAD 和 LAC 在工期和收益上的表现是最差的。

表 3-9　不同优先规则在 CFBSSGS 启发式算法中的表现

优先规则	J30 Det	J30 Dep	J60 Det	J60 Dep	J90 Det	J90 Dep	J120 Det	J120 Dep	平均排序
OGRPW	17.85	22.38	10.24	15.80	4.75	12.16	8.66	13.66	3
GRPW	24.49	26.93	18.75	20.28	11.27	14.91	26.37	19.36	8
MTS	20.22	24.07	11.49	16.36	5.25	12.35	10.75	14.26	4
MIS	24.60	27.11	16.91	19.24	9.80	14.32	18.81	16.88	7
LST	17.44	22.22	9.34	15.40	4.10	11.95	7.50	13.31	1
LFT	18.77	23.13	9.89	15.69	4.22	12.01	7.45	13.33	2
LFS	22.44	25.82	12.56	17.05	5.98	12.72	11.78	14.68	5
MINSLK	23.09	26.18	14.55	18.17	7.62	13.50	14.51	15.58	6
SAD	34.00	33.97	26.89	25.31	17.97	18.17	30.74	21.62	13
MEV	29.86	30.72	21.76	21.94	14.08	16.20	28.31	20.25	11
LAC	33.10	33.45	25.61	24.58	18.73	18.59	32.43	22.43	12
WRCL	36.13	35.80	26.55	24.89	17.84	18.10	36.71	23.67	14
GRD	29.44	30.40	21.36	21.77	13.43	15.90	26.68	19.64	10
WRUP	27.44	29.13	21.26	21.67	12.74	15.57	24.64	18.93	9

类似地,不同优先规则在 CFBPSGS 启发式算法中的求解结果如表 3-10 所示,从表 3-10 中发现 LFT 优先规则在多数情形下的表现要优于其他优先规则。巧合的是,在 CFBPSGS 启发式算法下表现最好的前五位优先规则与基于 CFBSSGS 启发算法相同,其区别主要体现在 CFBPSGS 下的优先规则 LFT 总体上表现更优。

表 3-10　不同优先规则在 CFBPSGS 启发式算法中的表现

优先规则	J30 Det	J30 Dep	J60 Det	J60 Dep	J90 Det	J90 Dep	J120 Det	J120 Dep	平均排序
OGRPW	17.61	21.82	11.23	15.93	6.30	12.49	11.54	14.18	3
GRPW	21.63	24.88	15.85	18.48	9.28	13.79	21.32	17.42	9
MTS	17.75	21.88	11.48	16.04	6.47	12.55	12.48	14.43	4
MIS	20.34	23.79	14.13	17.43	8.63	13.49	16.57	15.77	7
LST	16.98	21.58	10.88	15.81	5.82	12.34	10.16	13.80	2
LFT	17.20	21.55	10.80	15.76	5.71	12.28	10.62	13.92	1
LFS	18.84	22.82	11.56	16.12	6.23	12.49	12.72	14.51	5
MINSLK	19.85	23.52	12.22	16.48	6.88	12.74	12.38	14.48	6
SAD	24.23	26.89	17.03	19.11	10.60	14.38	20.10	17.05	11
MEV	24.45	26.83	16.54	18.85	11.02	14.61	20.70	17.29	13

续表

优先规则	J30 Det	J30 Dep	J60 Det	J60 Dep	J90 Det	J90 Dep	J120 Det	J120 Dep	平均排序
LAC	23.47	26.11	16.49	18.87	10.56	14.42	21.07	17.50	12
WRCL	27.90	29.57	18.26	19.85	11.34	14.79	23.75	18.37	14
GRD	22.55	25.46	16.23	18.70	10.15	14.20	19.36	16.78	10
WRUP	20.34	23.86	15.46	18.18	9.47	13.87	19.01	16.57	8

此外，对表 3-9 和表 3-10 中的结果进行了显著性检验。在不同问题规模下，依据工期偏差和收益偏差所测得的结果不服从正态分布，所以采用 Wilcoxon（威尔科克森）秩和检验对上述结果进行统计检验，取显著性水平为 0.05。因此，基于 CFBSSGS 和 CFBPSGS 启发式算法的六种优先规则的统计检验结果分别见表 3-11 和表 3-12。首先，对于测试指标 Det 和 Dep，多数情形下基于 CFBSSGS 的不同优先规则求解结果之间存在显著性差异。在表 3-11 中，仅优先规则 LFT 和 OGRPW 之间不显著。其次，对于 CFBPSGS 启发式算法，两个指标测试结果不显著的优先规则主要为 LFT-LST 和 MTS-LFS，而很容易发现其他优先规则之间是存在明显差异的。显然，两种启发式算法获得的最好优先规则是一致的，且主要集中在项目的网络和调度信息上。最后，对比分析同一优先规则在两种启发式算法下的求解结果，相应的 Wilcoxon 统计检验结果如表 3-13 所示。通过对比 Wilcoxon 秩和检验结果发现，基于不同的调度优先规则，CFBSSGS 启发式算法的求解结果总体上要优于 CFBPSGS 启发式算法，仅有优先规则 LFS 在 Det 指标和优先规则 MTS 在 Dep 指标的表现上并不显著。上述结果表明基于优先规则的 CFBSSGS 在项目工期和收益的表现上整体上要优于 CFBPSGS。

表 3-11 基于 CFBSSGS 启发式算法的 Wilcoxon 秩和检验结果

指标	优先规则	LST	LFT	OGRPW	MTS	LFS	MINSLK
Det	LST		0.000	0.000	0.000	0.000	0.000
	LFT			0.010	0.000	0.000	0.000
	OGRPW				0.000	0.000	0.000
	MTS					0.000	0.000
	LFS						0.000
Dep	LST		0.000	0.000	0.000	0.000	0.000
	LFT			0.446	0.000	0.000	0.000
	OGRPW				0.000	0.000	0.000
	MTS					0.000	0.000
	LFS						0.000

表 3-12　基于 CFBPSGS 启发式算法的 Wilcoxon 秩和检验结果

指标	优先规则	LFT	LST	OGRPW	MTS	LFS	MINSLK
Det	LFT		0.361	0.000	0.000	0.000	0.000
	LST			0.000	0.000	0.000	0.000
	OGRPW				0.001	0.017	0.000
	MTS					0.579	0.001
	LFS						0.000
Dep	LFT		0.234	0.003	0.000	0.000	0.000
	LST			0.000	0.000	0.000	0.000
	OGRPW				0.000	0.010	0.000
	MTS					0.281	0.008
	LFS						0.000

表 3-13　CFBSSGS 和 CFBPSGS 启发式算法的 Wilcoxon 秩和检验结果对比

指标	LST	LFT	OGRPW	MTS	LFS	MINSLK
Det	0.000	0.000	0.000	0.000	0.772	0.000
Dep	0.000	0.000	0.000	0.504	0.008	0.000

3.5.4　关键参数对不同优先规则表现的影响

本节主要探究项目固定间接费用与合同参数变化对优先规则表现的影响，以保证筛选的有效优先规则具有足够的可靠性应用于不同的项目环境条件。

1. 固定间接费用对优先规则表现的影响

如前文所述，单位工期上的固定间接费用大小与项目计划工期相关，本节主要选择两种水平（0 和 5000 元）的固定间接费用来测试其对不同优先规则的影响，其他参数的取值见 3.5.2 节。两种固定间接费用水平下测试的算例总量分别为 844 个（J30 的 130 个；J60 的 359 个；J90 的 273 个；J120 的 82 个）和 832 个（J30 的 121 个；J60 的 366 个；J90 的 264 个；J120 的 81 个），测试算例的筛选过程见 3.5.2 节。

基于两种水平下的固定间接费用，结合 CFBSSGS 和 CFBPSGS 两种启发式算法，不同优先规则的表现结果排序分别如图 3-4（a）和图 3-4（b）所示。从图 3-4（a）中可以发现，无论固定间接费用取何种水平（0 或 5000），与项目调度和网络信息相关的优先规则（如 LST、LFT 和 OGRPW）都明显地优于其他优先规则，相反地，WRCL、SAD、LAC 和 MEV 优先规则均表现得较差，其原因在于基于活动的优先规则在进度计划生成过程中主要集中在活动的局部信息上。此外，如图 3-4（b）所示，CFBPSGS 启发式算法下活动的优先规则表现与 CFBSSGS 几乎相同。

进一步分析发现，与较低的固定间接费用水平下的求解结果相比，当固定间接费用较高时，不同优先规则在工期偏差上的表现差异较大，而在收益偏差上的表现差异则相对较小。对比两种启发式算法下不同优先规则的表现发现，在 CFBSSGS 启发式算法中，不同优先规则在工期偏差和收益偏差上的表现差距均较大。然而，如图 3-4（b）所示，不同优先规则在 CFBPSGS 启发式算法中的表现较为接近。这种结果反映出使用基于优先规则的 CFBPSGS 启发式算法来安排活动可以使项目计划工期和收益更加稳定。

（a）基于CFBSSGS启发式算法

（b）基于CFBPSGS启发式算法

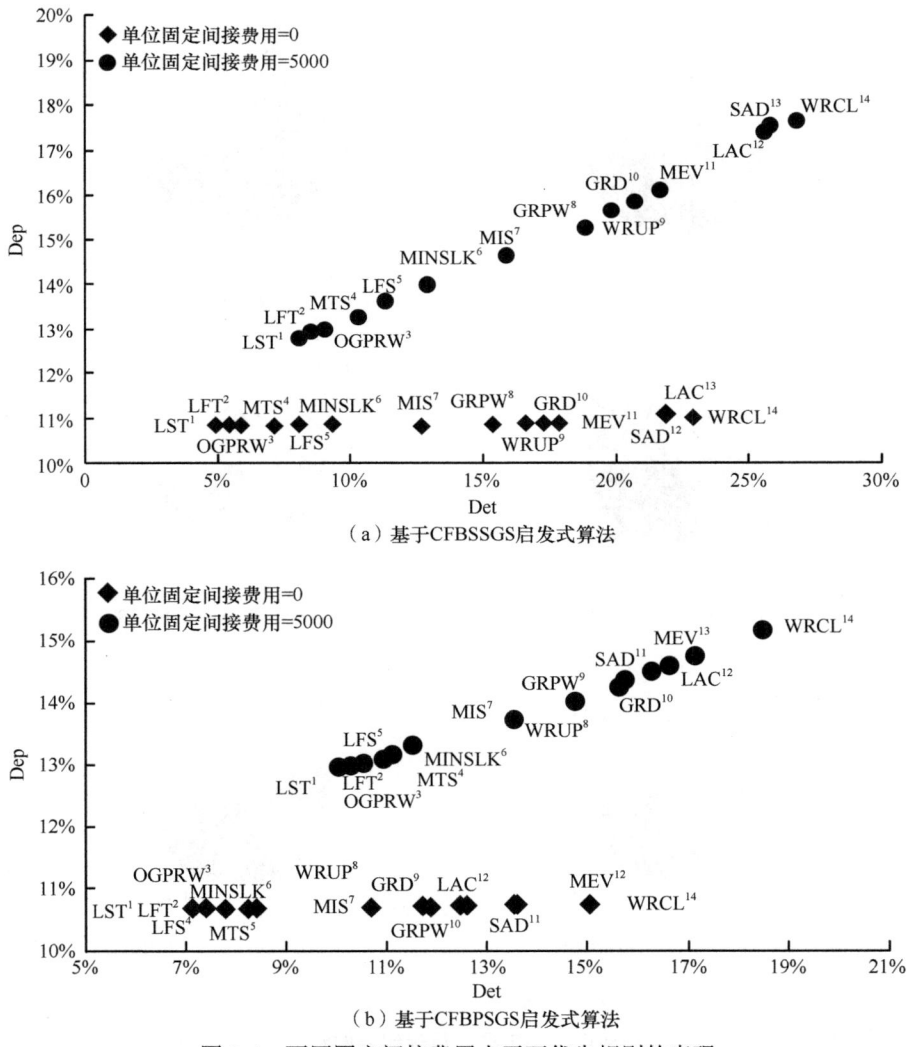

图 3-4 不同固定间接费用水平下优先规则的表现

最后，统计了表现最好的优先规则 LST、LFT、OGRPW 和其他优先规则获得最优进度计划的数量，获得最优解算例的占比如图 3-5 所示。此处需要说明，

(a) Det; O_f=0; CFBSSGS — 28.15%, 66.68%, 81.19%, 72.82%

(b) Dep; O_f=0; CFBSSGS — 9.45%, 10.22%, 9.68%, 6.88%

(c) Det; O_f=5000; CFBSSGS — 27.23%, 64.66%, 78.75%, 71.03%

(d) Dep; O_f=5000; CFBSSGS — 6.30%, 19.24%, 31.87%, 18.11%

(e) Det; O_f=0; CFBPSGS — 30.68%, 47.48%, 58.07%, 51.80%

(f) Dep; O_f=0; CFBPSGS — 16.09%, 18.40%, 15.34%, 14.49%

(g) Det; O_f=5000; CFBPSGS — 30.15%, 46.13%, 56.61%, 50.49%

(h) Dep; O_f=5000; CFBPSGS — 14.89%, 27.16%, 31.45%, 27.86%

■ OGRPW ■ LST ■ LFT ╱ 其他优先规则

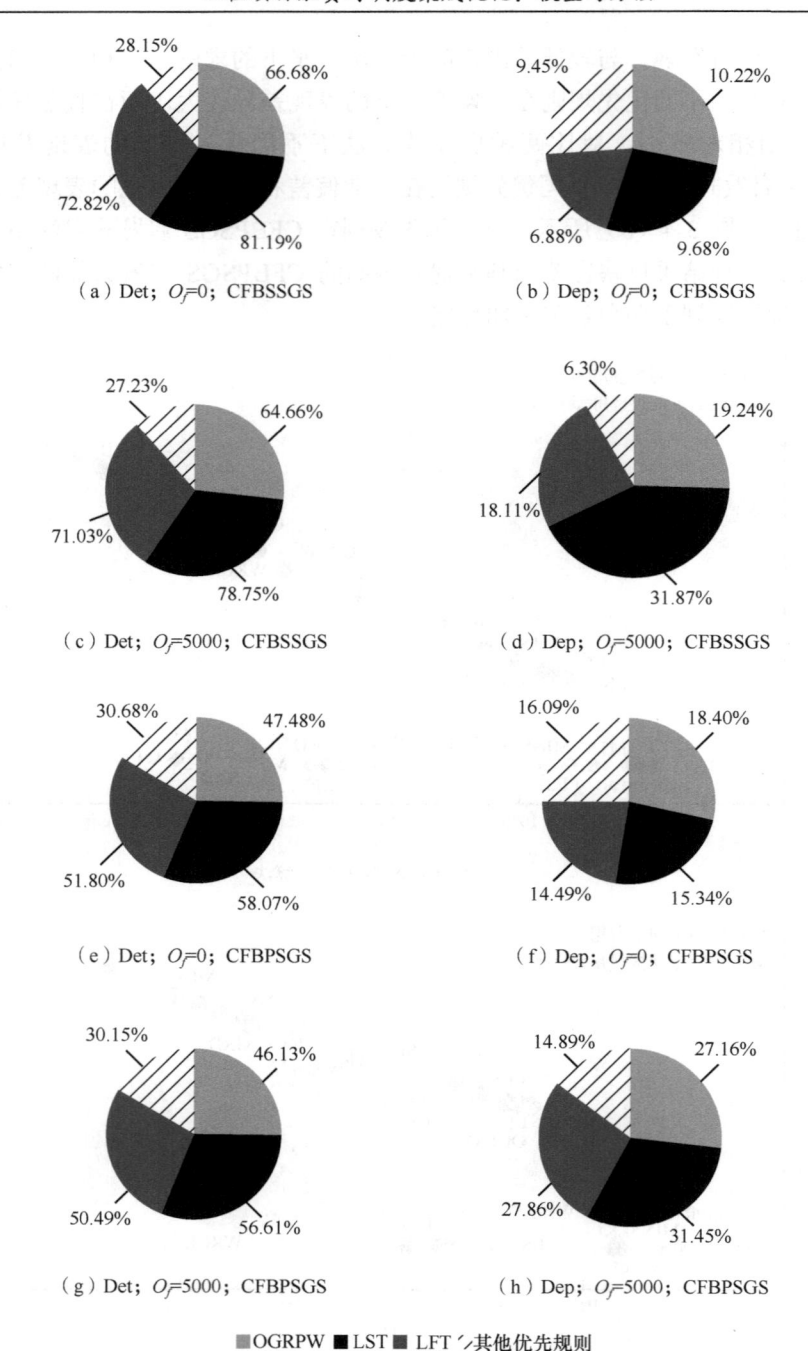

图 3-5　不同固定间接费用水平下获得最优解算例数量占总算例数量的比例

其他优先规则主要代表其他 11 种优先规则获得最优解算例数量的平均值。如图 3-5（a）、图 3-5（c）、图 3-5（e）和图 3-5（g）所示，两种启发式算法结合三种优先规则（LST、LFT 和 OGRPW），在多数情形下测试算例集中的大部分算例可以获得最佳的项目工期。然而，尽管在两种启发式算法下上述三种优先规则均能获得较高的项目收益，但是三种优先获得最优进度计划的占比却较低，特别是在无固定间接费用的条件下，具体可见图 3-5（b）和图 3-5（f）。

2. 合同参数对优先规则表现的影响

以下分析了当预付款比例分别取 0 和 5%，扣留款比例分别取 5%、10% 和 15%，支付滞后时间分别取 1 和 2 个月以及履约担保费用的比例分别取 1% 和 2%，不同的参数取值对优先规划表现效果的影响。因此，合同场景共有 24 种（2×3×2×2），通过 3.5.2 节介绍的方法筛选符合条件的标准算例。不同合同场景下的合格算例数量如表 3-14 所示，其中由于场景 6、10、12、13 和 19 只有极少数算例符合测试要求，所以这五种场景在此不再考虑。

表 3-14 不同合同场景下的合格算例数量

场景	合同参数				算例数量				总数
	O_a	O_b	O_r	LP/月	J30	J60	J90	J120	
1	0	1%	5%	1	68	273	152	34	527
2	0	1%	5%	2	281	196	448	512	1437
3	0	1%	10%	1	130	366	259	76	831
4	0	1%	10%	2	129	3	241	410	783
5	0	1%	15%	1	186	271	345	251	1053
6	0	1%	15%	2	3	0	0	0	3
7	0	2%	5%	1	102	383	257	93	835
8	0	2%	5%	2	207	17	341	507	1072
9	0	2%	10%	1	173	386	353	201	1113
10	0	2%	10%	2	79	0	22	198	299
11	0	2%	15%	1	233	107	339	262	941
12	0	2%	15%	2	1	0	0	0	1
13	5%	1%	5%	1	3	6	2	0	11
14	5%	1%	5%	2	352	404	303	123	1182
15	5%	1%	10%	1	11	28	9	1	49
16	5%	1%	10%	2	334	395	389	226	1344
17	5%	1%	15%	1	42	110	38	18	208
18	5%	1%	15%	2	161	31	278	246	716
19	5%	2%	5%	1	5	12	6	0	23
20	5%	2%	5%	2	365	440	336	186	1327
21	5%	2%	10%	1	23	52	16	1	92
22	5%	2%	10%	2	338	377	419	312	1446
23	5%	2%	15%	1	54	160	61	20	295
24	5%	2%	15%	2	139	9	188	192	528

首先，对于不同的合同场景，所有优先规则在两类启发式算法下的工期和收益

表现如图 3-6 所示。可以清楚地看到，与其他优先规则的结果相比，优先规则 LST、LFT 和 OGRPW 在指标 Dep 和 Det 上的表现较好。此外，优先规则 LST 在所有场景下的表现是最好的。因此，项目的合同条件对优先规则表现的影响并不显著。

其次，CFBSSGS 启发式算法中不同优先规则的表现差异要大于 CFBPSGS 启发式算法中的优先规则表现，这表现为图 3-6（a）和图 3-6（b）的优先规则测试指标的结果分布要比图 3-6（c）和图 3-6（d）更加松散。因此，在不同合同场景下基于 CFBPSGS 启发式算法的不同优先规则可以获得较为稳定的项目收益和工期。此外，优先规则 LST、LFT 和 OGRPW 的表现均要优于其他优先规则，其中所有优先规则获得的 Dep 和 Det 平均值用虚线来连接。优先规则 MEV 和 WRCL 的表现则劣于其他优先规则的平均结果。

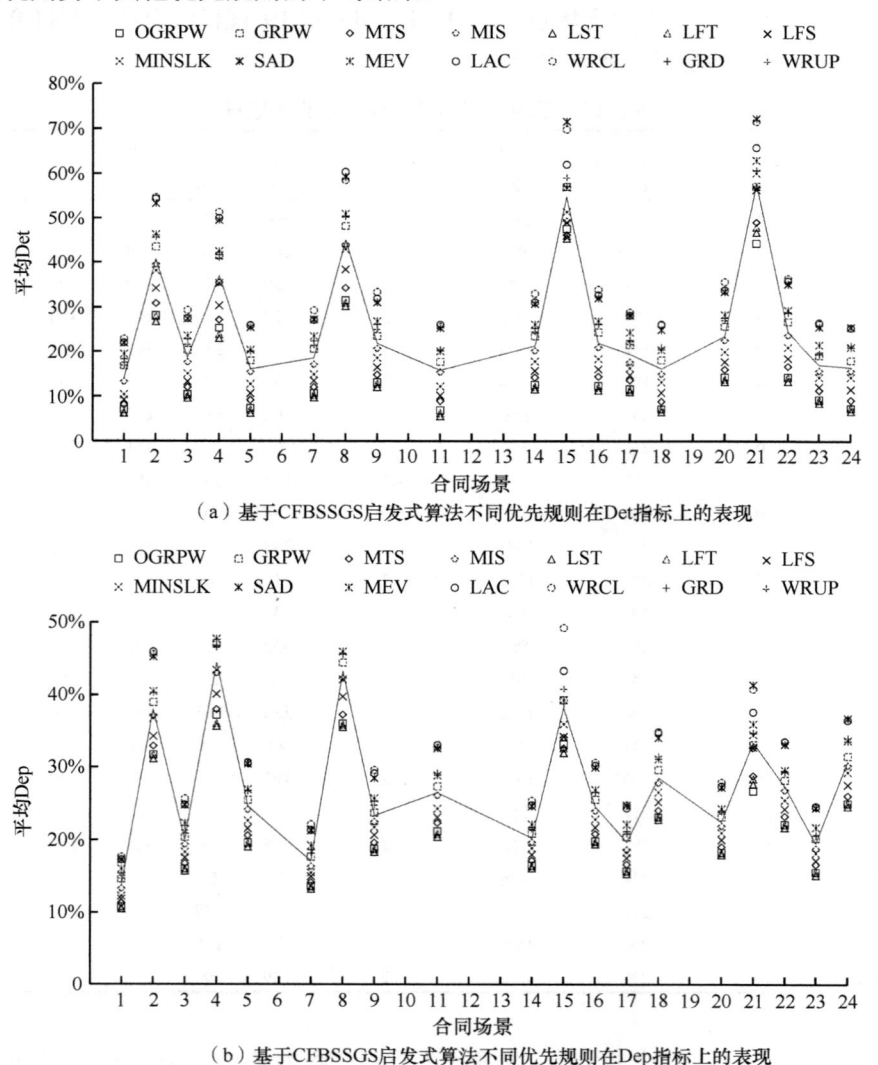

（a）基于CFBSSGS启发式算法不同优先规则在Det指标上的表现

（b）基于CFBSSGS启发式算法不同优先规则在Dep指标上的表现

（c）基于CFBPSGS启发式算法不同优先规则在Det指标上的表现

（d）基于CFBPSGS启发式算法不同优先规则在Dep指标上的表现

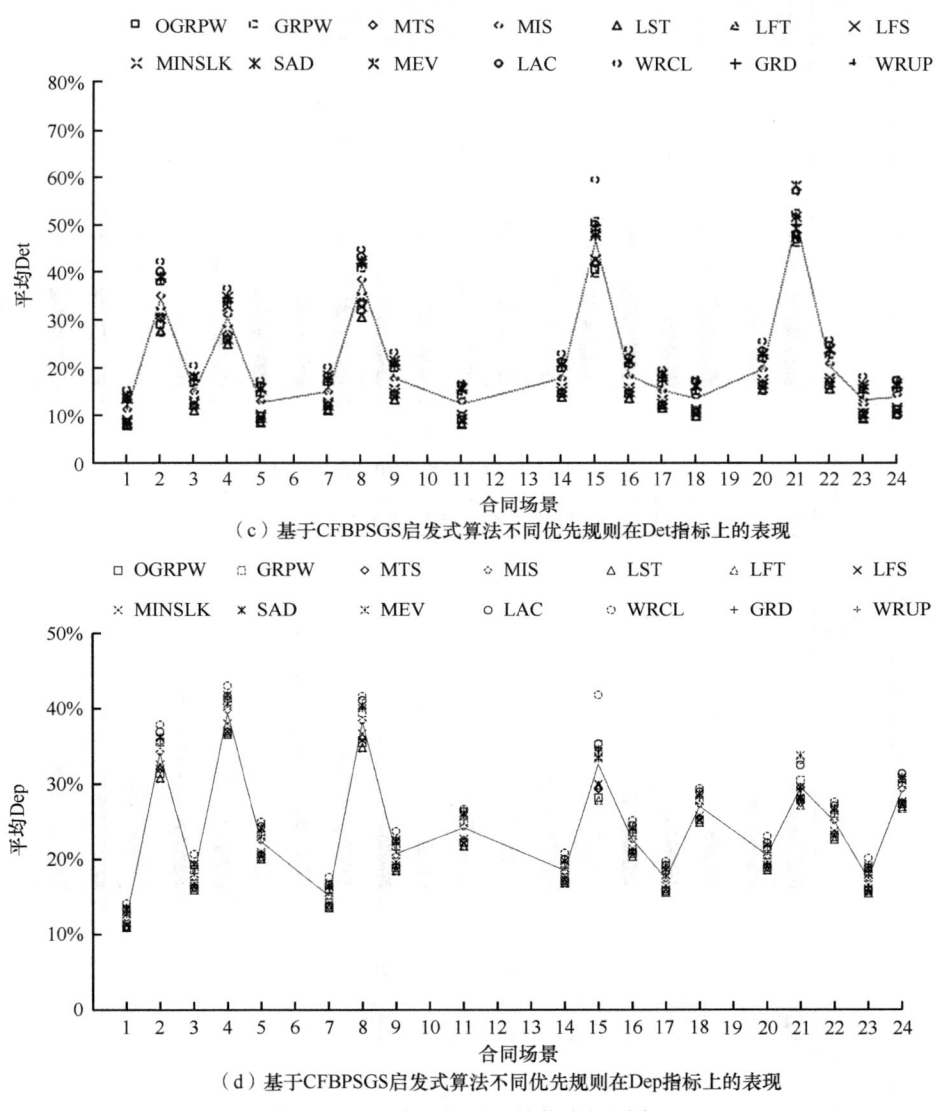

图 3-6 不同合同场景下的优先规则表现

最后，不同合同场景下获得活动最优进度计划的比例如图 3-7 所示，柱状图代表在某一优先规则下获得最优指标的算例数量与所有算例数量的比值。如图 3-7 所示，优先规则 LST、LFT 和 OGRPW 在不同合同场景下在两个指标上获得了最多数量的最优解。两种启发式算法下获得的最优进度计划的算例数量接近。可以发现，相对于费用偏差指标而言，这些优先规则在工期指标上获得了更多数量算例的最优解，这也意味着这些优先规则在收益指标上的表现不够好，但是优先规则 LST、LFT 和 OGRPW 的表现仍优于其他优先规则的平均结果。

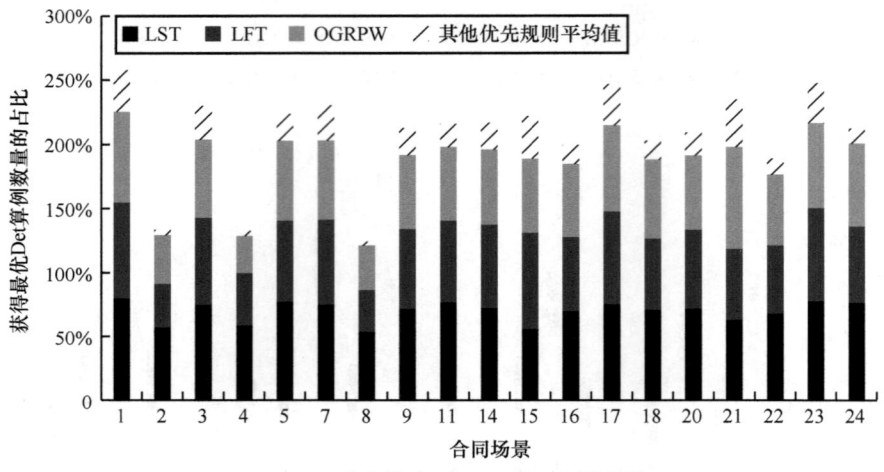

(a) 基于CFBSSGS的Det测试结果

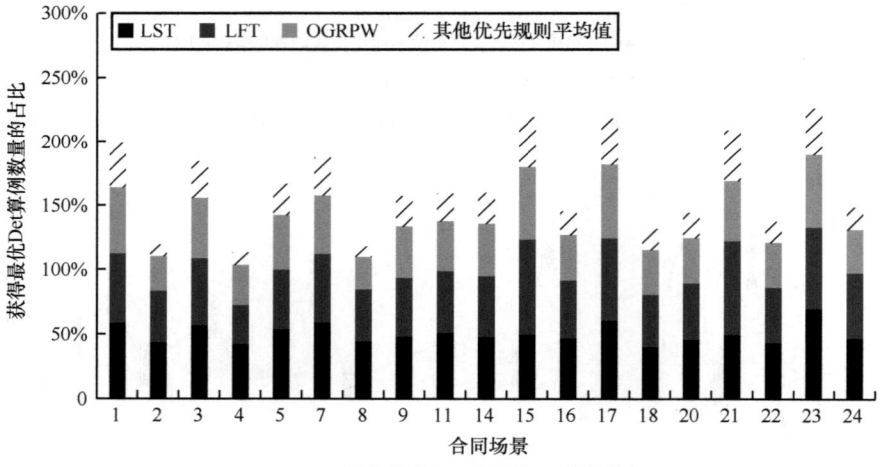

(b) 基于CFBPSGS的Det测试结果

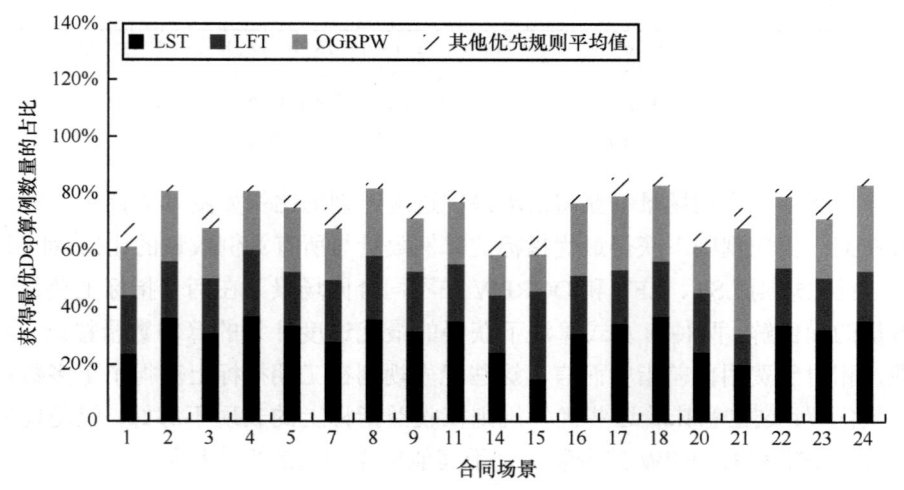

(c) 基于CFBSSGS的Dep测试结果

(d) 基于CFBPSGS的Dep测试结果

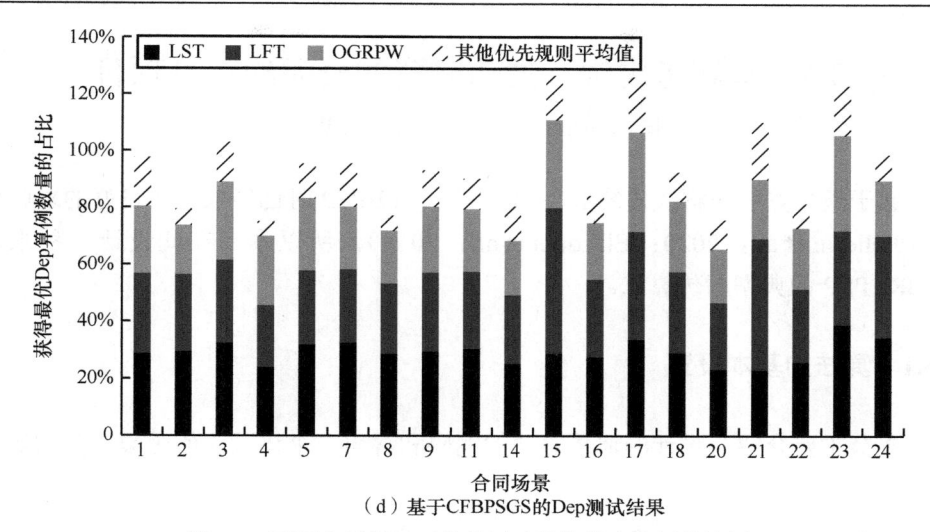

图 3-7 不同合同场景下获得活动最优进度计划的比例

优先规则具有直观性和易操作性，承包商可以直接将其与基于优先规则的启发式算法进行结合应用于实践的项目管理中。项目管理者可根据基于优先规则的启发式算法直接生成和管理项目进度计划。在采用基于优先规则的启发式算法开展项目的进度管理和资金规划方面，本章为项目管理者提炼了四方面的启示，具体如下。

首先，优先规则 LST、LFT 和 OGRPW 在两种启发式算法中的表现较为一致，项目管理者可以在 CFBSSGS 启发式算法的基础上使用这些优先规则来生成项目进度计划和融资方案以获得较好的项目工期和收益。然而，若项目管理者不确定使用哪一种固定的优先规则，其合理的选择是使用 CFBPSGS 启发式算法。

其次，项目管理者在使用基于优先规则的启发式算法时可以实现项目工期和收益的优化，即项目的两种绩效指标的表现具有一致性。同时，如果项目固定间接费用较低，则他们可以忽略固定间接费用对项目收益的影响；相反，则需要考虑固定间接费用的影响。

再次，不同优先规则在两种启发式算法中的表现对于不同合同场景并不敏感，项目管理者只需要关心与业主谈判的合同条件对项目工期和收益的影响，不需要在意所使用优先规则的有效性。

最后，本章提取的高效优先规则主要基于改造后 PSPLIB 中的算例。在项目进度管理实践中，如果承包商在项目实施前具有丰富的真实项目数据，则可在项目实施前使用基于优先规则的启发式算法来测试实际项目的工期和收益表现，以筛选出契合工程项目实践的高效优先规则。

3.6 求解考虑银行授信融资的资源约束型项目调度问题的遗传算法设计

鉴于遗传算法在解决传统 RCPSP 和经典 FBPSP 时已经取得了良好的求解效果（Pellerin et al.，2020；Elazouni et al.，2015），所以本章在此设计一种求解 CFBRCPSP 的典型遗传算法。

3.6.1 算法的基本设置

本节主要介绍所设计的遗传算法的编码和解码、个体适应值函数以及初始种群的产生。

1. 编码和解码

本书采用基于活动列表的编码方式表示求解问题的解，如图 3-8 所示，活动 j_i 表示在活动第 i 个位置上的活动。基于给定的活动列表，采用现金流均衡下的调度计划生成机制进行解码，获得项目的进度计划和融资方案。如前文所述，对于某个个体，采用现金流均衡下的调度计划生成机制解码得到的进度计划可能超过项目合同工期或无法得到可行解。

| j_1 | j_2 | ... | j_i | ... | j_J |

图 3-8 基于活动列表的编码方式

2. 个体适应值函数

结合研究问题 CFBRCPSP 的优化目标，选择目标函数值（项目收益）作为适应值，即将每个个体的项目收益作为适应值。当个体出现不可行解时，对其适应值取一个较小的惩罚值。

3. 初始种群的产生

初始种群可采用随机、基于多种优先规则和基于先验知识等方式产生，考虑到本书研究问题的复杂性和种群进化的多样性，此处采用随机方式生成初始种群。

3.6.2 遗传进化操作

对于遗传算法的进化操作，采用选择操作、交叉操作和变异操作来实现。

1. 选择操作

对于当前代种群中的所有个体，根据其适应值大小按照非增的方式进行排序，

选出精英种群集合 EL，其种群规模为|EL|，在进行选择操作时，其中一个父代个体随机地选自精英种群集合 EL，另一个母代个体在除精英种群集合外的种群中，通过"四元锦标赛"方法进行选择。重复此操作，直到选择的个体总数达到种群规模|Pop|。

2. 交叉操作

采用两点交叉的方式进行交叉操作（Hartmann，1998）。对于选择的父代个体 Fa 和母代个体 Mo 依据交叉概率 p_c 进行交叉操作，形成子代儿子个体 So 和女儿个体 Da。具体实现过程为：首先，随机地产生两个交叉点位置 pos_1 和 pos_2（$1<pos_1<pos_2<J$）。其次，对于儿子个体 So，其列表中前 pos_1 个基因位直接继承 Fa 的基因位；对于基因位 pos_1+1 至 pos_2，从 Mo 的第一个基因位开始检查，若某活动已出现在 So 的基因位上则不继承，然后继续检查并更新至位置 pos_2；对于基因位 pos_2 至 J，从 Fa 的第 pos_1+1 开始检查，类似地，若某活动已出现在 So 的基因位上则不继承，然后直至所有基因位完成检查并更新。而对于女儿个体 Da，其继承方式与儿子个体 So 刚好相反。

以第 2 章图 2-7 为例说明对活动列表的交叉操作过程，将活动 St、A、B、C、D、E、Fi 依次用活动代号 1、2、3、4、5、6、7 来表示。种群中的某一对个体（父代和母代），经过两点交叉操作，形成了相应的子代个体（图 3-9）。

父代个体
| 1 | 2 | 3 | 4 | 5 | 6 | 7 |

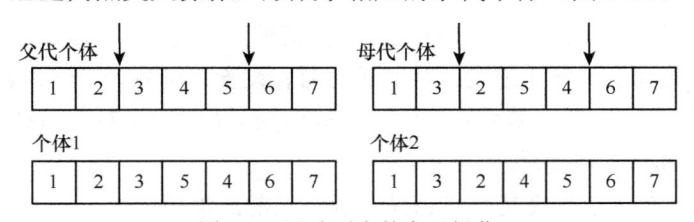

母代个体
| 1 | 3 | 2 | 5 | 4 | 6 | 7 |

个体1
| 1 | 2 | 3 | 5 | 4 | 6 | 7 |

个体2
| 1 | 3 | 2 | 4 | 5 | 6 | 7 |

图 3-9 活动列表的交叉操作

3. 变异操作

采用移动活动的方式对个体中的每个基因位根据概率 p_m 进行变异操作。对活动列表中某个活动进行变异操作的过程如下：首先，确定其紧前活动在活动列表中最靠右的位置 b_1 和紧后活动在活动列表中最靠左的位置 b_2；其次，将该活动移动至 b_1 和 b_2 之间除原位置之外的任意位置；最后，如果插入的位置在当前位置的左侧，则将插入位置与原位置之间的所有活动依次向右移动一个位置，如果插入的位置在当前位置的右侧，则将插入位置与原位置之间的所有活动依次向左移动一个位置。如图 3-10 所示，基于交叉后得到的两个个体，如果分别对活动 2 和 6 进行移动变异操作，可以得到相应新的子代个体。

```
个体1                          个体2
┌─┬─┬─┬─┬─┬─┬─┐              ┌─┬─┬─┬─┬─┬─┬─┐
│1│2│3│5│4│6│7│              │1│3│2│4│5│6│7│
└─┴─┴─┴─┴─┴─┴─┘              └─┴─┴─┴─┴─┴─┴─┘

个体1                          个体2
┌─┬─┬─┬─┬─┬─┬─┐              ┌─┬─┬─┬─┬─┬─┬─┐
│1│3│5│4│2│6│7│              │1│3│2│6│4│5│7│
└─┴─┴─┴─┴─┴─┴─┘              └─┴─┴─┴─┴─┴─┴─┘
```

图 3-10　活动列表的变异操作

3.6.3　对比算法的设计

由于遗传算法主要基于种群并行搜索的方式探寻满意解，为进一步检验串行搜索方式求解 CFBRCPSP 的效果，本节选取了禁忌搜索算法与遗传算法进行比较。设计禁忌搜索算法时仍沿用基于活动列表的编码方式，其具体实现过程如下。

（1）初始解的生成。因为初始解的优劣会对禁忌搜索算法的效率产生一定的影响，所以选择遗传算法初始种群中最好的解作为禁忌搜索算法的初始解。

（2）邻域解的生成策略。为确保生成的邻域解是可行的，采用活动位置交换的方式产生邻域解，即在保持活动间的逻辑关系可行的条件下，在一个活动的所有紧前活动集合中最靠右侧的活动位置和所有紧后活动集合中最靠左侧的活动位置之间随机选择一个活动，交换两个活动的位置。在所选活动与所有可以交换位置的活动完成位置变换后，即产生一定数量的领域解。若所搜索的最优解仍无法更新当前最优解，则随机产生邻域解作为当前解，以防止算法陷入局部最优。

（3）禁忌列表与终止准则。对于活动列表设置禁忌列表，该列表采用"先进先出"的原则进行更新，禁忌列表的长度取值为 $\sqrt{J}$。为了对比两种算法的结果，应设置访问一定数量的解作为终止条件。

（4）特赦条件。如果某个禁忌候选解比当前最优解更优，则将此解更新为当前状态和当前最优解。

3.7　元启发式算法数值实验与结果分析

3.7.1　测试算例的产生

在测试 CFBRCPSP 的元启发式算法（遗传算法和禁忌搜索算法）时，仍主要选用 PSPLIB 中针对经典 RCPSP 的 J30、J60、J90 和 J120 基准算例作为基础，在对每个基准算例配置相关财务参数后筛选合格的测试算例。基本参数的配置方式与 3.5.2 节相同，对应的项目合同参数和财务数据如表 3-3 和表 3-4 所示。此外，项目的合同工期按照关键路径长度乘以系数 ρ 来获得，即 $D=\rho T_c$。

在参数配置过程中，如何合理地确定每个算例的授信额度是一个较为棘手的问题，授信额度的大小直接反映了该算例是否符合 CFBRCPSP 的基本特征。由于每个测试算例的网络结构、项目信息等参数都不尽相同，所以不宜对每个算例设置相同的授信额度。因此，本书采用 pl 与项目合同价格的乘积作为授信额度，实际中可以根据银行根据项目合同价格的一定比例确定授信额度。然后，进一步通过预处理实验合理地确定 pl 并筛选出符合 CFBRCPSP 要求的测试算例。预处理实验的实施过程主要包括以下四个步骤。

步骤1：选择四种水平的 pl，分别为 5%、10%、15%和 20%。

步骤2：基于随机优先规则产生满足活动优先关系的活动列表，分别采用 CFBSSGS、CFBPSGS 获得每个算例的解，然后在忽略资金约束的情况下，分别采用 SSGS 和 PSGS 再次求解每个算例。

步骤3：对于同一算例，若采用 CFBSSGS 与 SSGS（或 CFBPSGS 与 PSGS）所获得的解不同，则表明该授信额度对此算例起到了约束作用，即此算例可以满足 CFBRCPSP 的基本条件，否则，该算例不满足测试条件。

步骤4：按步骤2和步骤3的操作重复执行五次，并定义下述指标来反映测试算例获得解的状况。下述指标中提及的现金流均衡下的调度计划生成机制主要指 CFBSSGS 和 CFBPSGS，传统调度计划生成机制主要指 SSGS 和 PSGS。

（1）Dn：现金流均衡下的调度计划生成机制与传统调度计划生成机制获得不同解的平均算例数量。

（2）Sn：现金流均衡下的调度计划生成机制与传统调度计划生成机制获得相同解的平均算例数量。

（3）Inf：现金流均衡下的调度计划生成机制与传统调度计划生成机制获得不可行解的平均算例数量。

不同 pl 水平下获得的平均算例数量如表 3-15 所示，其中每个指标下的最好值用黑体表示。对于不同规模的测试算例集，选择 Dn 值最大情形下对应的 pl，因为它代表了更多的算例符合 CFBRCPSP 的测试条件。通过观察发现：当 pl 取值为 5%时，授信额度较小，该条件下不存在获得可行解的算例；而当 pl 取值为 20%时，授信额度相对较大，该条件下现金流均衡下的调度计划生成机制与传统调度计划生成机制获得相同解的算例较多，表明此时授信额度失去了约束作用，即算例已不符合 CFBRCPSP 的基本条件。综合上述分析，对于 J30 算例集，pl 取值为 15%；对于 J60、J90 和 J120 算例集，pl 取值为 10%。

表 3-15　不同 pl 水平下获得的平均算例数量

算例集合	pl=5%			pl=10%			pl=15%			pl=20%		
	Sn	Dn	Inf	Sn	Dn	Inf	Sn	Dn	Inf	Sn	Dn	Inf
J30	0	0	480.0	0.4	43.8	435.8	250.6	**168.4**	61.0	456.0	14.8	9.2
J60	0	0	480.0	13.8	**374.0**	92.2	429.2	31.4	19.4	479.6	0	0.4

续表

算例集合	pl=5%			pl=10%			pl=15%			pl=20%		
	Sn	Dn	Inf	Sn	Dn	Inf	Sn	Dn	Inf	Sn	Dn	Inf
J90	0	0	480.0	80.2	**321.8**	78.0	456.4	13.2	10.4	480.0	0	0
J120	0	0	600.0	270.0	**164.5**	165.4	513.4	1.2	85.4	560.8	0	39.2

对每种规模的问题算例，采用随机优先规则的启发式算法求解配置参数后的算例，尽管每次得到的符合测试要求的算例数量与平均算例数量接近，但是每次获得的具体测试算例却不同。为了固定具体的测试算例并保证数值实验可以重复进行，应依据不同问题规模下已经选定的 pl，基于 SAD 优先规则生成活动优先序列，分别采用现金流均衡下的调度计划生成机制和传统调度计划生成机制来获得相应的解，基于 SAD 优先规则获得测试算例的结果如表 3-16 所示。选择 SAD 优先规则主要出于以下两方面原因：第一，SAD 优先规则与随机优先规则相比，在两类调度计划生成机制下获得不同解的数量接近；第二，通过对比 OGRPW、GRPW、LST、LFT、MINSLK、MIS、MTS、LFS、GRD、SAD 十种优先规则，发现 SAD 优先规则在项目工期和收益方面的表现较其他优先规则更差，所以基于 SAD 优先规则筛选出的测试算例在元启发式算法求解过程中更有可能得到可行解。采用基于优先规则的现金流均衡下的调度计划生成机制解决 CFBRCPSP 的相关内容具体可参见 3.4.2 节和 3.4.3 节。

表 3-16 基于 SAD 优先规则获得测试算例的结果

项目	J30	J60	J90	J120	总数
不同解算例的数量	165	361	321	164	1011

通过预处理实验，对遗传算法中的参数进行如下配置：种群规模|Pop|为 50，交叉概率为 0.8，变异概率为 0.12，精英个体的集合数量为 3。其中，为了公平地对比两种算法的求解效率，设置两种算法遵循相同的终止准则，搜索解的个数为 5000，并对所设计的元启发式算法运行 5 次。进一步，为反映所设计算法的性能，定义如下测试指标。

（1）ard（%）：满意解距离已知最优解的平均差。

（2）amd（%）：满意解距离已知最优解的最大偏差。

（3）ird（%）：满意解与理想解（合同价格中的初始项目利润）的平均偏差。

（4）act（秒）：算法的平均计算时间。

以上测试算例的产生及算法实现均通过 Microsoft Visual C++ 2017 编程完成，并在个人电脑上运行，其中 CPU 频率 3.2 千兆赫兹，内存 16 千兆字节。

3.7.2 数值实验结果

基于 CFBSSGS 和 CFBPSGS 两种调度计划生成机制，GA 与 TS 的测试结果分别见表 3-17 和表 3-18。可以发现，对于不同规模的算例集，在两种调度计划生成机制解码方式下，无论是解的平均质量还是与理想解的偏差，GA 总体上要优于 TS。随着问题规模的增加，当采用 CFBPSGS 进行解码时，可以发现 TS 获得解的质量下降较为严重。虽然在求解过程中赋予了 TS 较好的初始解，但 TS 在产生邻解时是通过串行迭代实现的，在考虑变邻域搜索的随机规则条件下效果仍不明显，导致其较难搜索到较高质量的满意解。GA 通过群体的全局并行搜索可以快速地找到高质量满意解。在算法的稳定性方面，对于任意规模的测试算例集，两种解码方式下采用 GA 获得解的平均偏差均未超过 1%，显示了较好的算法稳定性。从算法的计算时间来看，GA 与 TS 的平均计算时间并无显著差异。

表 3-17 基于 CFBSSGS 解码的两种算法性能对比实验结果

算例集合	GA ard	GA amd	GA ird	GA act/秒	TS ard	TS amd	TS ird	TS act/秒
J30	0.73%	1.60%	25.37%	0.39	3.52%	7.65%	29.25%	0.18
J60	0.39%	0.96%	23.71%	2.32	1.17%	2.25%	26.90%	1.98
J90	0.28%	0.60%	23.09%	4.00	0.86%	1.66%	25.18%	4.38
J120	0.90%	2.07%	29.92%	5.04	2.29%	3.85%	35.02%	4.75

表 3-18 基于 CFBPSGS 解码的两种算法性能对比实验结果

算例集合	GA ard	GA amd	GA ird	GA act/秒	TS ard	TS amd	TS ird	TS act/秒
J30	0.47%	1.00%	27.32%	0.36	2.69%	6.03%	28.80%	0.18
J60	0.49%	1.04%	25.18%	1.83	13.00%	13.64%	26.04%	1.98
J90	0.36%	0.76%	23.88%	3.19	12.12%	12.54%	24.35%	3.44
J120	0.79%	1.70%	30.27%	4.59	32.55%	33.09%	30.13%	4.83

针对 J30 测试算例集，同时还采用 CPLEX 获取测试算例的精确解，不同解码方案与算法组合下获得精确解的结果见表 3-19。可以发现，对于两种解码方案，GA 可以求解的算例数量均是最多的，在多数情况下，GA 采用 CFBSSGS 解码时可以获得求解问题的精确解。进一步，将每种算法获得的满意解、满意解平均值与 CPLEX 求解的精确解进行对比，结果见图 3-11。

表 3-19 不同解码方案与算法组合下获得精确解的结果

算例集合	CFBSSGS+GA FN	CFBSSGS+GA Num	CFBPSGS+GA FN	CFBPSGS+GA Num	CFBSSGS+TS FN	CFBSSGS+TS Num	CFBPSGS+TS FN	CFBPSGS+TS Num
J30	165	121	165	32	165	46	165	20

续表

算例集合	CFBSSGS+GA FN	CFBSSGS+GA Num	CFBPSGS+GA FN	CFBPSGS+GA Num	CFBSSGS+TS FN	CFBSSGS+TS Num	CFBPSGS+TS FN	CFBPSGS+TS Num
J60	361		361		361		324	
J90	321		321		321		290	
J120	164		164		162		100	

注：仅对 J30 算例求解精确解；FN 代表满意解的算例数量；Num 代表满意解为最优解的算例数量。

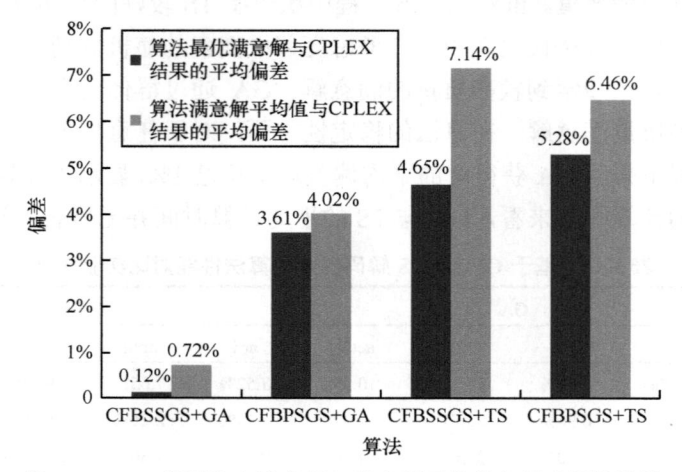

图 3-11 J30 算例集中满意解、满意解平均值与精确解的比较

从图 3-11 中可以看出，对于任意规模的算例，无论采用 GA 还是 TS，采用 CFBSSGS 解码获得解的质量均要优于采用 CFBPSGS 解码获得解的质量。因此，对于针对求解 CFBRCPSP 设计的 GA 和 TS 两种算法，使用 CFBSSGS 解码求解问题具有良好的表现效果。从算法的计算时间成本来看，CFBPSGS+GA 的计算时间成本要小于 CFBSSGS+GA，但这种优势并不明显。综上可知，基于 CFBSSGS 解码方式，采用 GA 求解 CFBRCPSP 可以获得较高质量的满意解。

3.7.3 不同合同参数组合下的算法测试

项目实施过程中产生的现金流缺口和相应的融资额与合同支付条件紧密相关，因此，主要选择预付款比例 O_a、扣留款比例 O_r 和支付滞后时间 LP 三种合同支付条件参数作为主要分析对象，每种参数取三种情形，组合形成的 27 种合同支付场景下测试算例的数量如表 3-20 所示。测试算例的基本参数配置与 3.5.2 节所述相同。需要说明的是，对 J30 算例采用 CPLEX 进行求解，对每个算例设置的最长求解时间为 600 秒。

表 3-20 不同合同支付场景下测试算例的数量

场景	O_a	O_r	LP/月	J30	J120	场景	O_a	O_r	LP/月	J30	J120	场景	O_a	O_r	LP/月	J30	J120
1	0	5%	0	402	543	10	5%	5%	0	402	575	19	10%	5%	0	402	589
2	0	5%	1	402	517	11	5%	5%	1	402	555	20	10%	5%	1	402	577
3	0	5%	2	202	467	12	5%	5%	2	371	529	21	10%	5%	2	400	560
4	0	10%	0	402	463	13	5%	10%	0	402	500	22	10%	10%	0	402	512
5	0	10%	1	394	402	14	5%	10%	1	400	471	23	10%	10%	1	401	498
6	0	10%	2	18	0	15	5%	10%	2	271	381	24	10%	10%	2	364	462
7	0	15%	0	395	144	16	5%	15%	0	398	253	25	10%	15%	0	400	301
8	0	15%	1	265	0	17	5%	15%	1	345	56	26	10%	15%	1	376	179
9	0	15%	2	0	0	18	5%	15%	2	8	0	27	10%	15%	2	114	1

不同合同支付场景下 J30 和 J120 算例集的测试结果如图 3-12 和图 3-13 所示。可以发现，结合 GA，两种调度计划生成机制 CFBSSGS 和 CFBPSGS 在两个测试指标 ard 和 amd 上均表现较好。进一步分析发现，LP 对算法的稳定性有较大的影响，原因在于当 LP 增加后，项目的资金约束不易满足，两种调度计划生成机制对活动的延期安排致使项目收益下降的可能性增加，同时也使获得解的差异性增加，导致算法的稳定性下降。然而，较好的合同支付场景，如较高的预付款比例、较低的扣留款比例和零时滞的付款时间会提高算法的稳定性，可以使算法更容易获得良好的满意解。

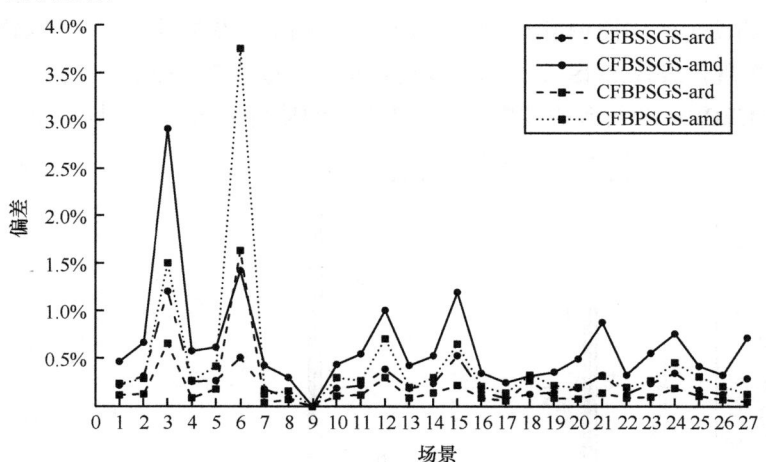

图 3-12 不同合同支付场景下 J30 算例集的测试结果

对于所有场景下的 J30 算例集，CPLEX 的平均计算时间为 53.87 秒，在计算时间限制内求解到精确解算例的数量为 8488 个（占比 97.12%）；采用 CFBSSGS+GA 算法获得的最优解算例的数量为 5607（占比 64.15%），平均计算时间为 0.47 秒；采用 CFBPSGS+GA 获得的最优解算例的数量为 3096（占比 35.42%），平均计算时

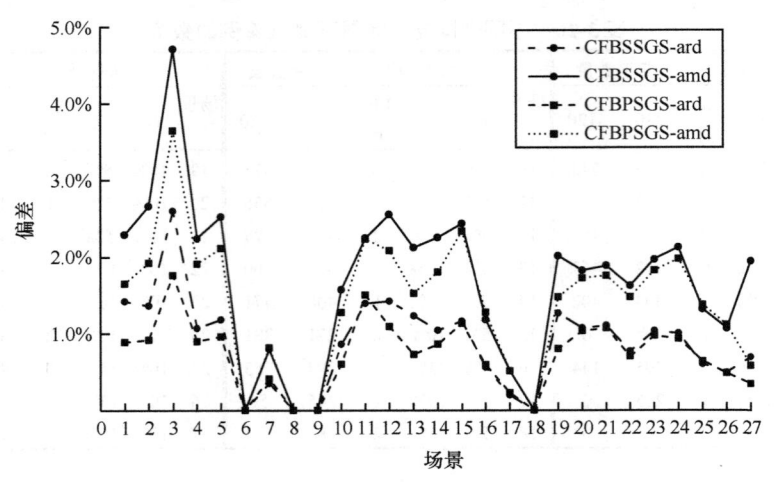

图 3-13 不同合同支付场景下 J120 算例集的测试结果

间为 0.41 秒。由于无法在有限的计算时间内获得 J120 算例集的最优解，所以将初始项目利润（标高金）作为求解问题的理想上界，通过计算获得解与该上界的偏差值来评价两种算法的效果，CFBSSGS+GA 算法获得解与理想上界的偏差为 20.5%，平均计算时间为 5.59 秒；CFBPSGS+GA 算法获得解与理想上界的偏差为 20.58%，平均计算时间为 4.69 秒。通过对两种规模算例的计算结果进行对比，可以得到 CFBSSGS+GA 的算法测试结果要优于 CFBPSGS+GA，且二者的计算时间差异较小，多数情况下 CFBSSGS+GA 在 J30 算例集中可以获得求解问题的精确解。

不同的现金流均衡调度计划生成机制下采用 GA 获得的求解结果如图 3-14 所示。可以发现，CFBSSGS 在不同合同支付场景下获得的 J30 算例集的平均计划工期均短于 CFBPSGS 得到的结果，且前者获得的项目平均收益也均高于后者，所以

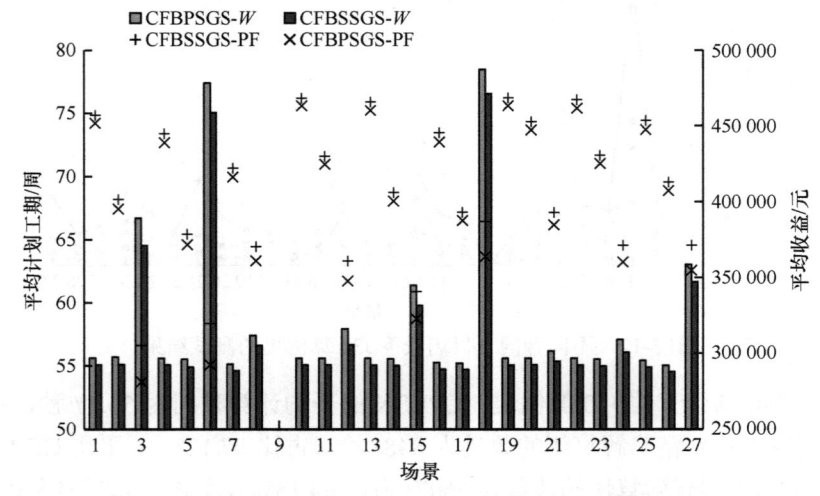

图 3-14 基于 GA 在不同合同支付场景下 J30 算例集的平均计划工期和平均收益

基于 GA 的 CFBSSGS 获得的解在平均计划工期和收益上的表现均更加优异。进一步分析可知，在活动只有一种执行模式的条件下，项目计划工期的延长会导致固定间接费用的提高，此时若融资成本不减少或其降低的幅度不足以弥补增加的固定间接费用，则会引起项目收益下降。因此，对于固定间接费用较高的项目而言，在不能改变活动执行模式的条件下，延长项目计划工期会降低其收益水平。

3.7.4 管理启示

基于大规模数值实验的测试结果，本章得到的 CFBRCPSP 问题的管理启示如下。

（1）在项目计划阶段，当外部环境稳定时，项目管理者可以通过求解线性整数规划模型获得最优的进度计划和融资方案，进而实现较高的项目收益。然而，如果管理者对优化项目收益的计算时间较为敏感，则建议其采纳 CFBSSGS+GA 算法，以此获得满意进度计划和融资方案。同时，项目管理者应注意支付滞后时间对算法计算结果的影响，当支付滞后时间较大时，建议增加元启发式算法的执行次数来提升项目的收益水平。此外，在项目实施阶段，当项目中断时，项目管理者可以采用两种现金流均衡下的调度计划生成机制，并结合待完成任务的实际紧急程度来更新进度计划和相应的融资方案。

（2）对于资金密集且规模较大的项目来说，为了进一步优化项目收益，可将元启发式算法快速生成的满意解作为求解线性整数规划模型的初始解，并应用 CPLEX 等商业优化软件进一步优化，以提升求解大型复杂项目精确解的质量。然而，花费一定的计算时间成本获取大型复杂项目的精确解或近似精确解具有一定的项目管理实践价值，因为此类工程项目的投资额巨大，即便是求解质量较小幅度的提升，也会给承包商带来数额可观的成本节约。

（3）项目管理者要确保项目执行中资源的连续供给并尽可能满足实际需要，资源的短缺或不足会在一定程度上会导致项目收益下降。因此，项目实施前和实施过程中应做好资源管理和调配。同时，虽然本章构建的优化模型以项目收益最大为目标，但是通过多组数值实验结果发现，由于项目在单位工期上会产生较高的固定间接费用，所以在活动只有一种执行模式的条件下，项目收益与计划工期之间存在一定的正相关性，即项目管理者在选择最佳进度计划时，经常可以实现项目收益和计划工期的同时最优。

（4）承包商与业主进行合同谈判时，应注意尽可能地拟定较好的合同支付条件，良好的支付条件（较高的预付款比例，较小的扣留款比例和较短的支付滞后时间）可以提高项目收益。承包商尤其需要关注业主有关延期付款时间的规定，延期付款的时间尽量不要超过一个支付周期，否则，有可能导致无法找到满意的进度计划和融资方案，且增加项目的停工或不能按期完工的风险。

第4章 考虑银行授信融资的资源均衡项目调度问题

工程项目管理实践中,一方面,承包商获取较高的银行授信额度会使其承担更多的信用或融资成本,而较低的银行授信额度通常可能无法满足项目实施过程中出现的资金缺口,从而导致项目进度延期;另一方面,项目中的各类资源(如人力、机械设备等)需要尽可能地处于需求量均衡的状态,以免资源在某些单位工期上出现闲置或不足的现象,导致项目的资源供应计划出现混乱或运作成本增加。为此,项目管理者面临同时解决降低融资费用和资源均衡使用两个方面的现实问题。

基于上述场景,本章将主要研究CFBRLPSP,具体安排如下:首先,介绍研究问题的现实背景和研究现状;其次,以可更新资源均衡使用和银行授信额度最小为双目标,构建研究问题的混合整数规划模型;再次,根据优化模型的数理特征,设计NSGA-Ⅱ求解,以获得求解问题满意的帕累托解集;最后,针对PSPLIB中的基准算例构造研究问题的测试算例并实施大规模数值实验,基于不同多目标优化算法的测试指标评估所设计算法的有效性,通过分析数值实验的结果,提出在考虑银行授信融资的条件下实现项目可更新资源和银行授信额度均衡使用的项目管理启示。

4.1 研究问题界定

4.1.1 研究背景

项目实施过程中,依据项目的实际进展情况,项目在每个单位工期上的资金使用情况会呈现出不同程度的浮动,由此经常造成项目的资源供给计划出现波动,这给项目的资源管理带来了一定的困难和挑战,进而影响项目活动的执行。因此,为了保持项目资源使用尽可能均衡,项目管理者需要平稳地调配人力、物力等资源,所以实现项目资源的均衡调度也是项目管理者追求的绩效指标之一。在理论上,资源均衡问题也是在满足经典RCPSP主要约束条件的基础上,通过制订合适的进度计划,实现各类资源在项目计划工期内使用量波动最小的一类问题。一个资源使用均衡的基准进度计划能够有效减少由资源波动而产生的额外成本。当前,资源均衡问题已在机场的港口建设调度(Bagchi and Paul, 2014)、软件开发项目中的人力资源调度(廖婷婷等, 2015)以及复杂航空项目调度(于海夫和薛惠锋,

2015)等领域得到了广泛的研究和应用。

此外,如前文所述,资金密集型项目的管理者时常还面临着项目特殊资源(资金)短缺的问题,因此在项目实施过程中需要借助融资的方式来驱动项目的开展。当承包商向银行要求较高的授信额度时,尽管可以获得充足的资金来支持项目活动的安排,但是该种行为经常会导致承包商付出较高的信用或抵押成本,同时也给其资金管理带来一定的风险。因此,承包商在制订项目融资方案时需要合理地降低其银行授信额度。

当项目管理者将上述因素叠加考虑可更新资源均衡的项目调度问题时,将使得项目管理者在项目进度规划过程中面临多维决策的现实问题,这也给有关管理人员制订资源需求计划、资金使用计划以及项目进度计划增加了困难。因此,项目实践过程中的资源、资金和活动进度管理对于解决考虑融资的资源均衡项目调度问题提出了迫切的需求。本章在考虑银行授信融资的现实背景下探究CFBRLPSP。鉴于此,研究 CFBRLPSP 的理论与实践意义具体如下。

理论方面,本章将资源约束条件和资源均衡目标同时引入到经典的 FBPSP 研究中,构建了考虑银行授信融资的双目标资源均衡项目调度优化新模型,同时,也丰富了资源均衡项目调度问题的应用领域分支,在理论上加深了 FBPSP 的研究深度。

实践方面,本章构建的考虑银行授信融资的项目调度模型和求解算法,可以帮助项目管理者获得满意的资源均衡项目进度计划和融资方案,同时,项目管理者也可以事先掌握项目的最大和最小资金缺口以及资源使用计划波动情况,据此确定银行授信额度的范围。因此,所构建的模型和求解算法可为管理者开展项目资金和资源管理提供决策支持。

4.1.2 资源均衡项目调度研究现状

资源均衡问题是一类经典的项目调度问题,通常指在项目活动优先关系约束下,科学安排活动的执行次序和开始时间,以减少项目资源投入量在时间上的波动,尽最大可能避免由资源在使用过程中分配不均衡导致的资源瓶颈,影响项目的顺利实施。项目调度环境下的资源均衡问题与 RCPSP 的目标函数不同,RCPSP 是在有限资源约束下,最小化项目的完工日期,资源均衡问题则是平衡整个项目执行过程中的资源使用量。

追溯以往有关资源均衡项目调度问题的研究,其特点是在保持项目计划工期固定不变的条件下,以每个单位工期上的资源需求量为样本数据,通过决策活动的开始时间来优化计划工期内资源使用量的均方差等指标,进而实现资源的均衡使用(乌日娜等,2013)。Neumann 和 Zimmermann(1999a)就资源均衡问题提出了三类不同的目标函数：第一类目标函数是根据每个周期的资源利用率最小化每一单位时期最大资源成本的总和，称为资源投资问题的目标函数，适合需要购买昂贵资源情形下的优化目标；第二类目标函数是最小化消耗资源量与给定资源量之间的偏差，称为资源背离问题；第三类目标函数是根据资源使用量随时间的变化，最小化相邻时刻之间的资源波动量。

随着研究的深入，在保证资源使用均衡的同时，对工期目标的关注也成为重点。然而，传统资源均衡指标，如单位工期资源需求量的均方差等的使用效果差强人意（李洪波等，2015），所以 Hegazy（1999）提出了一个新的衡量资源均衡的指标，即 y 矩（用 M_y 表示，也称 M_y 矩），其中，M_y 值越小表示项目资源使用越均衡。谈飞和周彬（2013）从成本角度研究了多资源均衡调度问题，避免了确定资源权重的主观倾向，引入了资源调度费的概念，其中资源调度费是指将资源从其他地点转移至本项目而额外支付的费用，他们将资源调度费作为多种资源均衡优化的目标，并据此构建了数学优化模型。方红兵和王卓甫（2008）指出资源在使用过程中会产生非预期性机会成本，而资源均衡优化的本质就是降低此类成本，并由此对经典的方差评价指标做出了修正，以改进后的评价指标作为目标函数，构建了多资源均衡优化的数学模型，并设计了遗传算法进行求解。El-Rayes 和 Jun（2009）提出了两种衡量资源均衡的新指标：第一种是 RRH，表示在整个项目期间需按进度分配和重新雇佣的资源总量；第二种 RID，表示在整个项目期间资源处于空闲或非生产性状态的总单位工期数。在随后的案例中证明了 RRH 和 RID 两种指标的有效性。何立华和张连营（2015）在上述指标的基础上，考虑到资源释放和重新雇佣所需的额外成本，提出采用资源波动成本作为资源均衡的衡量指标，从而降低资源波动对项目产生的额外影响。Damci 和 Polat（2014）将资源均衡问题的目标函数归纳为九种，在仅考虑单一资源且工期固定的情形下，应用实际案例并设计算法，比较不同的目标函数对于资源使用水平的影响。结果表明，每个目标函数都只能优化其中的某一种指标，某一指标被优化时，另一个指标的值甚至会变差，因而在实际项目中承包商应充分考虑实际情况选出最适宜的指标。李洪波等（2019）将资源均衡问题中的优先关系拓展到广义优先关系，以最小化资源使用量的波动值为目标函数构建了优化模型，并使用蝙蝠算法进行求解。

针对资源均衡项目调度问题，一些学者从不同的角度提出了多种模型和算法，目前已经开发的算法有精确算法和启发式算法。Easa（1989）为避免资源在使用过程中产生巨大的波动，提出了一种资源均衡（仅考虑一种资源且活动的执行过程连续）的整数线性优化模型，保证了资源均衡的最优性。模型的目标函数最小化了资源需求与统一资源水平、连续资源需求、理想的非统一资源水平之间的绝对偏差。并提出将该模型拓展到多资源和成本调度的权衡问题。Bandelloni 等（1994）提出了一种新的基于非串行动态规划的资源均衡优化方法，文中还描述了该模型在两个相反情况下的应用，计算结果表明，该方法能准确地求解中等和小规模的问题。Brinkmann 和 Neumann（1996）首次提出了在活动之间存在最大时滞和最小时滞的资源均衡问题的启发式方法。Neumann 和 Zimmermann（1999b）针对目标函数不同、活动之间的最小和最大时滞、资源约束明显等问题，提出了多项式优先规则启发式方法。Leu 等（2000）提出传统的分析和启发式方法在解决建筑资源均衡问题时效率低下，缺乏灵活性。为了克服传统施工资源均衡算法的不足，作者采用遗传算法进行优化计算。该算法可以有效地提供多个建筑资源的最优或接近最优的组合，以及资源均衡目标下活动的开始和结束日期。牛东晓和亿建勋（2000）提出聚类分析优化算法能克服遗传算法分析工程网络项目资源平衡的缺陷，并通过分析和验证，证明了该算法的优越性并且该算法适用于工程施工的实际操作。刘士新和王梦光（2001）根据实际项目工程实施过程中资源受限情况下资源的使用特点，提出了一种有效解决资源均衡问题的遗传算法，并通过对大量标准问题进行求解，验证了算法的有效性。刘士新等（2002）根据资源均衡项目调度问题和 RCPSP 的相似之处，提出了一种基于 B&B 策略的近似算法，并通过实例问题说明了该算法的求解过程，并和遗传算法进行了对比分析。张连营等（2004）为了克服传统资源均衡算法的缺陷，采用具有强大搜索功能的遗传算法对资源均衡工程项目问题进行求解，构建了以工期内每天资源需求量标准差最小为目标的问题模型，通过单资源实例和多资源平衡实例分析验证算法的可靠性，有效地解决了单资源和多资源平衡问题。单汨源等（2007）设计了一种以优先值作为粒子，求解资源均衡问题的粒子群算法，对资源受限项目的资源均衡问题进行了求解，并采用并行调度计划生成机制作为进度生成机制，通过算例仿真实验，发现针对此问题设计的算法在较少的迭代次数内就可以找到问题的最优解，证明了构建的模型和设计的算法是可行的。为帮助决策者在面临紧急事件时，基于资源水平问题来制定满足要求时间的调度方案，梁燕和金烨（2009）设计了初始关键链与启发式规则相结合的基于紧急任务的启发式算法，结合问题实例给出了算法的求解步骤，并通过与其他算法求解的结果进行对比，说明该算法可以更好更快地得到满足要求的调度解序列。针对采用小批量生产方式的企业，喻小光等（2010）提出了具有柔性资源约束的资源水平项目调度研究，进而针对问题的 NP-hard 属性，采用了基于改进的串行调度计划生成机制和网络最大流柔性资源分配模型的路径重连算法来求解问题。Geng 等（2011）提出了一种求解非线性资源均衡问题的定向蚁群优化算法，并证明了此算法能有效地提高实际工程调度的收敛速度和求解质量。李洪波等（2015）首先概括和梳理了国内外关于资源均衡问题的研究现状，其次概述了资源均衡问题的数学模型，并证明了此模型的复杂性，再次对该问题常用的测试问题库进行了介绍，以及总结了目前求解资源均衡问题的算法可以划分为精确算法、启发式算法和元启发式算法，最后就资源均衡问题的拓展和应用进行了阐述。董进全等（2017）将资源峰值作为一种度量指标，以资源峰值最小化为优化目标，根据工序特点建立了不同情形下的资源均衡问题的数学优化模型，并通过算例实验证明了构建模型的可行性。

此外，尽管学者 Elazouni 和 Abido（2014）、El-Abbasy 等（2016，2017）、Abido 和 Elazouni（2021）研究了 CFBRLPSP，但是在研究过程中仍未将 RCPSP 中的可更新资源作为约束条件。同时，据作者所知，已有的 RCPSP 相关文献在解决项目资源均衡优化问题时，尚未考虑项目需要融资的现实情景。因此，本章主要研究 CFBRLPSP。

4.1.3 问题描述

本章仍采用 AoN 表达有向无圈的项目活动网络 $G=(V,E)$，活动之间仍为零时滞结束–开始型逻辑关系。有关项目活动基本参数的含义如前文所述，所考虑的现金流模型为第 2 章中介绍的第一种现金流模型，即仅考虑银行授信融资的现金流模型。本章在第 3 章的研究假设的基础上，作如下条件假设。

（1）承包商主要采用银行授信的融资方式。

（2）活动在每个单位工期的可更新资源需求量保持不变。

通常情况下，在项目进度计划制订过程中，如果能够实现资源的均衡使用，则能有效提高项目运作效率并降低项目总成本，同时，银行授信额度与资源均衡之间也存在着制约影响关系。当承包商获得较高的银行授信额度时，将有利于其在一个支付周期内安排更多的活动，且资金越充沛，项目管理者可选择的调度方案越多，有更大的自由度选择资源均衡使用的调度方案。相反，较低的银行授信额度使得项目管理者可支配的资金量减少，由此给项目的现金管理带来很大的压力，并给项目的按期完工带来不确定性风险。此时，在资金约束条件下安排项目进度计划的灵活性会降低，这会导致项目的资源使用均衡性变差。由上述内容可知，承包商获得的银行授信额度和资源使用均衡性之间存在一定的权衡关系。因此，在探究 CFBRLPSP 时，同时优化银行授信额度和资源使用均衡性两个目标更加符合项目管理者的实践需求。

在项目中各活动的开始时间与结束时间确定后，每个支付周期上的资金缺口量（银行授信融资数量）便可以通过现金流模型来确定，同时，在每个单位工期上产生的可更新资源需求总量也能确定，对应的资源均衡指标也可以计算。因此，本章在可更新资源约束的条件下，提出的 CFBRLPSP 可以界定为：考虑银行授信融资方式，在满足可更新资源约束、合同工期的条件下，通过合理地安排活动进度，同时实现承包商获得的可更新资源均衡和授信额度两个目标的优化。

4.2 问题的优化模型构建

4.2.1 资源均衡目标的定义

在资源优化配置过程中,项目工期会随着活动进度计划的不同而改变,所以项目管理者的目标是在项目计划工期内对资源进行分配和平衡。传统的资源均衡指标,如 M_x 矩 $\left(M_x = \sum_{w=1}^{W} \sum_{k=1}^{K} R_k(w)^2 \right)$,主要反映项目计划工期内的资源波动情况,并未考虑项目计划工期的不同对资源使用均衡性的影响。如前所述,y 矩综合考虑单位工期上的可更新资源使用量和项目工期两方面因素来表达资源使用的均衡状态(Hegazy,1999)。

下面通过一个例子来说明,某项目的进度计划为 S_a,计划工期为 6 天,依据项目进度确定每个单位工期上的资源需求量均为 3,则可计算该项目的 M_x 矩为 54,项目的资源需求使用计划如图 4-1(a)所示。进一步,对于新的进度计划 S_b,其资源使用计划具体如图 4-1(b)所示,其资源均衡指标 M_x 矩同样为 54,所以根据该指标可以判定两种进度计划下的资源均衡水平相同。然而,深入对比两种方案下的项目计划工期可知,图 4-1(a)的项目计划工期要短于图 4-1(b)。因此,综合项目工期和资源均衡性结果可以判定,方案 S_a 要优于方案 S_b。以上结论可以通过综合考虑项目工期和资源使用情况的资源均衡指标 M_y 矩来直接判定,M_y 计算公式如式(4-1)所示。M_y 矩能够同时对项目工期和资源使用情况进行度量,其数量值越小表明项目工期越短且资源使用越均衡。因此显然,M_y 矩值会随着资源在项目中的持续使用而提高。

$$M_y = \sum_{w=1}^{W} R_k(w) \times w \qquad (4-1)$$

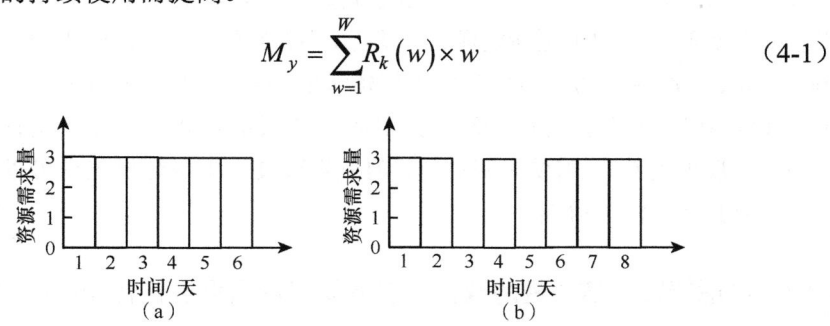

图 4-1 进度计划 S_a 和 S_b 的资源使用计划

依据式(4-1),S_a 和 S_b 的 M_y 矩计算结果分为 63 和 84,由此可以根据 M_y 矩值的结果直接判定 S_a 要优于 S_b。此外,增加进度计划 S_c 的资源使用计划,具体见图 4-2。S_c 的 M_x 矩的计算结果为 44,其资源均衡性表现优于 S_a,但仔细观察可以发现无论是项目工期还是资源消耗的波动情况,方案 S_a 的表现均好于方案 S_c。然而，采用 M_y 矩方法可以准确反映出 $S_a(M_y=63)$ 的资源均衡性优于方案 $S_c(M_y=83)$。同时该例子也表明工期延长后并不能完全保证项目的资源均衡状况得到改善。通过上述分析可知，M_y 矩方法可以精准地反映项目计划工期内资源使用的均衡性，由此本章主要将 M_y 矩作为项目的资源均衡指标。

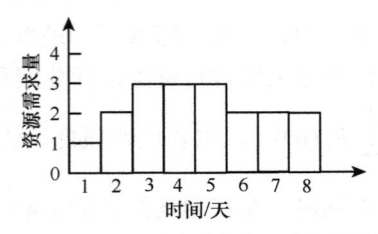

图 4-2 进度计划 S_c 的资源使用计划

式（4-1）主要考虑了单种资源的均衡性，为使其能够适用于多种可更新资源的项目调度优化问题研究，需要进一步对多种资源的均衡使用情况进行度量。进一步，为反映不同种类资源在资源均衡指标 M_y 中的影响作用的差异，本章引入了第 k 种可更新资源的权重 C_k，其取值大小反映了该种资源对整个项目所有资源均衡性的影响程度。因此，本章改进了式（4-1）中的资源均衡指标 M_y，改进后的 M_y 见式（4-2）。式中 $x_{j\tau}$ 为 0-1 取值变量，当活动 j 在时刻 τ 完成时取 1，否则取 0，其他符号的含义与前文相同。

$$M_y = \sum_{k=1}^{K}\sum_{w=1}^{W}\left(w \times C_k \times \sum_{j=1}^{J} r_{jk} \sum_{\tau=\max\{w,\mathrm{EF}_j\}}^{\min\{w+d_j-1,\mathrm{LF}_j\}} x_{j\tau}\right) \quad (4\text{-}2)$$

鉴于现有文献中没有关于资源权重 C_k 的取值参考，本章主要根据每种资源的需求总量占所有资源需求总量的权重来确定各种资源的权重。例如，某个项目中的活动主要使用四种可更新资源，所有活动对资源 1、2、3 和 4 的使用量分别为 100、200、300 和 400，则所有可更新资源的需求总和为 1000，资源 1 的权重为 100÷1000=0.1。同理，可以计算得到资源 2 的权重为 0.2，资源 3 的权重为 0.3，资源 4 的权重为 0.4。需要说明的是，项目实践过程中资源权重也可以根据资源使用成本或其他方法来确定。

4.2.2 考虑银行授信融资的双目标资源均衡项目调度优化模型构建

根据前文 CFBRLPSP 的描述，本章以实现承包商可更新资源均衡使用和银行授信额度最小为目标，构建 CFBRLPSP 的双目标优化模型。其中，银行授信额度（CL）为项目在不同支付周期时点处出现的最大资金缺口（负的累计净现金流）。CFBRLPSP 数学模型的具体形式如下：

$$\min \mathrm{CL} \quad (4\text{-}3)$$

$$\min M_y \tag{4-4}$$

s.t.

$$\sum_{t=\mathrm{EF}_i}^{\mathrm{LF}_i} tx_{it} \leq \sum_{t=\mathrm{EF}_j}^{\mathrm{LF}_j} tx_{jt} - d_j, \quad j \in V, \ i \in \mathrm{Pre}(j) \tag{4-5}$$

$$\sum_{j=1}^{J} r_{jk} \sum_{\tau=\max\{t,\mathrm{EF}_j\}}^{\min\{t+d_j-1,\mathrm{LF}_j\}} x_{j\tau} \leq R_k, \quad k=1,2,\cdots,K, \ t=1,2,\cdots,W \tag{4-6}$$

$$\sum_{t=\mathrm{EF}_J}^{\mathrm{LF}_J} tx_{Jt} \leq D \tag{4-7}$$

$$x_{jt} \in \{0,1\} \tag{4-8}$$

式（4-3）和式（4-4）为 CFBRLPSP 的两个优化目标。式（4-3）表示银行授信额度最小；式（4-4）表示实现承包商可更新资源均衡使用。式（4-5）表示活动之间的逻辑关系约束。式（4-6）表示在每个单位工期上的可更新资源满足其上限要求。式（4-7）表示项目的计划工期（项目最后一个活动的完成时间）不超过项目的合同工期要求。式（4-8）表示决策变量的定义域。

通常情况下，银行授信额度越低，项目能使用的外部资金越少，项目的活动进展安排越易受到限制，项目工期越长。根据 M_y 矩的计算可知，它受到项目工期和资源使用计划的双重影响。依据资源均衡指标的计算方式，项目工期越长，M_y 矩的量值会越大，即项目的资源使用越不均衡。因此，银行授信额度和资源均衡 M_y 矩之间相互影响。

CFBRLPSP 是在 RCPSP 和 FBPSP 基础上的拓展和延伸，所以 CFBRLPSP 在求解上也属于 NP-hard 问题。而且，因为要同时优化两个目标，所以 CFBRLPSP 的求解比 RCPSP 和 FBPSP 都更加复杂。进一步，针对线性混合整数规划模型而言，当前的商业优化软件只能求解小规模问题，当问题规模较大时，无法在合理的计算时间内获得其精确解。因此，本章设计了多目标元启发式算法求解 CFBRLPSP 的优化模型。鉴于 NSGA-II 在求解多目标组合优化问题中有显著效果，本章选取此算法求解双目标的 CFBRLPSP。在开发的 NSGA-II 中，采用两种调度计划生成机制解码方式开展大规模数值实验，以测试所设计算法的求解效果。

4.3 求解算法设计

通常，多目标优化问题的求解方法主要有三种：第一，线性加权的方法，即为各个目标赋予权重，然后将多个目标加权求和转化成单目标；第二，将多目标优化问题转化为单目标优化问题，保留一个优化目标，其余目标转化为约束条件，

代表性方法有 ε-constraints 方法，其具体实现过程可见后续章节；第三，直接求解多目标的非支配解集，其主要通过元启发式算法来实现，如多目标 NSGA-Ⅱ 等。

学者 Srinivas 和 Deb（1994）在单目标遗传算法的基础上引入非支配解的概念和小生境技术，将单目标遗传算法拓展应用到多目标优化问题中。然而，通过小生境技术得到的虚拟适应度无法准确衡量解的优劣，且进行非支配排序的效率较低。在此基础上，学者 Deb 等（2002）开发了 NSGA-Ⅱ，NSGA-Ⅱ 显著地提高了多目标优化问题的求解效率，其中引入的拥挤度概念代替了以往的小生境技术。当两个解同为非支配解时，选取拥挤度较高的解进入遗传进化过程，能够较好地对不同的解进行衡量，有助于提高解的多样性。除此之外，算法中还考虑了精英保留策略，该操作方式加速了算法的收敛过程。具体实现过程为将父代与子代合并，合并后种群的规模变为 $2\times|Pop|$，在此种群内选取规模为 $|Pop|$ 的个体进入迭代过程，保证算法最后能够收敛于最优解。

整个 NSGA-Ⅱ 的算法流程主要包括初始化种群的生成、编码与解码、快速非支配性排序、遗传操作、精英保留等主要步骤。其中，初始化种群是指在一定的编码方式下形成一定数量的初始解，用于之后的选择、交叉和变异等操作，为确保算法能够收敛于最优解，可以采用精英保留策略，在此种群中挑选出优秀个体进入下一迭代过程。

4.3.1 编码与解码

CFBRLPSP 中包含与基本 RCPSP 相同的约束条件，采用 AL 的编码方式可以有效处理解码时出现的资源冲突问题，并事先拟定活动的优先安排顺序，所以本章同样采用 AL 的编码方式，其具体表达方式如前文所述。

针对 CFBRLPSP，采用 AL 的编码方式需要将优先级可行的活动列表转换成调度方案，即需要采用一定的方法对 AL 进行解码，该方法的核心为调度计划生成机制。本书研究的问题与传统 FBPSP 的不同之处主要体现在将银行授信额度转化为了优化目标函数，所以银行授信额度不再是主要的约束条件，模型中的可更新资源约束仍为主要的约束条件。因此，针对一个确定的 AL，可采用求解基本 RCPSP 的 SSGS 或 PSGS 来获得可行的调度方案。考虑到本书研究的问题属于双目标优化问题，且优化的资源均衡和银行授信额度目标均为非常规目标函数，所以在解码机制上需要分别测试使用 SSGS 或 PSGS 的求解效果。使用两种调度计划生成机制求解的效果，将在后续的大规模数值实验测试部分进行探讨。为此，基于 SSGS 或 PSGS 解码，可以获得一个可行的项目进度计划，进而，根据项目的现金流模型确定项目执行中需要的银行授信额度，并依据资源均衡指标计算公式确定项目的资源均衡水平，即 y 矩的值。有关 SSGS 和 PSGS 的具体实施步骤可参见 3.4.1 节，此处不再赘述。

4.3.2 快速非支配性排序

求解多目标优化问题时，通常需要判定不同解之间的支配关系，确定求解问题的帕累托解集。对于任意可行解 A，如果在解空间中不存其他任何一个解，使得该解的各个目标函数的值均优于 A 的值，则称可行解 A 为帕累托最优解。所有的帕累托最优解的集合组成了帕累托前沿解集，管理者可以根据自身的需求及偏好在帕累托最优解集中选择并决策。

在 CFBRLPSP 中，两个优化目标分别为项目所需的银行授信额度 CL 和项目计划工期内的资源均衡（resource leveling，RL）指标。对于问题的任意两个可行解 p 和 q：①如果满足 $\text{CL}(p) \leqslant \text{CL}(q)$ 且 $\text{RL}(p) < \text{RL}(q)$，或者 $\text{CL}(p) < \text{CL}(q)$ 且 $\text{RL}(p) \leqslant \text{RL}(q)$，则称解 p 支配解 q，记作 $p \succ q$。②如果满足 $\text{CL}(p) \geqslant \text{CL}(q)$ 且 $\text{RL}(p) > \text{RL}(q)$，或者 $\text{CL}(p) > \text{CL}(q)$ 且 $\text{RL}(p) \geqslant \text{RL}(q)$，则称解 q 支配解 p，记作 $p \prec q$。③如果 $\text{CL}(p) \leqslant \text{CL}(q)$ 且 $\text{RL}(p) > \text{RL}(q)$，或者 $\text{CL}(p) > \text{CL}(q)$ 且 $\text{RL}(p) \leqslant \text{RL}(q)$，则称解 p 与解 q 不存在支配关系，二者同为帕累托前沿解集中的一部分。

对于一个种群，根据其组成个体间的支配关系可将其划分为若干个子种群（$\text{ND}_1, \text{ND}_2, \cdots, \text{ND}_m$），每个子种群为一个非支配性集合，可以采用快速非支配性排序（fast-non-dominated-sort，FNDS）算法划分这些子种群并确定每个子种群中包含的个体。不同非支配性集合之间具有如下的性质。

（1） $\text{ND}_1 \succ \text{ND}_2 \succ \cdots \succ \text{ND}_k \succ \text{ND}_{k+1} \succ \cdots \succ \text{ND}_l \succ \cdots \text{ND}_m$。

（2）对于任意 $k < l$，非支配性集合 ND_k 中的任意个体 a 优于 ND_l 中的所有个体。

（3） $\text{ND}_1 \cup \text{ND}_2 \cup \cdots \cup \text{ND}_m = \text{Pop}$。

FNDS 算法实现过程中需要设置两个向量 n_a 和 DS_a，分别用来表示支配个体 a 的数目和被个体 a 所支配的集合，可用式（4-9）和式（4-10）来表示。

$$n_a = \left| \{ b | b \succ a; a, b \in \text{Pop} \} \right| \tag{4-9}$$

$$\text{DS}_a = \{ c | a \succ c; a, c \in \text{Pop} \} \tag{4-10}$$

FNDS 算法主要由两部分组成，一部分用来确定两个向量 n_a 和 DS_a，另外一部分用来确定 m 个非支配性集合 $\{\text{ND}_1, \text{ND}_2, \cdots, \text{ND}_m\}$。FNDS 算法的计算复杂度为 $O\{N|\text{Pop}|^2\}$，其中此处的 N 表示多目标问题中包含的优化目标的个数。

基于上述操作，非支配性等级与聚集距离表示了多目标遗传进化过程中每个个体的适应值。其中，ND_1 为算法进化到当前代得到的帕累托最优解集。将所有的帕累托最优解即目标函数空间中的点连接起来，便形成了最优帕累托前沿。因此，求得帕累托最优解的关键步骤是对所有的解按照支配关系进行分层，层级越低，所支配的解的数量就越多。同一层级中各个解之间互不支配，但是按照解的拥挤度进行排序。

对于种群规模为|Pop|的个体集合，采用精英保留策略将父代与子代合并形成一个新的种群，其规模为$2\times$|Pop|。非支配排序方法的主要实现步骤如下。

步骤1：将当前种群中n_p=0的所有个体放入集合F_1中。

步骤2：遍历集合F_1中的所有个体。对于其中的任意一个个体，执行以下操作：遍历该个体所支配的个体集合DS_a，对集合中的个体执行$|DS_a|=|DS_a|-1$操作，如果执行完毕后$|DS_a|=0$，则将其存入集合F_2中。

步骤3：对集合F_2中的个体重复执行步骤2的操作，直到所有的个体均被分层。其中，集合F的下标为种群中个体所处的层级数，下标越小的个体所属的层级越高，其优先级也越高（Deb et al.，2002）。

对所有个体进行排序分层之后，对于处于同一非支配性集合中的个体，主要通过计算其相应的聚集距离来比较个体的优劣。保留聚集密度比较小的个体并使其参与下一代进化操作，聚集密度小的个体通常聚集距离大，所以选择聚集距离大的个体。每个个体的聚集距离通过与其相邻的两个个体在每个子目标上距离之差的求和来计算（Srinivas and Deb，1994），具体如下。

针对某个层级中的所有解，根据聚集距离按照非增的方式排序，将处于最两端的两个解的聚集距离记为正无穷大。在计算聚集距离时，一个层级中其余所有解的拥挤度的计算公式如式（4-11）所示。

$$I[i]_{\text{dis}} = \sum_{n=1}^{2} \frac{I[i+1].n - I[i-1].n}{f_n^{\max} - f_n^{\min}} \quad (4-11)$$

某一层经过排序后，第I个个体的拥挤度用$I[i]_{\text{dis}}$来表示。其中，$I[i+1].n$表示按照第n个目标函数值对个体进行排序时，第$i+1$个个体的第n个目标函数值，同样，$I[i-1].n$表示第$i-1$个个体的第n个目标函数值。用$f_n^{\max}$和$f_n^{\min}$分别表示算法迭代过程中在当前代解中第n个目标的最大值和最小值。

4.3.3 遗传进化操作

在进行遗传进化迭代前，可以通过随机的方式产生种群规模为|Pop|的初始种群，其中，每个个体均满足活动之间的逻辑关系约束。NSGA-II的遗传操作过程包括初始种群的选择操作、交叉操作和变异操作三个部分，其基本思路和方法与单目标优化中的遗传算法基本类似，所以在此对本章设计的NSGA-II遗传操作部分仅做简要说明。

1. 选择操作

为了增加种群的多样性，本章采用"二元锦标赛"方法随机地从精英种群中选择个体进行比较，该种方法的选择操作过程具体如下。

从精英种群中随机选出两个个体 C_1 和 C_2，首先比较两者所处的支配性等级，即被支配的次数，被支配的次数越少等级越高，选出两个个体中等级高的一个参与交叉和变异操作。若两者所处的等级相同，则比较两个个体的聚集距离，并选出聚集距离较大的个体。若两者的聚集距离也相同，则随机选出一个个体。重复此操作，直到选出包含 |Pop| 个个体的种群进入下一次的进化操作。

2. 交叉操作和变异操作

由于设计的 NSGA-Ⅱ 同样采用了 AL 的编码方式，所以开发的遗传算法中交叉操作依据交叉概率仍沿用两点交叉的操作方法。类似地，变异操作则根据个体上每个基因位的变异概率采用移动活动的方法来实现，具体可参照 3.6.2 节相关内容的介绍。

4.4 数值实验与结果分析

4.4.1 测试算例的产生与相关参数配置

鉴于 CFBRLPSP 模型中银行授信额度已不再是关键性的约束条件，其模型中的约束条件与基本 RCPSP 相同，所以本章主要选用 PSPLIB 中针对基本 RCPSP 的基准算例 J30、J60、J90 以及 J120 算例集，测试所提出的 NSGA-Ⅱ。以周作为项目的单位工期，业主对承包商的支付周期为月，每月包含四周。每个算例的财务数据、合同支付场景以及其他相关参数的配置方式同第 3 章，此处不再赘述，每种可更新资源的权重确定方法与前文所述一致。

针对本章设计的 NSGA-Ⅱ，采用分布性指标、多样性指标和超体积指标进行测试评价。由于项目收益指标与资源均衡指标之间存在较大的量纲差异，因此在计算算法的分布性和超体积指标时，需要将两者标准化至[0, 1]。

（1）分布性指标，用 SP 表示，主要用来评估获得解集的均匀性。其基本思想是测量所获得的解在帕累托前沿上的变化，用 f_1^i 和 f_2^i 分别表示第 i 个个体的第一个目标值和第二个目标值，用 f_1^j 和 f_2^j 分别表示第 j 个个体的第一个目标值和第二个目标值。SP 的计算公式见式（4-12）(Mirjalili and Lewis, 2015)。式中，pd_i 为第 i 个解与其最近相邻的解之间的距离，$\overline{pd}$ 为 pd_i 的平均值，n 为帕累托最优解的数量。SP 值越小，表明有越多的解均匀地分布在帕累托前沿上。

$$SP=\sqrt{\frac{1}{n-1}\sum_{i=1}^{n}\left(\overline{pd}-pd_i\right)^2} \qquad (4-12)$$

其中，$pd_i=\min_j\left(\left|f_1^i-f_1^j\right|+\left|f_2^i-f_2^j\right|\right)$。

（2）多样性指标，用 MS 表示，主要用来衡量非支配解集的均匀性和广度，它可以用来评价所获得的帕累托前沿覆盖真实帕累托前沿的程度（Shi et al.，2014），计算公式见式（4-13）。式中，$f_k^{\max}$ 和 $f_k^{\min}$ 分别代表算法运行中，获得的最优帕累托解中第 k 个目标的最大值和最小值；$F_k^{\max}$ 和 $F_k^{\min}$ 分别代表合并（真实）的最优帕累托解中第 k 个目标的最大值和最小值；mo 表示多目标优化问题中包含的目标个数。较大的 MS 量值表明算法获得的解具有较好的多样性。

$$MS=\sqrt{\frac{1}{mo}\sum_{k=1}^{mo}\left(\frac{\min\left(f_k^{\max},F_k^{\max}\right)-\max\left(f_k^{\min},F_k^{\min}\right)}{F_k^{\max}-F_k^{\min}}\right)^2} \qquad (4-13)$$

（3）超体积指标，用 HV 表示，可以综合地反映进化算法的收敛性和多样性，由于其严格遵守帕累托的支配原则，且计算过程中不需要知道真实的帕累托最优前沿，所以该指标被广泛用于测试多目标进化算法的性能。HV 指标主要用来测量算法获得的非支配解集与参照点围成的目标空间的体积（郑金华和邹娟，2017）。结合目标函数的特点选择参考点（1, 1），求得的 HV 值越大说明算法的综合性能越好。该指标的计算公式见式（4-14），式中 v_i 为非支配个体 i 与参考点之间所构成的体积，P^a 为测试算法 a 的非支配集合。

$$HV=\bigcup_{i=1}^{|P^a|}v_i \qquad (4-14)$$

此外，为了测试两种调度计划生成机制下 NSGA-Ⅱ 的求解效率，在大规模数值实验中测试了符合要求算例的平均求解时间（act）。进一步，将两种调度计划生成机制下产生的帕累托解集合并，并将其作为真实的帕累托解集，统计采用两种算法获得的帕累托满意解的数量占真实帕累托解数量的百分比（Pa），以测试两种调度计划生成机制下帕累托满意解的求解质量。大规模算例测试中，通过预处理实验选用的 NSGA-Ⅱ 的参数配置具体如表 4-1 所示。

表 4-1　NSGA-Ⅱ 的参数配置

参数	取值
种群规模	50
迭代次数	100
交叉概率	0.95
变异概率	0.12

最后，基于 SSGS 和 PSGS 两种调度计划生成机制，每个算例均使用 NSGA-Ⅱ 求解五次。本章对 NSGA-Ⅱ 的测试过程均通过 C++语言编程实现，算法运行的环境

配置为Intel(R) Core(TM) i7-8700CPU、8千兆字节内存和Windows 10的操作系统。

4.4.2 算法对比及结果分析

基于SSGS和PSGS两种调度计划生成机制,采用NSGA-Ⅱ求解多个算例的结果具体见表4-2。为简单起见,分别采用NSGA-Ⅱ(SSGS)和NSGA-Ⅱ(PSGS)表示采用SSGS和PSGS的两种稍有差异的NSGA-Ⅱ。对比两种调度计划生成机制对不同规模算例的求解结果可以发现,NSGA-Ⅱ(SSGS)在分布性、多样性以及超体积指标上均优于NSGA-Ⅱ(PSGS)。进一步得出,基于SSGS获得的解在资源和资金的均衡使用性上表现较好。NSGA-Ⅱ基于SSGS获得帕累托解的数量要多于采用PSGS获得的解的数量,这表明SSGS在此类问题中对帕累托解空间的搜索效果较好。然而,NSGA-Ⅱ(PSGS)在计算时间成本的表现上要优于NSGA-Ⅱ(SSGS),但是两种调度计划生成机制在不同问题规模下的计算时间差异并不大。

表4-2 多目标优化算法性能指标的对比实验结果

算例集合	NSGA-Ⅱ(SSGS)					NSGA-Ⅱ(PSGS)				
	SP	MS	HV	Pa	act/秒	SP	MS	HV	Pa	act/秒
J30	0.552	0.585	0.337	74.67%	0.32	0.681	0.343	0.211	52.97%	0.26
J60	0.428	0.593	0.421	77.61%	0.92	0.560	0.318	0.299	48.40%	0.74
J90	0.392	0.577	0.408	71.97%	1.72	0.506	0.312	0.353	53.51%	1.34
J120	0.162	0.711	0.507	45.68%	3.33	0.219	0.484	0.618	54.32%	2.65

进一步,针对不同规模的算例,对上述数值实验结果进行Wilcoxon秩和检验,考虑的显著性水平为0.05,显著性检验结果具体如表4-3所示。通过观察结果发现,在四种问题规模下NSGA-Ⅱ在使用SSGS和PSGS两种调度计划生成机制时存在显著性差异:基于统计分析视角,NSGA-Ⅱ(SSGS)算法在SP、MS和HV三个多目标测试指标上均优于NSGA-Ⅱ(PSGS)算法。因此,可以得出,采用SSGS解码的NSGA-Ⅱ更适合于求解CFBRLPSP。

表4-3 两种调度计划生成机制下NSGA-Ⅱ的Wilcoxon秩和检验结果

参数	J30			J60		
	SP	MS	HV	SP	MS	HV
SP	0.000			0.000		
MS		0.000			0.000	
HV			0.000			0.000

参数	J90			J120		
	SP	MS	HV	SP	MS	HV
SP	0.000			0.000		
MS		0.000			0.000	
HV			0.000			0.000

为测试和对比两种调度计划生成机制在获得的帕累托前沿上两端极值点的搜索效果，本书进一步统计了采用算法得到的银行授信额度和资源均衡两个目标函数值。针对不同规模的算例集，使用所设计的多目标算法框架中的遗传算法进行求解。每个算例分别求解五次，并将基于两种机制的遗传算法获得的最好解作为最优解。然后，分别以银行授信额度和资源均衡作为单个优化目标，定义如下两个指标来评价采用多目标优化算法获得的满意解与采用单目标优化算法获得的最优解在极值点上的差距。

（1）ard（%）：获得的满意解与获得的最优解的平均偏差。

（2）amd（%）：获得的满意解与获得的最优解的最大偏差。

两种调度计划生成机制下银行授信额度和资源均衡分别作为单目标优化的求解结果如表 4-4 所示。通过分析可以发现，针对银行授信额度的目标，在不同规模的算例中采用 NSGA-II（SSGS）获得的单目标优化算法的求解效果和稳定性，均要优于采用 NSGA-II（PSGS）获得的求解结果。类似地，对于 J30 和 J60 算例集，NSGA-II（SSGS）算法在资源均衡目标上具有良好的表现；而 NSGA-II（PSGS）算法在求解大规模问题（J90 和 J120）上表现较好。值得注意的是，通过对比最大偏差指标发现，NSGA-II（PSGS）在资源均衡指标上展现了较好的稳定性，该结果表明基于 PSGS 时，NSGA-II 在求解大规模问题的资源均衡指标上具有一定的优势。

表 4-4 两种调度计划生成机制下银行授信额度和资源均衡分别作为单目标优化的求解结果

算例集合	银行授信额度目标				资源均衡目标			
	NSGA-II（SSGS）		NSGA-II（PSGS）		NSGA-II（SSGS）		NSGA-II（PSGS）	
	ard	amd	ard	amd	ard	amd	ard	amd
J30	1.76%	4.13%	5.97%	7.26%	0.61%	1.54%	0.87%	1.31%
J60	1.55%	3.27%	5.88%	7.00%	0.89%	1.89%	1.09%	1.65%
J90	1.64%	2.83%	5.11%	6.01%	1.11%	1.75%	0.76%	1.24%
J120	2.13%	3.36%	4.83%	5.95%	2.46%	3.36%	0.89%	1.61%

4.4.3 关键参数敏感性分析

本章主要通过调试三种合同参数（预付款比例 O_a、项目截止日期系数 ρ 和支付滞后时间 LP）来测试它们对银行授信额度和资源均衡目标的影响。其中，O_a 取 0、5%、10%和15%四种水平，ρ 取 1.5、1.6 和 1.7 三种水平，LP 取 0、4 和 8（周）三种水平，在测试过程中基本参数取值与大规模数值实验部分一致。为合理反映关键参数对银行授信额度和资源均衡指标两个优化目标的影响，针对 J30 算例集，本节采用基于 SSGS 解码的 NSGA-II 分别求解最小银行授信额度和资源均衡的单目标优化问题。三种参数对项目绩效指标的影响结果见图 4-3 所示，图 4-3 中列

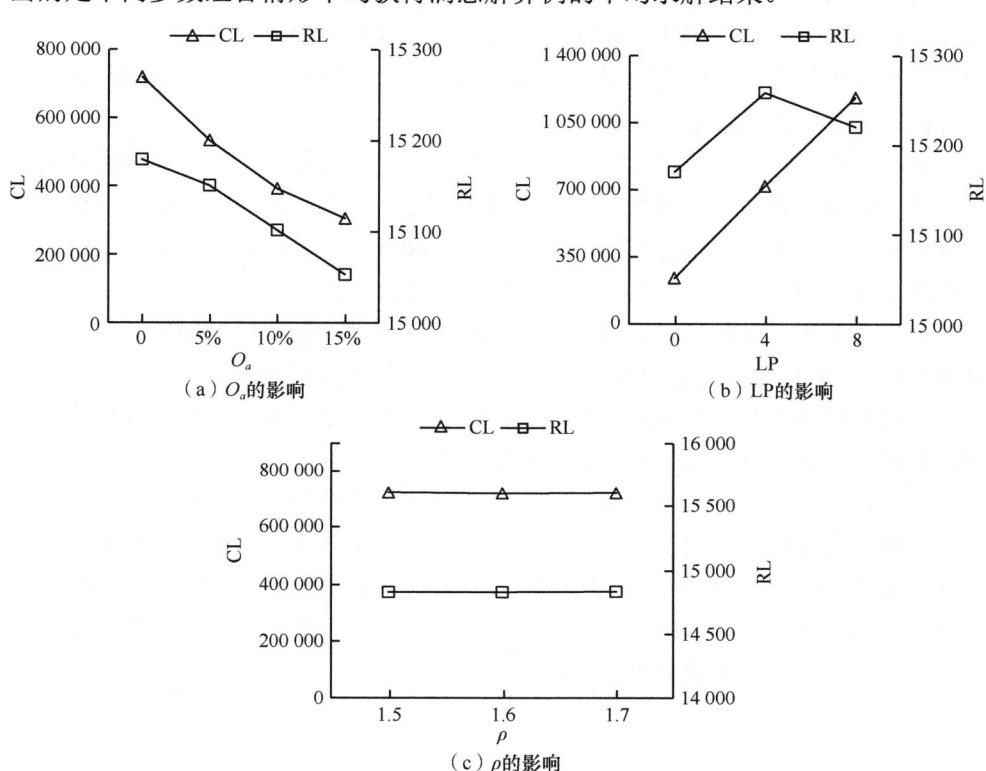

出的是不同参数组合情形下均获得满意解算例的平均求解结果。

图 4-3　银行授信额度和资源均衡随关键参数的变化

首先，通过图 4-3（a）可以发现，随着项目预付款比例的增加，银行授信额度得到了充分的改善。不难理解，当承包商获得的预付款增加后，在项目实施过程中的资金可用量增加，所需的银行授信额度减少，尽管资源均衡也得到了相应的改善，但效果并不显著。其次，随着业主支付滞后时间的增大，银行授信额度开始明显增加，这意味着承包商在此期间产生的现金流缺口也会明显增大，然而，资源均衡指标对业主支付滞后时间延长的变化并不敏感，具体可参见图 4-3（b）。最后，通过图 4-3（c）可以发现，当项目截止日期系数增加后（即合同工期放松），银行授信额度和资源均衡目标几乎未发生变化，所以以上两个优化目标对项目合同工期取值的变化并不敏感。

4.4.4　管理启示

通过对 CFBRLPSP 进行数值实验与敏感性分析，本书从此类问题中总结和凝练的项目管理启示具体如下。

首先，项目执行中银行授信额度和可更新资源的均衡使用之间存在一定的权衡性，即当项目的银行授信额度越小时，项目的资源使用越难以保持均衡，当银行授信额度越大时，资源的均衡使用越易实现。因此，管理者需结合项目可获取的资金和可更新资源的供给情况进行抉择。此外，当项目的资源供给环境较好时，也可依据决策者的偏好进行决策。

其次，由于银行授信额度对于项目的资源均衡使用的影响具有边际递减的效应，所以管理者为了保证项目的资源使用量平稳，可以在合理的范围内向银行追加授信额度。然而，当银行授信额度达到一定阈值后，管理者通过提高银行授信额度的方式增加项目的资源均衡使用性的代价是较高的。

再次，业主与承包商拟定的合同条件对项目所需的银行授信额度会产生比较显著的影响，所以承包商需要知道上述关键敏感因素可能导致项目出现资金缺口，并事先进行敏感性分析测试项目出现的最不利现金流缺口是否会超出承包商可以获取的最大授信额度，以精准评估项目的资金风险。

最后，无银行授信额度约束的情形，实践中可理解为承包商在项目执行过程中可用资金充足，因此资源均衡使用与项目合同的主要支付条件之间的关系并不显著。此时，承包商可重点关注资源的供应情况对项目资源均衡可能产生的影响。然而，在银行授信额度和资金有限的条件下，如前文所述，银行授信额度会对项目的资源均衡使用产生较为显著的影响。

第5章 考虑银行授信融资的前摄性鲁棒项目调度问题

项目实施过程中，复杂多变的执行环境中存在的各种不确定因素会影响项目的顺利进行。外部环境如国家政策变化、利率调整、人力及机械设备等资源供给波动等因素，参与主体方面如业主对设计方案的变更、设计图纸的延期交付和供应商延期交货等因素，不可抗力事件如地震和极端恶劣天气等均会对项目的进度和资金管理产生较大影响。不确定因素经常导致项目实际进度与基准进度计划之间存在一定的偏差，这给项目的顺利实施带来了极大的不确定性。因此，事前制订具有一定抗干扰能力的项目基准进度计划并实现决策者的管理目标具有重要的现实意义。

本章主要研究考虑银行授信融资的前摄性鲁棒项目调度优化问题。第一，基于现实背景，凝练并界定考虑银行授信融资的前摄性鲁棒项目调度优化问题；第二，在定义解的鲁棒性指标的基础上，以项目收益和调度方案鲁棒性两者同时最大为目标，构建考虑银行授信融资的双目标鲁棒项目调度问题的优化模型；第三，在双目标优化模型基础上定义了三个子研究问题，设计了 ε-constraints 精确算法求解小规模问题；第四，针对大规模复杂问题，开发了带有局部搜索策略的非支配排序遗传算法（NSGA-Ⅱ local search，NSGA-Ⅱ-LS），并通过大规模数值实验验证了所开发算法的有效性；第五，结合数值实验结果提出了有价值的项目管理启示。

5.1 鲁棒性项目调度问题

不确定型项目调度问题的研究一直是项目管理学术界关心的焦点和难点。最近十年来，不确定环境下的项目调度问题是项目进度管理领域关注的重点（Koster et al.，2024），它旨在降低随机因素对项目执行过程和绩效目标的干扰。因此，不确定环境下的项目调度问题还有待后续学者开展更广泛深入的研究。鲁棒性旨在消除不确定因素的影响并获得抗干扰能力强且易调整的调度方案。目前鲁棒性调度已成为研究不确定环境下项目调度问题的一种重要理论（Bendotti et al.，2023）。

鲁棒性概念是现代控制理论和系统科学中的概念，指系统具有承受不确定因素影响的能力。项目调度中鲁棒性概念也沿袭此含义，指调度方案的稳健性，即能够抵抗由不可控因素导致的计划拖延，使项目完成过程具有较好稳定性。Leus

和 Herroelen（2004）较早地将鲁棒性引入项目调度中，研究确定鲁棒性较强的资源分配方案。鲁棒性项目调度优化研究还处于起步和探索阶段（Hartmann and Briskorn，2022）。基本鲁棒性项目调度通常涉及前摄性调度和反应性调度。

5.1.1 鲁棒性项目调度问题的实践背景

随着全球市场竞争的日趋激烈，现代项目面临周期更短、准时完工率更高、成本更低的管理要求。然而，现代项目所处的环境日益多变，项目面临的不确定性和风险也不断增加。新的工程实践背景下，项目调度问题呈现出以下三个新的特征。

首先，项目结构及规模更加庞大复杂。近年来，超大型复杂工程项目不断涌现，范围涉及公共工程项目、基础设施项目及国防工程项目等，如上海世界博览会会址和西安世界园艺博览会会址项目、城市之间的高铁修建项目、我国的大型国防武器型号装备系统的研制开发。这类项目投资多，耗时长，实施过程涉及多利益相关方，其调度控制很困难。

其次，各类不确定因素始终充斥在项目执行过程中，如活动工期延误或提前、资源可用量波动、原材料滞后、新任务到达或取消、交付期改变、工程范围变更和天气变化等。各类随机因素的出现严重破坏了原调度方案的可行性，更难以保证原调度计划的优良性能（Zhu et al.，2005）。而且，在实际的调度系统中，一些重要的数据信息（如持续时间、资源需求数量等）通常不是一个非常精确的量值，这使传统的调度算法不能较好地被应用。

最后，项目调度具有多目标性。Ballestín 和 Blanco（2011）指出，项目管理是很明显的多目标决策问题。实际制订项目调度计划通常需要考虑多个目标，并且有些目标之间可能存在冲突，有些目标之间可能相互促进，如工期、成本、净现值、质量、资源均衡、基于任务交货期的目标和基于鲁棒性调度的目标等。多目标性也导致调度的复杂性和计算量急剧增加。

随着经济全球化和信息技术的发展，以动态联盟、敏捷虚拟企业和网络化制造等组织形式呈现的跨企业项目管理模式出现了，企业之间的协作愈加紧密，因此要求项目调度计划具有更高的可行性、稳定性和准确性。跨企业项目的调度问题，除了具有基本 RCPSP 的特征外，在资源约束和优化目标方面存在两个突出的特征（徐汉川和徐晓飞，2013）。

（1）资源的不确定性高。跨企业项目所用的资源多属于不同的企业，协作企业有自己的生产运作方式和决策机制，同时也会承担多个项目，其自身资源具有阶段性紧张的特点，经常会出现无法按时按量提供资源的情况。资源的不确定性是跨企业项目计划和调度过程中不容忽视的因素。

(2) 调度的鲁棒性要求高。跨企业项目计划是各协作企业制订各自生产和采购计划的基准,执行过程中一旦出现变动,就会产生巨大的变更和协调成本,甚至导致项目的拖期。不同于传统的工期最短、成本最低或资源均衡利用等目标,跨企业项目调度的重要目标是在保证项目交货期的前提下,使项目调度的鲁棒性最大,即提高跨企业项目调度的稳定性和抵抗不确定干扰的能力。

鲁棒性项目调度作为研究不确定环境下项目调度问题的一个重要方法,旨在考虑不确定因素并制订抗干扰能力强的项目调度计划。因而,它在不确定性较大的项目实施环境中具有广泛的应用背景,目前已成为不确定环境下项目调度领域研究的热点之一。

5.1.2 鲁棒性项目调度的研究进展

本节依据鲁棒性项目调度的优化目标,依次介绍基于单目标优化和多目标优化的鲁棒性项目调度。

1. 基于单目标优化的鲁棒性项目调度

基本鲁棒性项目调度通常涉及前摄性调度和反应性调度两类。通常情况下,活动工期的随机性和资源供应的不确定会对项目的稳健性产生扰动。因此,将项目计划中的时间缓冲分散于项目的各个活动之中,更有利于提高项目基准进度计划的鲁棒性。

针对活动工期的随机性,van de Vonder 等(2005)将项目调度的鲁棒性分为两类:第一类是质量鲁棒性,指进度计划对于工期绩效目标的稳定性;第二类是解的鲁棒性,指进度计划执行过程的稳定性。考虑到每个活动在实际执行时的开始时间与基准进度计划开始时间之间存在偏差成本,van de Vonder 等(2006)以不稳定成本作为解的鲁棒性,开发了一种启发式算法求解此问题。van de Vonder 等(2008)以活动实际开始和计划开始时间偏差的期望权重和最小为目标,建立了鲁棒性项目调度优化模型,并采用三种启发式算法来插入时间缓冲以提高进度计划的鲁棒性。Ma 等(2019)在活动时差效用的基础上设计了加权活动效用的不稳定性系数,用该系数来体现活动的不稳定性对其他活动的影响,进而提出了替代性的鲁棒性新指标,并分别在考虑活动工期随机和资源供应随机的情形下验证了所设计鲁棒性指标的有效性。何正文等(2013)考虑活动工期具有随机性,以活动工期的标准差为基础确定活动的不稳定权重,据此将活动的缓冲量加权求和并将其作为鲁棒性优化目标,构建了前摄性鲁棒项目调度优化模型,并设计了禁忌搜索、多种迭代和随机生成三种启发式算法对模型进行了求解。考虑活动工期中断,Deblaere 等(2007)基于资源流网络在前摄性阶段构建了以添加的额外弧最少、成对的时差最大、估计的中断时间最小为目标的混合整数规划模型，开发了资源分配算法，并采用固定的资源流来调整基准进度计划。Chakrabortty 等（2017）将活动工期的随机性划分为四种情形，并基于鲁棒性优化方法设计了六种启发式算法进行求解。Bruni 等（2017）提出了可调节的鲁棒性项目调度优化模型，首先按照活动次序确定决策顺序，其次根据活动延迟情况安排活动的开始时间，决策者可依据风险偏好调整进度安排。崔南方和梁洋洋（2018）针对工期不确定的 RCPSP，结合鲁棒性资源分配和时间缓冲插入这两种方法，通过设计两阶段集成优化算法构建了抗干扰能力较强的鲁棒性项目调度计划。

此外，Bruni 等（2018）同时考虑了工期和预算资金的不确定，以最坏情况的项目工期最小为目标，建立了鲁棒性项目调度优化模型，模型中的鲁棒性水平可以根据决策者偏好选择，并设计了两种精确分解算法。考虑到项目中的活动在执行时可以被拆分的情形，马志强等（2021）研究了任务可拆分下的鲁棒性项目调度优化问题。

项目在执行过程中可能出现资源使用量减少或供给中断的情形。为此，针对资源供应量随机中断的情景，Lambrechts 等（2008）认为活动中的时差具有边际效用递减效用，提出采用累计时差效用函数作为目标代替传统的时差鲁棒性目标，并设计了禁忌搜索算法来获得满意的进度计划。Lambrechts 等（2011）将资源中断对进度计划的影响转变为对活动工期的影响，提出采用嵌入时间缓冲的方式解决该问题。李佳媛和何正文（2013）采用由添加资源缓冲导致减少的项目损失来表示鲁棒性大小，并证明了添加资源缓冲对进度计划的稳健性具有边际效用递减的效应。

Fu 等（2015）同时考虑了活动工期的不确定和资源供给量的不确定，提出了吸收活动工期和资源不确定的调度策略，并且通过资源中断感知方法提高该策略的稳健性。Moradi 和 Shadrokh（2019）以最小化项目额外资源成本为目标，建立了带有项目截止日期条件的多模式鲁棒性项目调度优化模型，并给出了确定资源缓冲的方法。实践中，添加资源缓冲往往会给项目带来较高的额外成本，所以项目管理者常倾向于采用插入时间缓冲的方式增加进度计划的鲁棒性。

从系统角度出发，为了能够实时在线地执行和更新项目计划，Deblaere 等（2011）首先在研究前摄性调度计划时采用两阶段方法解决了前摄性和反应性调度问题，该方法可形成一个基准调度计划和相应的在实施阶段的活动最早开始启动策略。Davari 和 Demeulemeester（2019a）提出了前摄性–反应性资源约束型项目调度问题（proactive and reactive resource-constrained project scheduling problem，PR-RCPSP），并针对不同优化策略设计了四种动态规划算法，研究结果表明前摄性–反应性调度优化方式比传统分阶段独立进行调度优化的方法效果更好。Davari 和 Demeulemeester（2019b）针对 PR-RCPSP 提出了基于选择的反应和基于缓冲的反应两种方法，评价了两类反应方式在前摄性–反应性调度策略中的应用效果。王艳婷等（2021）以简单抽样、动态优先规则和固定资源流三种反应性调度策略为基础，构建了以总成本最小为目标的前摄性–反应性集成调度优化模型，进而设计了混合变邻域随机禁忌搜索启发式算法进行仿真求解。综上可知，前摄性–反应性集成调度方法为应对不确定外部环境提供了系统优化的解决视角，当前此类研究的相关成果相对较少。

通过梳理上述相关文献发现，已有的鲁棒性调度等涉及项目现金流优化的问题仍处于起步阶段，涉及项目多目标优化的不确定调度的相关理论与方法较少。现有文献更多集中于未考虑外部融资的不确定性项目调度理论，与资金维度（如项目融资等）有关的鲁棒性调度理论与方法还非常少。

2. 基于多目标优化的鲁棒性项目调度

在确定环境下，RCPSP 通常以项目工期、费用、质量、净现值、资源使用的均衡性等作为优化目标，研究最多的是工期最小化（Hartmann and Briskorn, 2010）。除了项目本身的绩效外，在不确定环境下还需考虑调度方案的鲁棒优化性能。因此，考虑鲁棒性目标时，往往涉及多目标项目调度优化问题，已有少量的文献关注了与鲁棒性相关的多目标项目调度研究。Al-Fawzan 和 Haouari（2005）研究了基本 RCPSP 的鲁棒性调度优化，同时考虑了项目工期最小和调度计划的鲁棒性最大两个目标，采用两个目标线性权重求和将双目标问题转化为单目标优化问题，并通过多次运行单目标禁忌搜索算法来实现，算法每运行一次，对应求解一组给定各个目标权重下的单目标问题。Abbasi 等（2006）研究了同样的问题，通过考虑可更新资源约束且将两个目标进行线性加权，开发了模拟退火算法求解问题。Ballestín 和 Blanco（2011）分析了多目标项目调度问题的理论和实践基础，并开发出求解包含多个常规类目标问题的帕累托有效解集的精确算法和启发式算法，其中包含鲁棒性目标函数。考虑到项目执行中的多种不确定干扰源对活动工期和费用的负面影响，Hazır 等（2011）研究了活动工期和费用不确定条件下的鲁棒性离散时间–费用权衡项目调度问题并进行了求解。

通过上述研究文献可以发现，仅有的几篇研究文献虽然考虑了鲁棒性的目标，并主要考虑了工期或费用，但几乎未涉及其他的调度目标。即便有些文献在建模时给出两个目标，但在求解时通常使用目标加权的方法转换为单目标求解。对于随机活动工期的鲁棒性项目调度问题，少量的研究也仅集中于鲁棒性目标，其原因在于随机活动工期下的项目绩效目标较难表达。据作者所知，考虑项目融资的鲁棒性项目调度相关研究目前还尚未出现。为此，本书探究考虑银行授信融资的前摄性鲁棒项目调度相关模型与算法具有一定的理论意义，可为项目管理者在不确定环境下开展进度管理和资金规划提供决策依据和技术支持。

5.1.3 鲁棒性项目调度的度量指标

已有研究文献对调度方案鲁棒性进行度量的方法可归纳为三类：基于活动时差、活动开始时间偏差以及活动参数不确定条件的鲁棒性指标。到目前为止，以时差为基础的鲁棒性度量指标仍然是度量项目进度计划解鲁棒性的主要方法。为此，本节主要阐述基于自由时差、基于时差效用的鲁棒性度量指标以及随机活动工期情形下的鲁棒性指标。

1. 基于自由时差的鲁棒性度量指标

采用活动的自由时差来表示一个可行调度方案的鲁棒性，是最简单直观的一种鲁棒性度量指标。自由时差反映了一个活动在不影响其紧后活动最早安排前提下的机动时间。Al-Fawzan 和 Haouari（2005）以活动的自由时差之和表示一个调度方案的鲁棒性指标，表述为 $RI=\sum_{j=1}^{J} ff_j^r$，其中，ff_j^r 表示活动 j 在资源约束下的自由时差。

Wiest（1964）首先给出资源约束下活动时差的定义。活动的自由时差和关键活动是针对一对给定的左齐调度计划和右齐调度计划（对应的项目工期记为 T）而言的，并取决于调度产生的规则和程序，因为不同的调度计划对应不同的关键活动和活动的自由时差。对于在资源约束下获得的一个可行调度计划，活动的自由时差可以通过以下步骤来确定。

步骤 1：根据以基本 RCPSP 的解表示的活动优先关系序列，利用串行调度计划生成机制获得基准调度计划 S（正向调度阶段）和项目工期 f_j，每个活动在资源约束下的最早开始时间 es_j^r 和最早结束时间 ef_j^r 同时也被计算出。

步骤 2：以 f_j 作为项目计划工期实施逆向调度。基于每个活动的 es_j^r 和 ef_j^r，从项目的最后一个活动开始向前进行逆向调度，获得同样的 S 中每个活动在资源约束下的最晚结束时间 lf_j^r 和最晚开始时间 ls_j^r。

步骤 3：计算每个活动在资源约束下的自由时差 ff_j^r，$ff_j^r = ls_j^r - es_j^r$。

2. 基于时差效用的鲁棒性度量指标

采用自由时差之和表示一个项目调度方案的鲁棒性指标过于简化，它不能从时差应对不确定因素的本质层面考虑时差在活动之间的分布状态对调度方案的鲁棒性效果。例如，对任意两个可行调度计划 S_1 和 S_2，它们拥有的总时差数相等，对 S_1 来说，仅少量几个活动拥有时差，对 S_2 来说，更多的活动拥有时差，所以 S_2 的鲁棒性比 S_1 大。Lambrechts 等（2008）指出，活动拥有的自由时差的数量对鲁棒性指标的贡献度是递减的，更多的活动拥有时差，调度方案的稳定性将更大。

Lambrechts 等（2008）进而提出了基于时差效用的鲁棒性度量指标 RM，具体如式（5-1）所示。

$$\text{RM} = \sum_{j=1}^{J} \text{CIW}_j \sum_{n=1}^{ff_j^r} e^{-n} = \sum_{j=1}^{J} \left(w_j + \sum_{l \in S(j)^*} w_l \right) \sum_{n=1}^{ff_j^r} e^{-n} \qquad (5\text{-}1)$$

其中，CIW_j 为活动 j 的累积不稳定性权重（cumulative instability weight），该数值越大表明其拖延对进度计划的影响越严重；w_j 表示活动 j 被拖延 1 个时间单位对进度计划产生的影响，可根据项目管理者的经验和主观判断来确定；$S(j)^*$ 表示活动 j 的所有后继活动（包含紧后和非紧后）集合。在此首先阐述时差效用函数的合理性和有效性。

CIW_j 作为活动 j 的时差效用对鲁棒性指标贡献度的权重系数，它的取值受到项目管理者的主观认知的影响。为了克服此问题，可以采用两种与每个项目结构特征密切关联的权重系数取值方法：第一，$\text{CIW}_j = |S(j)^*|$，即权重为活动的所有后继活动个数，表示活动的后继活动数越多，拖延此活动对调度方案的影响越大，对应的鲁棒性指标记为 RM_1；第二，$\text{CIW}_j = |S(j)|$，即权重为活动的紧后活动个数，对应的鲁棒性指标记为 RM_2。显然，对任何一个活动 j，$|S(j)^*| \geqslant |S(j)|$。

以下通过一个例子来说明基于自由时差的鲁棒性度量指标 RI 和基于时差效用的鲁棒性度量指标 RM 的不同。图 5-1 是一个包含八个实活动的 AoN 项目活动网络，每个节点正上方的括号中的数字表示相应活动的工期和可更新资源需求量，项目实施仅需一种可更新资源。下面比较当资源限量 $R=5$ 时，不同鲁棒性度量方法的优劣。

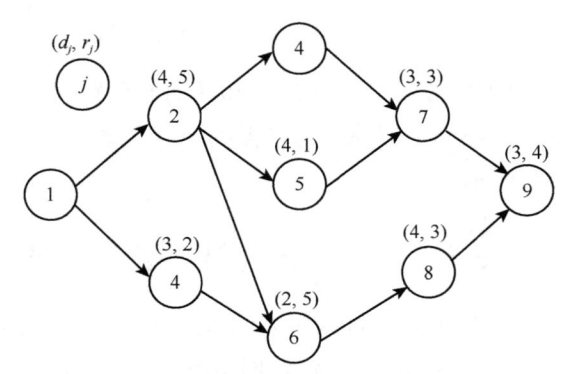

图 5-1 包含八个实活动的 AoN 项目活动网络

在图 5-2 和图 5-3 中，横轴表示时间，纵轴表示可更新资源量。项目进展过程中，每个单位工期上的可更新资源量随时间变化的状态可以形成某个调度方案的资源负荷图。图 5-2 和图 5-3 分别表示当资源限量 $R=5$ 时的两个不同的调度方案：对于图 5-2 的调度方案 S_1，仅有活动 8 有 6 个时间单位的自由时差，因此基于自由时差的鲁棒性度量指标 RI=6，基于时差效用的鲁棒性度量指标 RM_1 如式（5-2）所示。

$$\mathrm{RM}_1=\sum_{j=1}^{J}\left|S(j)^*\right|\sum_{n=1}^{ff_j^r}\mathrm{e}^{-n}=\left|S(8)^*\right|\sum_{n=1}^{6}\mathrm{e}^{-n}=0.5806 \quad (5\text{-}2)$$

图 5-2　项目工期为 25 时的调度方案 S_1

图 5-3　项目工期为 22 时的调度方案 S_2

对于图 5-3 的调度方案 S_2，其中活动 3 和活动 5 分别拥有 3 个和 2 个时间单位的自由时差，因此 RI=5。类似地，可以得到调度方案 S_2 的鲁棒性指标 RM_2，计算过程如式（5-3）所示。

$$\mathrm{RM}_2=\sum_{j=1}^{J}\left|S(j)^*\right|\sum_{n=1}^{ff_j^r}\mathrm{e}^{-n}=\left|S(3)^*\right|\sum_{n=1}^{3}\mathrm{e}^{-n}+\left|S(5)^*\right|\sum_{n=1}^{2}\mathrm{e}^{-n}=2.6653 \quad (5\text{-}3)$$

根据指标 RI，方案 S_1 的鲁棒性大于方案 S_2；但是根据指标 RM，方案 S_1 的鲁棒性小于方案 S_2。一些学者已经质疑了 RI 指标，研究也已证明在调度方案中，时差在各活动之间越分散，调度方案的稳定性越好（Lambrechts et al.，2008）。例如，当项目中的所有活动都拖延 1 个时间单位时，调度方案 S_1 的工期延长 7 个时间单位变为 32，调度方案 S_2 的工期拖延 6 个时间单位变为 28。对于同样的活动工期拖延情形，方案 S_2 项目工期的变化更小，很显然当面对不确定因素时方案 S_2 比 S_1 具有更强的稳定性。因此，时差效用函数可以更客观地反映出活动时差在调度方案中的分布状态所产生的鲁棒性效果。

3. 随机活动工期情形下的鲁棒性度量指标

项目执行环境的不确定经常导致项目活动的工期在实际执行过程中具有一定的随机性特征。如前文所述,在此情形下用 AoN 来表示一个项目活动网络。假定活动 j($j=1,2,\cdots,J$) 的工期 $\tilde{d}_j$ 为随机变量,且服从 $\tilde{d}_j \sim N\{\mu(\tilde{d}_j), \sigma(\tilde{d}_j)\}$ 的正态分布,$\mu(\tilde{d}_j)$ 和 $\sigma(\tilde{d}_j)$ 分别为其均值和标准差。项目进度计划的制订需要基于每个活动工期的均值 $\mu(\tilde{d}_j)$ 和资源限量,采用某种调度计划生成机制可获得活动的开始时间 s_j^r。在项目的实施过程中,由于各活动的实际工期并不一定等于其均值,因此活动的开始时间必然会随之发生变化,进而导致进度计划的稳定性遭到破坏。为了降低这种情况出现的可能性,实际中的项目管理者通常会在每个活动工期上留出一定的冗余时间,借此吸收或减轻活动工期的波动对进度计划稳定性的影响。针对这种情景,可以在活动 j($j=1,2,\cdots,J$) 的计划完成时间 $\left[\text{即} f_j^r = s_j^r + \mu(\tilde{d}_j)\right]$ 之后设置一段时间缓冲 B_j,以此提高进度计划的稳定性。

何正文等(2013)研究了随机活动工期下的鲁棒性项目调度问题,然而该研究主要存在两点不足之处:第一,在调度方案中,活动时间缓冲的设置没有考虑资源约束,仍然基于 CPM 中活动的自由时差概念,时间缓冲的计算公式具体见式(5-4),因此并不能正确地表达出活动在资源约束下延期的灵活性。第二,仅考虑了鲁棒性目标,以项目工期处理为约束条件(即项目的合同工期),但是由于活动工期为随机变量,因此项目工期约束仅是一种柔性约束,在制订调度计划时被遵守,而在计划执行过程中却有可能被突破。

$$B_j = \min\{s_l^r\} - \left[s_j^r - \mu(\tilde{d}_j)\right], \ l \in \text{Pre}(j) \tag{5-4}$$

这种计算时间缓冲的方法值得进一步商榷,本章采用图 5-4 的带有随机活动工期的项目活动例子(包含 10 个实活动)进行说明。将算例中的活动工期考虑为均值工期,将活动 1 至活动 12 的工期标准差依次设置为(0, 1.5, 0.8, 1.7, 2.0, 1.0, 1.2, 1.8, 1.5, 2.4, 1.3, 0),每个活动的可更新资源需求保持不变,且仅需一种类型的资源,其限量 $R=7$。基于每个活动的均值工期,利用 B&B 算法(Demeulemeester and Herroelen, 1992)求解此例子,可获得项目期望工期最短时对应的调度计划(图 5-5),其中横轴表示时间,纵轴为可更新资源量。

根据式(5-4),此调度方案中各活动的时间缓冲分别为 $B_2=2$、$B_3=7$、$B_4=6$、$B_5=9$、$B_6=0$、$B_7=7$、$B_8=0$、$B_9=9$、$B_{10}=0$ 和 $B_{11}=1$。但是,从图 5-5 中可以很明显地看出,有些活动并没有那么多的时间缓冲,如活动 3,当其实际工期超过均值工期时,活动 3 最多有 4 个单位的时间缓冲,而且前提条件是当活动 2 的实际工期等于均值工期时;如果活动 2 消耗了其拥有的 2 个单位的时间缓冲,那么活动 3 仅剩 2 个(4−2=2)单位的时间缓冲。对活动 4 和活动 5,尽管利用式(5-4)计算出来分别具有 6 个和 9 个单位的时间缓冲,但是实际上这两个活动没有任何时间缓冲。因此，式（5-4）忽略了资源限量，仍基于 CPM/PERT 中的活动自由时差概念（无资源约束）。实际上，每个活动拥有的真实缓冲量，是其在调度计划中的自由时差（资源约束下）。因此，本章将式（5-4）改进为式（5-5）。

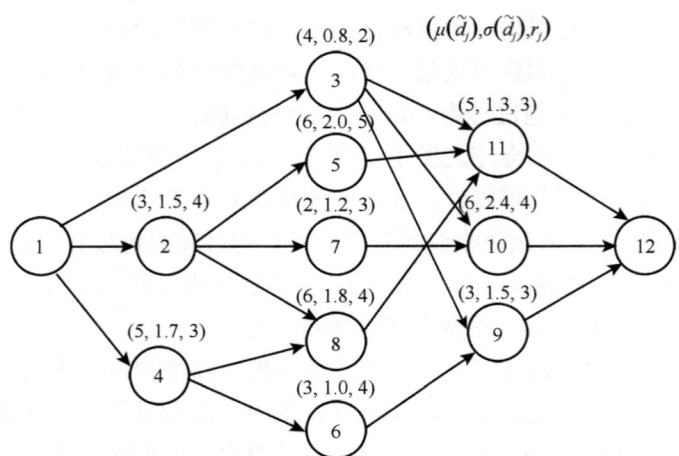

$$B'_j = \text{ff}_j^r = \text{ls}_j^r - s_j^r \tag{5-5}$$

图 5-4 带有随机活动工期的项目活动网络例子

图 5-5 采用活动均值工期获得的项目期望工期最短时的调度方案

图 5-5 记录了每个活动的最早结束时间，基于活动的最早结束时间和资源限量 $R=7$，对图 5-5 的基准调度方案实施逆向调度以获得每个活动的最晚开始时间 ls_j^r；根据式（5-5）可计算各活动的时间缓冲，如表 5-1 所示。为了进行对比，表 5-1 的第二行列出了采用式（5-4）计算的各活动的时间缓冲。对比两行的数据可以发现，式（5-4）明显放大了调度方案的鲁棒性。

表 5-1 两种方法计算出的各活动的时间缓冲

方法	B_2	B_3	B_4	B_5	B_6	B_7	B_8	B_9	B_{10}	B_{11}
式（5-4）	2	7	6	9	0	7	0	9	0	1
式（5-5）	2	4	0	0	0	4	0	4	0	1

从式（5-5）能看出，当活动 j 的实际工期偏离 $\mu(\widetilde{d_j})$ 不超过 B'_j 时，进度计划就无须调整，从而能保证后续进度计划不受该工期扰动的影响。

对于一个特定的基准调度计划，各活动的时间缓冲越多，调度方案的鲁棒性就越大。然而，由于同时还需获得尽可能短的项目工期，因此活动的时间缓冲不能无限制地随意设置，需考虑将有限的时间缓冲合理地分配在活动之间，以有效提高调度方案的鲁棒性。据此，为每个活动的自由时差定义一个权重系数 ε_j（$j=1,2,\cdots,J$），并根据 ε_j 确定活动 j 的时间缓冲对调度方案鲁棒性的贡献度。活动 j 的 $\sigma(\widetilde{d_j})$ 越大，表明活动 j 的实际工期的变化性越大，其时间缓冲对鲁棒性的贡献度也就越大。因此，根据 $\sigma(\widetilde{d_j})$ 将活动 j 的 ε_j 定义为 $\varepsilon_j = \sigma(\widetilde{d_j}) \Big/ \sum_{j=1}^{J} \sigma(\widetilde{d_j})$。$\varepsilon_j$ 本质上反映了活动 j 单位时间缓冲对调度方案鲁棒性的贡献。据此，一个可行调度计划 S 的鲁棒性指标 RM 定义为 $\sum_{j=1}^{J} \varepsilon_j B'_j$。毋庸置疑，当项目的总时间缓冲较多且在各活动之间进行了合理分配时，进度计划的 RM 就会比较高；反之，进度计划的 RM 就较低，进度计划易受活动工期变化的影响而频繁地进行调整和更新。

5.2 问题提出及界定

5.2.1 研究背景

项目实施过程中，多数不确定因素对项目执行过程的影响效果最终都通过活动工期的波动体现出来，即项目中的活动工期在实际执行时具有一定的随机性。显然，活动工期的随机性特征通常会导致事前制订的基准进度计划在实际实施中被不断地调整，很可能导致项目的资金筹措计划和资源配置方案等受到影响。当项目实际实施过程偏离基准进度计划时，项目进程中多个财务周期时点处的现金流状态也会被影响。实践中，由于资金密集且工期长的项目常常依赖于融资来完成，所以当项目的现金流频繁变化时，可能会使某些支付时点处的资金缺口超过了银行给定承包商的授信额度，该条件下承包商将不得不推迟某些活动，此时基准进度计划会发生变化甚至可能变得不再可行。因此，在复杂的不确定环境下，当考虑项目融资时，进度计划中的现金流动态均衡状态对干扰事件的影响更加敏感，制订具有一定稳健性的项目基准进度计划并实现决策者的管理目标是有待解决的现实问题。

为降低不确定因素对项目执行过程的影响，承包商经常会采取一些措施以防控不确定因素带来的潜在风险。从项目计划阶段事前控制的技术角度，可以为项目或活动的工期添加一定的时间缓冲来降低部分活动工期的拖延对整个项目进度计划产生的影响，即前摄性鲁棒项目调度方法。在理论上，尽管鲁棒性项目调度理论是一种处理不确定型项目调度优化问题的有效方法，但是当前的研究多集中在工期维度上，较少考虑在项目融资的现实情景下生成抗干扰能力强的鲁棒性进度计划，同时，已有 FBPSP 研究多认为项目的实施环境是确定的，考虑融资的鲁棒性项目调度优化问题的相关理论研究目前还鲜有报道。将 FBPSP 与鲁棒性项目调度理论进行融合，是现有确定型 FBPSP 向不确定型项目调度理论方面的深入拓展。在实践中，在项目计划阶段制订鲁棒性进度计划可以帮助承包商在有限的资金、资源等约束条件下生成稳健的进度计划和融资方案，进而合理地化解项目实施过程中可能存在的风险，减少对进度计划和融资方案的调整，提高项目的收益水平。因此，引入活动工期的随机性，考虑银行授信融资方式下获得鲁棒性活动调度方案和融资计划具有重要的理论和实践意义。

因此，基于上述背景，本章统筹考虑同时优化项目收益和解的鲁棒性两个目标，构建考虑银行授信融资的双目标鲁棒项目调度优化模型，分别开发了适用于小规模和大规模问题的精确算法和启发式算法。项目管理人员可以依据其决策偏好选择相应的基准进度计划和融资方案，为在不确定环境下考虑融资的项目调度与资金的集成化管理提供决策支持和帮助。

5.2.2 问题描述

本章仍沿用 AoN 项目活动网络来表示项目中各活动之间的逻辑关系，相关的符号含义与前文相同。考虑到不确定因素的影响，本节将活动 j 的工期定义为一个随机变量，其工期均值用 $\mu(\tilde{d}_j)$ 来表示，工期的标准差用 $\sigma(\tilde{d}_j)$ 来表示。活动工期的均值和标准差可结合历史数据、工期定额或者专家的经验来确定，为活动添加的时间缓冲用 B_j 来表示。项目的成本形式、合同价格的组成以及现金流模型如第 2 章所述，此处不再赘述。同时，在第 3 章提出的假设条件的基础上进一步作如下两方面假设。

（1）考虑不确定因素对项目执行过程的影响主要表现为活动工期具有一定的随机性，除此之外，其他项目基本参数在项目执行过程中保持不变。

（2）在制订基准进度计划时，忽略活动在时间缓冲范围内的直接成本费用，但是考虑由嵌入时间缓冲导致项目工期延长所产生的间接费用，即嵌入时间缓冲所产生的鲁棒性成本。

针对活动工期的随机性特点，可以制订具有一定抗干扰能力的基准进度计划，以尽可能减少项目实际执行过程中被调整的次数，即形成的进度计划具有吸收活动工期一定程度波动的能力。在采用鲁棒性调度方法生成的基准进度计划中，需要在已有约束条件下合理确定每个活动的开始时间（或完成时间）。基于所有活动工期的均值，确定基准进度计划中活动的开始时间序列并表示为 $S^B=(s_1^B,s_2^B,\cdots,s_j^B,\cdots,s_J^B)$，相应地活动的时间缓冲序列表示为 $B=(B_1,B_2,\cdots,B_j,\cdots,B_J)$。以所有活动的时间缓冲为依据，设计进度方案 S 的鲁棒性指标 RM，其用所有活动的时间缓冲值加权求和来表示（何正文等，2013），即 $\text{RM}=\sum_{j=1}^{J}\omega_j B_j$，其中，$\omega_j$ 表示活动 j 的时间缓冲 B_j 对 RM 贡献度的权重。显然，RM 表达了基准进度计划在实施过程中的稳健性，是典型的解鲁棒性指标。本章中涉及的项目调度鲁棒性指标均指解的鲁棒性，后文简述为鲁棒性。

活动 j 可以嵌入的时间缓冲主要与该活动的开始时间、工期均值和紧后活动的开始时间有关。此外，考虑到添加的活动时间缓冲具有边际递减效应（Lambrechts et al.，2008），本章借鉴关键链方法的基本思想（Goldratt，1997），取活动 j 工期均值的一定比例 β_j 作为其嵌入的最大时间缓冲。因此，活动 j 的时间缓冲需满足下面的约束条件式（5-6），以此可以避免插入缓冲可能引起的资源冲突问题。

$$B_j \leqslant \min\left\{\min_{k\in S(j)}\left\{s_k^B-\left(s_j^B+\mu(\tilde{d}_j)\right)\right\},\beta_j\mu(\tilde{d}_j)\right\}, \quad j\in V\setminus\{1,J\} \quad (5\text{-}6)$$

在确定活动 j 的时间缓冲对鲁棒性的贡献度（权重）时，同时要考虑 CIW_j 和活动标准差权重 ξ_j（Lambrechts et al.，2011；张静文等，2018）的影响。从项目活动网络的结构关系进行分析，用 CIW_j 来表示当活动 j 的工期出现波动时，通过活动间的逻辑关系对其所有直接和间接后继活动的影响。从活动工期的随机性进行分析，ξ_j 表示活动 j 自身工期的变化可能对基准进度计划产生的影响，ξ_j 和 CIW_j 对鲁棒性的贡献系数分别用 α_j 和 $1-\alpha_j$ 来表示。此处的 CIW_j 由活动 j 所有直接和间接的后继活动数量决定，其计算公式见式（5-7）。ξ_j 根据活动 j 的标准差 $\sigma(\tilde{d}_j)$ 与所有活动标准差之和的比值来确定，计算公式见式（5-8）。因此，RM 可通过每个活动的权重 ω_j 及其相应的时间缓冲 B_j 加权求和来确定，其中，ω_j 由式（5-9）确定。

$$\text{CIW}_j=\left|S(j)^*\right|\bigg/\sum_{j=1}^{J}\left|S(j)^*\right| \quad (5\text{-}7)$$

$$\xi_j=\sigma(\tilde{d}_j)\bigg/\sum_{i=1}^{J}\sigma(\tilde{d}_j) \quad (5\text{-}8)$$

$$\omega_j=\alpha_j\xi_j+(1-\alpha_j)\text{CIW}_j \quad (5\text{-}9)$$

当进度计划中嵌入较多的活动时间缓冲时，项目的计划工期会延长（van de Vonder et al.，2005）。同时，对于考虑融资的项目，项目工期延长后会引起固定间接费用和融资成本的增加（Elazouni and Metwally，2005），在合同价格不变的条件下项目的收益将减少，可理解为进度计划中嵌入活动时间缓冲的鲁棒性成本是以降低项目的收益为代价的。进一步，缩短项目进度计划工期后可嵌入的时间缓冲将减少，这会使得项目的鲁棒性变小，然而，项目工期缩短在一定程度上可以节省固定间接费用和融资费用，提高项目收益。所以，考虑融资的调度方案项目收益和鲁棒性之间存在一定的权衡关系。因此，如何制订合理的进度计划并嵌入合适的时间缓冲以实现项目收益和鲁棒性的权衡优化，是项目管理者有待解决的现实问题。

综上，本章提出并探究考虑银行授信融资的前摄性双目标鲁棒项目调度优化问题（credit-finance-based and proactive robust project scheduling problem with bi-objective，CFBPRPSP-BO）。根据上述现实背景与理论研究的分析，CFBPRPSP-BO 界定为在考虑银行授信额度和可更新资源供给量有限的条件下，在满足项目活动之间的逻辑关系等相关约束条件的基础上，通过制订合理的活动进度安排和时间缓冲嵌入方案，实现对项目收益和鲁棒性的双目标优化。

5.3 问题的双目标优化模型构建

根据对研究问题的描述，本章在构建优化模型前先建立一组 0-1 决策变量：

$$x_{jw} = \begin{cases} 1, & \text{活动}j\text{在时刻}w\text{开始} \\ 0, & \text{其他} \end{cases}, \quad j \in V, \ w \in [\text{ES}_j, \text{LS}_j]$$

基于上述定义的决策变量，u_w^j 表示活动 j 在项目工期 w 内的直接费用支出，具体可见式（5-10）。依据每个活动的直接费用，可依次确定第 2 章中所述的现金流入、现金流出和融资流，在此不再重复赘述。

$$u_w^j = \sum_{\tau=\max\{w-\mu(\tilde{d}_j),\text{ES}_j\}}^{\min\{w-1,\text{LS}_j\}} c_j x_{j\tau}, \ j \in V, \ w=1,2,\cdots,W \quad (5\text{-}10)$$

在工程实践中，项目管理者既期望项目结束时能获得较高的收益，又追求制订的基准进度计划具有较高的鲁棒性。因此，基于 5.2.2 节的问题描述，本章构建了同时优化项目收益和基准进度计划鲁棒性的双目标鲁棒项目调度优化模型，并通过求解优化模型获得帕累托最优解集或近似最优解集。项目管理者可在获得的帕累托最优解集中根据决策偏好选择满意的基准进度计划和融资方案。本章构建的 CFBPRPSP-BO 整数规划模型具体如下：

$$\max \text{PF} = \text{CN}_{M_W} \quad (5\text{-}11)$$

$$\max \text{RM} = \sum_{j=1}^{J} \omega_j B_j \quad (5\text{-}12)$$

s.t.

$$\sum_{w=\text{ES}_j}^{\text{LS}_j} x_{jw} = 1, \quad j \in V \tag{5-13}$$

$$\sum_{w=\text{ES}_i}^{\text{LS}_i} w x_{iw} + \mu(\tilde{d}_j) + B_i \leqslant \sum_{w=\text{ES}_j}^{\text{LS}_j} w x_{jw}, \quad j \in V, \ i \in \text{Pre}(j) \tag{5-14}$$

$$\sum_{j=1}^{J} r_{jk} \sum_{\tau=\max\{w-\mu(\tilde{d}_j),\text{ES}_j\}}^{\min\{w-1,\text{LS}_j\}} x_{j\tau} \leqslant R_k, \quad k=1,2,\cdots,K, \ w=1,2,\cdots,W \tag{5-15}$$

$$\sum_{w=\text{ES}_J}^{\text{LS}_J} w x_{Jw} \leqslant D \tag{5-16}$$

$$\text{CN}_t + \text{CL} \geqslant \text{MF}, \quad t=0,1,\cdots,M_W \tag{5-17}$$

$$x_{jw} \in \{0,1\} \tag{5-18}$$

式（5-11）和式（5-12）分别表示最大化项目收益和最大化项目鲁棒性。约束条件中，式（5-13）表示活动在其开始时间窗内仅能选择一个开始时间；式（5-14）表示活动之间的紧前和紧后逻辑关系约束；式（5-15）表示每个时间单位上的可更新资源需求总量不超过该种资源的限量；式（5-16）表示项目计划工期不超过项目的合同工期要求；式（5-17）表示每个时点上的可用现金流量（含授信额度）不小于最小的备用资金 MF。式（5-18）表示决策变量 x_{jw} 的定义域。此外，B_j 也为决策变量，其取值范围由式（5-6）决定。

由于 CFBPRPSP-BO 的优化模型中包含经典 RCPSP 和 FBPSP 中的所有约束条件，所以在求解项目收益和鲁棒性最大的双目标优化问题时难度更大，且计算复杂度更高。因此，CFBPRPSP-BO 的双目标优化问题也属于 NP-hard 问题。

在 CFBPRPSP-BO 的双目标优化模型中，增加了活动时间缓冲的确定方案，这导致该双目标问题的求解更加复杂，获得其精确解也更加困难。为此，本章参照第 3 章非线性整数规划模型转化为线性整数规划模型的处理方式，引入新的决策变量来表示活动的时间缓冲，进而实现对原优化模型的线性化处理，以方便采用商业优化软件求解不同的单目标优化问题。因此，针对小规模问题设计 ε-constraints 算法进行求解，可以获得问题的精确最优帕累托解集。针对大规模问题，设计 NSGA-II-LS 进行求解，可以在合理的计算时间内获得问题的近似最优帕累托解集。

5.4 求解双目标问题的 ε-constraints 算法

ε-constraints 算法的基本思想是将多目标优化问题转化为多个单目标优化问题，并以一定的迭代步长不断更新约束条件来求解一系列单目标优化问题（Mavrotas，

2009)。考虑到两个优化目标中的收益目标转换为约束条件后,可以通过等效的约束条件来表达,所以将收益目标转化为约束条件,保留鲁棒性最大作为优化的单目标。为采用 ε-constraints 算法求解 CFBPRPSP-BO,本章在原问题定义的基础上分解出三个研究子问题。为表述方便,本节将 CFBPRPSP-BO 中收益最大的目标函数式(5-11)用 $f_1(X)$ 代替,鲁棒性目标函数式(5-12)用 $f_2(X)$ 代替。因此,本节首先定义三个研究子问题,其次给出 ε-constraints 算法的基本框架。

5.4.1 子问题的定义

子问题一:收益最大化子问题。基于双目标基本优化模型中的所有约束条件,子问题一考虑通过生成项目基准进度计划和融资方案来实现收益的最大化,其优化模型具体如下:

$$\max f_1(X)$$

s.t.

$$式(5-13)\sim 式(5-18)$$

子问题一的求解:在该子问题求解中,不考虑时间缓冲决策变量 B_j,仅考虑活动的开始时间决策变量 x_{jw}。当项目中活动工期取均值时,子问题一退化为第 3 章中的 CFBRCPSP,且二者的整数规划模型完全相同,因此,可以采用 3.3 节提出的线性整数规划模型的转化方法直接求解。

子问题二:鲁棒性最大化子问题,基于双目标基本优化模型中的所有约束条件,子问题二考虑通过生成项目基准进度计划和融资方案来实现进度方案鲁棒性目标的最大化,其优化模型具体如下:

$$\max f_2(X)$$

s.t.

$$式(5-13)\sim 式(5-18)$$

子问题二的求解:根据式(5-12)可知鲁棒性通过各个活动的时间缓冲加权求和来确定。在资源约束下,活动 j 可嵌入的时间缓冲与该活动的自由时差及其范围内正在开展的活动有关。因此,在此引入并定义一个新的决策变量 $z_{j\theta b}$。需要说明的是,θ 和 b 分别表示 CPM 下活动 j 最早结束时间 EF_j 的偏移值和嵌入的时间缓冲。

$$z_{j\theta b}=\begin{cases}1, 活动 j 在后移 \theta 个时间单位处完成且被嵌入 b 个单位时间的缓冲 \\ 0, 其他\end{cases}, j\in V$$

其中,$\theta \in [0,TF_j]$,$b\in[0,TF_j]$。

基于定义的决策变量 $z_{j\theta b}$,活动 j 的时间缓冲 B_j 可用式(5-19)来表示。

$$B_j = \sum_{\theta=0}^{TF_j}\sum_{b=0}^{TF_j} z_{j\theta b} b \qquad (5-19)$$

为了采用约束不等式表达活动在时间缓冲范围内的资源限量满足要求，本节定义资源转化参数 $r'_{j\theta k}(w,b)$，表示以活动的最早结束时间为参照时刻点，j 在其结束时间窗内偏移 θ 个时间单位完成时，在其结束时刻点后嵌入 b 个时间单位的缓冲时，缓冲时段内在不同单位工期 w 上对第 k 种资源的需求量。

基于第 3 章中定义的决策变量 $y_{j\theta}$ 和相关转化参数，以及本章定义的 $z_{j\theta b}$ 和 $r'_{j\theta k}(w,b)$，构建子问题二的线性整数规划模型：

$$\max f_2(X) = \sum_{j=1}^{J}\omega_j B_j \qquad (5-20)$$

s.t.

$$\sum_{\theta=0}^{TF_j}\sum_{b=0}^{TF_j} z_{j\theta b} = 1, \quad j \in V \qquad (5-21)$$

$$\sum_{\theta=0}^{TF_j}\sum_{b=0}^{TF_j} z_{j\theta b} b \leqslant TF_j, \quad j \in V \qquad (5-22)$$

$$EF_i + \sum_{\theta=0}^{TF_i} y_{i\theta}\theta + \sum_{\theta=0}^{TF_i}\sum_{b=0}^{TF_i} z_{i\theta b} b \leqslant EF_j + \sum_{\theta=0}^{TF_j} y_{j\theta}\theta - \mu(\tilde{d}_j), \quad j \in V, \ i \in Pre(j) \qquad (5-23)$$

$$\sum_{j=1}^{J}\sum_{\theta=0}^{TF_j}\sum_{b=0}^{TF_j} r'_{j\theta k}(w,b)z_{j\theta b} + \sum_{j=1}^{J}\sum_{\theta=0}^{TF_j} r_{jk}(w,\theta)y_{j\theta} \leqslant R_k, \quad k=1,2,\cdots,K, \qquad (5-24)$$
$$w=1,2,\cdots,D$$

$$z_{j\theta b} \in \{0,1\}, \quad j \in V \qquad (5-25)$$

式（3-10）～式（3-15）

式（3-17）～式（3-22）

目标函数式（5-20）表示最大化调度方案的鲁棒性。约束条件中，式（5-21）表示活动 j 在后移 θ 个时间单位处完成且被嵌入 b 个时间单位的缓冲；式（5-22）表示活动 j 可嵌入的时间缓冲不超过其总时差；式（5-23）表示活动 j 嵌入时间缓冲后的结束时间不超过其紧后活动的最早开始时间；式（5-24）表示在单位工期 w 上，任意活动在其缓冲值范围内进行时，所有活动的可更新资源需求总和不超过该种资源的限量；式（5-25）表示决策变量的定义域。对于小规模问题，可以通过商业优化软件（如 CPLEX 等）直接求解子问题二的整数规划模型。

子问题三：带有收益约束的鲁棒性最大化问题。在子问题二的基础上，将项目收益目标转化为 ε 约束，以鲁棒性作为优化目标，相关的优化模型如下，其中，式（5-26）为 ε 约束。

$$\max f_2(X)$$

s.t.
$$f_1(X) \geqslant \varepsilon \qquad (5\text{-}26)$$

式（5-13）～式（5-18）

子问题三的求解：与子问题二相比，子问题三增加了项目收益的约束条件。根据第 3 章中转化后的线性整数规划模型，以合同工期为完工时间获得最后一次付款时的项目收益 CN_{M_D} 代替 ε 约束中的 $f_1(X)$。基于上述分析，子问题三可采用子问题二中定义的相关变量、转化参数和约束条件来建模，同时考虑收益约束，并使用商业优化软件直接求解。值得强调的是，当项目的收益为负时，可能出现采纳的 CN_{M_D} 不满足收益约束而使用 CN_{M_W} 可以满足的情形，由此导致算法错失少数精确解。但是，上述情形并不影响算法的求解效率，因为决策者在实践过程中一般不会接受项目收益为亏损（负值）的实施方案。此外，一般情况下 M_D 和 M_W 的值较为接近，进而导致 CN_{M_D} 和 CN_{M_W} 相差甚微，所以出现上述情况的可能性也较小。

5.4.2 考虑银行授信融资的前摄性鲁棒项目调度 ε-constraints 算法框架

根据前文有关子问题的定义和求解方法，借鉴学者 Bérubé 等（2009）提出的 ε-constraints 算法框架，针对 CFBPRPSP-BO 构建的 ε-constraints 算法的求解过程如图 5-6 所示，主要实现步骤具体如下。

（1）分别求解子问题一与子问题二后，获得两个目标的最大值 $f_1^I(X)$ 和 $f_2^I(X)$，将两个目标函数值设置为理想点：$f^I = (f_1^I, f_2^I)$。

（2）对于子问题一，添加约束条件 $f_2(X) = f_2^I$，对其进行求解，并将获得的最优目标函数值 $f_1(X)$ 记为 f_1^N。对于子问题二，添加约束条件 $f_1(X) = f_1^I$，对其进行求解，并将获得的最优目标函数值 $f_2(X)$ 记为 f_2^N。设置非支配解集中的两个极值点 $f^E = \{(f_1^I, f_2^N), (f_1^N, f_2^I)\}$，这两个极值点为最优帕累托前沿中的两个端点。

（3）设置 $F = (f_1^N, f_2^I)$，令 $\varepsilon = f_1^N + \Delta$，$\Delta$ 为 ε 约束中的迭代步长。由于 Δ 取单位目标函数值时会产生较高的计算成本且求解效率会下降，因此本章取 $\Delta = (f^I - f_1^N)/\text{iter}$，其中，iter 表示执行 ε 约束的迭代次数。工程实践中，管理者也可根据实际的决策需要来确定 Δ。

（4）求解子问题三，将获得的鲁棒最优目标函数值记为 f_2^*，然后基于得到的项目基准进度计划确定相应的项目收益 f_1^*，此时可得到一个帕累托前沿上的点 (f_1^*, f_2^*)。

（5）更新 $\varepsilon = f_1^* + \Delta$，如果 $\varepsilon < f_1^I$，返回步骤（4）继续求解；否则，迭代结束。

第 5 章 考虑银行授信融资的前摄性鲁棒项目调度问题 · 145 ·

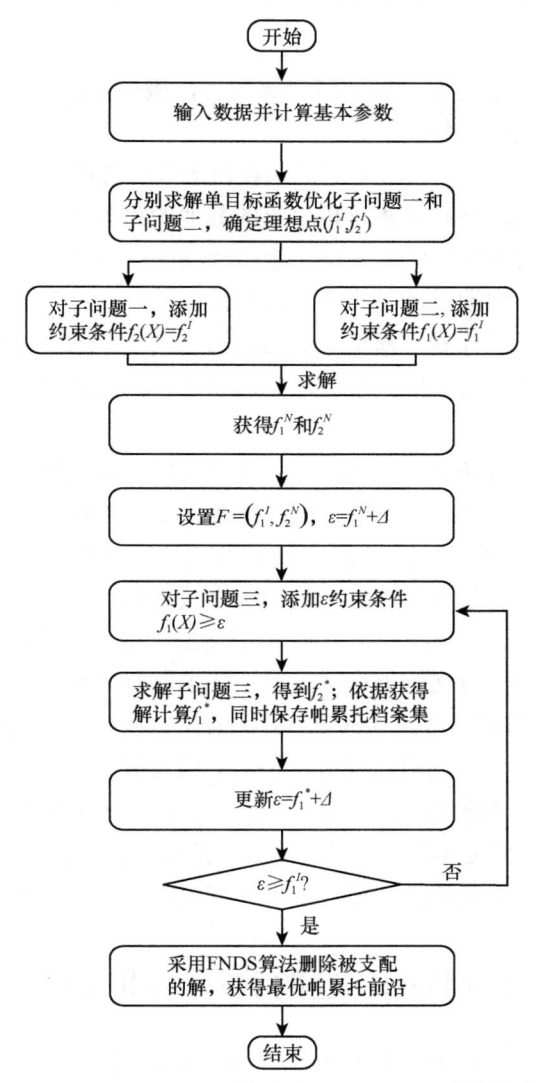

图 5-6 针对 CFBPRPSP-BO 构建的 ε-constraints 算法的求解过程

（6）采用 FNDS 算法删除被支配的解，输出最优的帕累托前沿解集。

ε-constraints 算法在迭代过程中主要涉及求解三个单目标优化子问题。由于三个子问题均具有不少于 CFBRCPSP 的决策变量和约束条件，所以易知它们在求解难度上均具有 NP-hard 特征。在子问题二和子问题三模型中定义了两组决策变量和相关转化参数，这使得它们表现为线性整数规划形式，可通过商业优化软件求解获得小规模问题的最优解。然而，与子问题一相比，子问题二和子问题三中增加了活动时间缓冲作为决策变量，这使最优解的规模和空间分布更加广泛，算法的计算成本也更高。

为了提高 ε-constraints 算法的求解效率，本书提出以下两条表达子问题三解的结构特征的性质。

性质 5.1 对于子问题三解的可行域而言,极值点(f_1^I, f_2^N)所对应的帕累托解,必为子问题三的可行解。

证明 在极值点(f_1^I, f_2^N)处,项目的收益最大而鲁棒性最小,此时 f_1^I 始终大于 ε 约束中 ε 的取值,同时求解该极值点的其他约束条件均与子问题三相同。因此,极值点(f_1^I, f_2^N)对应的帕累托解一定可以满足子问题三中的所有约束条件,所以此解可以作为子问题三的一个初始可行解。

性质 5.2 对于子问题三解的可行域而言,若上一次的迭代求解结果对应的解满足当前迭代求解时的 ε 约束条件,则该解为当前迭代条件下求解子问题三时的最优解。

证明 记上一次(第 n–1 次)迭代求解的目标函数值和解分别为(f_1^{n-1}, f_2^{n-1})和 S_B^{n-1}。当前(第 n 次)ε 约束中 ε 的取值是在上一次迭代求解的结果 f_1^{n-1} 的基础上增加步长 $\varDelta$ 获得的($\varepsilon = f_1^{n-1} + \varDelta$),根据性质 5.1 的条件可知 $f_1^{n-1} > \varepsilon$,在其他约束条件未发生变化的条件下,S_B^{n-1} 为当前迭代求解问题的可行解。进一步,由于第 n 次求解的 ε 约束相比于第 n–1 次来说更加严格,所以可行解空间减小了。因此,第 n–1 次获得的最优解仍为第 n 次迭代求解时的最优解。

依据性质 5.1,在算法迭代求解过程中,若上一次迭代所获得的最优解不满足本次迭代求解的 ε 约束,则将在极值点(f_1^I, f_2^N)处获得的帕累托最优解作为初始解,目的是为算法的求解提供鲁棒目标函数值下界。依据性质 5.2,若上一次迭代所获得的最优解可以满足本次迭代求解的 ε 约束,则跳出此次求解进行下一次迭代求解,目的是减少重复解的计算,节省计算成本。

5.5 求解双目标问题的 NSGA-Ⅱ-LS 算法设计

针对求解大规模的 CFBPRPSP-BO,为了获得较高质量的帕累托最优解集,本节根据 NSGA-Ⅱ 的基本原理(Mavrotas,2009),结合求解问题的特征,设计了 NSGA-Ⅱ-LS,其框架如图 5-7 所示。

NSGA-Ⅱ-LS 算法中主要包括项目参数配置与初始种群的产生、计算种群中个体的两个目标函数值、确定非支配性等级和局部拥挤距离、种群进化以及局部搜索。其中,关键技术有解的表达方式与解码方案、遗传操作、局部搜索等。

5.5.1 解的表达方式与解码方案

对于 CFBRCPSP,前文设计的 CFBSSGS 在每次解码时能尽可能早地安排活动,并在获取项目最大收益上具有较好的表现结果。然而,积极的调度策略在考

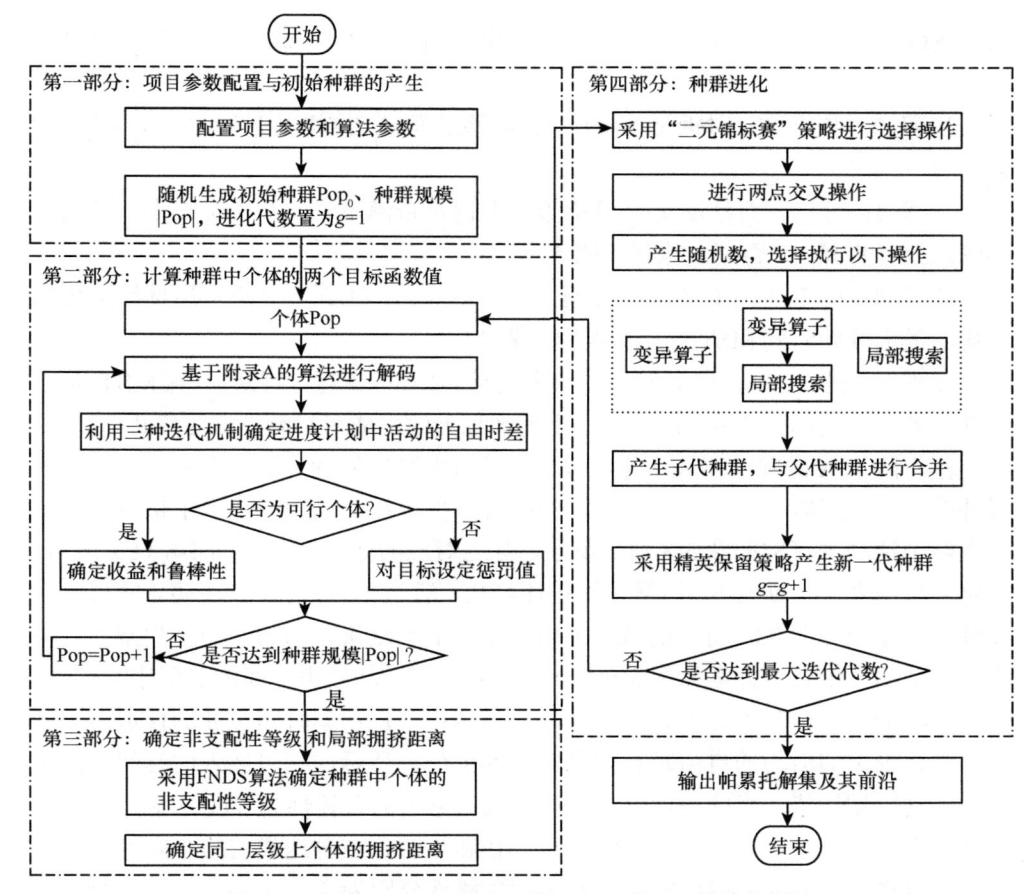

图 5-7 求解 CFBPRPSP-BO 的 NSGA-Ⅱ-LS 算法的框架

虑项目截止日期和插入时间缓冲时经常会限制解的搜索空间（Lambrechts et al., 2008）。因此，本节采用活动开始时间偏移列表 SL 来扩大仅基于 AL 解码后解的搜索空间，进一步改善调度计划的鲁棒性。其中，SL=($sl_1,sl_2,\cdots,sl_J$)，sl_n 表示 SL 中位置 n 上活动 j_n 相对于采用 CFBSSGS 解码机制获得的开始时间的偏移量，活动 j_n 的开始时间偏移量的取值范围为 $[sl_{j_n}, ls'_{j_n}]$，ls'_{j_n} 为资源约束下活动 j_n 的最晚开始时间。因此，依据 CFBPRPSP-BO 的双目标优化特点，为使获得的解在分布性和均匀性上取得良好效果，本节采用 AL 和 SL 来表示一个可行解，其中 AL 主要用于遗传操作阶段，而 SL 主要用于局部搜索阶段。

为保证解码后获得的解能够满足优化模型中的约束条件，本节使用附录 A 的算法 2 来生成一个可行的进度计划，并获得项目的收益值。附录 A 的算法 2 在每个阶段都对一个活动进行安排，项目共包含 J 个阶段，其伪代码如附录 A 中表 A-2 所示。每个阶段的实现步骤具体如下。

步骤 1：依据 AL，在合格活动集合中选择优先级最高的活动 j_n，采用

CFBSSGS 解码，获得满足资金与资源约束下活动 j_n 的开始时间 s_{j_n} 和完成时间 f_{j_n}。

步骤 2：依据 SL 中所选活动 j_n 的偏移时间 sl_{j_n}，将其开始时间 s_{j_n} 设置为 $s_{j_n}+\text{sl}_{j_n}$。

步骤 3：分别检查活动 j_n 在其检查周期内是否满足资源和资金约束。若两者均满足执行步骤4；否则，执行步骤5。

步骤 4：确定活动 j_n 的完成时间 $f_{j_n}=s_{j_n}+d_{j_n}$，更新下一阶段所选活动可以安排的最迟开始时间 MST_{n+1}，并返回步骤1。

步骤 5：置 $s_{j_n}=s_{j_n}+1$，更新资金最迟检查时间 LPT_n，判断 $s_{j_n}\leqslant\text{MST}_n$ 是否成立。若成立则返回步骤2；否则，当前计划无法生成可行解，算法终止。

基于附录 A 的算法生成的进度计划，其自由时差的确定顺序会对活动的时间缓冲范围产生影响，进而影响进度计划的鲁棒性，在此通过一个例子说明，一个包含四个活动的算例如图 5-8（a）所示，与之对应的活动安排如图 5-8（b）所示，假定项目的合同工期为 5。根据已知条件可知，活动 2、活动 3 和活动 4 的自由时差处于其完成时间至时间 5 的范围之内。根据活动结束时间的非增序列排列，确定的活动的自由时差方案如图 5-9（a）所示；根据活动结束时间的非降序列排列，确定的活动的自由时差方案如图 5-9（b）所示；根据活动时间缓冲的权重由大到小排列，确定的活动的自由时差方案如图 5-9（c）所示。在可嵌入的时间缓冲不超过活动工期均值一半的条件下，三种迭代策略下的鲁棒性为 11、7 和 7。当活动 2、活动 3 和活动 4 的工期均值为 9、10 和 8 时，三种迭代策略下获得的自由时差均可作为拟嵌入的时间缓冲，对应的鲁棒性分别为 14、16 和 18。因此，活动自由时差的确定顺序对项目的缓冲设置方案影响较大。

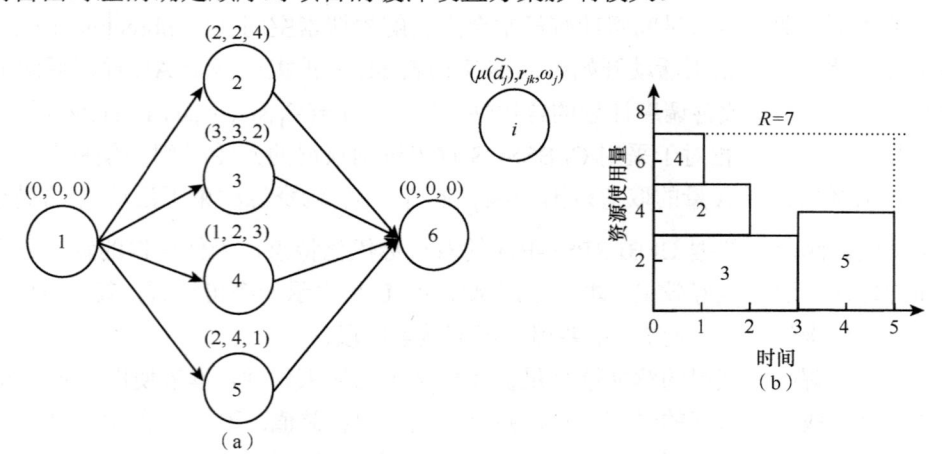

图 5-8 项目网络与活动安排

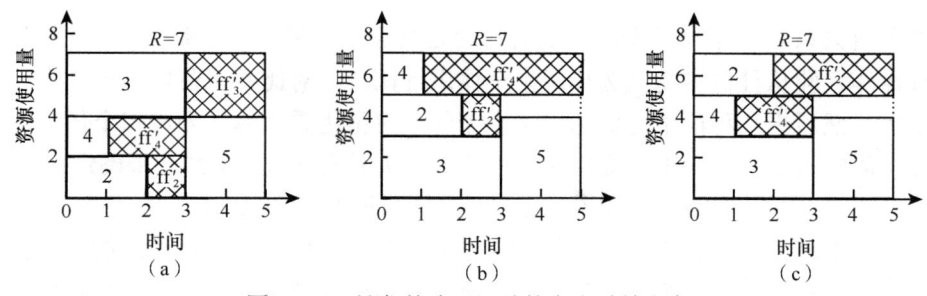

图 5-9 三迭代策略下活动的自由时差方案

基于上述分析,总结了三种迭代策略以确定活动自由时差(时间缓冲范围)的优先级,分别为前向迭代策略(forward recursion policy)、后向迭代策略(backward recursion policy)和权重迭代策略(weighted recursion policy),并选择三种迭代策略中鲁棒性最大的方案作为项目的缓冲设置方案。基于附录 A 的算法 2 得到的基准进度计划,可通过附录 A 的算法 3 确定项目的鲁棒性,其伪代码见附录 A 的表 A-3。附录 A 的算法 3 主要嵌套了上述三种迭代策略,其中添加时间缓冲的实现步骤具体如下。

步骤 1:根据迭代策略确定活动自由时差的优先级排序,形成确定活动时间的缓冲优先列表(buffer priority list,BPL);同时,依据活动的开始时间,对活动按照其递增顺序进行排列,形成活动的开始时间列表(start time list,STL)。

步骤 2:在阶段 n,判断全部活动是否均已完成了时间缓冲的添加。若均已完成则算法终止,输出活动时间缓冲嵌入方案;否则,依据 BPL 选择活动 j_n,并将其添加至已完成缓冲设置的活动集合(inserted activity buffer set,IBS)中,IBS= IBS$\cup j_n$。

步骤 3:确定活动 j_n 的直接紧后活动集合中所有活动的最早开始时间,以及相对应的紧后活动在开始时间列表 BSL 中最靠左的位置索引 h。

步骤 4:检查可更新资源 k 在 $[s_{j_n}+1, \mathrm{lf}_{j_n}]$ 时间内的需求数量是否能够满足其资源余量 πR_{kw}。若满足,则计算活动 j_n 的自由时差 $\mathrm{ff}_{j_n}^r$,进一步确定其时间缓冲 $B_{j_n} = \max\{\mathrm{ff}_{j_n}^r, \beta_{j_n}\mu(\tilde{d}_{j_n})\}$,然后置 $n=n+1$,并返回步骤 2;否则,执行步骤 5。

步骤 5:将 BSL 中的活动位置索引号置为 $h=h-1$,将活动 j_n 的最晚结束时间 lf_{j_n} 设置为 s_{j_h},然后返回步骤 4。

5.5.2 遗传进化操作

本节主要介绍 NSGA-Ⅱ-LS 中的选择操作、交叉操作和变异操作。

1. 选择操作

通过随机的方式产生初始种群 Pop_0,初始种群中每个个体的 AL 均满足活动间的逻辑关系，SL 置为空集。在遗传进化过程中，采用"二元锦标赛"策略进行选择操作，即从种群中随机选择两个个体进行比较，对比并保留优秀个体作为父代个体，然后再从种群中随机选出两个个体，保留优秀个体作为母代个体。两个个体之间的占优或者互不占优的关系根据偏序关系表达式（5-27）来确定：

$$a \succ b, 如果 a_{rank} \leqslant b_{rank} 且 ND[a]_{dis} > ND[b]_{dis} \quad (5-27)$$

其中，$ND[a]_{dis}$ 为某个非支配解集合中个体 a 的聚集距离。本章构建的项目收益和鲁棒性指标均以实现最大化为目标，所以种群中各个个体之间的支配关系需要通过以下方式来确定。对于任意的两个个体 a 和 b，存在如下三种关系。

（1）若满足 $\{PF(a) \geqslant PF(b) 且 RM(a) > RM(b)\}$ 或 $\{PF(a) > PF(b) 且 RM(a) \geqslant RM(b)\}$，则个体 a 优于个体 b。

（2）若满足 $\{PF(a) \leqslant PF(b) 且 RM(a) < RM(b)\}$ 或 $\{PF(a) < PF(b) 且 RM(a) \leqslant RM(b)\}$，则个体 b 优于个体 a。

（3）若满足 $\{PF(a) > PF(b) 且 RM(a) < RM(b)\}$ 或 $\{PF(a) < PF(b) 且 RM(a) > RM(b)\}$，则个体 a 与个体 b 之间无支配关系。

由于两个目标函数值的量纲差异较大，因此在计算聚集距离时，应根据获得的帕累托解集中每个目标的最大值，先对两个目标函数值进行标准化处理至区间 $[0, 1]$。处理后的项目收益目标和鲁棒性目标分别用 fp 和 fr 表示，其表达如式（5-28）所示。

$$ND_l[a]_{dis} = ND_l[a+1]fp - ND_l[a-1]fp + ND_l[a+1]fr - ND_l[a-1]fr \quad (5-28)$$

其中，非支配性集合 ND_l 中，$ND_l[a]_{dis}$ 为个体 a 的聚集距离；$ND_l[a]fp/ND_l[a]fr$ 为个体 a 在目标 fp/fr 上的目标函数值。设置集合 ND_l 中的第一个个体 $ND_l[1]$ 和最后一个个体 $ND_l[|ND_l|]$ 的聚集距离为一个较大的数。

当个体 a 和个体 b 属于不同层级时，优先考虑层级低（序号小）的个体；当个体 a 和个体 b 属于同一层级时，则优先选择聚集距离大（聚集密度小）的个体。对所有的父代个体和母代个体完成选择操作后，再对这些个体进行交叉和变异操作。

2. 交叉操作

由于对 SL 进行交叉操作会产生大量的不可行解，所以此处仅对 AL 进行两点交叉操作，具体与 3.6.2 节中介绍的操作方式相同。

3. 变异操作

本章拟采用交换活动位置的方式进行变异操作，在一个活动的紧前活动集合中最靠右的位置和其紧后活动集合中最靠左的位置之间随机选择一个可交换的活动，然后交换二者在活动列表上的位置。

本章采用精英保留策略来提升帕累托解集的搜索效率并加快算法的收敛性，

即上一代的优秀个体直接选作下一代。将上一代种群 Pop_g 和新产生的种群 Npo_{g+1} 合并到 Rpo_{g+1} 中（初始时 $g=1$）。其中，种群 Pop_g 和种群 Npo_g 的规模均为 $|\text{Pop}|$，然后采用非支配排序算法对 Rpo_g 中所有的个体进行分类排序。按照从低到高的非支配性等级排序，依次选出相应的非支配性集合。若选择了某个非支配性集合中的所有个体导致新一代种群的规模大于 $|\text{Pop}|$，则依据该非支配性集合中个体的聚集距离来选择优良个体作为新一代种群，并在新一代种群 Pop_{g+1} 规模达到 $|\text{Pop}|$ 时，结束精英保留操作。

5.5.3 局部搜索

局部搜索主要通过改变 SL 的方式进行，它采用动态方式产生该列表。为了减少对不可行解的搜索，本章按照活动列表的优先序列并根据一定的概率选择活动，并在一个活动的自由时差范围内遍历其所有可能的开始时间。值得注意的是，在确定下一个活动的偏移时间前，需要重新更新其自由时差。局部搜索的具体实现步骤如下。

步骤 1：将所有活动的偏移时间量置为 0，采用附录 A 算法 2 和嵌入后向迭代策略的附录 A 算法 3 计算当前活动列表下所有活动的自由时差。

步骤 2：若需要移动的活动具有自由时差，则比较此活动在不同偏移时间下解码后的鲁棒值，并从中选择鲁棒值改进效果最佳的偏移时间作为该活动的开始时间偏移量。若无任何改进，则将此活动的偏移时间置为 0。

步骤 3：基于当前的 AL 和 SL，采用附录 A 算法 2 确定各项活动的开始和结束时间，然后，采用嵌入后向迭代策略的附录 A 算法 3 更新当前 SL 下所有活动的自由时差。

步骤 4：返回步骤 2，直至所有需要移动的活动均完成上述操作。

在算法迭代过程中，在对所有个体完成交叉操作后，随机选择执行 AL 变异操作、执行 SL 局部搜索以及先执行 AL 变异操作再执行 SL 局部搜索三种方式中的一种。当对个体仅执行 AL 变异操作时，可以使算法向着项目收益最优的解空间方向进行搜索；当对个体仅执行 SL 局部搜索操作时，可以使算法向鲁棒性最大的解空间方向进行搜索；当对个体先执行 AL 变异操作再执行 SL 局部搜索操作时，能获得更多收益和鲁棒性相对均衡的满意解。

5.6 数值实验与结果分析

5.6.1 测试算例的产生

本章对第 3 章筛选的符合 CFBRCPSP 基本特征的 J30、J60 和 J90 算例集，以及 DC1 算例库（Vanhoucke et al.，2016）中的 J10 算例集进行测试，J10 算例集的筛选过程如 3.7.1 节所述。由于求解大规模问题耗时相对较长，因此对于 J60 和 J90 算例集，在 48 种项目网络参数组合中，选择每组中序号不超过 5 的合格算例进行测试。最终，在 J10、J30、J60 和 J90 中所选择的算例数量分别为 91、165、182 和 159 个，共计 597 个。每种算例规模中标准算例的活动工期被设定为其均值工期，每个活动工期的标准差 σ_j 在 $[1,5]$ 内随机产生，活动时间缓冲的权重分配系数 ω_j 均为 0.5，时间缓冲嵌入上限比例 β_j 取 0.5，项目工期与支付周期单位、活动的直接成本、单位固定间接费用、银行授信融资的利率以及相关财务参数的配置方式与 3.5.2 节相同。此外，J10 算例集的项目截止日期系数为 1.5，项目利润率为 15%，pl 为 20%。

5.6.2 测试指标的选择与算法参数配置

算法的最佳参数配置通过 Taguchi（田口）方法确定（徐明钊等，2021），这种统计设计实验方法可用于测量不同参数组合下的响应，并使用信噪比（S/N）反映多次重复实验的结果，其中信号和噪声分别代表可信值（如平均值）和不良值（如标准差）（Rezaei et al.，2020）。对于从 PSPLIB 中筛选的 J30、J60 和 J90 合格算例集，在每种问题规模下从 48 种项目网络参数组合中分别选择一个序号最小的合格算例，而在 J10 算例集中选择所有合格算例。将这些算例的求解结果作为设计算法的信噪比。每种参数下设置三种水平用于调试，具体见表 5-2。鉴于参数在不同水平下组合结果的多样性，本章使用正交试验中正交表 L9 来选择具有代表性的参数组合，根据测试算例在每种参数组合下执行五次的算法平均求解结果确定最优的信噪比，其计算公式如式（5-29）所示（Sadeghi et al.，2014）。其中，Sum_i 表示第 i 次重复计算的响应值结果。最终选择具有最大信噪比（S/N）的参数组合作为算法的最佳参数配置。

$$\frac{S}{N} = -10 \times \log\left(\frac{1}{n}\sum_{i=1}^{n}\frac{1}{\text{Sum}_i^2}\right) \quad (5-29)$$

表 5-2 算法参数的水平

参数	水平
种群规模 $|Pop|$	80, 100, 120
交叉概率 p_c	0.7, 0.8, 0.9
变异概率 p_m	0.1, 0.12, 0.14

本章主要采用四种响应值确定信噪比，分别是分布性指标 SP、多样性指标 MS、超体积指标 HV 以及加权最优解 BS。其中，加权最优解选取帕累托解集中

两个目标函数的最大值，帕累托最优解集由通过使用 NSGA-Ⅱ-LS 和仅对活动列表进行编码且无局部搜索功能的 NSGA-Ⅱ 所获得的解合并组成，并将它们标准化至[0,1]。然后，对两个目标各自取 0.5 的权重系数加权求和计算加权最优解。为了公平地反映设计的算法在信噪比计算结果上的表现，本章进一步将四种响应值标准化后再进行求和。需要注意，由于指标 SP 是越小越好，所以它根据最小值进行标准化处理；而其他指标则与之相反。限于篇幅，此处仅列出 J90 算例集第二次数值标准化的计算结果，具体见表 5-3。进一步，J90 算例集在不同参数组合下的计算结果如表 5-4 所示。根据不同问题规模下的信噪比可得到不同算例集中的最优参数组合，具体见表 5-5。

表 5-3 J90 算例集第二次数值标准化的计算结果

序号	SP	MS	HV	BS	Sum_2
1	0.059	0.959	0.770	0.786	3.718
2	0.051	0.959	0.762	0.778	3.815
3	0.047	0.951	0.754	0.769	3.845
4	0.054	0.940	0.765	0.772	3.742
5	0.052	0.956	0.763	0.781	3.800
6	0.043	0.948	0.768	0.780	3.974
7	0.051	0.944	0.774	0.781	3.809
8	0.051	0.949	0.758	0.774	3.790
9	0.047	0.948	0.749	0.774	3.851

表 5-4 J90 算例集在不同参数组合下的计算结果

序号	|Pop|	p_c	p_m	Sum_1	Sum_2	Sum_3	Sum_4	Sum_5	S/N
1	80	0.70	0.10	3.726	3.718	3.816	3.780	3.752	11.499
2	100	0.80	0.12	3.839	3.815	3.842	3.860	3.878	11.701
3	120	0.90	0.14	3.961	3.845	3.784	3.869	3.795	11.708
4	80	0.80	0.14	3.745	3.742	3.646	3.761	3.918	11.502
5	100	0.90	0.10	3.796	3.800	3.798	3.742	3.891	11.606
6	120	0.70	0.12	3.845	3.974	3.964	3.815	3.868	11.803
7	80	0.90	0.12	3.836	3.809	3.770	3.847	3.833	11.639
8	100	0.70	0.14	3.931	3.790	3.794	4.000	3.821	11.742
9	120	0.80	0.10	3.882	3.851	3.910	3.783	3.941	11.759

表 5-5 不同算例集中的最优参数组合

算例	|Pop|	p_c	p_m
J10	120	0.90	0.14
J30	120	0.70	0.12
J60	120	0.80	0.10
J90	120	0.70	0.12

为了验证所设计算法的有效性，本章仅与对活动列表进行编码且无局部搜索功能的 NSGA-Ⅱ作对比，分别采用 NSGA-Ⅱ-LS 和 NSGA-Ⅱ 两种算法求解不同规模的测试算例，并对每个算例分别求解五次。鉴于 ε-constraints 精确算法在求解过程中会耗费较多的计算时间，该方法仅用于测试小规模算例 J10，ε 约束的迭代次数为 30，并以精确算法的计算时间作为元启发式算法的终止时间，对于其他规模的算例，当种群进化到 100 代后终止算法。

所有测试算例的产生过程及算法实现均通过 Microsoft Visual C++ 2017 编程完成，并在个人电脑上运行，其中，计算机 CPU 频率 3.2 千兆赫兹，内存 16 千兆字节。

5.6.3 数值实验结果

三种算法求解结果的平均值具体见表 5-6，其中 act 表示算法的平均计算时间。对比 NSGA-Ⅱ-LS 和 NSGA-Ⅱ 两种算法在不同规模算例上的求解结果发现，NSGA-Ⅱ-LS 在指标 MS 和 HV 上均优于 NSGA-Ⅱ，表明 NSGA-Ⅱ-LS 在获得帕累托解集的多样性和收敛性上具有较好的表现，其综合性能表现较好，可获得较高质量的非支配解集。因此，上述实验结果表明：局部搜索功能可以使算法在更大的解空间中进行搜索，算法具有较好的收敛性质。此外，从图 5-10 能看出，NSGA-Ⅱ-LS 比 NSGA-Ⅱ 获得了更多数量的帕累托最优解，体现了 NSGA-Ⅱ-LS 可以在更大的解空间中搜索到更高质量的解，但是，随着问题规模的增加，两种算法获得的最优解的数量逐渐接近。

表 5-6 算法性能的对比实验结果

算例集合	NSGA-Ⅱ-LS				NSGA-Ⅱ				ε-constraints	
	SP	MS	HV	act/秒	SP	MS	HV	act/秒	HV	act/秒
J10	0.101	0.886	0.468	18.54	0.389	0.408	0.211	18.54	0.528	18.54
J30	0.064	0.984	0.726	35.62	0.068	0.511	0.474	6.98		
J60	0.046	0.957	0.753	192.43	0.022	0.552	0.640	29.22		
J90	0.050	0.948	0.766	411.16	0.024	0.566	0.655	61.91		

对于 SP 指标，NSGA-Ⅱ-LS 在小规模算例（J10）中表现较好，当问题规模增加后，NSGA-Ⅱ的表现逐渐优异。鉴于两种算法在 J30 算例中求解的 SP 的平均结果较为接近，本章对两组算例结果进行了显著性检验。由于测试的数据不符合正态分布，所以采用 Man-Whitney（曼–惠特尼）方法对其进行统计检验，选取的显著性水平为 0.05。结果显示，两组结果之间存在显著性（p 值=0.000）。进一步对 J30 算例的每个结果进行对比发现，尽管 NSGA-Ⅱ-LS 的求解结果在总体平均

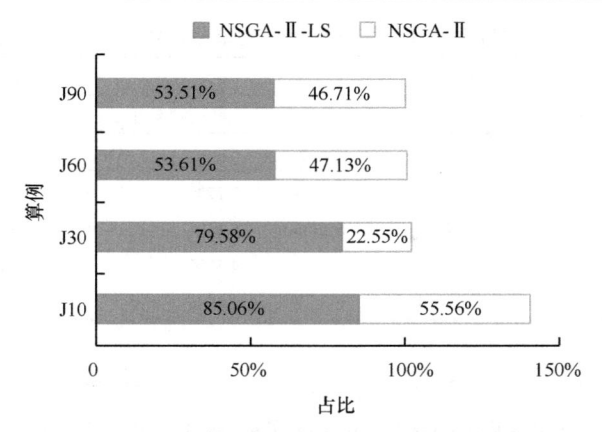

第 5 章 考虑银行授信融资的前摄性鲁棒项目调度问题

图 5-10 两种算法获得的解在帕累托最优解中的占比

算例	NSGA-II-LS	NSGA-II
J90	53.51%	46.71%
J60	53.61%	47.13%
J30	79.58%	22.55%
J10	85.06%	55.56%

水平上优于 NSGA-II，但是后者在多数情况下（124 个算例）获得了更好的 SP 指标。因此，结合表 5-6 的实验结果发现，当问题规模达到 30 个活动时，NSGA-II 获得解的分布性表现较好。出现上述现象的原因是 NSGA-II 搜索了较多的积极进度计划，导致其搜索的解主要集中在相对有限的解空间范围之内，解的分布较为集中，所以获得的帕累托解集在大规模算例中具有较好的均匀性优势。

通过对比小规模算例集（J10）的测试结果可以发现，三种算法中 ε-constraints 算法在收敛性指标上表现最佳，NSGA-II-LS 的 HV 指标计算结果与 ε-constraints 接近，而 NSGA-II 的表现最差。然而，由于 ε-constraints 算法在求解过程中需要进行多次反复迭代并调用 CPLEX 求解鲁棒性最大化的单目标优化问题，所以其求解时间较长。在计算效率方面，由于 NSGA-II-LS 在局部搜索过程中进行了多次迭代求解，其计算时间要长于 NSGA-II，且随着问题规模的增加，两者之间的计算成本差异愈加明显。

由多个最优解形成的帕累托前沿上有两个极值端点，为测试和对比所设计的多目标优化算法搜索两个极值端点的效果，本章将双目标的 CFBPRPSP-BO 转化为收益最大化和鲁棒性最大化两个单目标优化问题。针对大规模算例，使用所设计的多目标算法框架中的遗传算法进行求解，求解时将目标的函数值作为相应的适应值，并对每个算例求解五次来获得单目标优化的最优解；而针对小规模问题，使用 CPLEX 优化软件求解（计算时间 300 秒）并获得最优解。然后，定义如下两个指标来评价多目标优化算法获得的满意解与单目标优化算法获得的最优解在极值端点上的差距。

（1）Dev1（%）：获得的满意解与单目标优化算法获得的最优解的平均偏差。

（2）Dev2（%）：获得的满意解与采用 CPLEX 获得的最优解的平均偏差。

上述两种单目标优化问题的求解结果如表 5-7 所示。

表 5-7 收益最大化和鲁棒性最大化的单目标优化问题求解结果

算例集合	收益偏差				鲁棒性偏差			
	NSGA-II-LS		NSGA-II		NSGA-II-LS		NSGA-II	
	Dev1	Dev2	Dev1	Dev2	Dev1	Dev2	Dev1	Dev2
J10	0.04%	0.25%	0	0.21%	1.22%	5.44%	42.90%	46.31%
J30	0.49%	0.63%	0.17%	0.31%	5.15%		32.54%	
J60	0.88%		0.32%		4.57%		21.60%	
J90	0.40%		0.14%		5.10%		20.77%	

从表 5-7 中可以发现，NSGA-II-LS 在不同规模算例中求解收益最大化和鲁棒性最大化两个单目标优化问题时均取得了较好的效果，且算法具有良好的稳定性。同时，NSGA-II-LS 在求解小规模问题（J10 和 J30）时获得的解的质量接近于 CPLEX 的求解结果。然而，对于 NSGA-II，在求解收益最大化问题上表现较好，但在求解鲁棒性最大化问题上表现较差。对比不同规模问题算例的求解结果发现，NSGA-II-LS 在获得帕累托前沿的两个极值端点上具有良好的表现，为获得具有广泛分布的帕累托解集奠定了基础。需要指出的是，采用 CPLEX 软件求解无法在有限的时间内获得 J60 和 J90 算例集的精确解。

5.6.4 关键参数的敏感性分析

本章通过调试三种主要参数（项目截止日期系数 ρ、银行授信额度比例 pl 和支付滞后时间 LP）来测试它们对项目的收益、调度计划鲁棒性以及计算时间的影响。其中，ρ 取 1.5、1.6 和 1.7 三种水平；pl 取 16%、18%和 20%三种水平；LP 取 0 和 4（周）两种水平。为精准反映主要参数对绩效指标的影响，本章针对 J10 算例集，分别采用 CPLEX 求解收益最大化和鲁棒性最大化的单目标优化问题，三种参数对项目绩效指标的影响结果见图 5-11。

首先，从图 5-11（a）中可以看出，松弛项目的合同工期可以显著地增加项目的鲁棒性，但是对项目收益的影响并不显著，原因在于当项目的截止日期延长后，进度计划中可以嵌入的时间缓冲会增加，因此项目收益对截止日期取值的变化并不敏感。其次，项目收益和鲁棒性均会随银行授信额度比例的增加而提高，具体可见图 5-11（b）。一方面，增加银行授信额度比例可生成工期较短的进度计划，减少承包商的总费用（固定间接费用和融资费用之和降低），进而提高项目收益；另一方面，银行授信额度比例的提高意味着资金约束的松弛，进度计划具有更高的自由度来嵌入时间缓冲。最后，从图 5-11（c）中可以看出，支付滞后时间参数对项目收益和鲁棒性均产生了较为显著的影响。较短的支付滞后时间有助于承包商更早地获得资金补偿，增加项目收益，同时，进度计划可以更加自由地嵌入较多的时间缓冲以提高其鲁棒性。

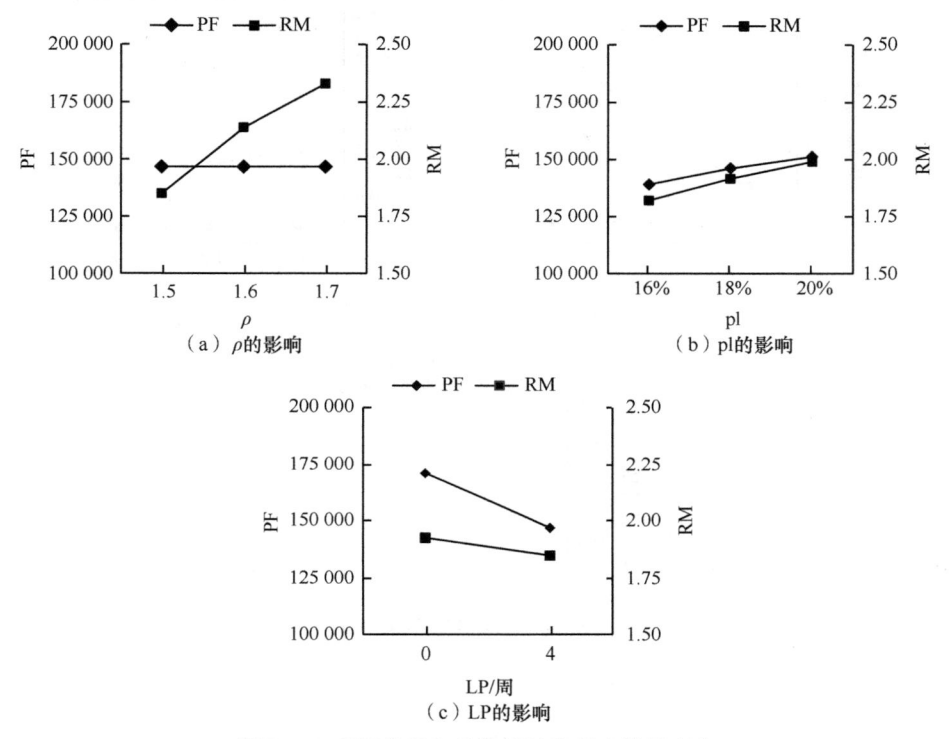

图 5-11 项目收益和鲁棒性随主要参数的变化

三种参数对不同单目标优化问题的计算时间的影响如图 5-12 所示。对于计算时间而言，若项目截止日期系数增加，则单目标项目收益最大化问题和鲁棒性最大化问题均呈现出计算时间增加的现象。不难理解，当合同工期延长后，问题的解空间将增加，由此导致计算时间增加。然而，当银行授信额度比例提高后，模型中的资金约束程度降低，计算成本下降。此外，业主的支付滞后时间越长，上述两种单目标优化问题的计算时间也就越长。其原因在于，支付滞后时间增加后，承包商获得的现金流入将会推迟，导致模型中的资金约束增强，解空间中的不可行解的数量增加和可行解的数量减少，所以模型的求解时间变长。

最后，对比收益最大化问题和鲁棒性最大化问题的计算时间发现，对于任意一种参数，鲁棒性最大化问题的计算成本均显著高于收益最大化问题，原因是在鲁棒性优化模型中定义了时间偏移量的决策变量，这导致其解空间远大于收益优化模型的解空间。因此，对前文的实验结果与此部分的计算成本进行分析发现，当求解的算例包含 30 个及以上的活动时，鲁棒性最大化问题很难在短时间内获得其精确解。

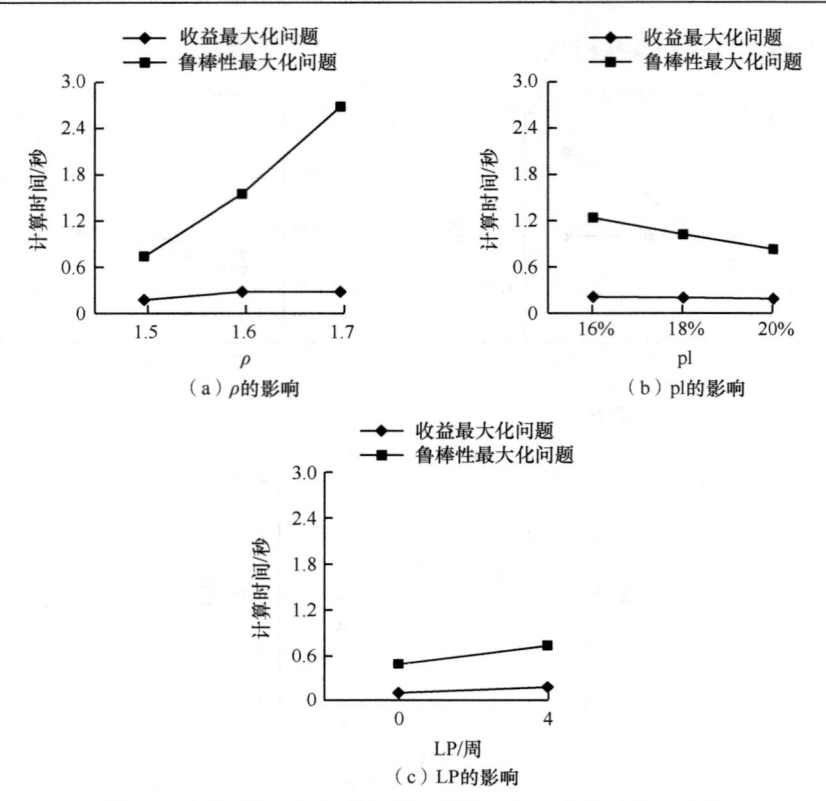

图 5-12 不同单目标优化问题中计算时间随关键参数的变化

5.6.5 管理启示

根据数值实验和敏感性分析的结果，针对 CFBPRPSP-BO，本章得出如下管理启示。

（1）由于许多项目（尤其是大型复杂工程项目）经常需要投入大量资金，所以在项目实施前项目管理者可使用 ε-constraints 精确算法以一定的时间成本代价优化项目收益和鲁棒性，进而提升项目的收益水平和抵御不确定风险的能力。当项目的网络规模较大且要求项目管理者在较短的时间内制订出较高质量的项目执行方案时，可使用本章设计的 NSGA-II-LS 求解前摄性双目标鲁棒调度优化模型，以获得满意的求解效果。

（2）项目收益和鲁棒性之间存在一定的权衡关系，这使得项目的决策者需要根据风险偏好或多属性决策准则，在多个非支配性进度计划和融资方案中进行抉择。当决策者属于风险偏好者时，可选择收益较大而鲁棒性较小的实施方案；当决策者属于风险厌恶者时，可以选择收益较小而鲁棒性较大的实施方案；当决策者属于风险中性者时，可以折中选择收益和鲁棒性一般水平下的实施方案。

（3）承包商从银行获得的授信额度对进度计划和融资方案的制订以及项目收益的影响较大。随着银行对承包商授信额度的增加，项目的资金约束变得宽松，项目管理者可以制订更优的进度计划来降低项目成本，提高项目收益，然而，当授信额度达到一定水平后，其对项目收益的影响变得不再显著。因此，承包商应注意避免以较高的成本代价向银行追求过高的授信额度。

（4）承包商可通过与业主拟定宽松的项目合同工期来提高进度计划的鲁棒性，但该条件对承包商的收益水平无显著影响。项目管理者应尽可能通过合同谈判方式争取较短的支付滞后时间，该条件既可以提升项目收益水平，又能增加进度计划的稳健性。同时，银行的授信额度越高，越有利于承包商制订收益和鲁棒性俱佳的项目实施方案。因此，当项目管理者关注进度计划的鲁棒性时，应争取获得有利的合同工期、银行授信额度和支付滞后时间。

第6章 考虑多种融资方案组合的资源约束型项目调度问题

如前文所述，在项目融资实践中，短期贷款、长期贷款和银行授信融资三种融资方式是承包商获取外部资金的主要来源。多种融资方式拓宽了项目管理者的资金获取渠道，可增加项目的现金供应量，降低项目执行中的现金流中断风险。基于此，本章主要探究 RCPSP-MFA。首先，阐述问题的研究背景并界定问题；其次，依据多种融资方案组合下的现金流作用规律和特征，构建该研究问题的混合整数线规划模型；再次，根据模型的数理特征，对所构建模型进行深入分析并设计具有迭代策略的精确算法；最后，通过大规模数值实验验证所构建模型和算法的有效性，并依据实验结果总结相应的项目管理启示。

6.1 研究问题界定

6.1.1 研究背景

随着以建设工程为代表的项目体量的不断增多，项目实施过程逐渐呈现出工期长、风险高、资金需求量大的特点。已有研究表明，承包商更愿意通过平衡业主对其的付款和自身支出来开展此类工程项目，进而获取合理的项目收益；相反地，承包商不愿意或无能力全部使用自有资金维持项目的执行（即垫资）。正如前文所述，业主在支付过程中扣留一定比例的工程款和延期支付经常会导致项目在实施过程中出现现金流缺口。结合资金密集型工程项目开展过程中资金流动量大的特点，承包商仅依靠自有资金或者单一的融资方式支撑此类项目的执行通常存在一定的财务困难。因此，承包商经常需要通过更多的外部资金渠道来获取较充裕的资金，以填补项目实施过程中可能产生的资金缺口。

银行授信融资作为最常见的项目融资方式之一（何正文等，2016），在项目实践中获得了广泛的应用。同时，在项目管理实践中承包商也能采用短期贷款、长期贷款等其他融资方式。多渠道融资为承包商增加了资金来源，能有效缓解企业的财务压力，使企业更加灵活地规划项目进度安排与资金使用计划。然而，不同融资方式的利率水平和财务成本各不相同，在考虑多种融资方案组合的情景下，如何结合项目的资金需求情况科学地选择项目的融资策略，进而制订项目进度计划，是承包商所面临的现实问题。

理论上，考虑多种融资方案组合的项目调度问题由学者 Alavipour 和 Arditi（2018a）首先提出，他们补充并总结了工程项目短期贷款和长期贷款的具体运作方式，在考虑承包商采用短期贷款、长期贷款和银行授信融资组合的现实背景下，以项目融资成本最小为目标构建了仅有一种活动执行模式的项目调度优化模型，模型中增加了不同时点上的借款额与还款额这两组决策变量，模型的求解思路是在 CPM 的基础上求解线性规划模型。在考虑多种融资方案组合的背景下，Alavipour 和 Arditi（2018b）在项目调度问题基础上构建了投标报价的优化模型并进行了求解，同时，他们分别以项目利润最大和融资成本最小为目标研究了具有多种活动执行模式的项目调度优化问题，并设计了遗传–线性规划混合算法（Alavipour and Arditi，2019a，2019b）。基于多种融资方案的组合，Tavakolan 和 Nikoukar（2022）以工期和融资成本最小为目标建立了双目标项目调度优化模型，并设计了带有改进策略的混合遗传算法，最终得到了帕累托前沿。

通过对现有少量考虑多种融资方案组合的项目调度文献进行分析发现，以往的研究仍主要从企业的经营层视角展开，且忽略了项目执行中操作层面临的人力、机械设备等可更新资源可用量有限的情形。基于可更新资源约束的现实情景，研究考虑多种融资方案组合的项目调度问题，可以显著地增加 FBPSP 的适用场景。具体来说，项目的资金筹措计划与活动进度安排之间交互影响，可更新资源约束条件与多种融资方案组合下的融资限额使此类 FBPSP 的建模和求解更加复杂。

为此，本章在理论上提出了 RCPSP-MFA。探究此问题既可在理论上拓展现有仅考虑银行授信融资的项目调度问题的理论深度，又可在实践上为承包商在多融资渠道的条件下开展进度规划和资金管理提供决策支持和参考，增加 FBPSP 在现实工程背景下的适用场景。

6.1.2 问题描述

本章仍采用 AoN 表达有向无圈的项目活动网络 $G=(V,E)$，其符号的含义与前文相同。各活动之间的逻辑关系为结束–开始型。每个活动仅有一种执行模式，活动 j 对第 k 种（$k=1, 2, \cdots, K$）可更新资源的需求量为 r_{jk}；完成项目共需使用 K 种可更新资源，第 k 种可更新资源在单位工期上的限量为 R_k。其他相关参数与符号与前文相同。本章同时考虑短期贷款、长期贷款和银行授信融资三种融资方式，同时，三种融资方式的具体运作方式如 2.1.2 节所述，采用的项目现金流模型主要为本书中第 2 章介绍的考虑多种融资方案组合的现金流模型，并考虑了固定时间间隔的合同支付场景。此外，针对 RCPSP-MFA，本章还提出了如下五个基本假设。

（1）项目的实施环境是确定的，即项目的主要参数在项目计划工期内保持不变。

（2）不考虑未使用的短期贷款、长期贷款、银行授信融资所产生的资金闲置费用，同时累计净现金流出现盈余时也不考虑其产生的存款利息收入。

（3）项目的合同总价在项目实施过程中保持不变，且不考虑承包商使用的自有资金。

（4）项目管理者可在项目开始时进行一次长期贷款，并可在项目实施过程中进行多次短期贷款，但长期贷款和短期贷款的总额均不能超过银行所设定的贷款限额。

（5）短期贷款和长期贷款的借款与还款周期与业主的支付周期一致，银行授信融资的计息周期与项目进度执行的单位工期一致。

在项目实施过程中，依据项目进度计划和现金流模型可确定各时点上的现金流入、现金流出以及净现金流，进一步可确定不同时点上的资金缺口，所以项目的融资方案会受到项目活动进度计划的影响。同时，当项目的经营管理层确定了项目的融资方案后，项目在每个支付周期内可使用的外部资金量也就确定了，此时为了保持项目中的活动能够顺利地被安排，需要合理制订项目的进度计划，以确保项目在计划工期内的资金需求能够及时地被满足。综上所述，企业经营层所面临的多种融资方案规划与项目管理操作层执行的活动进度计划之间存在决策关联性。因此，将上述现实问题定义为RCPSP-MFA。RCPSP-MFA具体可描述为考虑短期贷款、长期贷款、银行授信融资三种融资方式，在满足可更新资源约束、每个支付周期上可借用的最大资金量不超过相应贷款限额的条件下，通过合理地安排活动进度并科学地规划项目融资方案（贷款计划和还款计划），使承包商获得最后一次付款时的项目收益最大。

6.2 问题的优化模型构建

本节主要基于6.1节的问题描述和前文所述的第二类现金流模型，在考虑多种融资方案组合的条件下，构建具有可更新资源约束的项目调度优化模型，以期实现对项目进度计划和融资方案的集成优化。

6.2.1 决策变量的定义

以往考虑多种融资方案组合的项目调度问题中，在忽略可更新资源和可用资金的约束条件下，采用经典CPM可以计算出每个活动的最早开始时间，所有活动都用最早开始时间安排。此时，模型中的决策变量是不同时点上的借款量和还款量，在活动进度计划确定的情况下形成的线性规划模型，可采用求解器直接求解。然而，考虑可更新资源约束条件后，每个单位工期的可更新资源需求量需要被满足。因此，若按照 CPM 确定的活动进度计划来执行，则可能出现某些单位工期上可更新资源约束无法被满足或项目的融资成本过高的现象。

为了满足各类可更新资源供给量限制和合同工期的约束条件，在最坏的情况下，项目计划的最迟完成时间为合同工期 D，此时确定的项目计划工期为最迟完工工期 W_{max}。依据项目的最迟完工工期 W_{max}，按照 CPM 进行逆向计算，可以确定活动 j 的最晚完成时间 EF_j。构建优化模型时，本章定义 0-1 决策变量 x_{jw} 表示活动 j 在时刻 w 结束，在此定义活动 j 的实际完成时间介于其结束时间窗 $[EF_j, LF_j]$ 范围之内，具体如下：

$$x_{jw} = \begin{cases} 1, & \text{活动} j \text{在时刻} w \text{完成} \\ 0, & \text{其他} \end{cases}, \quad j \in V, \quad w \in [EF_j, LF_j]$$

因此，依据定义的决策变量 x_{jw}，可确定项目中活动 j 在不同单位工期上的直接费用支出 u_w^j，其相应的计算公式如式（6-1）所示。基于活动的直接费用和第二类现金流模型，可进一步表示项目在每个支付周期内的现金流出和现金流入。

$$u_w^j = \sum_{\tau = \max\{t, EF_j\}}^{\min\{t+d_j-1, LF_j\}} c_j x_{j\tau}, \quad j \in V, \quad w = 1, 2, \cdots, W \quad (6\text{-}1)$$

此外，根据 RCPSP-MFA 的描述可知，该问题中的决策变量还涉及项目长期贷款金额 B_{LTL} 和短期贷款金额 $B_{STL,t}$（$t=1,2,\cdots,M$），其中 $B_{STL,t}$ 表示在 t 时刻从银行获得的短期贷款量。由于上述两类决策变量的取值会影响项目的现金流均衡状态，所以在建模时需要考虑。

对于项目的多次短期贷款，其还本付息方式采用等额利息法，即利息按复利计算，按期支付短期贷款利息且本金在贷款期末一次性偿还，由此可依据短期贷款金额 $B_{STL,t}$ 确定每个支付周期末的短期贷款还款额 $R_{STL,t}$（本息之和）。依据前文长期贷款的特征，记每个支付周期末的长期贷款还款额为 $R_{LTL,t}$（本息之和），其数值可以通过长期贷款金额 B_{LTL} 用第 2 章式（2-21）确定。

$$R_{LTL,t} = B_{LTL} \frac{i_l(1+i_l)^t}{(1+i_l)^t - 1}, \quad t=1,2,\cdots,M_W$$

6.2.2 混合整数线性规划模型的建立

鉴于第 3 章构建 FBRCPSP 优化模型时主要考虑以项目获得最后一次付款时的收益为优化目标，本章在建立 RCPSP-MFA 优化模型时仍选取该指标来优化目标函数，具体见式（6-2）。在项目实施过程中假定承包商未使用自有资金，主要考虑用短期贷款、长期贷款和银行授信融资为项目提供资金。据此，本章构建的

RCPSP-MFA 的混合整数规划模型具体如下：

$$\max PF = CN_{M_W} \quad (6\text{-}2)$$

s.t.

$$\sum_{w=\mathrm{EF}_j}^{\mathrm{LF}_j} x_{jw} = 1, \quad j \in V \quad (6\text{-}3)$$

$$\sum_{w=\mathrm{EF}_i}^{\mathrm{LF}_i} w x_{iw} \leqslant \sum_{w=\mathrm{EF}_j}^{\mathrm{LF}_j} w x_{jw} - d_j, \quad j \in V, \; i \in \mathrm{Pre}(j) \quad (6\text{-}4)$$

$$\sum_{w=\mathrm{EF}_j}^{\mathrm{LF}_j} w x_{jw} \leqslant D \quad (6\text{-}5)$$

$$\sum_{j=1}^{J} r_{jk} \sum_{\tau=\max\{t,\mathrm{EF}_j\}}^{\min\{t+d_j-1,\mathrm{LF}_j\}} x_{j\tau} \leqslant R_k, \quad k=1,2,\cdots,K, \; w=1,2,\cdots,W \quad (6\text{-}6)$$

$$B_{\mathrm{STL},t} \leqslant L'_{\mathrm{STL}}, \quad t=0,1,\cdots,M \quad (6\text{-}7)$$

$$\sum_{t=0}^{M} B_{\mathrm{STL},t} \leqslant L_{\mathrm{STL}} \quad (6\text{-}8)$$

$$B_{\mathrm{LTL}} \leqslant L_{\mathrm{LTL}} \quad (6\text{-}9)$$

$$B_t \geqslant -CL, \quad t=0,1,\cdots,M \quad (6\text{-}10)$$

$$x_{jw} \in [0,1], \quad t=0,1,\cdots,W \quad (6\text{-}11)$$

$$B_{\mathrm{STL},t}, B_{\mathrm{LTL}} \text{ 为非负实数}, \quad t=0,1,\cdots,W \quad (6\text{-}12)$$

上述优化模型的约束条件中，式（6-3）表示决策变量 x_{jw} 在其完成时间窗口内选择一个结束时间；式（6-4）表示活动之间的逻辑关系约束；式（6-5）表示项目的计划工期不能超过业主规定的合同工期 D；式（6-6）表示在单位时间上每种可更新资源的需求量总和不超过其限量；式（6-7）表示在项目计划工期内每次的短期贷款金额 $B_{\mathrm{STL},t}$ 不能超过其单笔可借用量的上限 L'_{STL}；式（6-8）表示所有短期贷款的总和不能超过总的短期额度 L_{STL}；式（6-9）表示项目开始时刻的长期贷款金额 B_{LTL} 不能超过长期贷款额度 L_{LTL}，该种贷款仅在项目开始时刻发生一次；式（6-10）要求在项目实施期间内每个单位工期上银行账户余额中的负值部分 B_t 始终不能超过银行设定的授信额度 CL；式（6-11）和式（6-12）表示决策变量的定义域。

6.3 求解问题模型的算法设计

6.3.1 问题模型的特征分析

在经典的 FBPSP 研究中，学者 Elazouni 和 Gab-Allah（2004）在忽略可更新

资源约束的条件下借助拓展项目工期的方法对项目工期进行了优化。在可更新资源的约束条件下，单位工期上所有正在进行的活动的可更新资源需求总量不能超过其资源限量，这在一定程度上增加了求解模型的复杂程度。此外，RCPSP-MFA 在经典的 FBPSP（单一融资方式）的基础上增加了短期贷款和长期贷款的融资方式，这使得模型中决策变量的维度和数量都增加了，这些新增的资金流通过现金流表达式与活动的进度安排产生交互影响。同时，在每个利息支付周期上融资方式的选择，也会对后续多个支付周期的现金流状态以及包含融资成本的项目收益产生影响。由于求解的目标函数是项目获得最后一次付款时的收益，所以依据前文可知该混合整数规划模型为非线性整数规划模型，且由前文 CFBRCPSP 计算的复杂性易知，RCPSP-MFA 在求解难度上也属于 NP-hard 问题。

在对 RCPSP-MFA 做进度规划时，判断一个满足逻辑关系的活动在某一时刻是否可以执行，不仅要考虑当前时刻是否满足各类可更新资源的限制，还要判断当前资金的可用量是否满足。同时，依据不同时点上的资金缺口，需要确定不同融资方式下的贷款数量，由此产生不同时点上的融资计划。每个时点上的融资计划将决定其资金使用量，进一步对活动的安排产生影响。因此，混合整数规划模型中的活动结束时间与长期贷款和短期贷款变量之间存在着显著的交互影响。通过上述分析可以发现，在考虑多种融资方案组合的情形下，安排项目的活动进度比仅考虑单一的银行授信融资方式更复杂，由此导致原优化模型 RCPSP-MFA 的求解难度显著增加，其主要难点体现在对可更新资源限量的处理和多种融资方式下融资流的处理上。

针对活动结束时间的决策变量，通过 CPM 和预设的项目计划工期上限确定每个活动的结束时间窗，进而得到该决策变量的定义域。多种融资方式组合下项目融资流处理的难点主要包括融资方式的选择、融资时间的确定以及融资费用的计算。由于优化模型中的银行授信融资量是根据短期贷款和长期贷款后的资金余额来确定的，所以银行授信融资在每个支付周期末时点处的贷款量还需考虑在上一个支付周期末的累计净现金流。

在计算银行授信融资产生的利息时，主要依据承包商银行账户的累计净现金流状态，即在每个财务周期末，根据短期贷款（借款和还款）、长期贷款以及项目费用支出后的账户余额确定融资费用。当账户余额为负时，要启用银行授信融资，此时需要计算银行授信融资产生的利息，否则，不考虑相应的贷款利息。因此，引入 0-1 辅助变量 α_t 来反映银行账户余额的状态：若银行账户余额为负值，则该变量的取值为 1；否则取 0。约束条件式（6-13）至式（6-14）用来确定项目开始时刻 α_0 的取值，其中 MM 表示一个无穷大的正整数，约束条件式（6-15）至式（6-16）用来确定项目执行过程中 α_t 的取值。

$$B_{\text{STL},t} + B_{\text{LTL}} - E_t \leqslant (1-\alpha_t) \times \text{MM}, \quad t=0 \qquad (6\text{-}13)$$

$$B_{\text{STL},t} + B_{\text{LTL}} - E_t \geqslant -\alpha_t \times \text{MM}, \quad t=0 \qquad (6\text{-}14)$$

$$\text{CN}_{t-1} - E_t + B_{\text{STL},t} - R_{\text{STL},t} - R_{\text{LTL},t} \leqslant (1-\alpha_t) \times \text{MM}, \quad t=1,2,\cdots,M \qquad (6\text{-}15)$$

$$\text{CN}_{t-1} - E_t + B_{\text{STL},t} - R_{\text{STL},t} - R_{\text{LTL},t} \geqslant -\alpha_t \times \text{MM}, \quad t=1,2,\cdots,M \qquad (6\text{-}16)$$

$$\text{IL}_t \geqslant -(B_{\text{LTL}} + B_{\text{STL},t} - E_t) + (\alpha_t - 1) \times \text{MM}, \quad t=0 \qquad (6\text{-}17)$$

$$\text{IL}_t \leqslant -(B_{\text{LTL}} + B_{\text{STL},t} - E_t) + (1-\alpha_t) \times \text{MM}, \quad t=0 \qquad (6\text{-}18)$$

$$\text{IL}_t \geqslant 0, \quad t=0,1,\cdots,M \qquad (6\text{-}19)$$

$$\text{IL}_t \leqslant \alpha_t \times \text{MM}, \quad t=0,1,\cdots,M \qquad (6\text{-}20)$$

$$\text{IL}_t \geqslant -(\text{CN}_{t-1} - E_t + B_{\text{STL},t} - R_{\text{STL},t} - R_{\text{LTL},t}) + (\alpha_t - 1) \times \text{MM}, \quad t=1,2,\cdots,M \qquad (6\text{-}21)$$

$$\text{IL}_t \leqslant -(\text{CN}_{t-1} - E_t + B_{\text{STL},t} - R_{\text{STL},t} - R_{\text{LTL},t}) + (1-\alpha_t) \times \text{MM}, \quad t=1,2,\cdots,M \qquad (6\text{-}22)$$

$$\text{IB}_t = \sum_{h=mt-1}^{mt} B_{h-1} \times i'_c, \quad t=1,2,\cdots,M \qquad (6\text{-}23)$$

$$\alpha_t \in [0,1], \quad t=0,1,\cdots,W \qquad (6\text{-}24)$$

进一步，用辅助变量 IL_t 表示第 t 个支付周期末，承包商在获得业主付款前银行授信融资的数量。通过式（6-17）至式（6-20）可以确定项目开始时刻（$t=0$）的银行授信融资的数量。通过式（6-19）至式（6-22）可以确定项目实施过程中获得业主付款前银行授信融资的数量（$t>0$）。由此，可通过银行授信融资的数量 IL_t 计算在支付周期末 t 上银行授信融资的利息 IB_t。式（6-23）用来计算支付周期 t 内银行授信融资产生的利息。式（6-24）表示辅助变量定义域的取值范围。

根据约束不等式条件和引入的辅助变量 α_t 和 IL_t 可知，两种辅助变量分别用来表达项目开始时刻和项目实施过程中的累计净现金流状态与银行授信融资的数量。通过引入辅助变量可以将原优化模型中复杂的融资流计算通过线性化的约束条件进行表达。以项目开始时刻（$t=0$）为例，如果当前时刻的累计净现金流不足以支付本期的现金支出，则 α_t 取 1。进一步，通过约束条件式（6-17）或式（6-18）可计算出需通过银行授信融资进行贷款的数量 IL_t，此时约束条件式（6-20）则变为冗余约束。若当前时刻现有累计净现金流足以支付本期的现金支出，则 α_t 取 0，通过式（6-19）和式（6-20）可以计算出需要通过银行授信融资贷款的金额为 0，此时约束条件式（6-17）和式（6-18）变为冗余约束。然而，在项目实施期间，通过约束条件式（6-21）和式（6-22）可以计算需要银行授信融资的数量 IL_t，其判断表达方式与项目开始时刻类似，此时约束条件式（6-20）同样变为冗余约束。

由于优化模型中的目标函数为最大化获得最后一次付款时的项目利润，所以需要在合同工期要求的时间范围内选择最佳的融资方式组合。在项目执行过程中可能出现资金缺口的情形下，应尽可能减少贷款利息支出对项目收益的影响。鉴于获得最后一次付款的时间点在求解模型前是未知的，因此在求解模型前通过固定项目的计划完工时间可以将原非线性混合整数规划模型转化为线性模型。因此，在项目工期确定的前提下，可使用商业优化软件（如 CPLEX 等）对混合整数规划模型直接求解，从而获得小规模问题的精确解。

6.3.2 算法设计

如第 2 章所述，EF_J 表示项目中最后一个活动的最早结束时间，即基于 CPM 确定的项目工期 EF_J，学者 Al-Shihabi 和 AlDurgam（2020a）提出了按单位工期迭代增加的线性整数规划方法求解银行授信融资下的项目工期最小化问题。借鉴此方法，本章采用类似的求解思路，通过对项目计划工期实施迭代的处理方式，将其取值在 EF_J 至项目合同工期 D 范围之内遍历，即将项目计划工期 W 设置在 $[EF_J, D]$。固定项目计划工期后，通过求解优化模型确定实现项目最大收益时的活动进度计划和融资方案。

因此，项目计划工期主要取决于项目中最后一个活动 J 的完成时间，活动 J 的实际完成时间 f_J 与项目计划工期相等，而项目的计划工期 W 与项目的计划安排紧密相关。因此，与前文类似，用 ε（$\varepsilon \in [0, TF_J]$）表示项目在最早完成时间 EF_J 基础上推迟的时间。此外，项目计划工期也要满足对应合同工期 D 的要求。采用考虑时间偏移量 ε 后的 $W'(\varepsilon)$ 代表项目的计划工期，其计算公式如式（6-25）所示，相应的前述的约束式（6-5）可以用式（6-26）来表示：

$$W'(\varepsilon) = EF_J + \varepsilon, \quad \varepsilon = 0, 1, \cdots, TF_J \qquad (6\text{-}25)$$

$$W'(\varepsilon) \leqslant D, \quad \varepsilon = 0, 1, \cdots, TF_J \qquad (6\text{-}26)$$

在项目计划工期偏移量 ε 的不同取值下，项目的计划工期转化为常数，此时可依据前文所述的参数转化方法确定项目的成本支出、付款收入以及相应的累计净现金流。结合本章构建的 RCPSP-MFA 混合整数规划模型，通过商业优化软件直接求解，在合理的计算时间内获得小规模问题的精确解，即得到项目的进度计划和融资方案。

在每种可能的项目计划工期取值的限制下，分别计算项目在相应约束条件下的最大收益。选取在不同项目计划工期条件下求解的收益最大值作为优化模型中目标函数的最优值。用 PF_{max} 代表所有迭代求解过程中所获得的最大项目收益，用 $PF(\varepsilon)$ 表示偏移时间为 ε 时的项目最大收益。所设计算法的具体实现流程如图 6-1 所示。

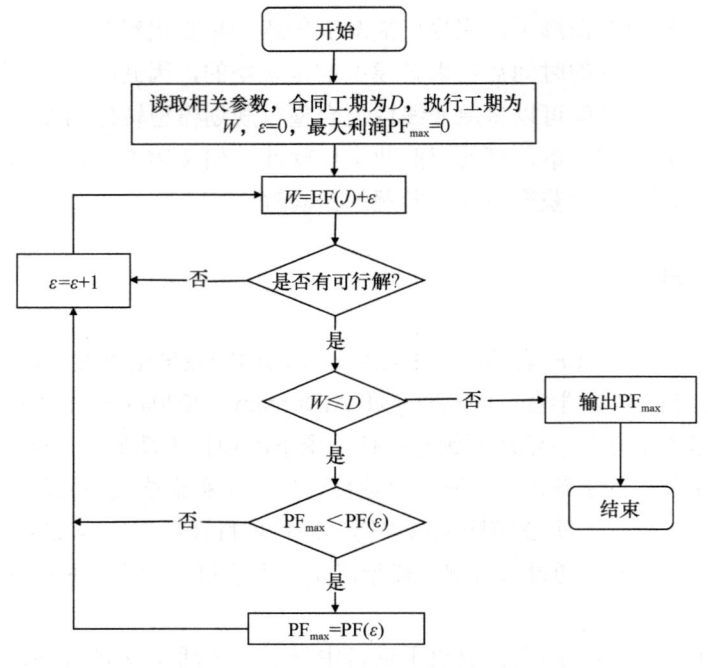

图 6-1 最大收益计算流程

6.4 数值实验与结果分析

为进一步测试构建的优化模型和验证设计算法的有效性，本节选用了 PSPLIB 中针对基本 RCPSP 的标准算例。由于 RCPSP 的标准算例未配置项目和活动的相关财务参数，所以本节需先对相关标准算例进行参数配置，然后基于不同的融资方案开展数值测试实验，分析项目的收益随工期变化的趋势，对不同融资模式下的项目最大收益进行对比分析，最后，对关键参数做敏感性分析，提出有实践价值的项目管理启示。

本章提出的求解 RCPSP-MFA 的算法主要通过 Microsoft Visual C++编程实现，并调用商业优化软件 CPLEX 12.9 在个人电脑上运行求解，其中计算机 CPU 频率 2.4 千兆赫兹，内存 8 千兆字节。

6.4.1 标准算例的选取与参数配置

不同于前文中活动直接成本的配置方式，直接成本在 RCPSP-MFA 中主要基于可更新资源的使用成本来确定。经典 RCPSP 标准算例集中，各项活动对不同种类的可更新资源的需求量不同，所以将各项活动的直接成本与其可更新资源的需求量关联，通过添加每个活动对可更新资源的单位使用成本来确定其相应的直接成本。例如，在 J30 标准算例中，每个活动的执行需占用四种可更新资源，设定四种可更新资源 1、2、3、4 的单位数量使用成本分别为 1000 元、2000 元、3000 元、4000 元，用各个活动单位时间内对各类可更新资源的需求量乘以对应资源的使用成本，可以得到各个活动的单位直接成本。例如，某活动对可更新资源 1、2、3、4 的需求量分别为 2、3、1、0，则将该活动的单位直接成本设置为 11 000 元（1000×2+2000×3+3000×1+4000×0），进而实现对项目成本参数的配置，得到可用于测试 RCPSP-MFA 算例的直接成本参数。此外，对项目中的可变间接费用、动员费用、履约担保费用等相关成本的费率，可结合以往研究文献确定，取值见表 6-1，主要合同支付参数的取值见表 6-2。

表 6-1　项目成本参数

参数	数值
可变间接费用费率	O_v=8%
项目动员费用的比例	O_m=5%
投标利润率	O_p=7%
项目履约担保费用的比例	O_b=1%
单位工期上的固定间接费用	O_f=2500 元/周

表 6-2　主要合同支付参数

参数	数值
利息支付周期	4 周
付款支付周期	1 周
支付滞后时间 LP	1 周
获得最后一次付款与提交最后支付申请之间的时间间隔 LPF	0
扣留款比例 O_r	20%
预付款比例 O_a	10%

在对 RCPSP 的标准算例添加成本参数后，需要进一步确定每个算例中不同融资方式下的融资限额等参数。项目的单位工期用周来表示，项目的长期贷款和短期贷款利息均按月计取，而银行授信融资的利息则按周计取。基于现有研究文献中不同贷款利率的取值范围，短期融资和长期贷款的年利率取值一般介于 2%到 28%之间，银行授信融资的年利率在 5%到 40%之间，通常贷款期限越长，贷款年利率越低（Alavipour and Arditi, 2019a）。本章结合学者 Alavipour 和 Arditi（2018a）在多种融资方式组合下项目调度问题中的融资参数选择，来确定数值实验中的项目融资相关参数，其取值如表 6-3 所示。在数值实验测试过程中，项目的合同工期 D 为算法迭代过程中项目计划工期可以延迟的上界值，项目的合同工期 D 通过关键路径长度 T_c 乘以系数 ρ 来确定（ρ=2）。

表 6-3　不同融资方式下的参数取值

类型	参数	数值
短期贷款	单笔短期贷款限额	L'_{STL} =50 000 元
	短期贷款总限额	L_{STL} =300 000 元
	偿还期为 1 月的年利率	$i_{s,1}$ =25%
	偿还期为 3 月的年利率	$i_{s,3}$ =21%
	偿还期为 6 月的年利率	$i_{s,6}$ =17%
	偿还期为 9 月的年利率	$i_{s,9}$ =13%
	偿还期为 12 月的年利率	$i_{s,12}$ =9%
长期贷款	长期贷款总限额	L_{LTL} =100 000 元
	复利周期	i_{LTL} =7%
银行授信融资	授信额度	CL=0.4CP
	年利率	i_c =18%

由于基本 RCPSP 的标准算例集活动有 30、60、90 和 120 四种规模，且每种规模下的算例数量较多，所以首先从 J30、J60、J90 算例集中分别选取 J301_1、J601_1 和 J901_1 算例开展测试。采用短期贷款+长期贷款+银行授信融资的组合融资方式，记录求解过程中不同规模算例的求解时间，如图 6-2 所示。

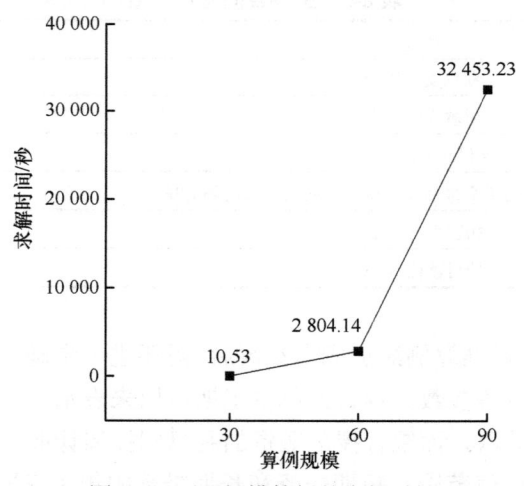

图 6-2　不同规模算例的求解时间

对比不同规模算例的求解时间可发现，随着算例包含的活动数量的增加，其求解时间呈现出了指数级别的增长。在求解 J30 算例集时，其求解时间显著低于 J60 和 J90 算例集。为了在合理的计算时间内获得问题的精确解，本节选择 J30 算例集中配置财务参数后的部分算例开展数值测试实验。

6.4.2 数值实验设计及结果

对于 J30 算例集，考虑采用三种不同的融资方案，具体如下。

融资方案 1：同时采用短期贷款、长期贷款以及银行授信融资三种融资方式。

融资方案 2：同时采用长期贷款与银行授信融资两种融资方式。

融资方案 3：仅采用银行授信融资方式。

依据提出的求解算法，分别基于三种不同的融资方案对相应的算例进行求解，得到的最大收益和相应的项目计划工期 W 具体如表 6-4 所示。

表 6-4 不同融资方案下的算例求解结果

算例	合同工期/周	融资方案 1 最大收益 PF	融资方案 1 计划工期 W/周	融资方案 2 最大收益 PF	融资方案 2 计划工期 W/周	融资方案 3 最大收益 PF	融资方案 3 计划工期 W/周
J301_1	72	41 809.8	72	41 262.2	72	40 573.5	72
J302_1	68	41 203.9	68	40 682.3	68	39 591.0	68
J303_2	78	40 400.6	78	39 699.6	78	38 864.5	78
J304_3	94	41 368.4	94	40 692.4	94	40 672.4	94
J305_1	82	62 593.4	80	59 707.2	82	56 107.9	82
J306_3	90	77 087.9	89	73 138.3	89	68 643.8	89
J307_2	84	76 998.0	84	73 979.5	81	68 877.4	81
J308_1	88	75 748.9	88	72 231.3	85	68 378.6	86
J309_5	106	93 985.5	105	84 897.8	105	79 329.0	105
J3010_2	104	104 254.0	103	94 309.0	103	82 188.2	101

依据表 6-4 的求解结果可知，采用融资方案 1（短期贷款、长期贷款以及银行授信融资三种融资方式）进行项目融资时获得的项目收益最大；采用融资方案 2（长期贷款和银行授信融资两种融资方式）时获得的项目收益次之；然而，采用融资方案 3（仅采用银行授信融资这一种融资方式）时获得的项目收益最小。出现上述现象的原因为银行授信融资的利率水平高于短期贷款和长期贷款，所以仅采用银行授信融资方式时项目的融资成本最高，收益最低。因此，该结果也充分说明了采用多种融资方式组合的方式相较于传统仅考虑银行授信融资的方式具有明显的优势。

进一步从采用多种融资方式的效果上来看，相对于仅采用银行授信融资的单一融资方式，多种融资方式下多数算例的项目收益都有提高。例如，算例 J306_3 在采用融资方案 1、融资方案 2、融资方案 3 时的最大收益变化比较显著。在采用银行授信融资的基础上，J306_3 加入长期贷款进行组合融资可使得项目的最大收益从 68 643.8 元提升至 73 138.3 元，提升幅度达到 6.55%；加入短期贷款与长期贷款进行组合融资可使得项目获得的最大收益从 68 643.8 元提升至 77 087.9 元，提升幅度高达 12.30%。由此可见，对于某些算例，采用多种融资方式组合贷款比使用单一的银行授信融资在改善项目收益上更为明显。同时，在其他算例中，项目最大收益也表现出了同样的变化趋势。

为了对不同融资方案下项目融资以及活动执行情况进行深入分析，本节以表 6-4 中 J306_3 算例为例展开说明。针对融资方案 1、融资方案 2 和融资方案 3，分别求解该算例每种方案下获得的最大收益、相对应的项目现金流、成本支出以及融资情况，具体见表 6-5 和表 6-6。数据以月（四周）为单位进行统计展示，其中 B_{IL} 表示每月通过银行授信融资进行贷款的总和。采用不同融资方案时承包商的合同支付金额以及活动费用支出的计算结果见表 6-7；采用不同融资方案时项目的累计净现值（银行账户余额）的计算结果见表 6-8。

表 6-5 融资方案 1 的借款偿还计划及还款金额   单位：元

时间	$B_{STL,t}\|t=1,3,6,9,12$					$\sum_{t=1}^{5} B_{STL,t}$	$R_{STL,t}$	$B_{LTL,t}$	$R_{LTL,t}$	IL_t	IB_t
0	0	0	0	0	0	0	0	36 747	0	32 164.4	111.34
1	0	0	0	0	0	0	0	0	1 703.18	3 146.6	10.89
2	0	0	0	0	0	0	0	0	1 703.18	25 667.5	88.85
3	0	0	0	0	0	0	0	0	1 703.18	0	0
4	0	0	0	0	0	0	0	0	1 703.18	27 739.8	96.02
5	0	0	0	0	0	0	0	0	1 703.18	30 825.0	106.70
6	0	0	0	0	0	0	0	0	1 703.18	28 516.3	98.71
7	0	0	0	0	0	0	0	0	1 703.18	13 075.7	45.26
8	0	0	0	0	10 048	10 048	0	0	1 703.18	8 777.5	30.38
9	0	0	0	0	50 000	50 000	69.74	0	1 703.18	6 423.4	22.23
10	0	0	0	0	50 000	50 000	416.80	0	1 703.18	12 721.6	44.04
11	0	0	0	0	0	0	763.85	0	1 703.18	8 461.4	29.29
12	0	0	0	0	0	0	763.85	0	1 703.18	0	0
13	0	0	0	0	0	0	763.85	0	1 703.18	7 078.0	24.50
14	0	0	0	0	0	0	763.85	0	1 703.18	0.2	0
15	0	0	0	0	0	0	763.85	0	1 703.18	1 070.2	3.70
16	0	0	624	0	0	624	763.85	0	1 703.18	9 104.4	31.52
17	0	0	0	0	0	0	772.05	0	1 703.18	21 689.6	75.08
18	0	0	0	0	0	0	772.05	0	1 703.18	47 848.0	165.63
19	0	0	0	0	0	0	772.05	0	1 703.18	140 337.9	485.79
20	0	0	0	0	0	0	10 820.10	0	1 703.18	230 309.3	797.22
21	0	0	0	0	0	0	50 702.30	0	1 703.18	360 691.4	1 248.55

续表

时间	$B_{\text{STL},t}\|t=1,3,6,9,12$				$\sum_{t=1}^{5} B_{\text{STL},t}$	$R_{\text{STL},t}$	$B_{\text{LTL},t}$	$R_{\text{LTL},t}$	IL_t	IB_t
22	0	0	0	0	0	50 979.30	0	1 703.18	685 973.0	2 374.52
23	0	0	0	0	0	0	0	1 703.18	234 470.0	811.63
24	0	0	0	0	0	0	0	0	0	0

表 6-6　融资方案 2 与融资方案 3 的融资金额及还款金额　　　单位：元

时间	融资方案 2				融资方案 3	
	B_{LTL}	$R_{\text{LTL},t}$	$B_{\text{IL},t}$	IB_t	IL_t	IB_t
0	100 000	0	0	0	68 911.4	238.54
1	0	4 634.88	0	0	65 555.2	226.92
2	0	4 634.88	0	0	83 505.6	289.06
3	0	4 634.88	0	0	61 450.7	212.71
4	0	4 634.88	3 347.75	11.59	92 354.4	319.69
5	0	4 634.88	16 728.26	57.91	224 489.5	777.08
6	0	4 634.88	19 848.90	68.71	355 338.3	1 230.02
7	0	4 634.88	7 096.57	24.57	221 528.7	766.83
8	0	4 634.88	10 410.34	36.04	230 450.9	797.71
9	0	4 634.88	10 441.50	36.14	162 735.7	563.31
10	0	4 634.88	25 242.60	87.38	135 430.2	468.80
11	0	4 634.88	20 742.13	71.80	142 917.9	494.72
12	0	4 634.88	25 254.70	87.42	198 519.6	687.19
13	0	4 634.88	63 401.94	219.47	270 708.1	937.07
14	0	4 634.88	115 964.20	401.42	327 479.7	1 133.58
15	0	4 634.88	207 911.80	719.70	386 791.8	1 338.89
16	0	4 634.88	282 193.90	976.83	420 046.5	1 454.01
17	0	4 634.88	366 074.80	1 267.18	501 356.0	1 735.46
18	0	4 634.88	432 680.00	1 497.74	551 296.0	1 908.33
19	0	4 634.88	535 119.00	1 852.34	636 839.0	2 204.44
20	0	4 634.88	629 148.00	2 177.82	713 736.0	2 470.62
21	0	4 634.88	693 616.00	2 400.98	760 836.0	2 633.66
22	0	4 634.88	832 149.00	2 880.52	881 758.0	3 052.24
23	0	4 634.88	235 484.00	815.14	244 582.0	846.63
24	0	0	0	0	0	0

表 6-7　不同融资方案下的合同支付金额及活动费用支出

时间	融资方案 1		融资方案 2		融资方案 3	
	P_t	E_t	P_t	E_t	P_t	E_t
0	147 332.0	68 911.4	147 332.0	68 911.4	147 332.0	68 911.4
1	0	116 500.0	0	130 270.0	0	128 920.0

续表

时间	融资方案1 P_t	融资方案1 E_t	融资方案2 P_t	融资方案2 E_t	融资方案3 P_t	融资方案3 E_t
2	109 130.0	85 855.0	124 068.0	81 245.8	122 604.0	81 670.0
3	75 884.9	90 544.0	70 884.5	91 898.0	71 344.8	90 544.0
4	80 971.7	92 531.2	82 440.4	137 208.5	80 971.7	83 062.0
5	83 127.6	77 438.3	131 595.0	124 383.6	72 854.9	178 186.8
6	66 754.1	63 691.6	117 682.0	99 038.4	176 050.0	152 405.8
7	51 840.9	43 325.8	90 186.6	92 666.4	148 082.0	80 971.6
8	29 747.4	37 154.28	83 274.0	87 389.8	70 587.0	119 800.0
9	23 052.3	78 040.0	77 549.8	74 260.0	112 710.0	41 140.0
10	67 406.8	105 760.0	63 306.1	66 160.0	27 376.2	48 340.0
11	97 478.6	90 280.0	54 518.9	44 560.0	35 187.1	33 760.0
12	80 685.3	80 662.9	31 086.4	35 920.0	19 370.1	33 760.0
13	70 252.2	70 692.2	21 713.3	18 640.0	19 370.1	21 880.0
14	59 435.6	56 980.0	2 967.3	33 760.0	6 482.2	35 920.0
15	44 560.1	46 585.0	19 370.1	31 600.0	21 713.3	18 640.0
16	33 283.2	35 920.0	17 026.8	19 257.1	2 967.3	19 257.1
17	21 713.3	18 640.0	3 636.8	22 342.8	3 636.8	22 342.8
18	2 967.3	16 048.0	6 984.3	16 048.0	6 984.3	16 048.0
19	155.4	22 096.0	155.4	22 096.0	155.4	22 096.0
20	6 716.5	22 096.0	6 716.5	22 096.0	6 716.5	22 096.0
21	6 716.5	15 940.0	6 716.5	15 940.0	6 716.5	15 940.0
22	38.2	33 760.0	38.2	33 760.0	38.2	33 760.0
23	19 370.1	8 440.0	19 370.1	8 440.0	19 370.1	8 440.0
24	294 703.2	0	294 703.2	0	294 703.2	0

表 6-8 不同融资方案下的项目累计净现值

时间	融资方案1累计净现值	融资方案2累计净现值	融资方案3累计净现值
0	115 057.0	178 421.0	78 182.4
1	−3 157.5	43 516.0	−50 964.6
2	18 325.3	81 703.5	−10 320.1
3	1 963.0	56 055.3	−29 732.0
4	−11 395.8	−3 359.3	−32 142.0
5	−7 516.4	−840.4	−138 251.0
6	−6 255.7	13 100.0	−115 836.0
7	511.1	5 960.9	−49 492.9
8	1 418.6	−2 825.7	−99 503.7
9	−5 364.2	−4 207.0	−28 497.2
10	4 118.6	−11 783.1	−49 929.8
11	8 820.9	−6 530.8	−48 997.4

续表

时间	融资方案 1 累计净现值	融资方案 2 累计净现值	融资方案 3 累计净现值
12	6 376.3	−16 086.8	−64 074.6
13	3 444.8	−17 867.8	−67 521.5
14	3 433.4	−53 696.8	−98 093.0
15	−1 062.3	−71 281.3	−96 358.5
16	−5 573.7	−79 123.4	−114 102.0
17	−5 050.6	−103 732.0	−134 544.0
18	−20 772.2	−118 928.0	−145 516.0
19	−45 673.9	−147 356.0	−169 661.0
20	−74 373.8	−169 548.0	−187 511.0
21	−137 251.0	−185 807.0	−199 368.0
22	−226 030.0	−227 044.0	−236 142.0
23	−217 615.0	−221 564.0	−226 059.0
24	77 087.9	73 138.3	68 643.8

通过分析以上结果可知，在采用不同融资方案时，不同融资方式下的现金流入和现金流出均不相同，即项目的融资流存在显著的差异。同时，在不同的融资方式组合的背景下，灵活地安排各项活动的执行时间，在满足活动之间逻辑关系约束与资源约束的基本条件下可以实现项目收益最大的预期目标。

6.4.3 关键参数的敏感性分析

考虑多种融资方案组合的项目的实施效果会受到多种因素变化的影响，敏感性分析可将项目中的主要参数与项目绩效目标关联起来，通过调整关键性参数的取值来反映项目主要绩效目标的变化规律，从而判断该影响因素对项目绩效目标的影响程度。

在实际工程项目中，项目执行中的动态现金流状态不仅受融资贷款的影响，而且也受业主拟定的付款合同条款影响，如发包人扣留的工程款比例、发包人提前支付的合同预付款比例等，这些参数的改变都会对实际工程项目的可用现金产生直接或者间接的影响。

因此，以标准算例 J308_1 为例，对扣留款比例和预付款比例两个因素展开单因素敏感性分析，探究在考虑多种融资方案组合（短期贷款+长期贷款+银行授信融资）下进行项目调度时，两种因素在不同水平下对项目收益产生的影响。为了更好地分析扣留款比例和预付款比例对项目最大收益的影响，在进行敏感性分析时，设定扣留款比例的变动范围为 10%～30%，预付款比例的变动范围为 10%～30%。

1. 扣留款比例

对扣留款比例进行敏感性分析时，具体将其设置为 10%、20% 和 30% 三种水平。项目合同预付款比例及其他参数均保持不变，其相关测试结果如表 6-9 所示，而工期–收益关系曲线如图 6-3 所示。

表 6-9 扣留款比例的敏感性分析结果

编号	预付款比例 O_a	扣留款比例 O_r	最大收益/元	项目计划工期/周	最短可行工期/周
1	10%	10%	91 234.3	88	44
2	10%	20%	75 748.9	88	44
3	10%	30%	61 565.5	49	44

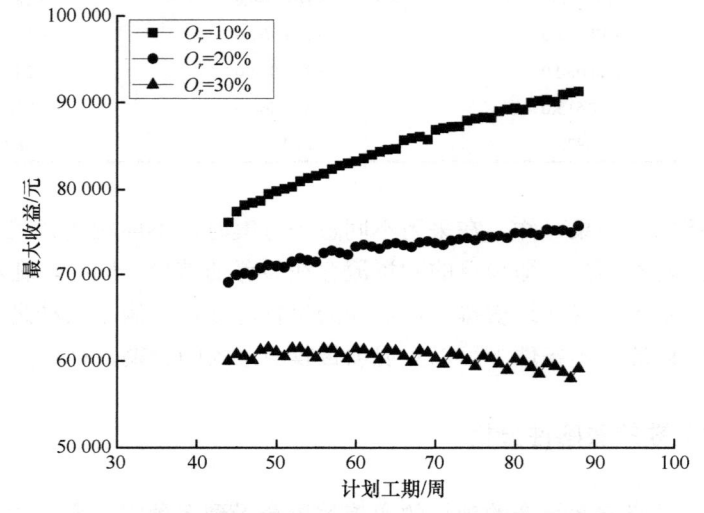

图 6-3 不同的扣留款比例下项目工期–收益关系曲线

测试结果表明，扣留款比例的变化会对项目最大收益和项目计划工期产生很大影响。随着扣留款比例的增加，项目的最大收益会随之减小。在合同其他支付条件保持不变的前提条件下，当扣留款比例为 30% 时，项目的最大收益发生在接近合同工期的时间，即项目在第 49 周时完成，其最大收益为 61 565.5 元。随着项目完工时间的不断延后，项目的最大收益出现了一定程度的下降。当扣留款比例分别为 10% 和 20% 时，相应的项目计划工期均接近于合同工期。当扣留款比例为 20% 时，该项目的最大收益为 75 748.9 元，与 30% 的扣留款比例的结果相比，项目的最大收益提升了 23.04%。当扣留款比例为 10% 时，项目的最大收益则提升至 91 234.3 元，与 20% 的扣留款比例的结果相比，项目的收益提升了 20.44%，对比扣留款比例为 30% 时的求解结果，项目收益提升了 48.19%。因此，扣留款比例作为影响项目的最大收益的重要敏感因素之一，需要承包商在签订合同时重点关注。

2. 预付款比例

在进行预付款比例的敏感性分析时，分别测试取 10%、20%和 30%时的项目绩效表现。在项目其他合同参数均保持不变的条件下，其相关测试结果如表 6-10 所示，工期–收益关系曲线如图 6-4 所示。在图 6-4 中，当扣留款比例分别为 20%和 30%时，在某些项目计划工期水平下无法获得算例的可行解，故将相应的求解结果从该图中隐去。

表 6-10 预付款比例的敏感性分析结果

编号	预付款比例 O_a	扣留款比例 O_r	最大收益/元	项目计划工期/周	最短可行工期/周
1	10%	20%	75 748.9	88	44
2	20%	20%	81 253.3	88	44
3	30%	20%	83 519.4	87	44

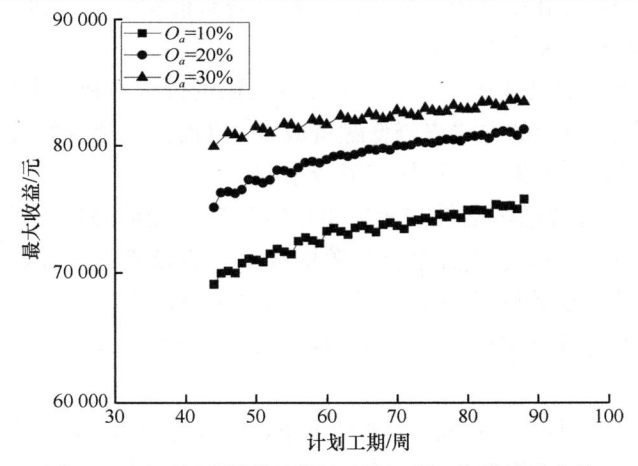

图 6-4 不同的预付款比例下项目工期–收益关系曲线

测试结果表明，在考虑多种融资方案组合的情形下，预付款比例的变化对项目的最大收益会产生一定影响。随着预付款比例的增加，项目的最大收益也会随之增加。与扣留款比例的影响不同的是，合同预付款比例的变化对项目计划工期的影响并不显著，项目的最大收益均发生在项目计划工期接近合同工期的范围内。随着项目计划工期的不断增加，项目最大收益均呈现出上升趋势。其中，当预付款比例从 10%变动到 20%时，项目的最大收益变化最大。当预付款比例为 10%时，项目的最大收益发生在第 88 周末，为 75 748.9 元。当预付款比例为 20%时，项目的最大收益同样发生在 88 周末，但项目收益提升至 81 253.3 元。与预付款比例取10%时的结果相比，项目收益提升了 7.27%。当预付款比例为 30%时，项目的最大收益发生在 87 周末，而项目的最大收益为 83 519.4 元。与预付款比例取 20%时的结果相比，项目收益又提升了 2.79%。对比预付款比例为 10%时的求解结果，项目收益则提升了 10.26%。

由此可见，在考虑多种融资方案组合的情形下，预付款比例也是影响项目收益的重要敏感因素，承包商在与业主协商合同条款时必须重点关注。除此之外，在图 6-3 和图 6-4 中（不考虑隐去值的情况），随着项目计划工期的增加，以四周为一个周期，项目的最大收益会出现周期性的变化，其变化的趋势与合同订立时的支付条件存在一定的联系。因此，在项目的实际执行中，可结合不同参数取值水平下项目收益的变化趋势，在合同工期要求的范围内将项目的完工时间相应提前或延后，由此可以为项目带来更高的预期收益。

6.4.4 管理启示

通过对 RCPSP-MFA 建模并求解，本章结合数值实验与敏感性分析结果，为项目实践者提炼的相关管理启示具体如下。

（1）项目进度管理实践中，鉴于银行授信融资贷款的利率水平较高，承包商可以采用多种贷款组合的方式来降低融资成本，进而提高项目的收益水平。同时，承包商可以拓展其融资渠道，增加其资金来源。

（2）从融资方式的灵活性视角分析，尽管银行授信融资通常比长期贷款和短期贷款更灵活，但银行授信融资的融资成本一般较高。因此，承包商在进行融资方案决策时需要兼顾其与融资成本之间的关系，根据其可接受的实际项目收益和可能产生的资金风险来选择采用银行授信融资的方式还是多种融资方式组合的形式。

（3）在考虑多种融资方案组合的情形下，项目的扣留款比例和预付款比例等合同支付条件会对项目的收益产生较大影响。因此，承包商无论采用哪种融资方式，与业主协商友好的合同支付条件均有利于节省项目的融资成本。

第 7 章 财务风险最小化的随机多模式资源约束型项目调度问题

工程项目多在不确定的环境下实施，随机的干扰因素经常引起活动工期和现金流等参数发生变化，由此导致最终的项目收益低于预期的水平。尽管采用鲁棒性项目调度方法通过插入时间缓冲或资源缓冲可以在一定程度上降低干扰因素对项目进度计划和现金流状态的扰动，但由此也给项目带来了一定的财务风险。本章主要探究随机多模式资源约束型项目调度财务风险最小化的问题，即事前不生成基准进度计划，在项目实施过程中采用一定的调度策略来指导项目活动的安排。

本章将活动工期和现金流考虑为随机变量，探究两种参数在不同仿真场景下，采用不同调度策略得到的项目 CNPVaR，以度量和评估项目采用不同调度策略所产生的财务风险。首先，介绍随机多模式资源约束型项目调度财务风险优化问题的产生背景及界定；其次，基于仿真场景构建了以 CNPVaR 最小化为目标的混合整数规划模型；再次，通过对所构建模型进行特征分析，设计了混合元启发式求解算法；最后，通过大规模数值实验验证了所构建模型和算法的有效性，依据实验结果和案例分析总结了相应的项目管理启示。

7.1 随机资源约束型项目调度问题概述

7.1.1 SRCPSP 的模型及特征

1. 问题描述

除了活动工期是随机变量外，SRCPSP 的符号标记与基本 RCPSP 相同，具体参见 2.1 节，在此不再赘述。本章主要强调 SRCPSP 与基本 RCPSP 的不同之处。将活动 j 的工期 $\tilde{d}_j$ （$j=1,2,\cdots,J$）定义为一个随机变量，所有活动工期构成了随机变量的向量集合 $\tilde{d} = \{\tilde{d}_1, \tilde{d}_2, \cdots \tilde{d}_J\}$。

用 $\{\Pr[x]\}$ 表示事件 x 发生的概率，通常节点 1 和节点 J 分别表示虚的开始活动和虚的结束活动，因此虚活动（$j=1$ 和 J）满足 $\{\Pr[\tilde{d}_j = 0] = 1\}$。所有的实活动，其工期均大于 0，所以满足 $\{\Pr[\tilde{d}_j \leqslant 0] = 0, j \subset [V \setminus \{1, J\}]\}$。由于活动工期是随机变量，因此项目工期 $\tilde{T}$ 也是一个随机变量。在 SRCPSP 中，项目实施过程被看作一个多阶段的决策过程，随机的决策时刻点是指活动结束的时刻点，在这些时刻点需要决策安排哪些活动开始。SRCPSP 通常以最小化项目的期望工期为目标，其解为调度策略。

确定型 RCPSP 的解是调度方案 S，表示为 $S=(s_1, s_2, \cdots, s_J)$。不同于确定型 RCPSP，在随机活动工期下，调度策略代替了确定的基准调度方案 S，所以 SRCPSP 的解体现为一种策略 Π，此策略确定了在决策时刻 t 开始哪些活动。

Fernandez 等（1998）认为调度策略是一种动态决策过程（dynamic decision process），是选择出合格活动的决策规则。Stork（2001）认为，SRCPSP 的目的是获得最优项目绩效的可行策略。根据可行的调度策略，项目在实施过程中可逐步获得已经执行的信息，直至项目结束得到完整的调度过程。调度策略决定在项目决策时刻点上可以安排哪些活动开始。根据这些观点，引出定义 7.1 和定义 7.2。

定义 7.1 调度策略 Π：调度策略可被定义为一个映射函数 $\Pi: R_+^J \to R_+^J$（R_+^J 表示 J 维正实数域）。设 $d^n = \{d_1^n, d_2^n, \cdots, d_J^n\}$ 是随机变量向量 $\tilde{d} = \{\tilde{d}_1, \tilde{d}_2, \cdots, \tilde{d}_J\}$ 的一次随机抽样值，根据调度策略 Π 并采用 d^n，可获得项目实施过程的一种实现场景，实现场景的调度进程表示为：$S(d^n; \Pi) = \{s_1(d^n; \Pi), s_2(d^n; \Pi), \cdots, s_J(d^n; \Pi)\}$，其中 $s_j(d^n; \Pi)$ 表示在调度进程 $S(d^n; \Pi)$ 中活动 j 的开始时间，此种场景下的项目抽样工期为 $f_J(d^n; \Pi)$。调度策略 Π 将所有活动工期的一次随机抽样 $d^n = \{d_1^n, d_2^n, \cdots, d_J^n\}$ 映射为 J 维向量 $S(d^n; \Pi) \in R_+^J$。求解 SRCPSP 模型就是要找到最优调度策略 Π^*。

定义 7.2 最优调度策略 Π^*：令 τ 表示一个策略集，最优调度策略 Π^* 是指在 τ 内能使项目的期望目标值最大或最小的策略。

2. 不可预期性和不可回溯性特点

SRCPSP 可视为多阶段的决策过程，基于以往的经验和知识，活动工期通常服从某种已知的概率分布，运用调度策略可决定每个活动的开始时间。项目执行的信息只能跟随项目的进展而逐步获得。在某个调度时刻 t，仅有 t 和 t 之前观察到的信息可供使用。因此，活动工期的随机性使得随机调度过程具有不可预期性（non-anticipativity）和不可回溯性（non-retroactivity）两个特点。

（1）不可预期性：表示在某个决策时刻 t，只能依靠该时刻以及该时刻之前所获得的信息和统计数据来做出决策。这意味着在时刻 t，调度策略可以确定哪些任务开始执行，但决策者却无法预知这些任务的实际持续时间。

（2）不可回溯性：表示在当前时刻 t 安排任何活动时，不可能返回到比 t 更早的任何时刻。不可回溯性是对不可预期性特点的补充，限制了在每个决策时刻的"反悔"行为，不允许修改已经做出的决策，即决策者不可能在当前时刻之前调度某一活动。

项目执行过程中，活动持续时间的信息是逐步获得的，所以决策时刻 t 上所做的最优决策不一定是 t_1（$t_1>t$）时刻的最优决策。下面通过一个简单的例子来说明不可预期性和不可回溯性两个特点。一个项目包含三个实活动，活动 1 和活动 2 之间具有紧前和紧后的逻辑关系，而活动 3 与其他活动之间没有逻辑关系。图 7-1 给出了采用调度策略 $L=(1,2,3)$ 时产生的三种调度方案，其中横轴表示时间，纵轴表示资源需求量。当活动 1 的工期为 1 时，活动 3 只能在 $t=4$ 时刻被安排，见图 7-1（a）。然而，当活动 1 的实际工期拖延 1 天变为 2 时（实际实施情况下的工期），如果按照确定情形下的调度思路，活动 3 的最优调度时刻应该为 $t=0$，但是在随机环境下，在活动 2 的结束时刻 $t=5$ 时才能安排活动 3，即当前时刻已到达 $t=5$，不可能再退回到 $t=0$ 时刻去安排活动 3，这体现了随机调度的不可回溯性特点。此外，在当初 $t=0$ 时刻安排活动 1 时，决策者并不能精确地预期到 1 持续多长时间，这体现了随机调度的不可预期性特点。因此，当活动 1 的实际工期为 2 时，随机调度的结果如图 7-1（b）所示。

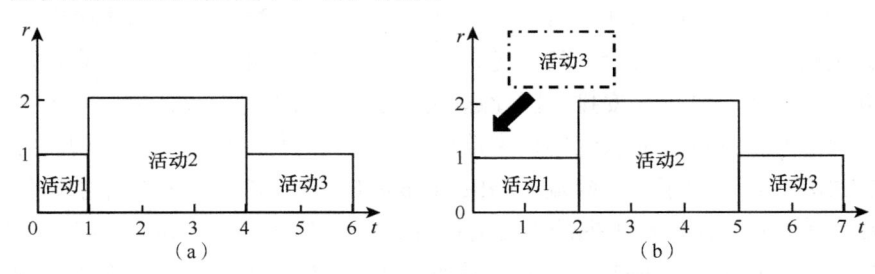

图 7-1 随机调度过程的不可预期性和不可回溯性

7.1.2 "Graham anomalies"

在随机项目调度中，调度策略主要是指根据活动的实际工期获得的解，其可以转化为活动具体的开始时间。在当前决策时刻 t，安排活动时可利用的信息仅为 t 以及 t 之前可以观测的信息。项目实施过程中，当某一活动完成后，它的实际工期就被确定，即从这个活动的结束时刻起，活动的工期就成为已知量，但是在活动结束之前，它的工期仍然为随机变量。因此，调度策略可以解释为将某种场景下的活动工期转换为可行的项目调度计划的函数（Ballestín, 2007）。

在随机项目调度中，策略与确定型 RCPSP 中的优先规则起着相似的作用（Chen et al., 2018），即某种策略结合一种调度生成机制，此策略（一组可行解）可转化为一个特定的活动开始时间序列。现有的 SRCPSP 调度策略主要包括基于活动的调度策略（activity-based scheduling policy）、基于资源的调度策略（resource-based scheduling policy）、最早启动的调度策略（earliest-start scheduling policy）、预选调度策略（pre-selection scheduling policy）、预处理调度策略（pre-processor scheduling policy）和广义预处理调度策略（generalized pre-processor scheduling policy）（Rezaei et al.，2021）。基于活动的调度策略是指根据活动安排的顺序尽可能早地确定活动的开始时间，但待安排活动不能在当前决策时刻之前被安排，该种调度策略也被称为随机串行调度。然而，对于基于资源的调度策略，若需要调度的活动同时满足活动之间的优先级和可更新资源约束，则该调度策略指在每个决策时刻安排尽可能多的合格活动。

Stork（2001）分析了随机项目环境中的各种策略，包括预选策略、最早开始时间策略、基于任务的优先权值策略以及在确定性环境中最常使用的优先策略。对于求解 SRCPSP，学者提出了多种调度策略。针对小规模的问题，Stork 基于最小禁忌集合的线性预选策略提出了 B&B 算法。然而，由于最小禁忌集合无法解决维数灾难（curse of dimensionality）问题，因此后续学者多采用启发式算法求解 SRCPSP。

1. "Graham anomalies"分析

在求解确定型 RCPSP 时，基于活动优先权值的启发式规则经常被使用。在调度方案生成过程的每个阶段，基于优先权值可以确定发生资源冲突的合格活动集合中哪些活动可以被首先安排，因此这些启发式规则也可以被认为是一类调度策略。然而，基于活动优先权值的调度策略，在采用传统的串行、并行调度方式求解 SRCPSP 时显示出了一些弊端（Ballestín and Leus，2009）：首先不能确保获得一个最优策略；其次活动工期的变化可能导致出现"Graham anomalies"（格雷厄姆怪象）（Graham，1969），即去除活动之间的逻辑关系约束可能会出现项目工期增加等与直观理解相悖的结果，如缩短活动工期反而导致项目工期延长，延长活动工期可能引起项目工期缩短。以并行调度方案为例，在调度时刻 t 依据活动的优先权值安排尽可能多的活动，这种方式隐含了对资源的贪婪占用，因此也被称为基于资源的优先策略，此种策略也易导致"Graham anomalies"的出现。仍然以图 7-1 的小项目为例来说明，采用策略 $L=(1,2,3)$。当活动 1、活动 2 及活动 3 的工期分别为 3 个时间单位、4 个时间单位及 3 个时间单位时，基于活动优先序列获得的调度进程如图 7-2（a）所示，项目工期为 7；然而，当活动 1 的工期减短至 2 个时间单位时，基于同样的活动优先序列获得的调度进程如图 7-2（b）所示，出现了活动 1 工期缩短导致项目工期延长的不可思议的现象。

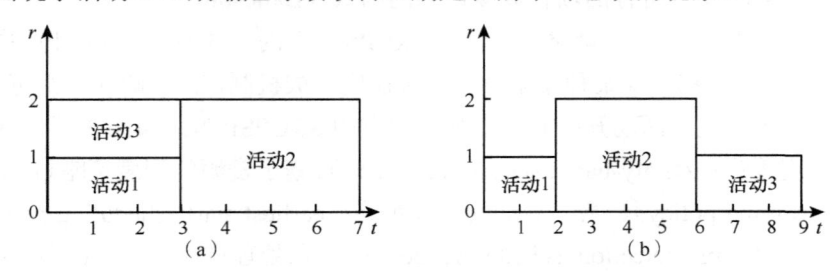

图 7-2 "Graham anomalies"示例

"Graham anomalies"从理论上可解释为,如果将调度策略Π看作函数,则在随机调度环境下,基于优先权值规则的调度策略既不单调也不连续(Ballestín and Leus,2009)。因此,确定情形下基于优先权值规则的调度策略并不适用于随机调度的环境。

2. 随机串行调度策略

为了消除"Graham anomalies",Stork(2001)和 Ballestín(2007)提出了一种随机串行调度策略。用Π表示随机项目调度问题的一个策略(对应确定型 RCPSP 的解),随机串行调度的运行过程与传统的串行调度生成方式基本相同,但是需要增加一个边约束条件$s_i(d^n;\Pi) \leq s_j(d^n;\Pi)$,其含义是策略$\Pi(AL')$中如果规定安排活动$i$优先于安排活动$j$,那么在调度进程中活动$j$的开始时间不能早于活动$i$的开始时间,该策略也称为基于活动的调度策略。已有研究证明,边约束可以消除随机活动工期下的"Graham anomalies"。这点也不难理解,由于活动工期是随机变量,如果策略$\Pi(AL')$确定安排活动i优先于活动j,则表明安排活动j的决策时刻t_j必然不早于安排活动i的决策时刻t_i,所以活动j也不可能比活动i更早开始。随机串行调度生成方式可认为是一种将传统串行、并行调度生成方式混合起来的调度生成方式,其调度规则遵循传统的串行调度生成方式,即在每个随机的决策阶段,仅选出一个合格活动安排它在逻辑关系可行、资源约束可行且满足边约束条件下的最早时间开始,在调度进程中,活动一个接一个地被选出来并安排。在传统并行调度方案生成过程中,基于时间的增加推进调度进程,在任何一个决策时刻被安排活动的开始时间都等于或晚于当前的时刻,因此在这个时刻上随机串行调度生成方式与传统的并行调度生成方式相似。

为了更直观地体现随机串行调度生成方式与传统的串行、并行调度生成方式的差别,本节选择一个项目例子来说明。图 7-3 是一个包含九个实活动的 AoN 项目活动网络,图 7-3 中活动j的工期d_j^n($j=1, 2, \cdots, J$)表示某次的抽样工期,实施项目仅需一种可更新资源(限量$R=3$),活动j的资源需求量为r_j。策略(解)用优先关系可行的活动列表表示,给定一个策略$\Pi=\{1, 3, 6, 2, 5, 4, 7, 10, 8, 9\}$,采用随机串行调度策略进行动态调度的过程具体如下。

当阶段数$n=1$时,$E_1=\{1\}$,此阶段选择的活动$j_1^*=\{1\}$,确定$s_{j_1^*}^*=0$;更新$E_1=\emptyset$和$PS_1=\{1\}$。

当$n=2$时,$E_2 = E_1 \cup \left\{i \middle| i \in S(j_1^*) 且 P(i) \in PS_1 \right\} = \{2,3,4,5\}$,选出$j_2^*=\{3\}$,确定$s_3^*=0$和$f_3^*=2$;更新$E_2 = E_1 - \{j_2^*\} = \{2,4,5\}$和$PS_2=PS_1 \cup \{j_2^*\}=\{1,3\}$。

当$n=3$时,$E_3 =E_2 \cup \left\{i \middle| i \in S(j_2^*) 且 P(i) \in PS_2 \right\}=\{2,4,5,6\}$,选出$j_3^*=\{6\}$,确定$s_6^*=2$和$f_6^*=6$;更新$E_3 = E_3 - \{j_3^*\} = \{2,4,5\}$和$PS_3=PS_2 \cup \{j_2^*\}=\{1,3,6\}$。

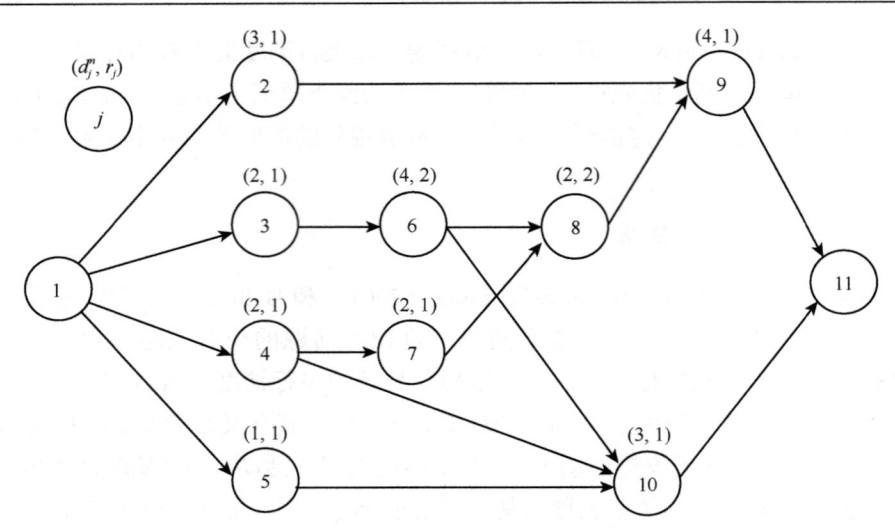

图 7-3 包含九个实活动的 AoN 项目活动网络

当 $n=4$ 时，$E_4 = E_3 \cup \{i | i \in S(j_3^*) \text{且} P(i) \in \text{PS}_3\} = \{2,4,5\}$，选出 $j_4^* = \{2\}$，确定 $s_2^{*'} = 2$ 和 $f_2^* = 5$；更新 $E_4 = E_4 - \{j_4^*\} = \{4,5\}$ 和 $\text{PS}_4 = \text{PS}_3 \cup \{j_4^*\} = \{1,3,6,2\}$。

此处特别强调，若按照传统的串行调度计划生成机制，确定出活动 2 的 $s_2^* = 0$，但是，为满足随机串行调度策略中的边约束，活动 2 的 s_2^* 不能比调度策略 $\Pi(AL')$ 中排在它前面的活动 3、活动 6 的开始时间更早，因此最终确定出活动 2 的 $s_2^{*'} = 2$，与 $s_6^* = 2$ 相同，其中采用 "'" 符号是为了与 $s_2^* = 0$ 区分含义。对于未区分的活动，在当前局部调度进程的资源被占用的状态下，随机串行调度计划生成机制确定的活动开始时间与传统串行调度计划生成机制确定的开始时间相同。

当 $n=5$ 时，$E_5 = E_4 \cup \{i | i \in S(j_4^*) \text{且} P(i) \in \text{PS}_4\} = \{4,5\}$，选出 $j_5^* = \{5\}$，确定 $s_5^{*'} = 5$ 和 $f_5^* = 6$；更新 $E_5 = E_5 - \{j_5^*\} = \{4\}$ 和 $\text{PS}_5 = \text{PS}_4 \cup \{j_5^*\} = \{1,3,6,2,5\}$。需要说明的是，根据当前阶段下局部调度计划对应的资源被占用的状态（开始时间分别为 $s_1=0$，$s_3=0$，$s_6=2$，$s_2=2$），传统串行调度计划生成机制确定的活动 5 的 $s_5^* = 0$，但是由于存在边约束（活动 5 的 s_5 不能比调度策略 $\Pi(AL')$ 中排在它前面的活动 3、活动 6 及活动 2 的开始时间早），因此确定出活动 5 的 $s_5^{*'} = 5$。

当 $n=6$ 时，$E_6 = E_5 \cup \{i | i \in S(j_5^*) \text{且} P(i) \in \text{PS}_5\} = \{4\}$，选出 $j_6^* = \{4\}$，确定 $s_4^{*'} = 6$ 和 $f_4^* = 8$；更新 $E_6 = E_6 - \{j_6^*\} = \varnothing$ 和 $\text{PS}_6 = \text{PS}_5 \cup \{j_6^*\} = \{1,3,6,2,5,4\}$。同样，在当前阶段已安排的活动对资源的占用状态下，传统串行调度计划生成机制确定的活动 4 的 $s_4^* = 0$，但是由于存在边约束（活动 4 的 s_4 不能比调度策略 $\Pi(AL')$ 中排在它前面的活动 3、活动 6、活动 2 及活动 5 的开始时间早），因此确定出活动 4 的 $s_4^{*'} = 6$。

当 $n=7$ 时，$E_7 = E_6 \cup \{i | i \in S(j_6^*) \text{且} P(i) \in \text{PS}_6\} = \{7,10\}$，选出 $j_7^* = \{7\}$，确定 $s_7^* = 8$

和 $f_7^*=10$；更新 $E_7=E_7-\{j_7^*\}=\{10\}$ 和 $PS_7=PS_6\cup\{j_7^*\}=\{1,3,6,2,5,4,7\}$。

当 $n=8$ 时，$E_8=E_7\cup\{i|i\in S(j_7^*)\text{且}P(i)\in PS_7\}=\{8,10\}$，选出 $j_8^*=\{10\}$，确定 $s_{10}^*=8$ 和 $f_{10}^*=11$；更新 $E_8=E_8-\{j_8^*\}=\{8\}$ 和 $PS_8=PS_7\cup\{j_8^*\}=\{1,3,6,2,5,4,7,10\}$。

当 $n=9$ 时，$E_9=E_8\cup\{i|i\in S(j_8^*)\text{且}P(i)\in PS_8\}=\{8\}$，选出 $j_9^*=\{8\}$，确定 $s_8^*=10$ 和 $f_8^*=12$；更新 $E_9=E_9-\{j_9^*\}=\varnothing$ 和 $PS_9=PS_8\cup\{j_9^*\}=\{1,3,6,2,5,4,7,10,8\}$。

当 $n=10$ 时，$E_{10}=E_9\cup\{i|i\in S(j_9^*)\text{且}P(i)\in PS_9\}=\{8\}$，选出 $j_{10}^*=\{9\}$，确定 $s_9^*=12$ 和 $f_9^*=16$；更新 $E_{10}=E_{10}-\{j_{10}^*\}=\varnothing$ 和 $PS_{10}=PS_9\cup\{j_{10}^*\}=\{1,3,6,2,5,4,7,10,8,9\}$。

当 $n=11$ 时，$E_{11}=E_{10}\cup\{i|i\in S(j_{10}^*)\text{且}P(i)\in PS_{10}\}=\{11\}$，选出 $j_{11}^*=\{11\}$，活动 11 是项目的结束虚活动；更新 $PS_{11}=PS_9\cup\{j_{10}^*\}=\{1,3,6,2,5,4,7,10,8,9,11\}$。

至此，所有的活动都已被安排，随机串行调度进程结束，结果如图 7-4 所示。为了进行对比，在同样的调度策略 $\Pi(AL')=\{1,3,6,2,5,4,7,10,8,9\}$ 下，图 7-5 和图 7-6 分别给出了采用传统并行调度方式和传统串行调度方式获得的结果。

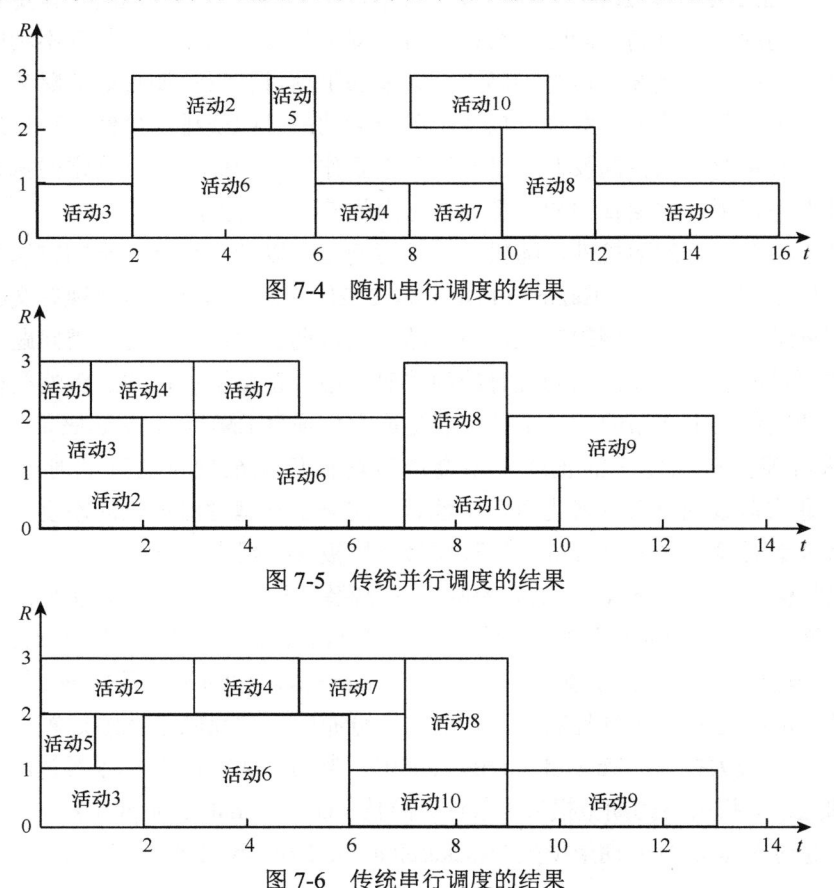

图 7-4 随机串行调度的结果

图 7-5 传统并行调度的结果

图 7-6 传统串行调度的结果

SRCPSP 最常见的目标是最小化项目的期望完工时间。当活动工期为离散分布时，SRCPSP 就成了更一般化的确定型 RCPSP，由于求解 RCPSP 是 NP-hard 问题，因此 SRCPSP 也是 NP-hard 问题。对于小规模问题，Stork（2001）在他的博士论文中提出了一种 B&B 的精确算法；针对一般规模的问题，学者 Ballestín 和 Leus（2009）以项目的期望 2 期为目标，提出了求解期望完工时间目标下的元启发式算法。通常，需要采用启发式算法求解 SRCPSP，但是由于活动工期的随机性，一般需要将仿真和启发式智能优化算法联合起来求解 SRCPSP。

7.2 研究问题界定

7.2.1 研究背景

项目在执行过程中经常受到不确定因素的影响，如随机的活动工期和现金流的波动，这种不确定性导致约 70%的工程项目出现竣工延误，其中 75%超过了初始预算（Miller et al.，2009）。在工程实践中，恶劣的天气和增加的工作量等因素会延长活动的持续时间，同时，材料价格的变化和业主的延迟付款等不利因素会改变项目的现金流状况，这些不确定因素增加了项目获得预期收益的财务风险。另外，项目的现金流主要取决于项目中各个活动的时间安排。显然，项目进度计划的实现质量对于项目的收益水平起到了重要作用。因此，在不确定的执行环境下管理者进行项目进度管控和财务规划时面临着严峻的挑战。

基于活动工期的随机性，随机项目调度问题可以通过设计一定的方法来实现项目期望工期的最小化（Hazır and Ulusoy，2020）。截至目前，尽管现有文献已经较为充分地研究了项目期望工期最小的随机项目调度问题，但是此类问题并不适合评估项目的投资风险，因为现有的相关研究通常忽略了项目的经济性指标。随机项目调度优化中使用的财务指标一般是最大化项目 ENPV（Rezaei et al.，2020），这意味着项目实施期间的正或负现金流将均被折现至项目的开始时刻。项目 ENPV 通常假设项目管理者为风险中性者，忽略了管理者对风险的态度。然而，忽略管理者对风险的态度很可能导致项目产生极端的损失。

风险值（value at risk，VaR）的概念在金融领域被提出和使用，主要用来衡量特定时期内投资组合中可能发生的潜在损失量（Fishburn，1977），其中项目损失被视为一个随机变量。此外，风险净现值（NPV at risk，NPVaR）源于 VaR 概念，当项目的 NPV 是随机变量且服从已知的概率分布时，它反映了在给定置信水平下 NPV 的潜在最大损失（Ye and Tiong，2000）。然而，NPVaR 指标很难被用于评估项目超过最大损失后的期望损失。条件风险值（conditional value at risk，CVaR）可以度量超过 VaR 部分的期望损失（Rockafellar and Uryasev，2000）。Rezaei 等（2020）

定义了 CNPVaR 的概念，用于评估随机项目调度中超出 NPVaR 的期望损失。

此外，对于活动网络结构复杂且建设周期较长的工程项目来说，在某些时期内同时执行多个活动需要的资源总量往往会超过其可使用的最大资源数量。因此，资源使用受限的情形可能会导致一些活动被推迟开展，以缓解资源过度紧张。由于活动持续时间通常是具有已知概率分布的随机变量，所以 SRCPSP 被提出并逐步得到学者的关注。随后，尽管相关研究将 SRCPSP 拓展至对项目 ENPV 的优化，但是 ENPV 无法衡量项目进度计划为项目收益带来的风险。此外，每个活动在项目实践过程中通常具有多种安排方式（Yang et al., 2024）。因此，本章提出了一个最小化 CNPVaR 的 SMRCPSP，它考虑了随机的活动工期和现金流，并根据模拟场景的发生概率用一组离散的实际场景来描述这些随机参数。SMRCPSP 可帮助项目管理者提前掌握项目 NPV 的实现风险，并获得满意的策略，以便在项目执行的每个决策时间合理地安排活动。

7.2.2 研究现状

本节主要回顾与随机项目调度的 ENPV 和项目风险度量相关的文献，并在全面回顾后总结本书与现有文献的主要差异。

1. ENPV 最大化的随机项目调度问题研究

NPV 通常可以作为项目管理和进度安排的财务指标（Peymankar et al., 2021）。学者 Russell（1970）首先提出了 NPV 最大化的项目调度问题，并根据项目确定的现金流构建了无资源的非线性规划模型。随后，一些学者将确定型 NPV 最大化的项目调度问题拓展至考虑资源约束的条件下。Buss 和 Rosenblatt（1997）假定 SRCPSP 中的活动工期服从指数分布，设计了一个以 ENPV 最大化为目标的连续时间马尔可夫决策方法。与 Buss 和 Rosenblatt（1997）以及 Sobel 等（2009）的研究结果相比，Creemers 等（2010）基于对连续时间马尔可夫决策方法中状态空间的合理划分，显著改进了 ENPV 的表现。进一步，Hermans 和 Leus（2018）的研究表明，即便允许项目活动在执行过程中中断，最优策略在随机项目调度中也不会产生良好的结果。此外，Creemers 等（2015）将活动成功或失败实施的概念引入到具有随机活动持续时间的项目中。对于具有相位型分布的活动工期，Creemers（2018a）探索了一个新的连续时间马尔可夫链和一个向后的随机动态规划算法以确定最优的策略。在具有多个实施阶段的项目中，假设项目在一个阶段的工期时间内服从一般的分布函数，Creemers（2018b）采用精确闭环的形式来表达不同时刻的 NPV，并设计了高精度 NPV 分布近似估计方法，该方法能有效地获得项目的最优实施阶段顺序并最大化项目的 ENPV。上述研究均未考虑项资源约束的情形，所以上述模型与方法仅能在较为理想的项目环境中应用。

除考虑项目的活动工期随机外，Peymankar等（2021）将不确定的现金流定义为离散情景的集合，他们构建了两种线性整数规划模型，并采用Benders分解方法求解ENPV优化模型。特别地，基于随机活动工期和现金流，Sobel等（2009）采用连续时间马尔可夫决策方法来确定最优的自适应策略。随后，Wiesemann等（2010）通过一组与发生概率相关的离散备选方案描述了随机活动工期和现金流，并基于广义优先关系开发了一种用于解决随机项目调度问题的B&B算法。

然而，实际工程项目执行过程中通常会受到资源供给量的限制，使在不确定的环境中获得令人满意的调度策略比较困难。因此，尽管Chen和Zhang（2012）探究了带有随机活动工期和随机活动成本的多模式资源约束型项目调度问题，但他们的目标是在项目实施前获得基准进度计划，这使得生成的基准进度计划在应对不确定执行环境时出现明显的不足。上述的研究大多集中在优化项目的ENPV上，但对于项目完成实际执行过程后可否达到预期收益水平的资金风险问题却很少关注。

此外，为了应对项目环境的不确定性，也可以采用鲁棒性项目调度技术来生成NPV最大的基准调度方案。Zheng等（2018）利用前摄性调度来优化基准计划中的NPV，然后构建了损失最小和NPV最大的反应性调度模型。Liang等（2019）将项目NPV作为质量稳健性指标，并将预期惩罚成本作为解的鲁棒性指标，基于随机活动工期提出了一种复合两种鲁棒性指标的项目调度优化模型，并设计了一种将模拟退火与禁忌搜索相结合的两阶段算法。然而，用鲁棒性调度方法生成的基准进度计划在项目执行过程中出现中断时，需要对其进行调整，但是中断的进度计划在恢复过程中往往会增加项目的成本支出。

2. 考虑风险度量的随机项目调度问题研究

有关项目管理中的风险度量指标，Markowitz（1959）最初提出了半方差指标，主要衡量项目低于预期收益的利润分散程度（投资风险）。Huang等（2016）建立了均值–方差和均值–半方差模型来评估预算超支的风险，以获得最优的项目选择和进度安排。针对随机资源约束型项目调度问题，Rezaei等（2021）对NPV的平均半方差进行了定义，用于度量实现项目预期NPV的风险。然而，方差和半方差风险度量指标都不能反映项目管理者的风险态度。

VaR可作为评估项目收益损失的风险度量指标。在给定的置信水平下，与半方差指标相比，VaR可以评估项目NPV的最大变化。此外，依据VaR指标，Ye和Tiong（2000）提出了评估基础设施项目投资风险的NPV风险价值法，该方法可以衡量投资组合中可能发生的损失金额。相比较于VaR指标，CVaR可在给定的置信水平下，度量项目超过VaR部分的期望损失，并可以根据项目经理对风险的态度来调整该预期损失值的大小。

根据随机活动工期和现金流，Rezaei 等（2020）提出了一个基于仿真的随机项目调度优化模型，并开发了一种非支配排序遗传算法和多目标减振优化方法，以同时优化 ENPV 和 CNPVaR。针对可更新资源约束的现实场景，通过分别使用 SRCPSP 中基于活动和资源的调度策略，可以探讨基于模拟优先级规则对 ENPV 和 NPV 半方差指标的影响，其中 NPV 半方差通过所有实际获得的 NPV 与 ENPV 之间负偏差的期望值来确定（Rezaei et al., 2021）。近来，考虑到活动实施失败对研发项目的影响，Rezaei 等（2024）提出了一种基于情景的双目标优化模型，以最大化 ENPV 和最小化 CNPVaR，并通过引入有效的不等式提高所构建混合整数规划模型的求解效率。针对项目规模扩大的限制，Zhang 等（2024）评估了活动工期变化对随机项目调度的影响，然后在产出价格和技术不确定的条件下，通过设计最佳的调度策略来优化项目 NPVaR 和 CNPVaR。

依据当前的研究现状可知，在随机项目调度中考虑资源约束条件和多种活动执行模式的研究尚未出现，仅有少量文献基于项目调度优化的视角展开对项目财务风险的度量，且上述条件符合实践者在项目执行中可能面临的现实场景。此外，尽管有少量研究文献采用基于优先级规则的启发式算法来评估不同优先级规则在项目财务风险方面的表现，但是在元启发式算法中嵌入邻域搜索或局部搜索的策略却未被采用，这些方法可以产生更好的求解效果（Rezaei et al., 2021）。因此，鉴于 CNPVaR 指标能够结合管理者的风险态度定量地表达项目的潜在损失，本章以 CNPVaR 作为项目财务风险的度量目标，以期实现项目的预期利润目标，并采取风险管理措施以降低项目的财务风险。

7.3 基于场景的 SMRCPSP 条件风险净现值问题

7.3.1 问题描述

与前文类似，本章采用单代号网络 AoN 来表示一个项目。一个活动具有多种执行模式，在执行模式 m 下活动的工期是未知的，活动工期用一组向量 $d=(d_{1m},d_{2m},\cdots,d_{Jm})$ 表示，其中活动 j 在执行模式 m 下的工期用 d_{jm} 表示。活动 j 在执行前可以选择的模式集合为 M_j。类似地，使用随机向量 $c=(c_{1m},c_{2m},\cdots,c_{Jm})$ 表示活动 j 在执行模式 m 下的净现金流，且其服从一定的概率分布。假定确定的净现金流主要发生在活动的完成时刻。每个活动需要使用 K 种可更新资源，在每个单位工期上第 k 种可更新资源的限量为 R_k，活动 j 在执行模式 m 下相应的可更新资源需求量为 r_{jmk}。在 SMRCPSP 的优化目标中，相关的风险度量指标定义如下：

定义 7.3 给定随机变量 X 和置信水平 $\alpha(0,1)$，VaR 的计算公式如式（7-1）所示，其中 $F_X(x)$ 表示损失的累积分布函数，x 是随机变量 X 的取值。

$$\text{VaR}_X(\alpha)=\min\{x:F_X(x)\geq\alpha\} \tag{7-1}$$

定义 7.4 基于 VaR 的定义，给定随机变量 Y（NPV 损失）和置信水平 $\alpha(0,1)$，NPVaR 的计算公式如式（7-2）所示，其中 $F_Y(y)$ 是项目 NPV 损失的累积分布函数，y 是随机变量 Y（NPV 损失）的取值。

$$\text{NPVaR}_Y(\alpha)=\min\{y:F_Y(y)\geq\alpha\} \tag{7-2}$$

定义 7.5 CVaR 代表随机变量 X（损失）超过 $\text{VaR}_X(\alpha)$ 的期望损失，其计算公式如式（7-3）所示。

$$\text{CVaR}_X(\alpha)=E[X|X\geq\text{VaR}_X(\alpha)]=\frac{1}{(1-\alpha)}\int_{\text{VaR}_X(\alpha)}^{+\infty}xdF_X(x) \tag{7-3}$$

定义 7.6 根据 CVaR 的定义，CNPVaR 的计算公式见式（7-4），其中 P_s 表示场景 s 发生的概率，S 表示场景的集合，参数 γ_s 则表示超过 NPVaR 部分的损失。此外，CNPVaR 的数值越小，表明在给定置信水平下项目的期望损失就越低。

$$\text{CNPVaR}_Y(\alpha)=\text{NPVaR}_Y(\alpha)+\frac{1}{(1-\alpha)}\sum_{s\in S}P_s\times\gamma_s \tag{7-4}$$

在随机项目调度中，由于活动工期具有随机性，所以每个活动的开始时间均为随机变量，项目的 NPV 由活动的开始时间和完成时间、净现金流以及折现率决定。因此，项目的 NPV 也是一个随机变量。此外，项目的 NPV 越大，表明项目的收益绩效水平越好，这不同于 CVaR 中定义的损失指标度量。因此，NPV 为负值时可以用来表示随机变量的损失（Rezaei et al.，2020）。在项目调度问题中，NPV 的损失可以通过预先模拟项目执行的场景来获得，基于仿真场景产生的 NPV 损失分布如图 7-7 所示。

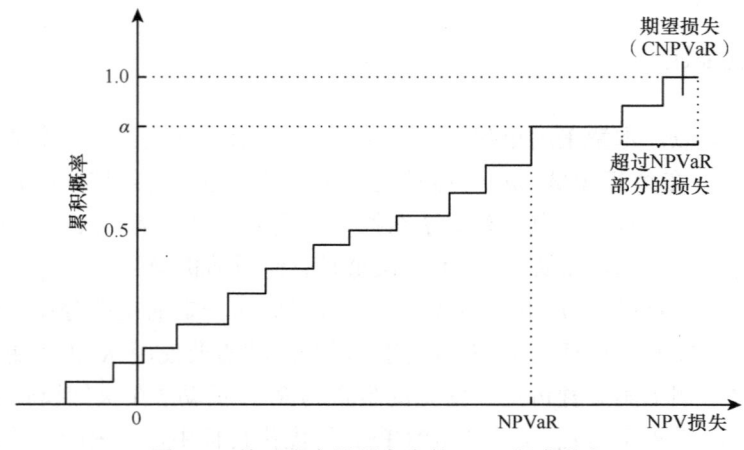

图 7-7 基于仿真场景产生的 NPV 损失分布

为明确界定本章的研究问题，首先设定如下四个方面的基本假设。

（1）尽管项目的活动工期是随机变量，但活动的不可更新资源在每个单位时间上的需求量是不变的。

（2）活动一旦选择了某一执行模式，在实施过程中将不能改变。

（3）根据项目的历史数据可以得到不同场景的发生概率。

（4）除活动的工期和净现金流以外，其他参数在项目实施过程中将保持不变。

依据上述的基本假设，SMRCPSP 具体可界定为：基于不确定的活动工期和现金流，在满足活动之间的逻辑关系和可更新资源约束的条件下，通过选择合理的调度策略和活动执行模式，以实现项目财务风险的最小化。具体来说，在项目实施前，基于动态仿真的方式采用一定的求解算法可获得一个项目 CNPVaR 最小的解（策略），并通过活动优先级列表和执行模式列表来表达该策略。活动优先级列表定义了所有活动在项目实施过程中的安排顺序，执行模式列表展示了各个活动选择的执行模式。值得强调的是，确定型 MRCPSP 的解是活动的开始时间序列；对于 SMRCPSP，由于活动工期和项目的现金流状态在事前都未知，因此 SMRCPSP 的解采用调度策略表达。相关参数的说明见表 7-1。

表 7-1 相关参数的说明

参数	说明
m	活动 j 的第 m 种执行模式，$m=1,2,\cdots,|M_j|$
M_j	活动 j 的执行模式集合
r_{jmk}	活动 j 采用第 m 种执行模式时对第 k 种可更新资源的需求量
R_k	单位时间上第 k 种可更新资源的限量
d_{jm}^*	活动 j 选择执行模式 m 时的期望工期
c_{jm}^*	活动 j 选择执行模式 m 时的期望净现金流
α	置信水平（α=0.7）
S	场景的集合，$s=1,2,\cdots,|S|$
P_s	场景 s 发生的概率
d_{jm}^s	在场景 s 中，活动 j 选择执行模式 m 时的实际工期
c_{jm}^s	在场景 s 中，活动 j 选择执行模式 m 时的实际净现金流
A_t^s	在场景 s 中，在时间 t 上正在进行的活动集合
T_s	场景 s 中的项目工期
θ	折现率（$\theta=0.05$）
$\beta=\mathrm{e}^{-\theta}$	单位时间的折现因子（β=0.95）
CNPVaR	条件风险净现值
x_{jm}^s	0-1 决策变量，在场景 s 中，如果活动 j 选择第 m 种执行模式，则 $x_{jm}^s=1$；否则 $x_{jm}^s=0$
y_{jm}^s	整数决策变量，在场景 s 中，活动在第 m 种执行模式下的开始时间
NPVaR	风险净现值
γ_s	在场景 s 中，超过 NPVaR 部分的损失，$\gamma_s \geq 0$

7.3.2 随机资源约束型项目调度策略

最早启动的调度策略和预选调度策略考虑了最小禁止集（总资源需求量超过可用资源情形下，包含活动数量少的活动集合），并且最小禁止集随着活动数量的增加呈指数级增长。此外，预处理调度策略是根据基于资源的调度策略执行的，活动之间添加了结束–开始约束（Igelmund and Radermacher，1983）。此外，在广义预处理调度策略中需要同时使用两组活动关系对（Ashtiani et al.，2011），即结束–开始和开始–开始，然而，该策略在实际应用过程中很难确定对哪些活动添加额外的结束–开始和开始–开始集合。因此，在本书主要采用了基于活动的调度策略和基于资源的调度策略作为调度方法。此外，在使用调度策略之前还需要确定活动的执行模式。

7.3.3 基于场景的 SMRCPSP 条件风险净现值优化模型

根据前文的问题描述和定义，基于场景的 SMRCPSP 优化模型具体如下所示：

$$\min \ \text{CNPVaR} = \text{NPVaR} + \frac{1}{(1-\alpha)} \sum_{s \in S} P_s \times \gamma_s \quad (7\text{-}5)$$

s.t.

$$\sum_{m \in M_j} x_{jm}^s = 1, \quad j = 1, 2, \cdots, J, \quad \forall s \in S \quad (7\text{-}6)$$

$$\sum_{m \in M_i} x_{im}^s \left(y_{im}^s + d_{im}^s \right) \leqslant \sum_{m \in M_j} x_{jm}^s y_{jm}^s, \quad j = 2, 3, \cdots, J, \quad \forall i \in \text{Pre}(j), \quad \forall s \in S \quad (7\text{-}7)$$

$$\sum_{j \in A_t^s} \sum_{m \in M_j} x_{jm}^s r_{jmk} \leqslant R_k, \quad t = 1, 2, \cdots, T_s, \quad k = 1, 2, \cdots, K, \quad \forall s \in S \quad (7\text{-}8)$$

$$\sum_{m \in M_1} x_{1m}^s y_{1m}^s = 0, \quad \forall s \in S \quad (7\text{-}9)$$

$$\gamma_s \geqslant -\sum_{j=1}^{J} \sum_{m \in M_j} x_{jm}^s c_{jm}^s \beta^{x_{jm}^s + d_{jm}^s} - \text{NPVaR}, \quad \forall s \in S \quad (7\text{-}10)$$

$$x_{jm}^s \in \{0,1\}, \quad j = 1, 2, \cdots, J, \quad m \in M_j, \quad \forall s \in S \quad (7\text{-}11)$$

$$y_{jm}^s \in f^s(\pi), \quad j = 1, 2, \cdots, J, \quad m \in M_j, \quad \forall s \in S \quad (7\text{-}12)$$

式（7-5）表明，优化目标是最小化项目 CNPVaR；式（7-6）表示在任意一种场景下，活动仅能在执行模式集合中选择一种执行模式实施；式（7-7）表示在场景 s 中，活动之间应满足结束–开始的逻辑关系约束；式（7-8）表示在场景 s 中，在单位工期上的可更新资源需求总量不超过其可更新资源限量 R_k；式（7-9）表示在场景 s 中，第一个虚活动的开始时间为 0；式（7-10）表示在场景 s 中，辅助变量 γ_s 的确定方法，γ_s 为超过 NPVaR 部分的损失，且 $\gamma_s \geqslant 0$；式（7-11）表示决策变量的定义域；式（7-12）中的 $f^s(\pi)$ 表示映射函数，即依据调度策略 π 可以获得场景 s 下的调整方案。

下面通过一个例子说明本章提出的相关概念和界定的研究问题 SMRCPSP。如图 7-8 所示，项目网络中包含四个实活动，其中每个非虚拟活动都有三种执行模式和两种可更新资源，两种可更新资源的可用数量分别为 9 和 12。假设活动的工期和净现金流服从均匀分布，其参数如表 7-2 所示（Ashtiani et al., 2011）。每种场景的发生概率是随机的，共生成了 10 种模拟场景，以简化 CNPVaR 的确定过程。

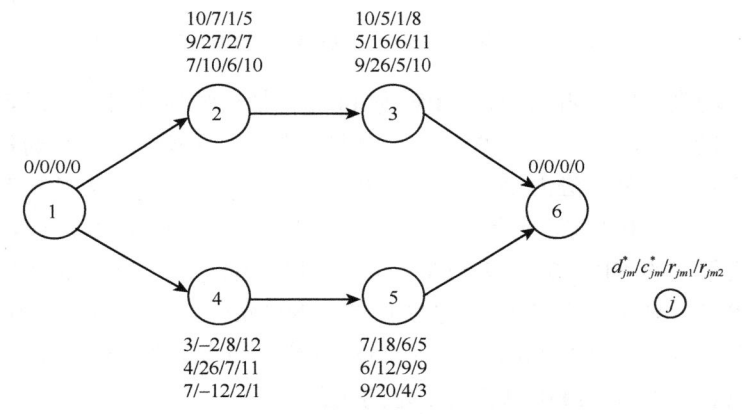

图 7-8 算例的项目网络和相关参数

表 7-2 模拟场景中活动工期和净现金流的均匀分布参数

参数	范围	方差
d_{jm}^s	$U\left(d_{jm}^* - \sqrt{d_{jm}^*}, d_{jm}^* + \sqrt{d_{jm}^*}\right)$	$\dfrac{d_{jm}^{*\,2}}{3}$
c_{jm}^s	$U\left(c_{jm}^* - \sqrt{|c_{jm}^*|}, c_{jm}^* + \sqrt{|c_{jm}^*|}\right)$	$\dfrac{c_{jm}^{*\,2}}{3}$

本节通过枚举法求解该算例，根据基于活动的调度策略确定精确解。枚举技术可以确定活动的优先列表及其执行模式的所有可能组合形式，然后可以依据模拟场景计算 CNPVaR 最小的精确解。因此，求解该算例总共获得了 486 个可行的策略，这些策略由 6 种活动序列和 81 种活动执行模式以组合的方式构成。

基于上述方法获得的活动列表和模式列表的最优策略分别为 {1, 4, 5, 2, 3, 6} 和 {1, 2, 1, 2, 3, 1}。以模拟场景 1 为例，在此主要讨论将调度策略解转换为对应的活动开始时间序列。在项目开始时刻 0，首先安排活动 4，并选择执行模式 2。随后，由于活动 4 的实际工期为 5，因此活动 5（执行模式 1）在活动 4 结束时才能被安排。尽管活动 2 与活动 4 和活动 5 之间没有逻辑关系，但活动 2（执行模式 2）只能在时刻 5 开始。需要注意的是，活动 2 不能早于时刻 5 开始，原因是不允许在当前决策时间点之前开展此活动，这便是前文所述的随机串行调度生成方式。根据已实现活动的持续时间，项目在场景 1 中的实际执行过程如图 7-9 所示。

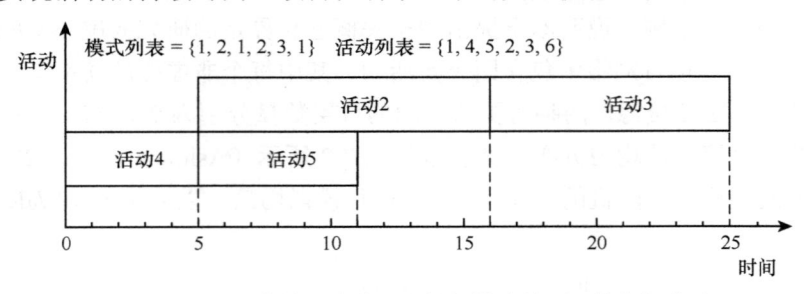

图 7-9　场景 1 中基于多种活动执行模式的项目的实际进展

此外，场景 1 中获得的最终 NPV 为 44.85。根据最佳策略可以确定不同场景下的 NPV（NPV_2，NPV_3，…，NPV_{10}），具体结果如表 7-3 所示。所有场景下的项目财务损失值升序排列，进而获得关于 NPV 损失的分布。当损失场景的累积概率（$-NPV_s$）不小于 0.7 时，场景 10 中的 NPV 损失（-49.09）为 NPVaR。因此，可以确定情景 s 的 NPV 损失和 NPV 风险之间的差值 γ_s，如表 7-3 所示。据此，根据 CNPVaR 的计算公式可确定项目的 CNPVaR 为-47.35[-49.09+（4.24×0.016+2.94×0.063+2.75×0.098)/(1-0.7)]。在给定的决策者置信水平下，CNPVaR 的结果为负表明项目最终可以获得一定的收益。

表 7-3　活动工期与净现金流的仿真结果

场景	P_s	活动工期				活动净现金流				NPV_s	γ_s
		活动2	活动3	活动4	活动5	活动2	活动3	活动4	活动5		
1	0.016	11	9	5	6	25	23	23	17	44.85	4.24
2	0.172	11	10	3	7	27	29	29	16	56.08	0
3	0.063	12	10	4	5	25	24	23	16	46.15	2.94
4	0.127	8	12	4	7	29	25	27	15	53.49	0
5	0.133	9	7	5	5	27	29	26	17	53.34	0
6	0.098	10	11	3	6	30	30	21	17	46.34	2.75
7	0.071	10	7	3	6	26	21	31	20	60.06	0
8	0.152	9	10	6	7	28	21	30	20	51.12	0
9	0.023	7	12	3	6	25	21	26	21	57.29	0
10	0.145	11	12	4	7	23	31	23	21	49.09	0

此外，保持活动的最佳调度优先次序不变，将活动的执行模式列表更改为{1,1,1,1,1,1}，该种情况也可以理解为每个活动仅有一种执行模式。根据活动的最佳调度序列{1,4,5,2,3,6}，则可以得到项目的 CNPVaR 为-14.43。基于模拟场景 1，当项目按照所选的调度策略执行时，项目完成时可获得的实际 NPV 为 14.64。

与图 7-9 中的结果相比，虽然基于单一活动执行模式提前了整个项目的完成时间（项目工期为 19），但由于所选活动的净现金流较小，所以项目的财务风险增加了，具体可参见图 7-10 中的项目实际进展。显然，当项目中的活动具有多种可选择的执行模式时，管理者所选的活动实施模式会对项目的 CNPVaR 产生显著影响。

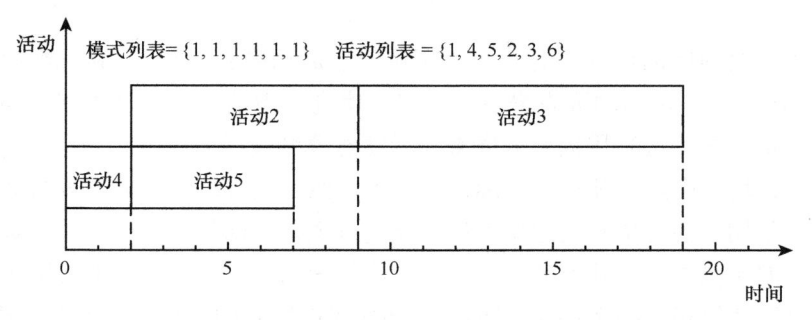

图 7-10　场景 1 中基于单一活动执行模式的项目实际进展

7.4　基于场景的 SMRCPSP 条件风险净现值模型求解算法

如果将活动的工期表示为离散分布，则在每一种仿真场景当中，SRCPSP 都可看作基本 RCPSP 的拓展。进一步，在具体的项目实施场景下，SRCPSP 可认为是确定型 RCPSP 的一般化表达（Rostami et al.，2018）。因此，基于仿真的 SRCPSP 在计算上也必将是一个 NP-hard 问题。针对本章提出的优化模型，若使用精确算法将会导致计算时间成本显著增加。因此，精确求解技术（如动态规划、B&B 技术）难以求解中大型复杂工程项目，同时求解此类项目还需生成大量的模拟场景来确定 CNPVaR。

对于 RCPSP 或 SRCPSP 来说，基于优先级规则的启发式算法（Rezaei et al.，2021）或元启发式算法（van Peteghem and Vanhoucke，2010）可根据选定的调度方案生成策略获得满意的进度计划。通常，当求解问题的解空间较大且具有多维属性时，通过启发式算法获得的满意解的质量会显著降低。基于群体的元启发式算法（如遗传算法、蚁群优化算法和粒子群优化算法等）已成为解决 RCPSP 及其变体最为有效的元启发式算法之一（Pellerin et al.，2020）。此外，Hartman（2001）提出的遗传算法为处理确定型 MRCPSP 提供了一种非常有效的方法。因此，基于模拟仿真的随机项目调度可根据 MRCPSP 的条件和项目的进展情况来确定活动的开始时间。

到目前为止，开发高效的混合元启发式算法解决项目调度问题已成为学者的共识（Pellerin et al.，2020）。基于对这些求解算法的总结可得到，元启发式算法中的混合策略包括集成混合策略、合作混合策略、基于分解的混合策略和特殊的混合策略。因此，本章采用了三种基于模拟的混合遗传算法（一种集成的混合遗传算法和两种合作的混合遗传算法），根据基于活动的调度策略或基于资源的调度策略来搜索满意的解。

7.4.1 解的表示和目标函数的确定

本章研究问题的可行策略（解）可用一组活动列表（AL'）和一组模式列表（ML'）表示，即用活动列表来表示动态调度过程中活动安排的顺序（满足活动之间的逻辑优先关系），用模式列表来表示动态调度过程中每个活动选择的执行模式。在模拟场景中随着项目的实际进展，可按照调度策略（解）来安排活动，并确保单位工期上的可更新资源使用量不能超过该种资源的限量。在某一场景中，整个项目的实际进展是基于多个时点上的决策策略和已执行活动的实际工期形成的，并可以获得相应的 NPV。同样，不同场景中所有的 NPV 都是基于相同的策略（解）来确定的，由此可计算项目的目标函数值 CNPVaR。

7.4.2 带有局部搜索策略的混合遗传算法

在设计的混合遗传算法中，考虑了一种将局部搜索策略与基于群体的遗传算法相结合的集成混合策略，本章将其命名为带有局部搜索的遗传算法（genetic algorithm with local search，GA-LS）。对于 GA-LS，局部搜索策略主要用于确定每个活动的最佳执行模式，由此可将 SMRCPSP 转换为单模式 SRCPSP。然后，基于所选择的活动执行模式，采用遗传算法来搜索最优的活动列表。

1. 确定活动执行模式的局部搜索算法

在多模式项目调度问题中，大量的模拟场景使算法搜索的解空间增大，同时搜索活动优先级序列和活动的执行模式需要消耗一定的计算时间。因此，为了减少解的搜索空间，在搜索活动优先序列之前，局部搜索算法主要用于确定每个活动最佳的执行模式。

在本章中，CNPVaR 的优化目标是 NPV 损失函数右尾分布中的 NPV 损失最小。然而，对于项目收益分布函数而言，这等价于在其概率分布函数的左尾分布中实现最大化项目收益。因此，局部搜索算法倾向于选择具有最大折现值的活动执行模式，以提高项目潜在收益并降低 NPV 损失的风险。基于以上分析，活动模式选择的具体步骤如下。

步骤1：根据执行模式 m 的期望工期和净现金流，确定活动 j 开始时刻的折现现金流 V_{jm}。

步骤2：对于活动 j，对比不同执行模式下 V_{jm} 的值，选择具有最大 V_{jm} 的执行模式作为该活动选择的实施模式。

步骤 3：根据步骤 2 的结果，如果确定了项目中所有活动的执行模式，则局部搜索算法终止；否则，返回步骤 2。

2. 确定活动优先序列的遗传算法

如前文所述，遗传算法的具体操作过程包括初始种群的产生、适应值计算和遗传操作。基于局部搜索算法获得活动的执行模式之后，要采用遗传算法来确定活动的优先序列。

（1）初始种群的产生。初始种群 Pop 由 |Pop| 个个体组成，采用随机的方式产生，对于所有个体，其活动序列都是满足活动之间的逻辑关系的。

（2）适应值计算。对于一个个体（AL'或 ML'），可以根据给定的模拟场景通过采用调度策略获得活动具体的开始时间和结束时间，因此可以根据不同的模拟场景计算 NPVaR 和 CNPVaR。适应值 f_n 根据式（7-13）确定，式中 y_n 和 y_{max} 分别表示个体的 CNPVaR 值和当前群体中的最大 CNPVaR 值。

$$f_n = \frac{y_{max} - y_n + 1}{\sum_{n=1}^{|Pop|}(y_{max} - y_n + 1)}, \quad n=1,2,\cdots,|Pop| \qquad (7\text{-}13)$$

（3）选择操作。通过轮盘赌选择（roulette wheel selection）可选择两个父代个体，以增加种群的多样性（Michalewicz，1996）。首先，通过计算某个个体的适应值与所有个体适应值之和的比值确定该个体能被选择的概率，进而计算各个体相应的累积概率，用 P_a 表示个体 a 的累积概率；其次，生成[0, 1]区间之内的随机数 Rand，当满足 $P_a <$ Rand $\leqslant P_{a+1}$ 时，选择个体 $a+1$ 作为父代染色体，并以相同的方式选择出母代个体。

（4）交叉操作。采用单点交叉方式（Hartmann，2001），根据交叉概率 P_c 产生两个子代。父代个体和母代个体进行单点交叉，随机产生一个整数 k_1（$k_1>1$），即交叉点的位置。儿子个体继承父代个体活动列表中的第一部分（从位置 1 到位置 k_1 的活动），从位置 $k+1$ 至最后位置 J 则继承母代个体，需要指出的是儿子个体已从父代个体获得的活动代号，在继承第二部分活动时则不再考虑。产生女儿个体的过程在活动列表基因位继承顺序上则与产生儿子个体的过程恰好相反。

（5）变异操作。变异操作主要依据变异概率采用移动活动的方式进行，具体如 4.3.3 节所示，此处不再赘述。

7.4.3 混合元启发式算法

除了集成混合策略的 GA-LS 之外，本章还设计了另外两种基于合作策略的混合遗传算法，且两种遗传算法（GA$_1$ 和 GA$_2$）在搜索过程中会交换求解信息。因此，基于合作混合策略的遗传算法（genetic algorithm operates on activity and mode order，GA-AM）使用双层循环确定活动调度的优先级和执行模式。GA-AM 的基本思想为：首先，外层遗传算法 GA_1 用于搜索活动列表。针对来自 GA_1 算法的某一个个体，内层遗传算法 GA_2 通过完整的遗传进化过程来搜索每个活动最佳的执行模式，并将最优的执行模式列表 ML′作为输出返回至 GA_1。其次，GA_1 算法通过选择、交叉和变异操作对 AL′进行操作。根据上述步骤，两种遗传算法分别处理活动列表和模式列表，并依据 CNPVaR 的优化效果交换遗传进化信息。此外，两种遗传算法中的适应值计算均采用式（7-13）。附录 A 中表 A-4 展示了 GA-AM 的主要伪代码，其主要步骤具体如下。

步骤 1：随机产生规模为 $Popsize_1$ 的初始种群，在 GA_1 中每个个体均满足活动之间的逻辑优先关系，即每个个体都存在可行的 AL。

步骤 2：对于 GA_1 中的个体 p，通过使用 GA_2 来获得其最佳的 ML。针对 GA_1 中的个体 p，在 GA_2 中随机产生 $Popsize_2$ 个个体（ML′）。保持个体 p 的 AL′不变，在 GA_2 中对每个个体的 ML 依次进行轮盘赌选择、单点交叉和移动活动的变异操作。因此，个体 p 的最佳 ML 由 GA_2 根据适应值来确定。如果 GA_1 中的 $Popsize_1$ 个个体已经获得了相应的最佳 ML，则 GA_2 结束。

步骤 3：根据 GA_2 获得的最佳 ML，对 GA_1 中所有个体的 AL 进行遗传操作（轮盘赌选择、单点交叉和移动活动）。GA-AM 在 GA_1 完成遗传操作后结束，并输出最佳解（AL 和 ML）以及相应的 CNPVaR。

另一种基于合作策略的混合遗传算法（genetic algorithm operates on mode and activity order，GA-MA）对 ML 和 AL 依次进行操作。类似于 GA-AM，该混合遗传算法包括遗传算法 GA_1 和 GA_2，所以 GA-MA 也具有两层循环。外层循环首先处理 ML，然后内层循环处理 AL。换言之，遗传算法 GA_1 在外层循环中搜索 ML；对于 GA_1 中的个体 p，GA_2 在内循环中通过遗传操作搜索该个体最佳的 AL。

在 GA-AM 和 GA-MA 中，两种算法对 AL′的交叉和变异操作与 GA-LS 中对 AL 的操作相同，其中对 ML 的具体操作如下。

（1）交叉操作。母代和父代个体的 ML 与 AL 在相同的位置交叉产生子代个体。子代儿子个体（ML）的第一部分基因位继承父亲个体交叉点前的基因位，另一部分基因位则继承母代个体交叉点后的基因位；子代女儿个体（ML）则以相反的顺序分别继承来自母代和父代的个体基因位。

（2）变异操作。针对每个基因位上的活动执行模式，根据变异概率随机生成该个体的活动执行模式，以取代该活动现有的执行模式。

7.4.4 算法对比

除了所设计的混合遗传算法外，本章还采用了常规遗传算法和减振优化

（vibration damping optimization，VDO）算法（Rezaei et al.，2020）与前述三种算法进行对比。

1. 常规遗传算法

与 GA-LS 先使用局部搜索算法确定 ML 后再采用遗传操作确定 AL 不同，常规同时搜索活动和模式列表的遗传算法（genetic algorithm simultaneous search AL and ML，GA-SS）在求解确定型 MRCPSP 时会使用遗传算子同时搜索个体的活动列表和模式列表（Hartmann，1998），这意味着个体的活动列表和模式列表在遗传进化过程中将在一个循环中共同经历选择、交叉和变异操作（仅使用一层循环）。为了客观地与前述三种算法（GA-LS，GA-AM 和 GA-MA）对比，活动列表和模式列表的具体运算方式与 7.4.3 节相同。

2. 减振优化算法

在已有的无资源约束 CNPVaR 优化问题研究中，VDO 已用于无资源约束的随机项目调度问题中同时优化 CNPVaR 和 ENPV 两个目标（Rezaei et al.，2020），并已被证明是求解此类优化问题有效的元启发式算法之一。因此，本章也将此方法作为对比算法之一。VDO 算法最早由学者 Mehdizadeh 和 Tavakkoli-Moghaddam（2009）提出，根据机械振动中的减振原理，他们认为物体减振过程和实际优化问题之间存在一定的联系。有关 VDO 概念的详细描述，感兴趣的读者可以参考 Mehdizadeh 等（2015）和 Rezaei 等（2020）的研究成果。VDO 算法的关键步骤是邻域解的生成机制，对于邻域解的生成方法，本书主要采用了移动活动的策略，其具体操作见 3.6.2 节。VDO 的具体实施步骤见附录 A 中表 A-5 的伪代码。

在 VDO 算法的初始化步骤当中，可以确定初始解（X）、初始振幅（A_0）、迭代次数（L）、阻尼系数（γ）和瑞利分布的西格玛（σ）。振幅参数具有控制作用，主要控制 VDO 算法在不同步骤中接受较差解的机会。在某个振幅下，迭代次数指定了算法的重复搜索次数，直到该解在此振幅下达到稳定的状态。在较高的振幅条件下，算法向较差解方向进行的搜索将会增加；在较低的振幅条件下，算法向较差解方向进行的搜索将会减少。首先，VDO 算法在搜索空间中随机生成初始解，并使用概率准则进行邻域解搜索。其次，使用目标函数值来评价解的优劣，该算法主要有两层循环。内环循环在每次迭代时通过降低振幅来改变振幅大小。值得注意的是，在给定振幅的条件下，大规模的迭代会使算法在较大的范围内进行搜索，但会明显增加算法的计算时间。外环循环会随机生成一个新的邻点解，该邻点解是基于当前解通过邻域结构生成的。对于最小化问题，如果新生成的解与当前解目标函数值的差不大于零（$\Delta \leq 0$），则接受该新生成的解；否则，在（0，1）之间产生随机数 Rand，若 Rand 小于或等于瑞利分布函数的值，则接受邻点解。

$$1-\mathrm{e}^{-A^2/2\sigma^2} > \mathrm{Rand} \tag{7-14}$$

其中，σ 为瑞利分布常数；A 为振幅大小。采用此规则可防止 VDO 算法陷入局部最优，并可增加算法对全局最优解的搜索。如果当前解在某一振幅下执行 L 次后没有产生更好的邻点解，则算法结束；否则，在新的振幅条件下算法重新进行迭代。在当前解被更新后，相应的振幅也进行调整，即 $A=A_0\mathrm{e}^{-\gamma t/2}$，其中，$t$ 表示搜索解的数量。γ 值越大，则振幅减小的速率就越慢。因此，需要合理地确定 γ 值以获得高质量的满意解。

7.5 数值实验与结果分析

本节采用 PSPLIB 中的项目调度问题生成器（ProGen）随机地生成四种规模的测试算例（Kolisch and Sprecher，1997），并通过大规模数值实验测试三种混合遗传算法（GA-LS、GA-AM 和 GA-MA）的性能，将两种算法（VDO 和 GA-SS）与混合遗传算法进行比较，最后通过一个案例来验证所提出模型和算法的实际应用性。所有算法的实现通过 Microsoft Visual Studio 2019 C++中编程完成，其中，计算机 CPU 频率 2.3 千兆赫兹，内存 8 千兆字节。

7.5.1 测试算例的产生

本节采用 ProGen 随机生成活动数量为 10、20、30 和 50 四种规模的算例集（记为 J10、J20、J30 和 J50），所依据的参数配置如表 7-4 所示。NC、RS 和 RF 参数的具体描述见 1.5 节。假定活动工期和现金流均服从均匀分布（Najjarbashi and Lim，2019），共生成 100 种仿真模拟情景。在区间[1, 1000]中随机生成一个整数，其除以所有随机生成的整数之和，代表某种场景的发生概率（Rezaei et al.，2020）。根据预处理实验结果，四种遗传算法的最佳参数配置如表 7-5 所示。VDO 算法的参数设置如下：种群规模 $n_{|\mathrm{Pop}|}$=50、L=60、A_0=8、γ=0.1、σ=1.5。

表 7-4 ProGen 算例生成器中的参数配置

参数配置	说明
非虚活动的数量	10, 20, 30, 50
每种问题规模下的算例数量	120
$\lvert M_J\rvert$	[1, 3]
NC	1.4, 1.6, 1.8
RS	0.3, 0.5
RF	0.5, 0.8
每个活动最大紧前活动和紧后活动的数量	3
可更新资源的种类（K）	2

续表

参数配置	说明
d_{jm}^*	在[1, 10]区间内随机产生
c_{jm}^*	在[-100, 100]区间内随机产生
初始活动的数量	在[1, 3]区间内随机产生
终止活动的数量	在[1, 2]区间内随机产生
r_{jmk}	在[1, 10]区间内随机产生

表 7-5　四种遗传算法的最佳参数配置

参数	J10	J20	J30	J50
种群规模|Pop|	60	60	100	100
交叉概率 P_c	0.8	0.8	0.8	0.8
变异概率 P_m	0.05	0.05	0.05	0.05
内循环迭代次数 Gen	50	50	60	60
搜索解的数量	3000	3000	6000	6000

7.5.2　测试指标的选择

为全面评估设计算法的有效性，本章采用相应的测试指标反映数值算例的财务风险、完成时间和算法稳定性等内容，其具体解释如下。

1）$\overline{\text{CNPVaR}}$：算法在多次运行中获得的最优 CNPVaR 的平均值。

2）$\text{CNPVaR}_{\min}$：算法在多次运行中获得的最优 CNPVaR 的最小值。

3）$\overline{\text{ENPV}}$：算法在多次运行中获得的最优 ENPV 的平均值。

4）SD：所有模拟情景中获得的 NPV 的标准差，反映了情景中 NPV 的离散程度。SD 的计算公式如式（7-15）所示，式中 n 表示模拟场景的数量。

$$\text{SD} = \sqrt{\frac{1}{n}\left(\text{NPV}_s - \overline{\text{ENPV}}\right)^2} \qquad (7\text{-}15)$$

5）MD（%）：算法在多次运行过程中，$\overline{\text{CNPVaR}}$ 与 $\text{CNPVaR}_{\min}$ 的偏差，具体如式（7-16）所示。

$$\text{MD} = \frac{\overline{\text{CNPVaR}} - \text{CNPVaR}_{\min}}{\overline{\text{CNPVaR}}} \qquad (7\text{-}16)$$

6）$\overline{T}$：算法在多次运行中获得的最短项目计划工期的平均值。

7.5.3　数值实验结果

本章采用基于活动的调度策略和基于资源的调度策略，结合上述五种算法（GA-LS、GA-AM、GA-MA、GA-SS 和 VDO）共形成 10 种特定的求解算法，具体见表 7-6 的第一列。用每种算法依次求解不同规模的算例后，将输出的统计结果总结于表 7-6 中。对于小规模算例（J10 和 J20），VDB（AB）在 $\overline{\text{CNPVaR}}$、$\text{CNPVaR}_{\min}$ 以及 $\overline{\text{ENPV}}$ 三个指标上表现最佳，表明 VDO 中的邻解搜索机制在探索解空间方面具有明显的优势。然而，针对算法的稳定性（MD 指标）和项目计划工期，VDO(AB)的表现劣于 GA-LS(RB)。对于小规模算例的求解，尽管 VDO 可以获得一定的满意解，且获得的项目调度策略具有较低的财务风险，但在每种场景中 NPV 分布的离散程度相对较大，具体可见 SD 指标。

表 7-6 不同算法在不同算例中的求解结果

算例	方法	$\overline{\text{CNPVaR}}$	$\text{CNPVaR}_{\min}$	$\overline{\text{ENPV}}$	MD	SD	$\overline{T}$
J10	**VDO(AB)**[1]	**−319.57**	**−342.36**	**339.69**	1.071	32.31	53.58
	GA-LS(RB)[2]	−263.48	−263.44	284.60	**1.000**	19.45	39.97
	GA-AM(RB)[3]	−263.31	−268.47	273.34	1.020	**9.20**	47.42
	GA-LS(AB)[4]	−262.39	−263.56	283.73	1.004	19.28	43.38
	GA-SS(RB)[5]	−259.47	−263.25	234.73	1.015	55.01	43.34
	GA-SS(AB)[6]	−251.41	−257.16	265.80	1.023	22.48	50.93
	VDO(RB)[7]	−246.29	−250.95	264.45	1.019	42.71	37.92
	GA-AM(AB)[8]	−244.79	−257.20	265.26	1.051	18.52	46.53
	GA-MA(RB)[9]	−214.49	−235.81	232.04	1.099	15.93	42.60
	GA-MA(AB)[10]	−199.62	−217.27	216.69	1.088	15.47	**26.73**
J20	**VDO(AB)**[1]	**−433.34**	**−453.98**	**464.65**	1.048	47.38	80.60
	GA-LS(RB)[2]	−403.71	−404.44	438.62	**1.002**	30.84	57.19
	GA-AM(RB)[3]	−391.96	−400.91	400.75	1.023	**8.05**	70.93
	GA-SS(RB)[4]	−384.13	−392.22	360.64	1.021	70.95	61.89
	GA-LS(AB)[5]	−370.33	−375.85	403.53	1.015	29.52	70.69
	VDO(RB)[6]	−367.82	−391.41	392.90	1.064	43.48	52.98
	GA-SS(AB)[7]	−335.18	−345.50	357.40	1.031	32.71	83.46
	GA-AM(AB)[8]	−319.68	−343.02	350.02	1.073	26.97	78.21
	GA-MA(RB)[9]	−318.57	−346.76	345.95	1.088	24.29	59.87
	GA-MA(AB)[10]	−270.47	−298.43	295.97	1.103	22.94	**43.13**
J30	**GA-LS(RB)**[1]	**−550.17**	**−550.88**	**595.93**	**1.001**	40.11	67.67
	VDO(AB)[2]	−534.46	−542.19	575.52	1.014	55.35	102.77
	GA-AM(RB)[3]	−514.82	−530.10	524.85	1.030	**9.03**	82.03
	GA-SS(RB)[4]	−514.40	−525.28	491.46	1.021	82.24	73.00
	VDO(RB)[5]	−493.40	−508.84	525.14	1.031	53.30	64.32
	GA-LS(AB)[6]	−455.36	−465.13	497.51	1.021	37.28	94.03
	GA-MA(RB)[7]	−434.03	−475.51	470.39	1.096	31.99	70.48
	GA-SS(AB)[8]	−408.22	−421.67	432.66	1.033	42.34	114.63
	GA-AM(AB)[9]	−378.15	−412.59	415.70	1.091	33.18	104.65
	GA-MA(AB)[10]	−324.52	−358.08	356.73	1.103	28.67	**61.02**

续表

算例	方法	$\overline{\text{CNPVaR}}$	$\text{CNPVaR}_{\min}$	$\overline{\text{ENPV}}$	MD	SD	$\overline{T}$
J50	**GA-LS(RB)**[1]	**−773.27**	**−774.46**	**833.62**	**1.002**	52.27	83.82
	VDO(RB)[2]	−704.02	−725.41	747.04	1.030	57.46	**76.89**
	GA-SS(RB)[3]	−708.56	−721.93	648.92	1.019	135.28	87.58
	GA-AM(RB)[4]	−667.60	−691.16	678.96	1.035	**10.06**	102.31
	VDO(AB)[5]	−636.39	−646.56	688.86	1.016	53.96	139.43
	GA-MA(RB)[6]	−614.02	−672.73	662.91	1.096	42.36	84.75
	GA-LS(AB)[7]	−543.78	−559.32	595.21	1.029	44.98	125.60
	GA-SS(AB)[8]	−505.26	−519.42	553.19	1.028	49.04	148.98
	GA-AM(AB)[9]	−434.41	−479.68	478.65	1.104	38.76	140.06
	GA-MA(AB)[10]	−384.76	−429.06	423.86	1.115	34.30	81.60

注：每种算法的上标数字代表基于两种算法求解效果的排序，加粗数据代表算法获得的相应项目绩效的最好值

然而，对于算例集 J30 和 J50 的测试结果，GA-LS 结合基于资源的调度策略在 $\overline{\text{CNPVaR}}$、$\overline{\text{ENPV}}$ 和 MD 三个测试指标上均表现出了良好的性能。结果表明，GA-LS 通过提前选择合适的活动执行模式，有效地提高了满意解的质量。此外，GA-LS 在项目计划工期指标上也获得了较好的求解效果。尽管 GA-MA(AB) 算法获得的 $\overline{\text{CNPVaR}}$ 最小，但多数情形下它在项目工期指标上（J10、J20 和 J30）却表现得最好。此外，观察不同算法在 SD 指标上的表现，可知 GA-AM(RB) 在不同模拟场景中的 NPV 分布上取得了良好的效果。

综上，VDO 算法只有在结合基于活动的调度策略时才表现出良好的求解效果，但仅能适用于求解小规模问题。然而，基于资源的调度策略在每个决策时点会尽可能多地安排合格活动，这使得项目的折现现金流有所增加，由此使得在大规模问题中项目的财务风险有所降低。因此，基于资源的调度策略与基于种群迭代的遗传算法相结合，展现了良好的算法求解性能。

此外，根据表 7-6 中四种算例的结果，本节采用双尾 Wilcoxon 秩和检验分析了前四种最优算法的求解效果，统计结果如表 7-7 所示，其中显著性水平设置为 0.05（Sig.=0.05）。可以发现，GA-LS(RB) 和 VDO(AB) 优于其他两种算法，但 GA-LS 和 VDO 之间并不存在显著性差异，这表明这两种算法的求解效果近乎相同。进一步，针对不同规模的算例，对 GA-LS(RB) 和 VDO(AB) 进行了双尾 Wilcoxon 秩和检验。如表 7-8 所示，两种算法在不同的算例中表现出了显著的差异，表明两种算法对不同规模算例的求解效果不同。

表 7-7　四种最优算法的双尾 Wilcoxon 秩和检验结果

方法	GA-LS(RB)	VDO(AB)	GA-SS(RB)	GA-AM(RB)
GA-LS(RB)		0.499	0.000	0.000

续表

方法	GA-LS(RB)	VDO(AB)	GA-SS(RB)	GA-AM(RB)
VDO(AB)			0.000	0.000
GA-SS(RB)				0.020
GA-AM(RB)				

表 7-8　GA-LS(RB)和 VDO(AB)的双尾 Wilcoxon 秩和检验结果

算例	J10	J20	J30	J50
J10	0.000			
J20		0.000		
J30			0.000	
J50				0.000

本节采用三种项目关键参数的组合评估 NC（1.4、1.6 和 1.8）、RS（0.3 和 0.5）和 RF（0.5 和 0.8）对 CNPVaR 指标的影响。

基于两种动态调度策略，三种项目参数在不同水平下采用 GA-LS 进行求解的结果如图 7-11 和图 7-12 所示。首先，NC 对 CNPVaR 的影响较小。然而，当项目具有较高的 NC（NC=1.8）时，该参数可能会提高项目的财务风险，具体如图 7-11（a）和 7-12（a）所示。其次，从求解结果中容易发现，在多数情形下 RS 对 CNPVaR 的大小也起着重要的作用，活动的资源需求量越大，项目工期就会越长，项目进度计划中某些活动的开始时间将会被推迟，项目的 NPV 将会降低。因此，产生 NPV 损失的可能性在一定程度上将增加。最后，通过对比不同算例集在两种 RF 水平下的测试结果，可以看出 RF 对 CNPVaR 的影响较显著。与可更新资源种类较少的情况相比，资源种类增加会使项目实施过程中资源出现短缺的情形增多，从而导致项目的财务风险也上升。

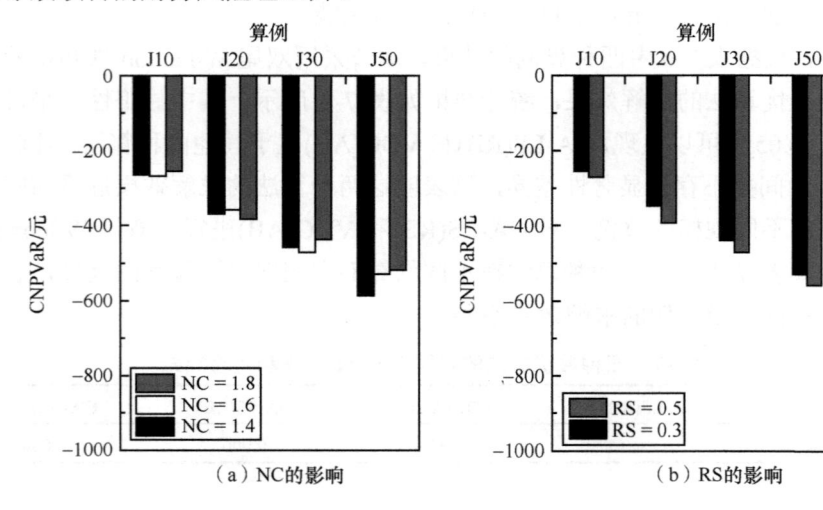

（a）NC 的影响　　　（b）RS 的影响

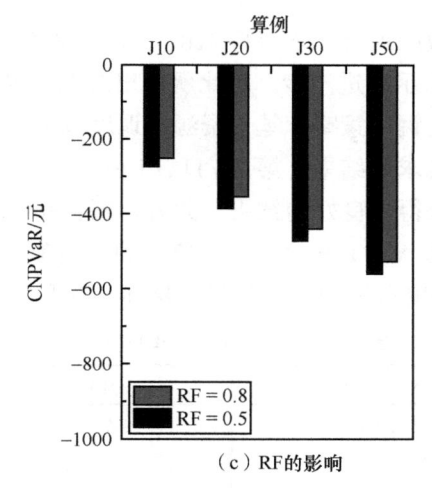

图 7-11　基于活动的调度策略下项目参数对 **CNPVaR** 指标的影响

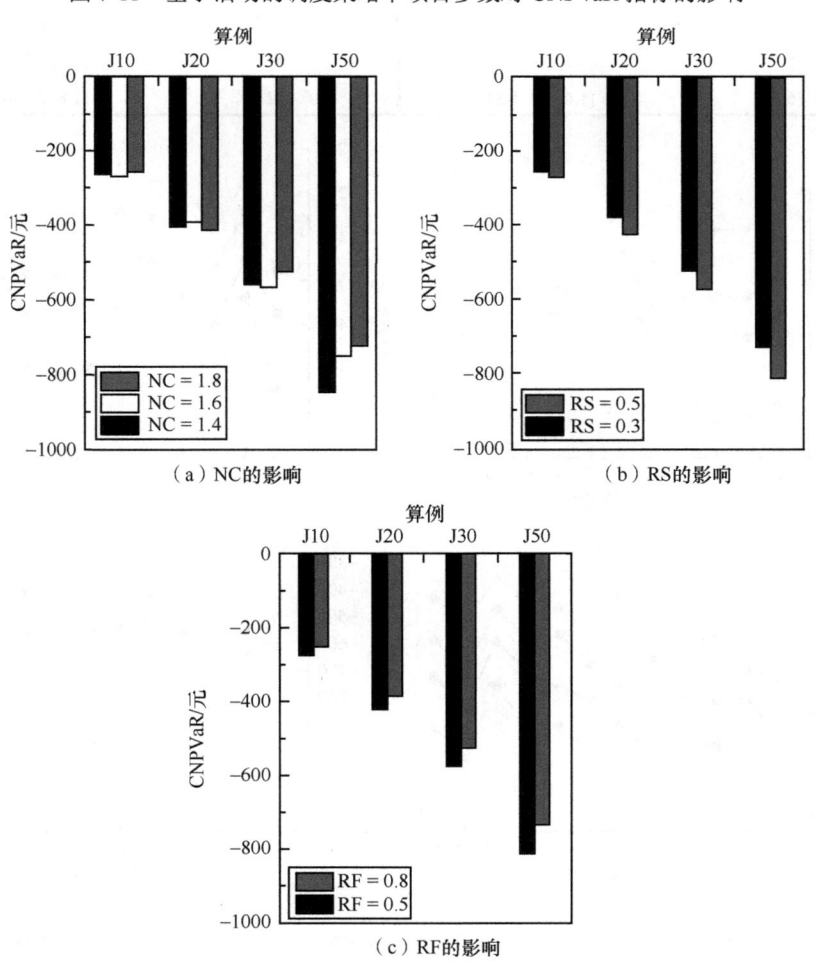

图 7-12　基于资源的调度策略下项目参数对 **CNPVaR** 指标的影响

此外，基于三种参数的组合，本节将 J10、J20、J30 和 J50 算例集划分为 12 组，划分结果如表 7-9 所示。进一步，对比所提出的五种算法在三种参数组合下的表现。根据基于活动的调度策略和基于资源的调度策略，图 7-13 和图 7-14 分别展示了不同算例分组的求解结果。第 7、11、5 和 3 组分别在 J10、J20、J30 和 J50 的两种调度策略中获得了良好的结果。此外，根据每组的求解结果发现，采用基于活动的调度策略的 VDO 在每个算例集中的表现都是最好的。具体来说，GA-AM 在第 1 组中表现出良好的求解效果。然而，在采用基于资源的调度策略

表 7-9　三种参数的分组结果

分组	[NC, RS, RF]	分组	[NC, RS, RF]
1	[1.4, 0.3, 0.5]	7	[1.6, 0.5, 0.5]
2	[1.4, 0.3, 0.8]	8	[1.6, 0.5, 0.8]
3	[1.4, 0.5, 0.5]	9	[1.8, 0.3, 0.5]
4	[1.4, 0.5, 0.8]	10	[1.8, 0.3, 0.8]
5	[1.6, 0.3, 0.5]	11	[1.8, 0.5, 0.5]
6	[1.6, 0.3, 0.8]	12	[1.8, 0.5, 0.8]

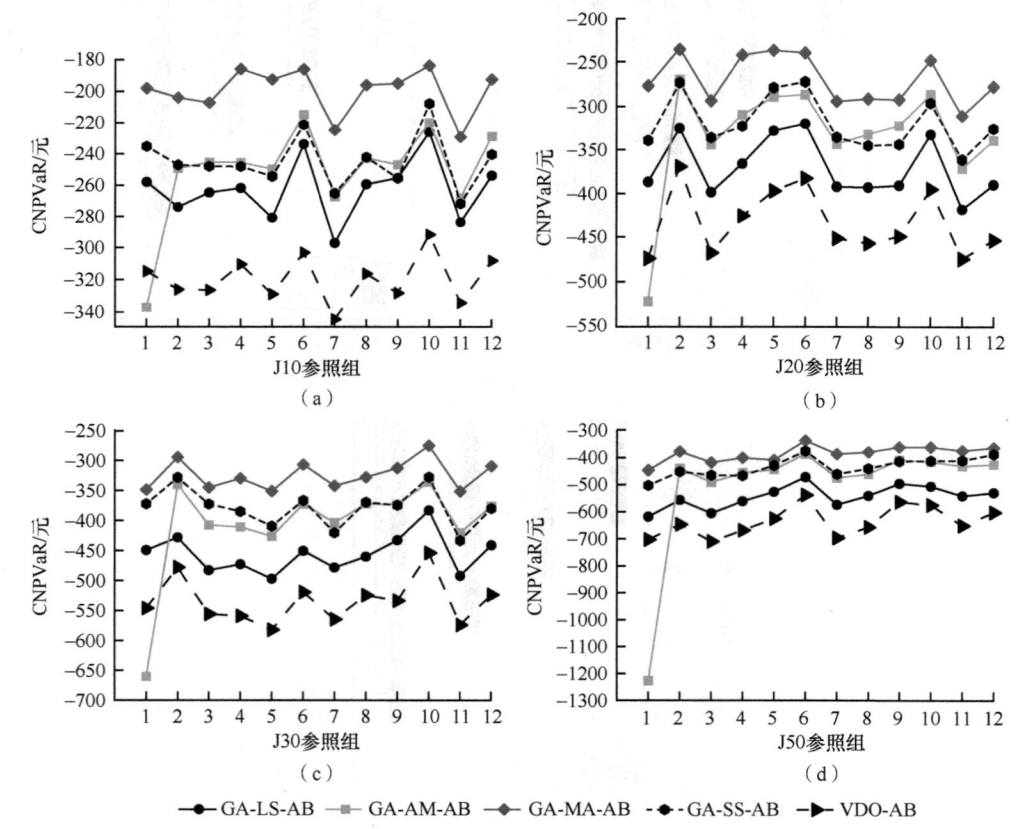

图 7-13　基于活动的调度策略下不同算例分组的求解结果

图 7-14(a) J10参照组
图 7-14(b) J20参照组
图 7-14(c) J30参照组
图 7-14(d) J50参照组

● GA-LS-RB　■ GA-AM-RB　◆ GA-MA-RB　▶ GA-SS-RB　▲ VDO-RB

图 7-14　基于资源的调度策略下不同算例分组的求解结果

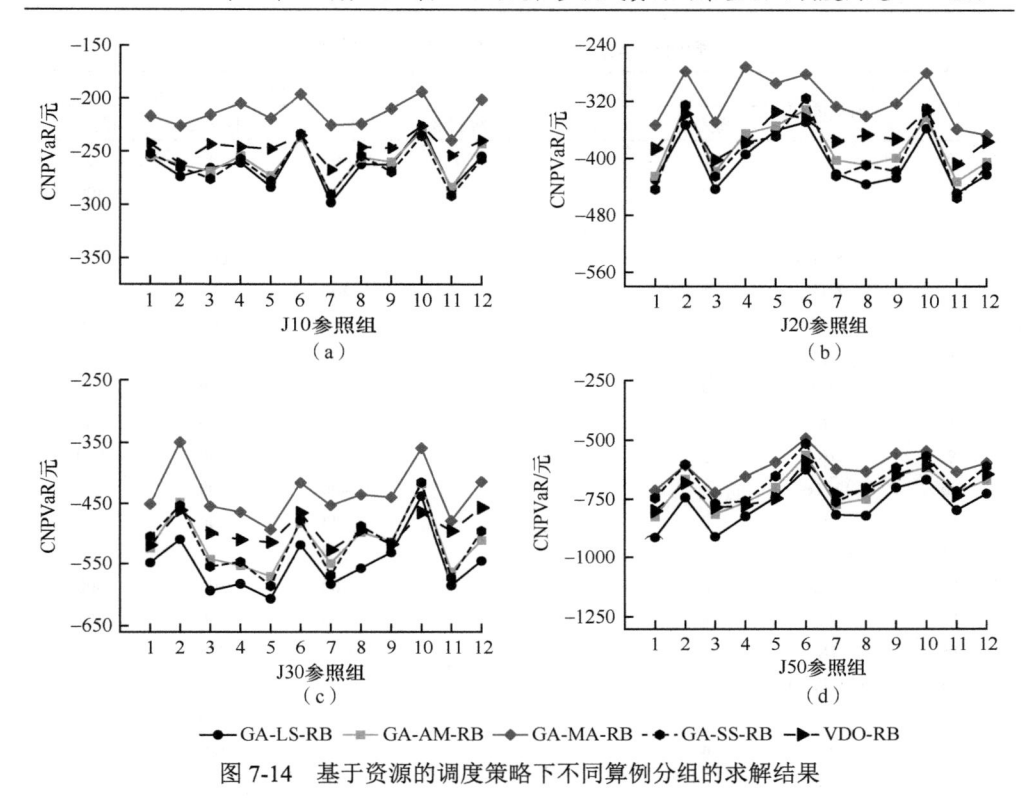

时，GA-LS 算法的性能表现优于其他四种算法。因此，在每种规模算例中，不同分组中五种算法的求解效果与前文所述基本一致。

7.6 案 例 分 析

7.6.1 项目背景

本节将开发的模型和算法应用于一个包含 21 个实活动的项目（Subulan，2020）中。为了与本章研究问题的背景相吻合，此处对这个项目进行适当的修改。承包商在实施该项目的过程中对不同人员有相应的任务和能力要求。该项目中每个活动的实施有一种或多种执行模式。假设项目实施前已掌握每个活动的工期，且现金流均服从均匀分布，其参数如表 7-2 所示，活动的期望工期和期望净现金流如表 7-10 所示，项目的工期单位为周。此外，每项活动的开展需要五种类型的人员，每项活动的可更新资源需求量如表 7-11 所示。在每个单位工期上可用人员的数量分别为 20、15、10、20 和 15。由于该项目在一个不确定的环境中执行，所以决策者期望事先制定满意的活动调度策略，因此在项目执行之前模拟了 100 种场景中活动的持续时间和现金流，并根据 CNPVaR 的大小来评估该项目实现 ENPV 的风险。

表 7-10 活动的期望工期和期望净现金流

活动	后继活动	期望工期/周 模式 1	期望工期/周 模式 2	期望工期/周 模式 3	期望净现金流/美元 模式 1	期望净现金流/美元 模式 2	期望净现金流/美元 模式 3
0	1	0	0	0	0	0	0
1	2	3	4	5	−100	200	400
2	3	3	5		100	300	
3	4, 5, 6, 7	5	6		300	600	
4	9, 12	4			400		
5	9, 12	3	4	5	100	200	400
6	12	5			500		
7	8, 9, 12	4	5		400	600	
8	16	3	4	4	−100	100	300
9	10	3	4	5	100	300	500
10	11, 16	6	7		400	600	
11	20	4	5	5	−100	200	400
12	13, 14, 17	7			600		
13	15, 21	5	6	7	400	500	800
14	22	4	5	6	100	200	400
15	18	6	8		400	500	
16	17, 18, 19	8			600		
17	18	5	6	7	−100	200	400
18	22	4	5		100	300	
19	20	6			600		
20	22	3	4	5	−100	200	400
21	22	4	5		200	400	
22		0	0	0	0	0	0

表 7-11 项目中实活动的可更新资源需求量

活动	r_{j11}	r_{j12}	r_{j13}	r_{j14}	r_{j15}	r_{j21}	r_{j22}	r_{j23}	r_{j24}	r_{j25}	r_{j31}	r_{j32}	r_{j33}	r_{j34}	r_{j35}
1	5	4	3	4	4	3	3	2	3	3	2	2	1	2	2
2	5	4	3	4	4	2	2	1	2	2					
3	10	5	4	8	4	6	3	3	6	3					
4	5	4	2	4	2										
5	5	5	3	4	3	3	3	2	3	3	2	2	1	2	2
6	5	9	3	6	4										
7	5	5	3	4	3	3	4	2	3	2					
8	5	3	1	4	2	3	2	2	3	2	3	2	1	2	1
9	5	4	3	5	3	3	3	2	3	4	2	2	1	2	3
10	10	7	5	8	4	6	5	4	6	3					
11	5	4	3	4	3	3	3	2	3	3	2	2	1	2	2
12	15	10	5	12	4										
13	10	8	5	8	4	6	5	4	6	3	4	3	3	4	2
14	5	6	4	4	3	3	3	4	3	2	2	3	2	1	1

续表

活动	r_{j11}	r_{j12}	r_{j13}	r_{j14}	r_{j15}	r_{j21}	r_{j22}	r_{j23}	r_{j24}	r_{j25}	r_{j31}	r_{j32}	r_{j33}	r_{j34}	r_{j35}
15	10	8	6	8	4	6	5	4	6	3					
16	15	10	6	12	4										
17	5	6	5	4	4	3	5	4	2	3	2	2	3	1	2
18	5	5	3	4	3	3	4	1	3	2					
19	5	5	4	6	5										
20	5	3	3	4	5	3	1	2	3	3	2	1	1	2	2
21	6	4	3	5	4	4	2	2	4	3					

7.6.2 结果分析

本节的案例分别实施基于活动的调度策略和基于资源的调度策略，并使用 GA-LS 和 VDO 求解该案例五次。算法在每次迭代中的 CNPVaR 的分布情况如图 7-15 所示。图 7-15（a）表示 GA-LS(RB) 的 CNPVaR 分布获得了最佳的 CNPVaR。结合图 7-15（b）中 GA-LS(AB) 的结果发现，无论是基于活动的调度策略还是基于资源的调度策略，GA-LS 获得的 CNPVaR 的变化范围均小于 VDO 获得的变化

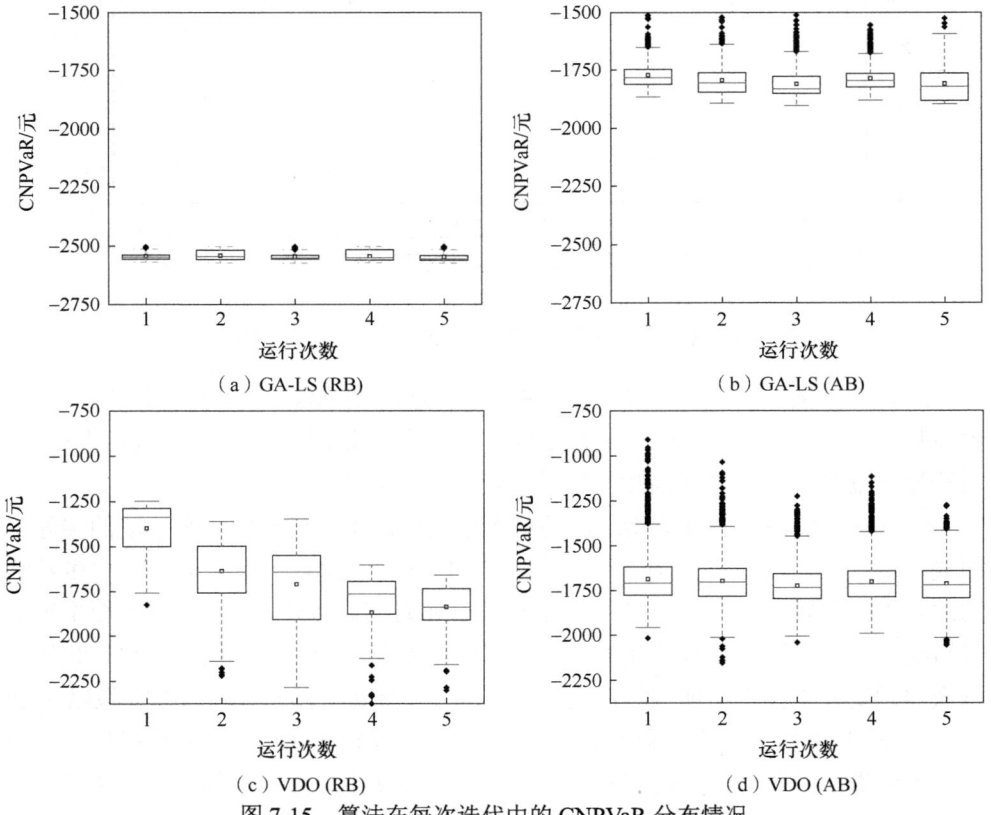

（a）GA-LS（RB）

（b）GA-LS（AB）

（c）VDO（RB）

（d）VDO（AB）

图 7-15 算法在每次迭代中的 CNPVaR 分布情况

范围。此外，对于 GA-LS，在两种调度策略下五次计算的 CNPVaR 的总体分布范围几乎相同，因此该算法的表现较为稳定。从图 7-15（c）中可以发现，利用 VDO(RB) 算法五次计算的 CNPVaR 的差异较为显著。尽管 VDO(AB) 的求解结果也较为稳定，但该算法在每次运行中的表现均比 GA-LS(RB) 差，具体如图 7-15（d）所示。因此，对于此项目案例，仍建议项目管理者采用 GA-LS(RB) 来安排活动。

对于采用 GA-LS(RB) 算法获得的最佳策略 π_1（活动的安排顺序和执行模式），该项目的潜在财务损失 CNPVaR 为–2570.77 元。为了进一步验证策略 π_1 的优势，根据相同的模拟场景随机生成了一个新的策略 π_2，执行策略 π_2 的潜在财务损失 CNPVaR 为–1864.5。与执行策略 π_2 后得到的项目实际进展相比，策略 π_1 安排的活动 7、8、9、10、16 和 19 具有较高的净现值。基于策略 π_1 和 π_2，在 100 种模拟场景中获得的 NPV 和项目工期如图 7-16 所示，从图 7-16 中可以发现，在所有场景中执行策略 π_1 得到的项目工期均短于执行策略 π_2 得到的项目工期。

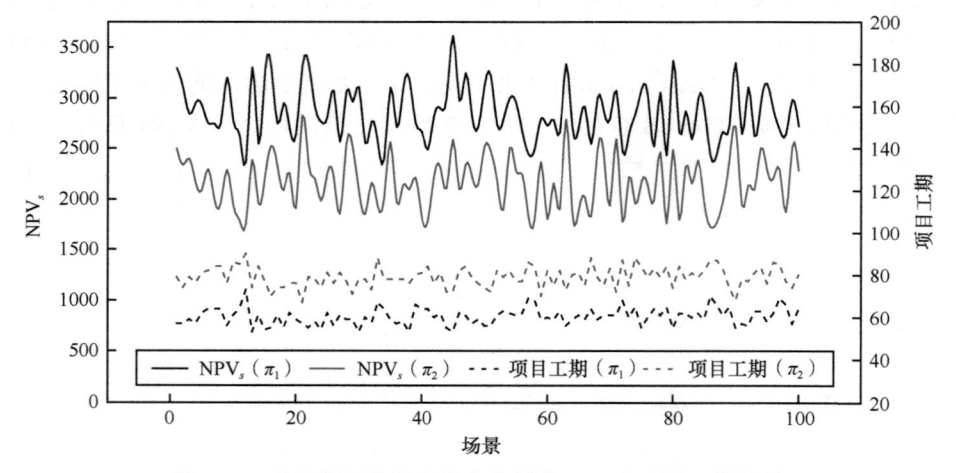

图 7-16 基于资源的调度策略获得的 NPV 和项目工期结果

此外，在执行策略 π_1 时获得的 NPV 主要分布在[2500, 3500]区间范围内，在大多数情况下这些结果均优于执行策略 π_2 获得的结果。因此，基于仿真结果可知，执行最佳策略 π_1 不仅能提高项目收益，还能缩短项目的完工时间。

实施基于资源的调度策略时，场景 1 中的实际项目进展由每个活动的实际工期决定，不同模拟场景下的项目工期如图 7-17 所示。执行策略 π_1 时项目中多数活动的开始时间要早于执行策略 π_2 时活动的开始时间。结果表明，若尽可能早地安排活动，则可缩短该项目的完工时间，可以将此定义为积极的调度策略。此外，积极的调度策略会增加项目的折现现金流，从而提高项目的实际 NPV。策略 π_1 和 π_2 下场景 1 中项目的净现金流如图 7-18 所示。因此，根据项目的模拟场景，管理者可以提前了解该项目的 NPV 分布和预期财务风险，然后根据自身的风险态度做出合理的调度决策。

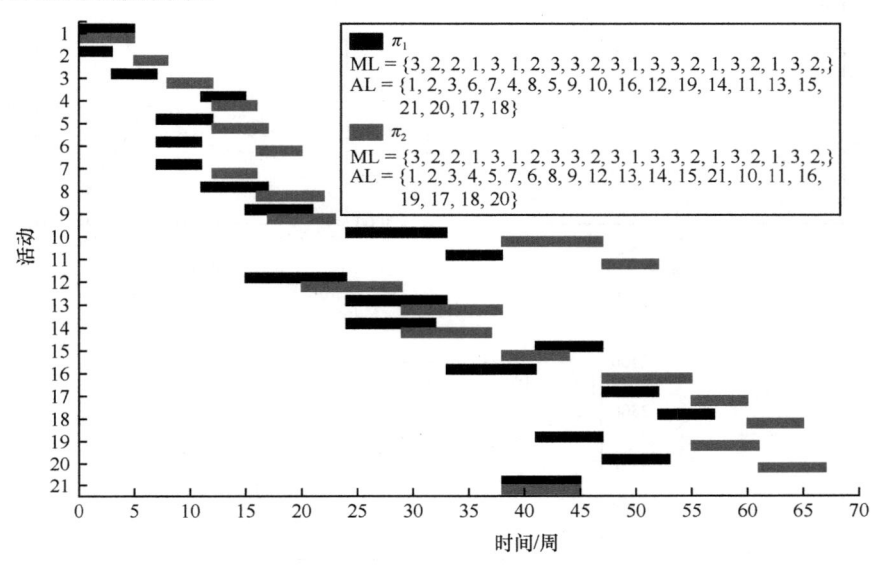

图 7-17 执行策略 π_1 和 π_2 时项目的实际进展

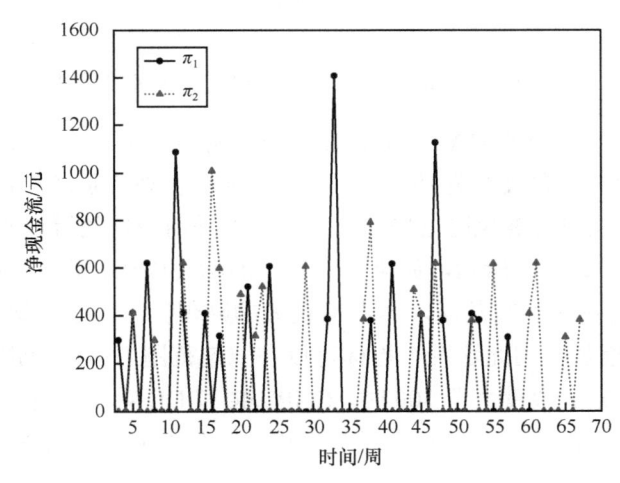

图 7-18 策略 π_1 和 π_2 下场景 1 中项目的净现金流

7.6.3 敏感性分析

针对此项目案例，本节选取三种参数——置信水平、贴现因子和模拟场景的数量进行敏感性分析，以评估它们对该项目的 CNPVaR、ENPV 和 DE 的影响。指标 DE 表示在给定的模拟情景数量下和 300 种模拟情景下获得的 CNPVaR 的偏差，即 DE=（CNPVaR–CNPVaR$_{300}$）/CNPVaR$_{300}$，其中 CNPVaR$_{300}$ 表示基于 300 个场景获得的目标函数值。运用 GA-LS(RB) 运行五次获得的结果如图 7-19 所示。

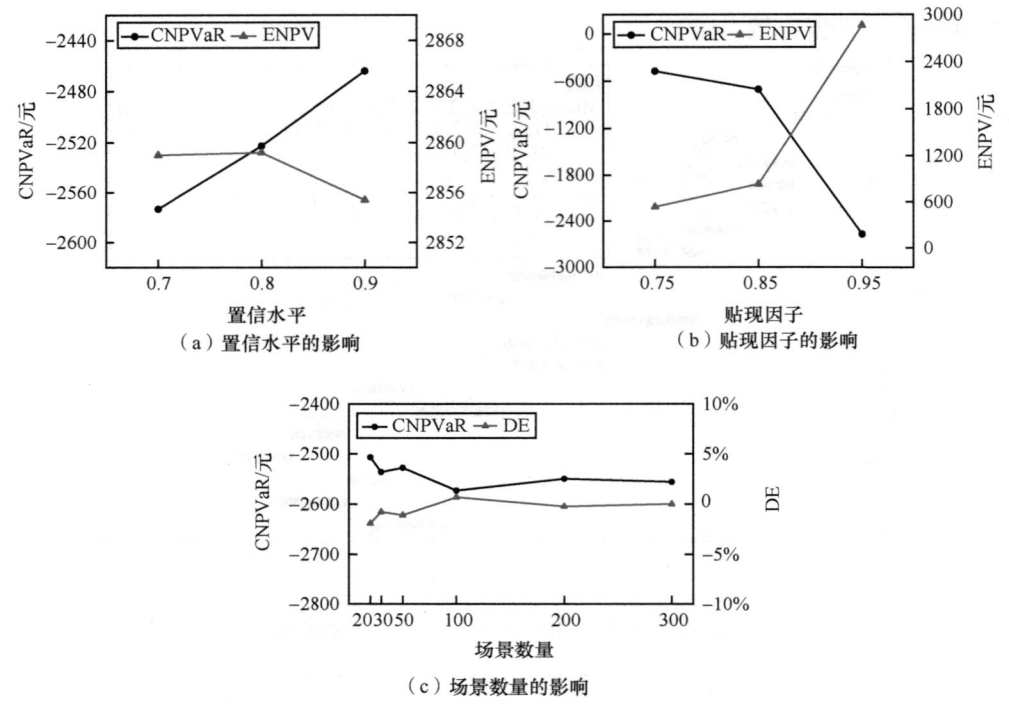

图 7-19　关键参数对 CNPVaR、ENPV 和 DE 的影响

首先，置信水平对 CNPVaR 和 ENPV 的影响如图 7-19（a）所示。CNPVaR 与置信水平具有相同的变化趋势，这意味着当项目管理者是风险保守的态度（低置信水平）时，项目财务风险会降低。然而，若采用较低的置信水平，ENPV 将会增加。如图 7-19（b）所示，如果采用较大的贴现因子，则 CNPVaR 和 ENPV 的指标表现都较好。不难发现，当考虑较大的贴现因子（低贴现率）时，项目的 NPV 会有所增加，因此这两个指标可以在一定范围内得到改进。图 7-19（c）显示，当模拟场景的数量大于 100 时，CNPVaR 和 DE 对模拟场景的数量变化将不再敏感。因此，基于 100 种模拟场景来优化项目的 CNPVaR 是合适的。

7.6.4　管理启示

根据大规模数值实验和案例分析的结果，本章基于 SRCPSP 的理论研究，为项目管理者降低项目财务风险提出的管理启示具体如下。

（1）在项目实施中，管理者在组织安排项目活动时应尽可能早地安排净现金流较大的活动，以降低项目的 ENPV 损失，同时也可以缩短项目的完工时间。

（2）由于管理者的风险态度对项目的财务风险有显著影响，所以必须考虑管理者的风险偏好对项目 NPV 的影响。若项目经理的风险偏好为厌恶型，则在模型求解过程中考虑设置较低的置信度水平；若项目经理的风险偏好为风险喜好型，则设置较高的置信度水平；当项目管理者的风险偏好为风险中性型时，则可考虑正常的置信水平。

（3）折现率对项目的 CNPVaR 具有显著的影响。由于项目在较低的折现率下开展能获得较高的利润，同时项目的财务风险也会降低，所以管理者在随机动态调度过程中需要重点关注折现率对项目盈利能力和风险的影响，可以通过数值实验方法事先确定可接受的折现率阈值。

（4）考虑到当项目的模拟场景数量达到一定阈值后，项目的 CNPVaR 对模拟场景数量的增加将不再敏感，项目管理者在实际工程项目执行前，可以通过预处理实验确定最佳的模拟场景数量，以减少 CNPVaR 的计算时间。这种处理方式对于优化大型复杂工程项目的 CNPVaR 具有重要的实践价值。

参 考 文 献

程序, 吴澄. 2006. 一种复杂项目调度问题的混合智能算法[J]. 计算机集成制造系统, (4): 585-589.

崔南方, 梁洋洋. 2018. 基于资源流网络与时间缓冲集成优化的鲁棒性项目调度[J]. 系统工程理论与实践, 38(1): 102-112.

董进全, 杨丽, 郑治华. 2017. 资源均衡问题的峰值最小化模型[J]. 系统工程理论与实践, 37(2): 496-503.

方红兵, 王卓甫. 2008. 基于改进遗传算法的工期约束: 多资源均衡优化[J]. 统计与决策, (16): 161-163.

何立华, 张连营. 2015. 基于资源波动成本的工程项目资源均衡优化[J]. 管理工程学报, 29(2): 167-174.

何正文, 贾涛, 徐渝. 2007. 求解资源约束项目调度问题的启发式算法综述[J]. 运筹与管理, (3): 78-84.

何正文, 贾涛, 徐渝. 2009. 截止日期约束下的融资费用最小化项目调度[J]. 系统工程学报, 24(4): 494-498.

何正文, 刘人境, 徐渝. 2010. 银行授信约束多模式工期最小化项目进度问题研究[J]. 运筹与管理, 19(6): 6-12.

何正文, 刘人境, 徐渝. 2011. 基于不同支付条件的现金流均衡项目调度优化[J]. 管理科学学报, 14(8): 75-85.

何正文, 刘人境, 徐渝. 2013. 基于随机活动工期的资源约束型项目鲁棒调度优化[J]. 系统工程理论与实践, 33(3): 650-659.

何正文, 郑维博, 刘人境. 2016. 不同支付条件银行授信约束折现流项目调度[J]. 系统工程理论与实践, 36(8): 2013-2023.

胡祥培, 孙丽君, 王雅楠. 2011. 物流配送系统干扰管理模型研究[J]. 管理科学学报, 14(1): 50-60.

李洪波, 熊励, 刘寅斌. 2015. 项目资源均衡研究综述[J]. 控制与决策, 30(5): 769-779.

李洪波, 熊励, 刘寅斌, 等. 2019. 广义优先关系约束下项目资源均衡的改进蝙蝠算法[J]. 系统工程学报, 34(5): 709-720.

李佳媛, 何正文. 2013. 基于资源缓冲的鲁棒性多模式项目调度优化[J]. 工业工程与管理, 18(3): 49-55.

梁燕, 金烨. 2009. 求解紧急事件调度资源水平问题的启发式算法[J]. 计算机集成制造系统, 15(6): 1165-1171.

廖婷婷, 徐哲, 李明. 2015. 软件开发项目多技能人力资源均衡调度模型[J]. 工业工程, 18(3): 69-74.

刘乐, 周泓. 2014. 一种常见干扰条件下的开放式车间重调度研究[J]. 管理科学学报, 17(6):

28-48.

刘士新. 2007. 项目优化调度理论与方法[M]. 北京: 机械工业出版社: 1-6.

刘士新, 王梦光. 2001. 一种求解项目调度中资源水平问题的遗传算法[J]. 系统工程理论与实践, (4): 24-26, 105.

刘士新, 王梦光, 唐加福. 2002. 求解项目调度中资源水平问题的近似算法[J]. 系统工程学报, 17(4): 296-302.

马志强, 徐小峰, 何正文, 等. 2021. 复杂不确定环境下活动可拆分的项目资源鲁棒性调度优化[J]. 中国管理科学, 30(3): 117-130.

宁敏静, 何正文, 刘人境. 2019. 基于随机活动工期的多模式现金流均衡项目调度优化[J]. 运筹与管理, 28(9): 91-98.

牛东晓, 乞建勋. 2000. 工程网络资源平衡的改进型遗传算法研究[J]. 华北电力大学学报, (3): 1-5.

潘逢山, 叶春明, 姚远远. 2013. 基于混沌粒子群算法的项目调度干扰问题研究[J]. 计算机应用研究, 30(9): 2648-2655, 2659.

任世科, 何正文, 徐渝. 2009. 基于银行授信额度的 Max-NPV 项目调度问题研究[J]. 管理工程学报, 23(2): 85-91.

单汩源, 邓莎, 吴娟, 等. 2007. 一种求解项目调度中资源均衡问题的粒子群算法[J]. 科学技术与工程, (22): 5805-5809.

寿涌毅. 2006. 并行工程项目调度的组合随机抽样算法[J]. 浙江大学学报（工学版）, 40(2): 344-347.

寿涌毅. 2019. 项目调度的数学模型与启发式算法[M]. 杭州: 浙江大学出版社.

谈飞, 周彬. 2013. 基于资源调度费的工程项目多资源均衡优化研究[J]. 项目管理技术, 11(2): 40-42.

田旻, 张光军, 刘人境. 2019. 基于改进关键链方法的 MRCPSP 的鲁棒性优化[J]. 系统工程学报, 34(2): 277-288.

王冰, 李巧云, 尹磊. 2011. 基于人工免疫算法的鲁棒满意项目调度[J]. 计算机集成制造系统, 17(5): 1089-1095.

王宏, 林丹, 李敏强. 2005. 一种求解资源受限项目调度问题的自适应遗传算法[J]. 系统工程, 23(12): 99-102.

王宏, 林丹, 李敏强. 2006. 求解模糊资源受限项目调度问题的遗传算法[J]. 系统工程学报, (3): 323-327.

王凌, 郑环宇, 郑晓龙. 2014. 不确定资源受限项目调度研究综述[J]. 控制与决策, 29(4): 577-584.

王艳婷, 何正文, 刘人境. 2017. 随机工期下反应性多模式项目调度优化[J]. 系统管理学报, 26(1): 85-93.

王艳婷, 何正文, 索琪. 2021. 随机活动工期下基于总不确定成本的项目前摄性调度与反应性调度集成优化[J]. 系统管理学报, 30(2): 215-226.

王勇胜, 梁昌勇. 2009. 资源约束项目调度鲁棒性研究的现状与展望[J]. 中国科技论坛, (8): 95-99.

乌日娜, 徐方舟, 陆惠民. 2013. 项目资源约束下工期最短-资源均衡优化算法[J]. 项目管理技术,

11(7): 103-107.

谢芳, 李洪波, 柏庆国. 2022. 随机多模式资源受限项目调度[J]. 中国管理科学, 30(10): 155-164.

徐汉川, 徐晓飞. 2013. 考虑资源置信度的跨企业项目鲁棒性调度算法[J]. 自动化学报, 39(12): 2176-2185.

徐明钊, 唐昭, 王君, 等. 2021. 田口方法的适用性研究[J]. 科技管理研究, 41(11): 216-223.

徐小峰, 郝俊, 邓忆瑞. 2017. 考虑多因素扰动的项目关键链缓冲区间设置及控制模型[J]. 系统工程理论与实践, 37(6): 1593-1601.

于海夫, 薛惠峰. 2015. 粒子群算法在求解航空项目资源均衡优化问题中的应用[J]. 航空工程进展, 6(3): 360-365.

喻小光, 战德臣, 聂兰顺, 等. 2010. 柔性资源约束的资源水平项目调度问题[J]. 计算机集成制造系统, 16(9): 1967-1976.

张静文. 2017. 鲁棒性项目调度模型与方法研究[M]. 北京: 机械工业出版社.

张静文, 乔传卓, 刘耕涛. 2017. 基于鲁棒性的关键链二次资源冲突消除策略[J]. 管理科学学报, 20(3): 106-119.

张静文, 周杉, 乔传卓. 2018. 基于时差效用的双目标资源约束型鲁棒性项目调度优化[J]. 系统管理学报, 27(2): 299-308.

张连营, 张金平, 王亮. 2004. 工程项目资源均衡的遗传算法及其MATLAB实现[J]. 管理工程学报, (1): 52-55.

曾庆成, 胡祥培, 杨忠振. 2013. 集装箱码头泊位计划干扰恢复多目标模型[J]. 管理工程学报, 27(2): 154-159.

郑金华, 邹娟. 2017. 多目标进化优化[M]. 北京: 科学出版社.

郑维博, 何正文, 刘人境. 2016. 基于融资能力约束的多模式 Max-npv 项目调度优化: 双重视角[J]. 运筹与管理, 25(1): 25-34.

Abbasi B, Shadrokh S, Arkat J. 2006. Bi-objective resource-constrained project scheduling with robustness and makespan criteria[J]. Applied Mathematics and Computation, 180(1): 146-152.

Abido M A, Elazouni A. 2010. Precedence-preserving GAs operators for scheduling problems with activities' start times encoding[J]. Journal of Computing in Civil Engineering, 24(4): 345-356.

Abido M A, Elazouni A. 2011. Multiobjective evolutionary finance-based scheduling: entire projects' portfolio[J]. Journal of Computing in Civil Engineering, 25(1): 85-97.

Abido M A, Elazouni A. 2021. Modified multi-objective evolutionary programming algorithm for solving project scheduling problems[J]. Expert Systems with Applications, 183: 115338.

Adamu P I, Okagbue H I, Oguntunde P E. 2019. A new priority rule for solving project scheduling problems[J]. Wireless Personal Communications, 106: 681-699.

Afshar A, Fathi H. 2009. Fuzzy multi-objective optimization of finance-based scheduling for construction projects with uncertainties in cost[J]. Engineering Optimization, 41(11): 1063-1080.

Ahsan K, Tsao D. 2003. A heuristic search algorithm for solving resource-constrained project scheduling problems[J]. Asia-Pacific Journal of Operational Research, 20(2): 143-160.

Alavipour S M R, Arditi D. 2018a. Optimizing financing cost in construction projects with fixed project duration[J]. Journal of Construction Engineering and Management, 144(4): 04018012.

Alavipour S M R, Arditi D. 2018b. Impact of contractor's optimized financing cost on project bid price[J]. International Journal of Project Management, 36(5): 808-818.

Alavipour S M R, Arditi D. 2019a. Time-cost tradeoff analysis with minimized project financing cost[J]. Automation in Construction, 98: 110-121.

Alavipour S M R, Arditi D. 2019b. Maximizing expected contractor profit using an integrated model[J]. Engineering, Construction and Architectural Management, 26(1): 118-138.

Alcaraz J, Maroto C. 2001. A robust genetic algorithm for resource allocation in project scheduling[J]. Annals of Operations Research, 102: 83-109.

Al-Fawzan M A, Haouari M. 2005. A bi-objective model for robust resource-constrained project scheduling[J]. International Journal of Production Economics, 96(2): 175-187.

Alghazi A, Elazouni A, Selim S. 2013. Improved genetic algorithm for finance-based scheduling[J]. Journal of Computing in Civil Engineering, 27(4): 379-394.

Alghazi A, Selim S Z, Elazouni A. 2012. Performance of shuffled frog-leaping algorithm in finance-based scheduling[J]. Journal of Computing in Civil Engineering, 26(3): 396-408.

Al-Shihabi S T, AlDurgam M M. 2017. A max-min ant system for the finance-based scheduling problem[J]. Computers & Industrial Engineering, 110: 264-276.

Al-Shihabi S T, AlDurgam M M. 2020a. The contractor time–cost–credit trade-off problem: integer programming model, heuristic solution, and business insights[J]. International Transactions in Operational Research, 27(6): 2841-2877.

Al-Shihabi S T, Aldurgam M M. 2020b. Multi-objective optimization for the multi-mode finance-based project scheduling problem[J]. Frontiers of Engineering Management, 7: 223-237.

Alvarez-Valdes R, Tamarit J M. 1989. Heuristic algorithms for resource-constrained project scheduling: a review and an empirical analysis[C]//Slowinski R, Weglarz J. Advances in Project Scheduling. North Holland: Elsevier: 113-134.

Artigues C, Leus R, Talla Nobibon F. 2013. Robust optimization for resource-constrained project scheduling with uncertain activity durations[J]. Flexible Services and Manufacturing Journal, 25: 175-205.

Artigues C, Roubellat F. 2000. A polynomial activity insertion algorithm in a multi-resource schedule with cumulative constraints and multiple modes[J]. European Journal of Operational Research, 127(2): 297-316.

Ashtiani B, Leus R, Aryanezhad M B. 2011. New competitive results for the stochastic resource-constrained project scheduling problem: exploring the benefits of pre-processing[J]. Journal of Scheduling, 14: 157-171.

Au T, Hendrickson C. 1986. Profit measures for construction projects[J]. Journal of Construction Engineering and Management, 112(2): 273-286.

Baar T, Brucker P, Knust S. 1998. Tabu-search algorithms and lower bounds for the resource-constrained project scheduling problem[C]//Voss S, Martello S, Osman I, et al. Meta-Heuristics: Advances and Trends in Local Search Paradigms for Optimization. Boston: Kluwer Academic Publishers, 1-8.

Bagchi A, Paul J A. 2014. Optimal allocation of resources in airport security: profiling vs. screening[J]. Operations Research, 62(2): 219-233.

Ballestín F. 2007. When it is worthwhile to work with the stochastic RCPSP?[J]. Journal of Scheduling, 10(3): 153-166.

Ballestín F, Blanco R. 2011. Theoretical and practical fundamentals for multi-objective optimisation in resource-constrained project scheduling problems[J]. Computers & Operations Research, 38(1): 51-62.

Ballestín F, Leus R. 2009. Resource-constrained project scheduling for timely project completion with stochastic activity durations[J]. Production and Operations Management, 18(4): 459-474.

Bandelloni M, Tucci M, Rinaldi R. 1994. Optimal resource leveling using non-serial dynamic programming[J]. European Journal of Operational Research, 78(2): 162-177.

Bell C E, Han J. 1991. A new heuristic solution method in resource-constrained project scheduling[J]. Naval Research Logistics, 38(3): 315-331.

Bendotti P, Chrétienne P, Fouilhoux P, et al. 2023. The anchor-robust project scheduling problem[J]. Operations Research, 71(16): 2267-2290.

Bérubé J F, Gendreau M, Potvin J Y. 2009. An exact ϵ-constraint method for bi-objective combinatorial optimization problems: application to the traveling salesman problem with profits[J]. European Journal of Operational Research, 194(1): 39-50.

Blazewicz J, Lenstra J K, Kan A H G R. 1983. Scheduling subject to resource constraints: classification and complexity[J]. Discrete Applied Mathematics, 5(1): 11-24.

Boctor F F. 1990. Some efficient multi-heuristic procedures for resource-constrained project scheduling[J]. European Journal of Operational Research, 49(1): 3-13.

Boctor F F. 1996. Resource-constrained project scheduling by simulated annealing [J]. International Journal of Production Research, 34(8): 2335-2351.

Böttcher J, Drexl A, Kolisch R, et al. 1999. Project scheduling under partially renewable resource constraints[J]. Management Science, 45(4): 543-559.

Bouleimen K, Lecocq H. 2003. A new efficient simulated annealing algorithm for the resource-constrained project scheduling problem and its multiple mode version[J]. European Journal of Operational Research, 149(2): 268-281.

Boyland M, Nelson J, Bunnell F L. 2005. A test for robustness in harvest scheduling models[J]. Forest Ecology and Management, 207(1/2): 121-132.

Brinkmann K, Neumann K. 1996. Heuristic procedures for resource—constrained project scheduling with minimal and maximal time lags: the resource—levelling and minimum project—duration problems[J]. Journal of Decision Systems, 5(1/2): 129-155.

Browning T R, Yassine A A. 2010. Resource-constrained multi-project scheduling: priority rule performance revisited[J]. International Journal of Production Economics, 126(2): 212-228.

Brucker P, Knust S, Schoo A, et al. 1998. A branch and bound algorithm for the resource-constrained project scheduling problem[J]. European Journal of Operational Research, 107(2): 272-288.

Bruni M E, Beraldi P, Guerriero F, et al. 2011. A heuristic approach for resource constrained project scheduling with uncertain activity durations[J]. Computers & Operations Research, 38(9): 1305-1318.

Bruni M E, Pugliese L D P, Beraldi P, et al. 2017. An adjustable robust optimization model for the resource-constrained project scheduling problem with uncertain activity durations[J]. Omega, 71: 66-84.

Bruni M E, Pugliese L D P, Beraldi P, et al. 2018. A computational study of exact approaches for the adjustable robust resource-constrained project scheduling problem[J]. Computers & Operations Research, 99: 178-190.

Buss A H, Rosenblatt M J. 1997. Activity delay in stochastic project networks[J]. Operations Research, 45(1): 126-139.

Chakrabortty R K, Rahman H F, Haque K M A. et al, 2021. An event-based reactive scheduling approach for the resource constrained project scheduling problem with unreliable resources[J]. Computers & Industrial Engineering, 151: 106981.

Chakrabortty R K, Rahman H F, Ryan M J. 2020. Efficient priority rules for project scheduling under dynamic environments: a heuristic approach[J]. Computers & Industrial Engineering, 140: 106287.

Chakrabortty R K, Sarker R A, Essam D L. 2017. Resource constrained project scheduling with uncertain activity durations[J]. Computers & Industrial Engineering, 112: 537-550.

Chand S, Huynh Q, Singh H, et al. 2018. On the use of genetic programming to evolve priority rules for resource constrained project scheduling problems[J]. Information Sciences, 432: 146-163.

Chand S, Singh H, Ray T. 2019. Evolving heuristics for the resource constrained project scheduling problem with dynamic resource disruptions[J]. Swarm and Evolutionary Computation, 44: 897-912.

Chen S P, Tsai M J. 2011. Time–cost trade-off analysis of project networks in fuzzy environments[J]. European Journal of Operational Research, 212(2): 386-397.

Chen W N, Zhang J. 2012. Scheduling multi-mode projects under uncertainty to optimize cash flows: a Monte Carlo ant colony system approach[J]. Journal of Computer Science and Technology, 27(5): 950-965.

Chen Z, Demeulemeester E, Bai S J, et al. 2018. Efficient priority rules for the stochastic resource-constrained project scheduling problem[J]. European Journal of Operational Research, 270(3): 957-967.

Cho J H, Kim Y D. 1997. A simulated annealing algorithm for resource-constrained project scheduling problems [J]. Journal of the Operational Research Society, 48(7): 736-744.

Cooper D F. 1976. Heuristics for scheduling resource-constrained projects: an experimental investigation[J]. Management Science, 22(11): 1186-1194.

Creemers S. 2018a. Maximizing the expected net present value of a project with phase-type distributed activity durations: an efficient globally optimal solution procedure[J]. European Journal of Operational Research, 267(1): 16-22.

Creemers S. 2018b. Moments and distribution of the net present value of a serial project[J]. European Journal of Operational Research, 267(3): 835-848.

Creemers S, De Reyck B, Leus R. 2015. Project planning with alternative technologies in uncertain environments[J]. European Journal of Operational Research, 242(2): 465-476.

Creemers S, Leus R, Lambrecht M. 2010. Scheduling Markovian PERT networks to maximize the net present value[J]. Operations Research Letters, 38(1): 51-56.

Damci A, Polat G. 2014. Impacts of different objective functions on resource leveling in construction projects: a case study[J]. Journal of Civil Engineering and Management, 20(4): 537-547.

Daniels R L, Kouvelis P. 1995. Robust scheduling to hedge against processing time uncertainty in single-stage production[J]. Management Science, 41(2): 363-376.

Dar-El E M. 1973. MALB: a heuristic technique for balancing large single-model assembly lines[J]. AIIE Transactions, 5(4): 343-356.

Davari M, Demeulemeester E. 2019a. The proactive and reactive resource-constrained project scheduling problem[J]. Journal of Scheduling, 22(2): 211-237.

Davari M, Demeulemeester E. 2019b. Important classes of reactions for the proactive and reactive resource-constrained project scheduling problem[J]. Annals of Operations Research, 274(1-2): 187-210.

Davis E W, Patterson J H. 1975. A comparison of heuristic and optimum solutions in resource-constrained project scheduling[J]. Management Science, 21(8): 944-955.

Deb K, Agrawal S, Pratap A, et al. 2000. A fast elitist non-dominated sorting genetic algorithm for multi-objective optimization: NSGA-II[C]//Schoenauer M, Deb K, Rudolph G. 6th International Conference on Parallel Problem Solving from Nature. Heidelberg: Springer: 849-858.

Deb K, Pratap A, Agarwal S, et al. 2002. A fast and elitist multiobjective genetic algorithm: NSGA-II[J]. IEEE Transactions on Evolutionary Computation, 6(2): 182-197.

Debels D, de Reyck B, Leus R, et al. 2006. A hybrid scatter search/electromagnetism meta-heuristic for project scheduling[J]. European Journal of Operational Research, 169(2): 638-653.

Debels D, Vanhoucke M. 2007. A decomposition-based genetic algorithm for the resource-constrained project-scheduling problem[J]. Operations Research, 55(3): 457-469.

Deblaere F, Demeulemeester E, Herroelen W, et al. 2007. Robust resource allocation decisions in resource-constrained projects[J]. Decision Sciences, 38(1): 5-37.

Deblaere F, Demeulemeester E, Herroelen W. 2011. Proactive policies for the stochastic resource-constrained project scheduling problem[J]. European Journal of Operational Research, 214(2): 308-316.

Demeulemeester E. 1995. Minimizing resource availability costs in time-limited project networks[J]. Management Science, 41(10): 1590-1598.

Demeulemeester E. 2011. Robust Project Scheduling[J]. Foundations & Trends in Technology Information and Operations Management, 3(3/4): 201-376.

Demeulemeester E, Herroelen W. 1992. A branch-and-bound procedure for the multiple resource-constrained project scheduling problem[J]. Management Science, 38(12): 1803-1818.

Demeulemeester E, Herroelen W. 2002. Project Scheduling: a Research Handbook[M]. Boston: Kluwer Academic Publishers.

Demeulemeester E, Herroelen W. 2011. Robust Project Scheduling [M]. London: Now Publishers Inc.

Demeulemeester E, Vanhoucke M, Herroelen W. 2003. RanGen: a random network generator for activity-on-the-node networks[J]. Journal of Scheduling, 6(1): 17-38.

Drexl A, Nissen R, Patterson J H, et al. 2000. ProGen/πx–an instance generator for resource-constrained project scheduling problems with partially renewable resources and further extensions[J]. European Journal of Operational Research, 125(1): 59-72.

Đumić M, Šišejković D, Čorić R, et al. 2018. Evolving priority rules for resource constrained project scheduling problem with genetic programming[J]. Future Generation Computer Systems, 86: 211-221.

Easa S M. 1989. Resource leveling in construction by optimization[J]. Journal of Construction Engineering and Management, 115(2): 302-316.

El-Abbasy M S, Elazouni A, Zayed T. 2016. MOSCOPEA: multi-objective construction scheduling optimization using elitist non-dominated sorting genetic algorithm[J]. Automation in Construction, 71: 153-170.

El-Abbasy M S, Elazouni A, Zayed T. 2017. Generic scheduling optimization model for multiple construction projects[J]. Journal of Computing in Civil Engineering, 31(4): 04017003.

El-Abbasy M S, Elazouni A, Zayed T. 2020. Finance-based scheduling multi-objective optimization: benchmarking of evolutionary algorithms[J]. Automation in Construction, 120: 103392.

Elazouni A. 2009. Heuristic method for multi-project finance-based scheduling[J]. Construction Management and Economics, 27(2): 199-211.

Elazouni A M, Gab-Allah A A. 2004. Finance-based scheduling of construction projects using integer programming[J]. Journal of Construction Engineering and Management, 130(1): 15-24.

Elazouni A M, Metwally F G. 2005. Finance-based scheduling: tool to maximize project profit using improved genetic algorithms[J]. Journal of Construction Engineering and Management, 131(4): 400-412.

Elazouni A M, Metwally F G. 2007. Expanding finance-based scheduling to devise overall-optimized project schedules[J]. Journal of Construction Engineering and Management, 133(1): 86-90.

Elazouni A, Abido M A. 2014. Enhanced trade-off of construction projects: finance-resource-profit[J]. Journal of Construction Engineering and Management, 140(9): 04014043.

Elazouni A, Abido M A. 2011. Multiobjective evolutionary finance-based scheduling: individual projects within a portfolio[J]. Automation in Construction, 20(7): 755-766.

Elazouni A, Alghazi A, Selim S Z. 2015. Finance-based scheduling using meta-heuristics: discrete versus continuous optimization problems[J]. Journal of Financial Management of Property and Construction, 20(1): 85-104.

Elmaghraby S E, Kamburowski J. 1992. The analysis of activity networks under generalized precedence relations (GPRs)[J]. Management Science, 38(9): 1245-1263.

El-Rayes K, Jun D H. 2009. Optimizing resource leveling in construction projects[J]. Journal of Construction Engineering and Management, 135(11): 1172-1180.

Erenguc S S, Tukel O I. 1999. Integrating quality as a measure of performance in resource-constrained project scheduling problems[C]//Weglarz J. Project Scheduling: Recent Models, Algorithms and Applications. Boston: Springer: 433-450.

Eshtehardian E, Afshar A, Abbasnia R. 2009. Fuzzy-based MOGA approach to stochastic time–cost trade-off problem[J]. Automation in Construction, 18(5): 692-701.

Fathi H, Afshar A. 2010. GA-based multi-objective optimization of finance-based construction project scheduling[J]. KSCE Journal of Civil Engineering, 14(5): 627-638.

Fernandez A A, Armacost R L, Pet-Edwards J J. 1998. Understanding simulation solutions to resource constrained project scheduling problems with stochastic task durations[J]. Engineering Management Journal, 10(4): 5-13.

Fishburn P C. 1977. Mean-risk analysis with risk associated with below-target returns[J]. The American Economic Review, 67(2): 116-126.

Fleszar K, Hindi K S. 2004. Solving the resource-constrained project scheduling problem by a variable neighbourhood search[J]. European Journal of Operational Research, 155(2): 402-413.

Franco-Duran D M, de la Garza J M. 2020. Performance of resource-constrained scheduling heuristics[J]. Journal of Construction Engineering and Management, 146(4): 1-12.

Freschi F, Repetto M. 2006. VIS: an artificial immune network for multi-objective optimization[J]. Engineering Optimization, 38(8): 975-996.

Fu N, Lau H C, Varakantham P. 2015. Robust execution strategies for project scheduling with unreliable resources and stochastic durations[J]. Journal of Scheduling, 18(6): 607-622.

Gajpal Y, Elazouni A. 2015. Enhanced heuristic for finance-based scheduling of construction projects[J]. Construction Management and Economics, 33(7): 531-553.

Geng J Q, Weng L P, Liu S H. 2011. An improved ant colony optimization algorithm for nonlinear resource-leveling problems[J]. Computers & Mathematics with Applications, 61(8): 2300-2305.

Glover F. 1986. Future paths for integer programming and links to artificial intelligence[J]. Computers & Operations Research, 13(5): 533-549.

Goldratt E M. 1997. Critical Chain[M]. Great Barrington: The North River Press.

Guo W K, Vanhoucke M, Coelho J, et al. 2021. Automatic detection of the best performing priority rule for the resource-constrained project scheduling problem[J]. Expert Systems with Applications, 167: 114116.

Graham R L. 1969. Bounds on multiprocessing timing anomalies[J]. SIAM Journal on Applied Mathematics, 17(2). 416-429.

Hall N G. 2012. Project management: recent developments and research opportunities[J]. Journal of Systems Science and Systems Engineering, 21(2): 129-143.

Hall N G, Posner M E. 2004. Sensitivity analysis for scheduling problems[J]. Journal of Scheduling, 7: 49-83.

Hartmann S. 1998. A competitive genetic algorithm for resource-constrained project scheduling[J]. Naval Research Logistics, 45(7): 733-750.

Hartmann S. 2001. Project scheduling with multiple modes: a genetic algorithm[J]. Annals of Operations Research, 102: 111-135.

Hartmann S. 2002. A self-adapting genetic algorithm for project scheduling under resource constraints[J]. Naval Research Logistics, 49(5): 433-448.

Hartmann S, Briskorn D. 2010. A survey of variants and extensions of the resource-constrained project scheduling problem[J]. European Journal of Operational Research, 207(1): 1-14.

Hartmann S, Briskorn D. 2022. An updated survey of variants and extensions of the resource-constrained project scheduling problem[J]. European Journal of Operational Research,

297(1): 1-14.

Hartmann S, Kolisch R. 2000. Experimental evaluation of state-of-the-art heuristics for the resource-constrained project scheduling problem[J]. European Journal of Operational Research, 127(2): 394-407.

Hazır Ö, Erel E, Günalay Y. 2011. Robust optimization models for the discrete time/cost trade-off problem[J]. International Journal of Production Economics, 130(1): 87-95.

Hazır Ö, Ulusoy G. 2020. A classification and review of approaches and methods for modeling uncertainty in projects[J]. International Journal of Production Economics, 223: 107522.

He Z W, Liu R J, Jia T. 2012. Metaheuristics for multi-mode capital-constrained project payment scheduling[J]. European Journal of Operational Research, 223(3): 605-613.

Hegazy T. 1999. Optimization of resource allocation and leveling using genetic algorithms[J]. Journal of Construction Engineering and Management, 125(3): 167-175.

Hermans B, Leus R. 2018. Scheduling Markovian PERT networks to maximize the net present value: new results[J]. Operations Research Letters, 46(2): 240-244.

Herroelen W, Demeulemeester E, van Dommelen P. 1996. An optimal recursive search procedure for the deterministic unconstrained max-npv project scheduling problem[R]. DTEW Research Report.

Herroelen W, Leus R. 2001. On the merits and pitfalls of critical chain scheduling[J]. Journal of Operations Management, 19(5): 559-577.

Herroelen W, Leus R. 2004. Robust and reactive project scheduling: a review and classification of procedures[J]. International Journal of Production Research, 42(8): 1599-1620.

Hindi K S, Yang H B, Fleszar K. 2002. An evolutionary algorithm for resource-constrained project scheduling[J]. IEEE Transactions on Evolutionary Computation, 6(5): 512-518.

Horowitz J. 1980. Critical Path Scheduling: Management Control Through CPM and PERT[M]. Malabar: Krieger Publishing Company.

Huang X X, Zhao T Y, Kudratova S. 2016. Uncertain mean-variance and mean-semivariance models for optimal project selection and scheduling[J]. Knowledge-Based Systems, 93: 1-11.

Igelmund G, Radermacher F J. 1983. Preselective strategies for the optimization of stochastic project networks under resource constraints[J]. Networks, 13(1): 1-28.

Jiang A Y, Issa R R A, Malek M. 2011. Construction project cash flow planning using the Pareto optimality efficiency network model[J]. Journal of Civil Engineering and Management, 17(4): 510-519.

Kannimuthu M, Raphael B, Ekambaram P, et al. 2020. Comparing optimization modeling approaches for the multi-mode resource-constrained multi-project scheduling problem[J]. Engineering, Construction and Architectural Management, 27(4): 893-916.

Kaplan L A. 1988. Resource-constrained project scheduling with preemption of jobs[D]. Ann Arbor: University of Michigan.

Ke H, Liu B D. 2005. Project scheduling problem with stochastic activity duration times[J]. Applied Mathematics and Computation, 168(1): 342-353.

Khang D B, Myint Y M. 1999. Time, cost and quality trade-off in project management: a case study[J]. International Journal of Project Management, 17(4): 249-256.

Klein R. 2000. Bidirectional planning: improving priority rule-based heuristics for scheduling resource-constrained projects[J]. European Journal of Operational Research, 127(3): 619-638.

Klerides E, Hadjiconstantinou E. 2010. A decomposition-based stochastic programming approach for the project scheduling problem under time/cost trade-off settings and uncertain durations[J]. Computers & Operations Research, 37(12): 2131-2140.

Kohlmorgen U, Schmeck H, Haase K. 1999. Experiences with fine-grained parallel genetic algorithms [J]. Annals of Operations Research, 90(0): 203-219.

Kolisch R. 1996a. Efficient priority rules for the resource-constrained project scheduling problem[J]. Journal of Operations Management, 14(3): 179-192.

Kolisch R. 1996b. Serial and parallel resource-constrained project scheduling methods revisited: theory and computation[J]. European Journal of Operational Research, 90(2): 320-333.

Kolisch R, Drexl A. 1996. Adaptive search for solving hard project scheduling problems [J]. Naval Research Logistics, 43(1): 23-40.

Kolisch R, Hartmann S. 2006. Experimental investigation of heuristics for resource-constrained project scheduling: an update[J]. European Journal of Operational Research, 174(1): 23-37.

Kolisch R, Sprecher A. 1997. PSPLIB - A project scheduling problem library OR Software - ORSEP operations research software exchange program[J]. European Journal of Operational Research, 96(1): 205-216.

Kolisch R, Sprecher A, Drexl A. 1995. Characterization and generation of a general class of resource-constrained project scheduling problems[J]. Management Science, 41(10): 1693-1703.

Koster A M C A, Segschneider J, Ventsch N. 2024. Γ-robust optimization of project scheduling problems[J]. Computers & Operations Research, 161: 106453.

Kouvelis P, Yu G. 1997. Robust Discrete Optimization and its Applications[M]. New York: Springer.

Kramer A S, Fusaro P C. 2010. Energy and Environmental Project Finance Law and Taxation: New Investment Techniques[M]. New York: Oxford University Press.

Kurtulus I, Davis E W. 1982. Multi-project scheduling: categorization of heuristic rules performance[J]. Management Science, 28(2): 161-172.

Kuster J, Jannach D, Friedrich G. 2010. Applying local rescheduling in response to schedule disruptions[J]. Annals of Operations Research, 180: 265-282.

Lamas P, Demeulemeester E. 2016. A purely proactive scheduling procedure for the resource-constrained project scheduling problem with stochastic activity durations[J]. Journal of Scheduling, 19(4): 409-428.

Lambrechts O, Demeulemeester E, Herroelen W. 2008. A tabu search procedure for developing robust predictive project schedules[J]. International Journal of Production Economics, 111(2): 493-508.

Lambrechts O, Demeulemeester E, Herroelen W. 2011. Time slack-based techniques for robust project scheduling subject to resource uncertainty[J]. Annals of Operations Research, 186: 443-464.

Lee J K, Kim Y D. 1996. Search heuristics for resource-constrained project scheduling [J]. Journal of the Operational Research Society, 47(5): 678-689.

Lee D E, Lim T K, Arditi D. 2012. Stochastic project financing analysis system for construction[J]. Journal of Construction Engineering and Management, 138(3): 376-389.

Lee L H, Lee C U, Tan Y P. 2007. A multi-objective genetic algorithm for robust flight scheduling using simulation[J]. European Journal of Operational Research, 177(3): 1948-1968.

Leon V J, Balakrishnan R. 1995. Strength and adaptability of problem-space based neighborhoods for resource-constrained scheduling[J]. Operations-Research-Spektrum, 17: 173-182.

Leu S S, Yang C H, Huang J C. 2000. Resource leveling in construction by genetic algorithm-based optimization and its decision support system application[J]. Automation in Construction, 10(1): 27-41.

Leus R, Herroelen W. 2004. Stability and resource allocation in project planning[J]. IIE Transactions, 36(7): 667-682.

Leyman P, Vanhoucke M. 2017. Capital- and resource-constrained project scheduling with net present value optimization[J]. European Journal of Operational Research, 256(3): 757-776.

Li K Y, Willis R J. 1992. An iterative scheduling technique for resource-constrained project scheduling[J]. European Journal of Operational Research, 56(3): 370-379.

Liang T F. 2010. Applying fuzzy goal programming to project management decisions with multiple goals in uncertain environments[J]. Expert Systems with Applications, 37(12): 8499-8507.

Liang Y Y, Cui N F, Wang T, et al. 2019. Robust resource-constrained max-NPV project scheduling with stochastic activity duration[J]. OR Spectrum, 41: 219-254.

Liu S S, Wang C J. 2008. Resource-constrained construction project scheduling model for profit maximization considering cash flow[J]. Automation in Construction, 17(8): 966-974.

Liu S S, Wang C J. 2010. Profit optimization for multiproject scheduling problems considering cash flow[J]. Journal of Construction Engineering and Management, 136(12): 1268-1278.

Long L D, Ohsato A. 2008. Fuzzy critical chain method for project scheduling under resource constraints and uncertainty[J]. International Journal of Project Management, 26(6): 688-698.

Lova A, Tormos P, Cervantes M, et al. 2009. An efficient hybrid genetic algorithm for scheduling projects with resource constraints and multiple execution modes[J]. International Journal of Production Economics, 117(2): 302-316.

Luo J Y, Vanhoucke M, Coelho J, et al. 2022. An efficient genetic programming approach to design priority rules for resource-constrained project scheduling problem[J]. Expert Systems with Applications, 198: 116753.

Ma G F, Gu L Y, Li N. 2015. Scenario-based proactive robust optimization for critical-chain project scheduling[J]. Journal of Construction Engineering and Management, 141(10): 04015030.

Ma Z Q, Demeulemeester E, He Z W, et al. 2019. A computational experiment to explore better robustness measures for project scheduling under two types of uncertain environments[J]. Computers & Industrial Engineering, 131: 382-390.

Maniezzo V, Mingozzi A. 1999. A heuristic procedure for the multi-mode project scheduling problem based on Benders'decomposition[J]. Project Scheduling: Recent Models, Algorithms and Applications, 14: 179-196.

Maravas A, Pantouvakis J P. 2012. Project cash flow analysis in the presence of uncertainty in activity duration and cost[J]. International Journal of Project Management, 30(3): 374-384.

Masmoudi M, Haït A. 2013. Project scheduling under uncertainty using fuzzy modelling and solving techniques[J]. Engineering Applications of Artificial Intelligence, 26(1): 135-149.

Mausser H E, Lawrence S R. 1996. Exploiting block structure to improve resource-constrained project schedules[C]//Osman I H, Kelly J P. Meta-Heuristics: Theory and Applications. New York: Kluwer Academic Publishers: 203-217.

Mavrotas G. 2009. Effective implementation of the ε-constraint method in multi-objective mathematical programming problems[J]. Applied Mathematics and Computation, 213(2): 455-465.

Mehdizadeh E, Tavakkoli-Moghaddam R. 2009. Vibration damping optimization algorithm for an identical parallel machine scheduling problem[R]. Proceeding of the 2nd International Conference of Iranian Operations Research Society.

Mehdizadeh E, Tavakkoli-Moghaddam R, Yazdani M. 2015. A vibration damping optimization algorithm for a parallel machines scheduling problem with sequence-independent family setup times[J]. Applied Mathematical Modelling, 39(22): 6845-6859.

Mendes J J M, Gonçalves J F, Resende M G C. 2009. A random key based genetic algorithm for the resource constrained project scheduling problem[J]. Computers & Operations Research, 36(1): 92-109.

Merkle D, Middendorf M, Schmeck H. 2002. Ant colony optimization for resource-constrained project scheduling[J]. IEEE Transactions on Evolutionary Computation, 6(4): 333-346.

Michalewicz Z. 1996. Heuristic methods for evolutionary computation techniques[J]. Journal of Heuristics, 1: 177-206.

Markowitz H M. 1959. Portfolio Selection: Efficient Diversification of Investments[M]. London: Yale University Press.

Miller R, Strombom D, Iammarino M, et al. 2009. The Commercial Real Estate Revolution: Nine Transforming Keys to Lowering Costs, Cutting Waste, and Driving Change in a Broken Industry[M]. New York: John Wiley & Sons.

Mirjalili S, Lewis A. 2015. Novel performance metrics for robust multi-objective optimization algorithms[J]. Swarm and Evolutionary Computation, 21: 1-23.

Moradi H, Shadrokh S. 2019. A robust scheduling for the multi-mode project scheduling problem with a given deadline under uncertainty of activity duration[J]. International Journal of Production Research, 57(10): 3138-3167.

Najjarbashi A, Lim G J. 2019. A variability reduction method for the operating room scheduling problem under uncertainty using CVaR[J]. Operations Research for Health Care, 20: 25-32.

Naphade K S, Wu S D, Storer R H. 1997. Problem space search algorithms for resource-constrained project scheduling[J]. Annals of Operations Research, 70: 307-326.

Neumann K, Zimmermann J. 1999a. Resource levelling for projects with schedule-dependent time windows[J]. European Journal of Operational Research, 117(3): 591-605.

Neumann K, Zimmermann J. 1999b. Methods for resource-constrained project scheduling with regular and nonregular objective functions and schedule-dependent time windows[J]. Project

Scheduling: Recent Models, Algorithms and Applications, 14: 261-287.

Neumann K, Zimmermann J. 2000. Procedures for resource leveling and net present value problems in project scheduling with general temporal and resource constraints[J]. European Journal of Operational Research, 127(2): 425-443.

Newbold R C. 1998. Project Management in the Fast Lane: Applying the Theory of Constraints[M]. Boca Raton: CRC Press.

Oğuz O, Bala H. 1994. A comparative study of computational procedures for the resource constrained project scheduling problem[J]. European Journal of Operational Research, 72(2): 406-416.

Özdamar L, 1998. On scheduling project activities with variable expenditure rates[J]. IIE Transactions, 30(8): 695-704.

Özdamar L. 1999. A genetic algorithm approach to a general category project scheduling problem[J]. IEEE Transactions on Systems, Man and Cybernetics, Part C (Applications and Reviews), 29(1): 44-59.

Özdamar L, Dündar H. 1997. A flexible heuristic for a multi-mode capital constrained project scheduling problem with probabilistic cash inflows[J]. Computers & Operations Research, 24(12): 1187-1200.

Özdamar L, Ulusoy G. 1994. A local constraint based analysis approach to project scheduling under general resource constraints [J]. European Journal of Operational Research, 79(2): 287-298.

Özdamar L, Ulusoy G. 1996. An iterative local constraints based analysis for solving the resource constrained project scheduling problem[J]. Journal of Operations Management, 14(3): 193-208.

Patterson J H. 1976. Project scheduling: the effects of problem structure on heuristic performance[J]. Naval Research Logistics Quarterly, 23(1): 95-123.

Patterson J H. 1984. A comparison of exact approaches for solving the multiple constrained resource, project scheduling problem[J]. Management Science, 30(7): 854-867.

Pellerin R, Perrier N, Berthaut F. 2020. A survey of hybrid metaheuristics for the resource-constrained project scheduling problem[J]. European Journal of Operational Research, 280(2): 395-416.

Penz B, Rapine C, Trystram D. 2001. Sensitivity analysis of scheduling algorithms[J]. European Journal of Operational Research, 134(3): 606-615.

Peters E, Subar K, Martin H. 2019. Late payment and nonpayment within the construction industry: causes, effects, and solutions[J]. Journal of Legal Affairs and Dispute Resolution in Engineering and Construction, 11(3): 04519013.

Peterson S J. 2013. Construction Accounting and Financial Management[M]. Upper Saddle River: Pearson.

Peymankar M, Davari M, Ranjbar M. 2021. Maximizing the expected net present value in a project with uncertain cash flows[J]. European Journal of Operational Research, 294(2): 442-452.

Pollack-Johnson B. 1995. Hybrid structures and improving forecasting and scheduling in project management[J]. Journal of Operations Management, 12(2): 101-117.

Pritsker A A B, Waiters L J, Wolfe P M. 1969. Multiproject scheduling with limited resources: a zero-one programming approach[J]. Management Science, 16(1): 93-108.

Rezaei F, Najafi A A, Demeulemeester E, et al. 2024. A stochastic bi-objective project scheduling model under failure of activities[J]. Annals of Operations Research, 338(1): 453-476.

Rezaei F, Najafi A A, Ramezanian R. 2020. Mean-conditional value at risk model for the stochastic project scheduling problem[J]. Computers & Industrial Engineering, 142: 106356.

Rezaei F, Najafi A A, Ramezanian R, et al. 2021. Simulation-based priority rules for the stochastic resource-constrained net present value and risk problem[J]. Computers & Industrial Engineering, 160: 107607.

Rockafellar R T, Uryasev S. 2000. Optimization of conditional value-at-risk[J]. Journal of Risk, 3(2): 21-41.

Rostami S, Creemers S, Leus R. 2018. New strategies for stochastic resource-constrained project scheduling[J]. Journal of Scheduling, 21(3): 349-365.

Russell A H. 1970. Cash flows in networks[J]. Management Science, 16(5): 357-373.

Russell J S. 1991. Contractor failure: analysis[J]. Journal of Performance of Constructed Facilities, 5(3): 163-180.

Sadeghi J, Sadeghi S, Niaki S T A. 2014. A hybrid vendor managed inventory and redundancy allocation optimization problem in supply chain management: an NSGA-II with tuned parameters[J]. Computers & Operations Research, 41: 53-64.

Sampson S E, Weiss E N. 1993. Local search techniques for the generalized resource constrained project scheduling problem[J]. Naval Research Logistics, 40(5): 665-675.

Schwindt C. 1995. A new problem generator for different resource-constrained project scheduling problems with minimal and maximal time lags[R]. Karlsruhe: Institut für Wirtschaftstheorie und Operations Research: 449.

Shaffer L R, Ritter J B, Meyer W L. 1965. The Critical-Path Method[M]. New York: McGraw-Hill.

Shi J, Gong M G, Ma W P, et al. 2014. A multipopulation coevolutionary strategy for multiobjective immune algorithm[J]. The Scientific World Journal: 539128.

Słowiński R. 1980. Two approaches to problems of resource allocation among project activities: a comparative study[J]. Journal of the Operational Research Society, 31(8): 711-723.

Slowinski, R, Weglarz J. 1989. Studies in Production and Engineering Economics, Advances in Project Scheduling[M]. Amsterdam: Elsevier.

Smith-Daniels D E, Smith-Daniels V L. 1987. Maximizing the net present value of a project subject to materials and capital constraints[J]. Journal of Operations Management, 7(1/2): 33-45.

Sobel M J, Szmerekovsky J G, Tilson V. 2009. Scheduling projects with stochastic activity duration to maximize expected net present value[J]. European Journal of Operational Research, 198(3): 697-705.

Speranza M G, Vercellis C. 1993. Hierarchical models for multi-project planning and scheduling[J]. European Journal of Operational Research, 64(2): 312-325.

Sprecher A. 2000. Scheduling resource-constrained projects competitively at modest memory requirements[J]. Management Science, 46(5): 710-723.

Srinivas N, Deb K. 1994. Muiltiobjective optimization using nondominated sorting in genetic algorithms[J]. Evolutionary Computation, 2(3): 221-248.

Stork F. 2001. Stochastic resource-constrained project scheduling [D]. Berlin: Technische University.

Subulan K. 2020. An interval-stochastic programming based approach for a fully uncertain multi-objective and multi-mode resource investment project scheduling problem with an application to ERP project implementation[J]. Expert Systems with Applications, 149: 113189.

Sung C S, Lim S K. 1994. A project activity scheduling problem with net present value measure[J]. International Journal of Production Economics, 37(2-3): 177-187.

Tabyang W, Benjaoran V. 2016. Modified finance-based scheduling model with variable contractor-to-subcontractor payment arrangement[J]. KSCE Journal of Civil Engineering, 20(5): 1621-1630.

Talbot F B. 1982. Resource-constrained project scheduling with time-resource tradeoffs: the nonpreemptive case[J]. Management Science, 28(10): 1197-1210.

Tavakolan M, Nikoukar S. 2022. Developing an optimization financing cost-scheduling trade-off model in construction project[J]. International Journal of Construction Management, 22(2): 262-277.

Thomas P R, Salhi S. 1997. An investigation into the relationship of heuristic performance with network-resource characteristics[J]. Journal of the Operational Research Society, 48(1): 34-43.

Thomas P R, Salhi S. 1998. A tabu search approach for the resource constrained project scheduling problem[J]. Journal of Heuristics, 4: 123-139.

Tirkolaee E B, Goli A, Hematian M, et al. 2019. Multi-objective multi-mode resource constrained project scheduling problem using Pareto-based algorithms[J]. Computing, 101(6): 547-570.

Tormos P, Lova A. 2003. An efficient multi-pass heuristic for project scheduling with constrained resources[J]. International Journal of Production Research, 41(5): 1071-1086.

Tukel O I, Rom W O, Eksioglu S D. 2006. An investigation of buffer sizing techniques in critical chain scheduling[J]. European Journal of Operational Research, 172(2): 401-416.

Ulusoy G, Özdamar L. 1989. Heuristic performance and network/resource characteristics in resource-constrained project scheduling[J]. Journal of the Operational Research Society, 40(12): 1145-1152.

Vahdani H, Shams A. 2020. Multi-mode capital-constrained project payment scheduling model considering bonus-penalty structure[J]. International Journal of Management Science and Engineering Management, 15(1): 17-25.

van de Vonder S, Demeulemeester E, Herroelen W, et al. 2005. The use of buffers in project management: te trade-off between stability and makespan[J]. International Journal of Production Economics, 97(2): 227-240.

van de Vonder S, Demeulemeester E, Herroelen W, et al. 2006. The trade-off between stability and makespan in resource-constrained project scheduling[J]. International Journal of Production Research, 44(2): 215-236.

van de Vonder S, Demeulemeester E, Herroelen W. 2007. A classification of predictive-reactive project scheduling procedures[J]. Journal of Scheduling, 10: 195-207.

van de Vonder S, Demeulemeester E, Herroelen W. 2008. Proactive heuristic procedures for robust project scheduling: an experimental analysis[J]. European Journal of Operational Research, 189(3): 723-733.

van Peteghem V, Vanhoucke M. 2010. A genetic algorithm for the preemptive and non-preemptive multi-mode resource-constrained project scheduling problem[J]. European Journal of Operational Research, 201(2): 409-418.

Vanhoucke M, Coelho J, Batselier J. 2016. An overview of project data for integrated project management and control[J]. The Journal of Modern Project Management, 3(3): 6-21.

Vanhoucke M, Coelho J, Debels D, et al. 2008. An evaluation of the adequacy of project network generators with systematically sampled networks[J]. European Journal of Operational Research, 187(2): 511-524.

Viana A, Pinho de Sousa J. 2000. Using metaheuristics in multiobjective resource constrained project scheduling[J]. European Journal of Operational Research, 120(2): 359-374.

Wang J. 2002. A fuzzy project scheduling approach to minimize schedule risk for product development[J]. Fuzzy Sets and Systems, 127(2): 99-116.

Wang J. 2004. A fuzzy robust scheduling approach for product development projects[J]. European Journal of Operational Research, 152(1): 180-194.

Wang Y T, He Z W, Kerkhove L P, et al. 2017. On the performance of priority rules for the stochastic resource constrained multi-project scheduling problem[J]. Computers & Industrial Engineering, 114: 223-234.

Wiesemann W, Kuhn D, Rustem B. 2010. Maximizing the net present value of a project under uncertainty[J]. European Journal of Operational Research, 202(2): 356-367.

Wiest J D. 1964. Some properties of schedules for large projects with limited resources[J]. Operations Research, 12(3): 395-418.

Yamashita D S, Armentano V A, Laguna M. 2007. Robust optimization models for project scheduling with resource availability cost[J]. Journal of Scheduling, 10: 67-76.

Yang H B, Wang Z Y, Gao Y, et al. 2024. Bi-objective multi-mode resource-constrained multi-project scheduling using combined NSGA II and Q-learning algorithm[J]. Applied Soft Computing, 152: 111201.

Ye S D, Tiong R L K. 2000. NPV-at-risk method in infrastructure project investment evaluation[J]. Journal of Construction Engineering and Management, 2000, 126(3): 227-233.

Yu G, Qi X T. 2004. Disruption Management: Framework, Models and Applications[M]. Singapore: World Scientific.

Zhang Z X, Chronopoulos M, Dimitrova D S, et al. 2024. Risk assessment and optimal scheduling of serial projects[J]. OR Spectrum, 46(3): 709-736.

Zhao C L, Tang H Y. 2010. Rescheduling problems with deteriorating jobs under disruptions[J]. Applied Mathematical Modelling, 34(1): 238-243.

Zheng W B, He Z W, Wang N M, et al. 2018. Proactive and reactive resource-constrained max-NPV project scheduling with random activity duration[J]. Journal of the Operational Research Society, 69(1): 115-126.

Zhu G, Bard J F, Yu G. 2005. Disruption management for resource-constrained project scheduling[J]. Journal of the Operational Research Society, 56(4): 365-381.

附录 A 部分算法伪代码

表 A-1 线性整数规划模型转换参数的伪代码

算法 1：线性整数规划模型中基本参数的转化
1： 输入：项目网络，合同条款，成本与融资数据
2： 确定关键路径的项目计划，计算 ES_j，EF_j，$j \in V$
3： 设置 $T_C = D$，计算 LF_j，TF_j，$j \in V$
4： **For** $j=1$ to J
5：   **For** $\theta = 0$ to TF_j
6：   **For** $w = ES_j + \theta + 1$ to $EF_j + \theta + 1$
7：   确定 $E_t(j,\theta)$，$P_{t+LP}(j,\theta)$，$r_{jk}(j,\theta)$，$t = \left\lceil \dfrac{W}{m} \right\rceil$
8：   **End for**
9：   **End for**
10： **For** $t = 0$ to M_D
11：   **For** $\theta = 0$ to TF_j
12：   确定 $N_t(j,\theta)$，$I_t(j,\theta)$
13：   **End for**
14：   **End for**
15： **End for**
16： 输出：相关的转化参数 $E_t(j,\theta)$，$P_{t+LP}(j,\theta)$，$r_{jk}(j,\theta)$，$N_t(j,\theta)$，，$I_t(j,\theta)$，$j \in V$

表 A-2 基于 CFBSSGS 对 AL 和 SL 解码生成项目进度计划的伪代码

算法 2：基于 CFBSSGS 对 AL 和 SL 解码生成项目进度计划
1： 输入：项目的基本参数，AL 和 SL
2： 初始化：$s_{j_1} \leftarrow 0$
3： **For** $n \leftarrow 2$ to J
4：   设置 $s_{j_n} \leftarrow \max_{i \in \text{Pre}(j_n)} \{f_i\}$，$SCT_n \leftarrow \max_{i \in \text{Pre}(j_n)} \lceil f_i / m \rceil$
5： $\forall k$，$\forall w \in \left[s_{j_n} + 1, s_{j_n} + d_{j_n} \right]$，$\forall t \in [SCT_n, LPT_n]$
6：   **While** $r_{j_n k} > \pi R_{kt}$ or $CN_t + CL < MF$ **do**
7： $s_{j_n} \leftarrow s_{j_n} + 1$，更新 LPT_n
8：   **If** $s_{j_n} > MST_n$
9：   返回不可行进度计划，CFBSSGS 算法终止
10：   **End if**
11：   **End while**
12： $s_{j_n} \leftarrow s_{j_n} + sl_{j_n}$
13：   **While** $r_{j_n k} > \pi R_{kt}$ or $CN_t + CL < MF$，$\forall k$，$\forall w \in \left[s_{j_n} + 1, s_{j_n} + d_{j_n} \right]$，$\forall t \in [SCT_n, LPT_n]$ **do**
14： $s_{j_n} \leftarrow s_{j_n} + 1$，更新 LPT_n

续表

15：	If s_{j_n}>MST$_n$
16：	返回不可行进度计划，算法终止
17：	End if
18：	End while
19：	$f_{j_n} \leftarrow s_{j_n} + d_{j_n}$
20：	End for
21：	输出：可行的进度计划和相应的融资方案

表 A-3 活动时间缓冲算法的伪代码

算法3：活动时间缓冲算法
1： 输入：基于 CFBSSGS 获得的基准进度计划 $S=(s_{j_1}, s_{j_2}, \cdots s_{j_J})$，BPL=∅
2： 根据迭代策略确定安排活动缓冲的优先序列，形成列表 BPL
3： 依据活动的开始时间非降的方式对活动进行排列，形成列表 BSL
4： For $n=1$ to J
5：   从 BPL$_{(n)}$ 中选择活动 j_n，更新已嵌入活动缓冲的集合 IBS = IBS∪j_n
6：   lf$_{j_n} \leftarrow \min\{s_q\}$，$q \in$ Suc$_{j_n}$ // 确定活动 j_n 最迟开始时间
7：   设置 h 为列表 BSL$_{(h)}$ 的索引号
8：   While $\forall k, \forall w \in [s_{j_n}+1, \text{lf}_{j_n}]$，$r_{j_n k} > \pi R_{kw}$ do // πR_{kw} 表示资源余量
9： $h \leftarrow h-1$
10：   lf$_{j_n} \leftarrow s_{j_h}$
11：   End while
12：   ff$^r_{j_n} \leftarrow$ lf$_{j_n} - f_{j_n}$，更新 πR_{kw}，$w=1,2,\cdots,f_J$
13： $B_{j_n} \leftarrow \max\{\text{ff}^r_{j_n}, \beta_{j_n}\bar{d}_{j_n}\}$
14： End for
15： 输出：$B=(B_{j_1}, B_{j_2}, \cdots, B_{j_J})$ // 缓冲方案

表 A-4 GA-AM 的伪代码

算法4：GA-AM 的伪代码
1： 初始化 GA$_1$ 算法的参数，用于活动列表参数的操作. //外层遗传算法
2： 在初始种群中随机产生 Popsize$_1$ 个个体（活动列表 AL）
3： For $g \leftarrow 1$ to Gen$_1$ // Gen$_1$：GA$_1$ 算法的最大进化代数
4：   While（p≤Popsize$_1$）// Popsize$_1$：种群大小
5：   初始化 GA$_2$ 算法的参数，用于模式列表参数的操作. //内层遗传算法
6：   For $g \leftarrow 1$ to Gen$_2$ // Gen$_2$：GA$_2$ 算法的最大进化代数，用于个体 AL(p)
7：   针对个体 AL(p)，产生 Popsize$_2$ 个个体（模式列表 ML）
8：   For $q \leftarrow 1$ to Popsize$_2$/2
9：   通过轮盘赌方式从父代中选择两个个体.
10：   对于模式列表 ML，通过单点交叉产生子代个体.

11：	对于模式列表 ML，通过变异操作产生子代个体.
12：	**End for**
13：	**End for** //内层遗传算法（GA$_2$）结束，从第 6 行至第 13 行
14：	返回个体 p 最优的模式列表 ML(p)和适应值，$p \leftarrow p+1$
15：	**End while** //形成 Popsize$_1$ 个最优个体(ML)
16：	轮盘赌方式选择两个个体（r 和 s）.//ML 列表在第 16 行至第 18 行保持不变
17：	基于最优的 ML(r)和 ML(s)，采用单点交叉方式对 Al(r)和 AL(s)进行操作
18：	依据变异概率，移动活动在活动列表 AL 中的位置
19：	**End for** // 如果获得了一部分可行解，外层遗传算法 GA$_1$ 结束
20：	输出近似最优解（AL 和 ML）和相应的 CNPVaR

表 A-5　VDO 的伪代码

算法 5：VDO 算法伪代码	
1：	确定参数：种群数量 n_{pop}，每种振幅水平下的最大迭代次数 L，初始种群 A_0，阻尼系数 γ，瑞利分布常数 σ，和 $t=1$
2：	产生初始种群
3：	评估初始解.//根据目标函数 CNPVaR 的种类
4：	**For** $i = 1：n_{pop}$ do
5：	**For** $j = 1：L$
6：	通过对个体 X 扰动产生新的邻点解 Y，并评估邻点解 Y
7：	**If** $\Delta = E(Y)-E(X) \leq 0$，Y 优于 X，则执行 X=Y
8：	**If** $(1-e^{-A^2/2\sigma^2} >$Random$(0, 1))$，执行 X=Y
9：	**End if**
10：	更新 A 和 t，$A=A_0 e^{-\gamma t/2}$，$t=t+1$
11：	直至达到种群数量
12：	**End for**
13：	**End for**
14：	终止准则：当达到预设解的数量时，算法终止
15：	输出近似最优解（策略）和相应的 CNPVaR

附录 B 基本 RCPSP 的标准化格式文件

****

file with basedata: j30_17.bas

initial value random generator: 79602564

****

projects: 1
jobs (incl. supersource/sink):   32
horizon: 141
RESOURCES
  - renewable: 4   R
  - nonrenewable: 0   N
  - doubly constrained: 0   D

****

PROJECT INFORMATION:

pronr.   #jobs rel.date duedate tardcost   MPM-Time
  1   30   0   43   0   43

****

PRECEDENCE RELATIONS:

jobnr.	#modes	#successors	successors			
1	1	3	2	3	4	
2	1	2	23	24		
3	1	3	5	6	17	
4	1	2	7	20		
5	1	3	10	22	28	
6	1	1	18			
7	1	3	8	9	12	
8	1	3	14	21	27	
9	1	2	11	16		
10	1	1	16			
11	1	1	17			
12	1	3	13	15	16	

13	1	1	30		
14	1	1	19		
15	1	1	26		
16	1	1	25		
17	1	1	24		
18	1	1	21		
19	1	1	25		
20	1	2	25	27	
21	1	1	22		
22	1	2	29	30	
23	1	1	31		
24	1	1	27		
25	1	1	26		
26	1	1	30		
27	1	1	28		
28	1	1	31		
29	1	1	32		
30	1	1	32		
31	1	1	32		
32	1	0			

****

REQUESTS/DURATIONS:

jobnr.	mode	duration	R 1	R 2	R 3	R 4
1	1	0	0	0	0	0
2	1	1	0	0	0	5
3	1	1	0	3	0	0
4	1	1	8	0	0	0
5	1	7	0	0	2	0
6	1	6	0	0	0	3
7	1	4	1	0	0	0
8	1	5	0	0	10	0
9	1	8	0	0	3	0
10	1	7	0	0	0	1
11	1	8	9	0	0	0

12	1	1	7	0	0	0
13	1	2	0	3	0	0
14	1	3	0	0	0	6
15	1	10	0	7	0	0
16	1	10	3	0	0	0
17	1	2	0	0	3	0
18	1	10	0	0	4	0
19	1	1	0	0	0	3
20	1	1	0	0	7	0
21	1	7	0	2	0	0
22	1	9	0	0	0	10
23	1	9	0	0	7	0
24	1	4	0	4	0	0
25	1	4	0	3	0	0
26	1	1	0	0	4	0
27	1	1	9	0	0	0
28	1	8	0	0	0	9
29	1	1	0	0	0	1
30	1	2	0	8	0	0
31	1	7	0	4	0	0
32	1	0	0	0	0	0

****

RESOURCEAVAILABILITIES:

R 1	R 2	R 3	R 4
10	8	13	12

****

附录 C 项目调度问题生成器 ProGen 的 EXPL.BAS 文件

SAMPLEFILE BASEDATA
PROJEKTS
 NrOfPro: 1   & number of projects
 MinJob: 10 & minimal number of jobs per project
 MaxJob: 10 & maximal number of jobs per project
 MaxRelDate: 0   & maximal release date
 DueDateFactor : 0.0 & maximal due date
MODES
 MinMode: 1   & minimal number of modes
 MaxMode: 3   & maximal number of modes
 MinDur: 1   & minimal duration
 MaxDur: 10 & maximal duration
NETWORK
 MinOutSource: 1   & minimal number of start activities per project
 MaxOutSource: 3   & maximal number of start activities per project
 MaxOut: 3   & maximal number of successor per activity
 MinInSink: 1   & minimal number of end activities per project
 MaxInSink: 2   & maximal number of end activities per project
 MaxIn: 3   & maximal number of predecessors per activity
 Complexity: 1.8 & complexity of network
RESSOURCEREQUEST/AVAILABILITY
 Rmin: 2   & minimal number of renewable resources
 Rmax: 2   & maximal number of renewable resources
 RminDemand: 1   & minimal (per period) demand
 RmaxDemand: 10 & maximal (per period) demand
 RRMin: 1   & minimal number of resources requested
 RRMax: 2   & maximal number of resources requested
 RRF: 0.8 & resource factor

RRS:	0.7	& resource strength
Number R-Func.:	2	
p1:	0.0	& probability to choose (duration) constant function
p2:	1.0	& probability to choose monotonically decreaseing function
Nmin:	2	
Nmax:	2	
NminDemand:	1	
NmaxDemand:	10	
NRMin:	1	
NRMax:	2	
NRF:	1.0	
NRS:	0.7	
Number N-Func: 2		
p1:	0.0	
p2:	1.0	
Dmin:	0	
Dmax:	0	
DminDemand: 0		
DmaxDemand: 0		
DRMin:	0	
DRMax:	0	
DRF:	0.0	
DRST:	0.0	
DRSP:	0.0	
Number D-Func: 2		
p1: 1.0		
p2: 0.0		

LIMIT OF ITERATIONS

Tolerance Network:	0.05	& tolerated network deviation
Tolerance RF:	0.05	& tolerated resource factor deviation
MaxTrials:	200	& maximal number of trials randomly gen.

FORMAT OF BASE FILE

  - a colon has to be followed by a value

  - only spaces are allowed between colon and value

  - a commend is allowed to follow a value

- commends are allowed if there is no colon in
- value and commend have to be seperated by space
- value is integer with the exception of

-> due date factor   -> complexity   -> resource factor

-> resource strength   -> function probabilities

附录 D DC1 算例库标准格式数据文件

DC1 算例库包含的 12 个活动的算例如下。

12	3							
1	9	9						
0	0	0	0	4	2	3	4	5
2	0	0	0	1	6			
4	0	0	3	1	10			
6	0	2	0	1	9			
9	0	7	0	1	11			
8	0	7	0	1	7			
10	1	0	0	2	8	11		
4	0	0	7	1	12			
3	1	0	2	1	12			
5	0	7	0	1	12			
1	0	0	0	1	12			
0	0	0	0	0				

数据文件说明。

第一行数字 12，代表项目活动数量（包含项目初始活动和终止活动），数字 3，代表可更新资源种类。

第二行数字 1、9 和 9 分别代表三种可更新资源的限量。

第三行至第十三行代表每个活动（活动 1 至活动 12）的基本信息，以第三行为例，第三行符号说明如表 D-1 所示。

表 D-1 第三行符号说明

0	0	0	0	4	2	3	4	5
活动工期	资源1需求量	资源2需求量	资源3需求量	后继活动数量	后继活动代号	后继活动代号	后继活动代号	后继活动代号